CAUSERIES
DU LUNDI

CAUSERIES
DU LUNDI

PAR

C.-A. SAINTE-BEUVE

DE L'ACADÉMIE FRANÇAISE

QUATRIÈME ÉDITION
REVUE ET CORRIGÉE

TOME PREMIER

PARIS
GARNIER FRÈRES, LIBRAIRES-ÉDITEURS
6, RUE DES SAINTS-PÈRES, 6

PRÉFACE.

J'étais revenu à Paris au mois de septembre 1849, quittant la Belgique et Liége, où j'étais allé être professeur un an. Il me semble quelquefois qu'il serait bon pour l'esprit de faire tous les ans une chose nouvelle, et de le traiter comme les terres, qu'on ensemence tantôt d'une façon et tantôt d'une autre. A peine rentré à Paris, je me sentais un grand besoin d'activité, comme après une forte année d'étude et de solitude; mais je ne savais à quoi m'appliquer. M. Véron, directeur du *Constitutionnel*, apprenant mon retour, eut l'obligeance de m'offrir les colonnes de son journal pour chaque lundi. Une telle proposition avait de quoi me flatter et aussi m'effrayer. Le *Constitutionnel* compte des milliers de lecteurs, et d'une nature très-variée. Comment venir parler à ce public si nombreux, si divers, pure littérature et pure critique? Comment réussir à l'y intéresser, surtout en ces temps de préoccupation politique et d'orage? Je fis à M. Véron toutes mes objections : il prit la peine de les combattre; il me parla en homme de goût qui sent la littérature, et en homme d'esprit qui connaît son public. Il me donna enfin des raisons qui me convainquirent. Ce qu'il m'offrait me parut possible, et dès lors, lui aidant et le *Constitutionnel* s'y prêtant en toute bonne grâce, j'entrai en matière résolûment.

Au fond, c'était mon désir. Il y avait longtemps que je demandais qu'une occasion se présentât à moi d'être critique, tout à fait critique comme je l'entends, avec ce que l'âge et l'expérience m'avaient donné de plus mûr et aussi peut-être de plus hardi. Je me mis donc à faire pour la première fois de la critique nette et franche, à la faire en plein jour, en rase campagne.

Depuis vingt-cinq ans déjà que j'ai débuté dans la carrière, c'est la troisième forme que je suis amené à donner à mes impressions et à mes jugements littéraires, selon les âges et les milieux divers où j'ai passé.

Au *Globe* d'abord, et ensuite à la *Revue de Paris*, sous la Restauration, jeune et débutant, je fis de la critique polémique, volontiers agressive, entreprenante du moins, de la critique d'invasion.

Sous le règne de Louis-Philippe, pendant les dix-huit années de ce régime d'une littérature sans initiative et plus paisible qu'animée, j'ai fait, principalement à la *Revue des Deux Mondes*, de la critique plus neutre, plus impartiale, mais surtout analytique, *descriptive* et curieuse. Cette critique pourtant avait, comme telle, un défaut : elle ne concluait pas.

Les temps redevenant plus rudes, l'orage et le bruit de la rue forçant chacun de grossir sa voix, et, en même temps, une expérience récente rendant plus vif à chaque esprit le sentiment du bien et du mal, du juste et de l'injuste, j'ai cru qu'il y avait moyen d'oser plus, sans manquer aux convenances, et de dire enfin nettement ce qui me semblait la vérité sur les ouvrages et sur les auteurs.

Le public a semblé agréer cette manière de faire plus dégagée et plus brève. Je donne donc ici les articles de cette année (octobre 1849 — octobre 1850), sans y rien changer. Des juges ordinairement plus sévères ont bien voulu dire de ces articles du *Constitutionnel*, et en les approuvant : « Il n'a pas le temps de les gâter. » J'accepte le jugement, trop heureux d'y trouver à ce prix un éloge.

Décembre 1850.

Le Constitutionnel, dans les derniers jours de septembre 1849, publia la note suivante :

« La littérature ne saurait mourir en France. Elle peut s'éclipser un moment, mais c'est pour reparaître au premier instant de calme. On y revient avec d'autant plus d'attrait, qu'on s'en était senti privé. Nous croyons que telle est à cette heure la disposition des esprits. Il suffit que l'orage politique ait fait trêve, pour que la société revienne à ce qui l'intéressait dans ses bons moments. La presse quotidienne, qui suit et quelquefois devance les goûts du public, n'a rien de mieux à faire ici que de chercher à les satisfaire. *Le Constitutionnel* n'a jamais cessé de songer à l'intérêt littéraire; mais il croit que le moment est venu d'y insister plus particulièrement. C'est d'ailleurs un signe de confiance dans la situation, et il ne craint pas de le donner. M. Sainte-Beuve s'est chargé, à partir du 1er octobre, de faire tous les lundis un compte-rendu d'un ouvrage sérieux qui soit à la fois agréable. C'est beaucoup promettre, c'est compter sur des publications qui se prêtent à ce genre de critique; c'est aussi les provoquer. Nous croyons que, malgré la stérilité dont on se plaint, on trouvera encore de tels ouvrages en France. M. Sainte-Beuve, en se chargeant de cette part de collaboration au *Constitu-*

tionnel, a cru lui-même qu'il y avait lieu de ne pas désespérer de la littérature, et d'y exercer, concurremment avec ses autres confrères, une action utile. La condition première d'une telle action est de revenir souvent à la charge, d'user de sa plume comme de quelque chose de vif, de fréquent, de court, de se tenir en rapport continuel avec le public, de le consulter, de l'écouter parfois, pour se faire ensuite écouter de lui. Le temps des systèmes est passé, même en littérature. Il s'agit d'avoir du bon sens, mais de l'avoir sans fadeur, sans ennui, de se mêler à toutes les idées pour les juger, ou du moins pour en causer avec liberté et décence. C'est cette causerie que nous voudrions favoriser, et que M. Sainte-Beuve essaiera d'établir entre ses lecteurs et lui. »

A partir du 1ᵉʳ octobre, les articles, chaque lundi, se succédèrent dans l'ordre qui suit.

CAUSERIES DU LUNDI.

Lundi 1er octobre 1849.

Cours de littérature dramatique, par M. Saint-Marc Girardin. (2 vol.) — Essais de littérature et de morale, par le même. (2 vol.)

Les pages qu'écrit le journaliste s'envolent; les paroles que distribue durant des années le professeur courent risque de se perdre. Également distingué comme professeur et comme journaliste, homme d'esprit sous toutes les formes, M. Saint-Marc Girardin a pris soin de recueillir quelques-unes de ses meilleures paroles et de ses meilleures pages dans les agréables volumes qu'il publie aujourd'hui.

Il y a bien dix-huit ans qu'il est monté pour la première fois en chaire, si l'on peut appeler de ce nom solennel le lieu d'où il cause si familièrement et si à son aise. Il semble avoir pris tout aussitôt pour devise ce mot de Vauvenargues : « La familiarité est l'apprentissage des esprits. » Dans des conseils qu'il adressait à un jeune homme, Vauvenargues, développant cette même pensée, disait encore : « Aimez la familiarité, mon cher ami; elle rend l'esprit souple, délié, modeste, maniable, déconcerte la vanité, et donne, sous un air de liberté et de franchise, une prudence qui n'est pas fondée sur les illusions de l'esprit, mais sur les principes indubitables de l'expérience. Ceux qui ne sortent pas d'eux-mêmes sont tout d'une pièce... » M. Saint-Marc Girardin pratiqua, pour son propre compte, ce conseil si juste, et prêcha d'exemple. Par sa parole vive, souple, déliée, il allait chercher l'esprit de ses auditeurs, l'attirait à lui, l'engageait à se développer librement, naturellement, sans faux pli et sans boursouflure. Le moment où il commença à parler était celui où la retraite des trois éloquents professeurs, MM. Guizot, Cousin et Villemain, faisait comme un grand silence. Il y avait deux manières de rompre ce silence, l'une en parlant haut et en déclamant, l'autre en venant causer sans apparat et sans prétention. L'habileté, la prudence, le bon goût, tout conseillait ce dernier parti; en le suivant, M. Saint-Marc Girardin obéissait de plus à sa nature.

Il a l'esprit, le cœur naturellement modérés, et je ne lui ai jamais vu de passion. C'est un grand profit et une grande avance dès la jeunesse. Pascal, en son temps, remarquait que « c'est un grand avantage que *la qualité* (la naissance) qui, dès dix-huit ou vingt ans, met un homme en passe d'être connu et respecté comme un autre pourrait avoir mérité à cinquante ans : ce sont trente ans gagnés sans peine. » Je ne sais si cela a cessé d'être vrai aujourd'hui qu'on se flatte d'avoir aboli les distinctions de naissance; il me semble que les fils de personnages considérables, que les noms historiques, ne laissent pas d'avoir encore au moins dix ans d'avance sur les autres au début de la carrière. Eh bien! en ce qui est des choses de l'esprit et de l'expérience, n'avoir point de passion dans sa jeunesse, cela donne dix ou quinze ans d'avance pour la maturité. Les passions exagèrent la vue des choses, même pour les meilleurs esprits; elles détournent, elles amusent; on a du jugement, mais on le suspend dans les occasions où il nous gêne; on a le sentiment des ridicules, mais on l'étouffe sous une certaine chaleur d'enthousiasme qui séduit. On se jette en avant, on s'engage, on est en peine ensuite pour revenir. M. Saint-Marc Girardin n'a jamais fait ainsi; il a été frappé à première vue des défauts, des travers, des ridicules du temps, et il les a raillés, il en a badiné avec un côté de raison sérieuse et piquante; il a tiré parti de tout ce qu'il voyait, de tout ce qu'il lisait, pour se livrer au jeu auquel son esprit se complaît surtout et excelle, pour moraliser.

Le titre, le sujet de son Cours, est la *poésie* française. Il s'est bien gardé de prendre ce mot dans le sens qu'un amateur des modernes lui eût probablement donné. La poésie lyrique, cette branche heureuse qui fait le plus d'honneur aux grands talents de notre âge, l'a très-peu occupé. Il dirait volontiers avec ce personnage de Montesquieu, dans les *Lettres persanes :* « Voici les poëtes dramatiques, qui, selon moi, sont les poëtes par excellence et les maîtres des passions... Voici les lyriques, que je méprise autant que j'estime les autres, et qui font de leur art une harmonieuse extravagance. » Il y a là, certainement, une lacune dans la manière dont M. Saint-Marc Girardin entend et présente la poésie. Avec son esprit et son habileté, il dissimule cette lacune du mieux qu'il peut. Mais il a beau faire, l'absence d'amour et de foyer se fait sentir sur un point. Il n'aime pas la poésie pure, la poésie à l'état de rêve ou de fantaisie. Jeune, il l'aimait encore moins, s'il est possible. Quand j'ai dit qu'il n'avait jamais eu de passion et d'excès, je me suis trop avancé : il a eu, à un moment, un excès de raison; cette poésie lyrique, alors toute jeune et florissante, il la niait, il la raillait, s'il nous en souvient, et ne la notait au passage qu'avec ironie.

Aujourd'hui qu'elle est hors de cause et aux trois quarts établie, il se contente de ne pas la combattre; il la tolère. Le fort de sa spirituelle critique s'est concentré sur le dramatique, et c'est de ce côté qu'il bat les modernes. Battu lui-même sur un point, sur le lyrique, il n'en a rien dit, et il a mené vivement sa victoire sur l'autre aile. M. Saint-Marc Girardin a si souvent raison dans ses critiques contre les modernes, qu'il doit nous excuser de rappeler qu'il ne l'a pas eue toujours. Cela serait trop humiliant pour nous et pour tous, qu'il y eût un critique en ce temps-ci qui ait eu toujours raison. Le paysan d'Athènes ne le pardonnait pas à Aristide; je ne saurais le passer à M. Saint-Marc Girardin.

Je sais bien ce que l'homme d'esprit pourrait me répondre et ce qu'il a déjà répondu. Il empruntera ses paroles à Fénelon, qu'il aime tant à citer; il dira que ce n'est nullement la poésie lyrique en elle-même qu'il condamne, mais l'abus qu'on en fait, et le luxe d'images où elle se perd : « Un auteur qui a trop d'esprit, et qui en veut toujours avoir, disait Fénelon, lasse et épuise le mien : je n'en veux point avoir tant. S'il en montrait moins, il me laisserait respirer et me ferait plus de plaisir : il me tient trop tendu; la lecture de ses vers me devient une étude. Tant d'éclairs m'éblouissent; je cherche une lumière douce qui soulage mes faibles yeux. Je demande un poëte aimable, proportionné au commun des hommes; qui fasse tout pour eux, et rien pour lui. Je veux un sublime si familier, si doux et si simple, que chacun soit d'abord tenté de croire qu'il l'aurait trouvé sans peine, quoique peu d'hommes soient capables de le trouver. Je préfère l'aimable au surprenant et au merveilleux... » Voilà ce que M. Saint-Marc Girardin nous dira avec Fénelon; et il nous répondrait encore avec Voltaire, car je me plais à laisser parler ces esprits excellents; toute la vraie rhétorique française, la rhétorique naturelle est comme éparse dans leurs écrits; il ne s'agit que de la recueillir. Je suppose donc que M. Saint-Marc Girardin, pour s'excuser de ne point paraître admirer le lyrique des modernes, nous répondrait encore par ces paroles de Voltaire, lesquelles s'accordent si bien avec celles de Fénelon : « Le grand art, ce me semble, est de passer du familier à l'héroïque, et de descendre avec des nuances délicates. Malheur à tout ouvrage de ce genre qui sera toujours sérieux, toujours grand ! il ennuiera : ce ne sera qu'une déclamation. Il faut des peintures naïves ; il faut de la variété; il faut du simple, de l'élevé, de l'agréable. Je ne dis pas que j'aie tout cela, mais je voudrais bien l'avoir; et celui qui y parviendra sera mon ami et mon maître. » On sent à ces derniers mots que c'est bien Voltaire qui parle, c'est-à-dire un poëte amoureux de son art, et qui, dans un moment d'admiration, serait capable d'applaudir même son rival, et de lui sauter au cou en l'embrassant. Or, le dirai-je? c'est ce mouvement propre au poëte que je ne sens jamais dans le spirituel critique. Anacréon dit quelque part qu'il y a un petit signe, un je ne sais quoi auquel on reconnaît les amants : ce je ne sais quoi manque à M. Saint-Marc Girardin à l'égard de la poésie pure, de la poésie lyrique

Mais la poésie dramatique, celle qui présente les passions du cœur humain aux prises dans les diverses variétés sociales, celle-là il la recherche et il la goûte; il aime à en disserter, et il trouve à en dire les choses les plus ingénieuses et les moins prévues, qui n'en sont pas moins justes pour cela. Les deux volumes de son Cours, qui traitent de *l'Usage des passions dans le drame*, se composent d'une suite de chapitres plus curieux et plus variés les uns que les autres. Il fait dans son sujet des coupes heureuses; il l'entame par des biais hardis et neufs, qui en montrent les veines prolongées. C'est ainsi que, prenant un à un les différents sentiments, les différentes passions qui peuvent servir de ressorts au drame, il nous en fait l'histoire chez les Grecs, chez les Latins, chez les modernes, avant et après le christianisme : « Chaque sentiment, dit-il, a son histoire, et cette histoire est curieuse, parce qu'elle est, pour ainsi dire, un abrégé de l'histoire de l'humanité. » M. de Chateaubriand avait, le premier chez nous, donné l'exemple de cette forme de critique; dans son *Génie du Christianisme*, qui est si loin d'être un bon ouvrage, mais qui a ouvert tant de vues, il choisit les sentiments principaux du cœur humain, les caractères de père, de mère, d'époux et d'épouse, et il en suit l'expression chez les anciens et chez les modernes, en s'attachant à démontrer la qualité morale supérieure que le christianisme y a introduite, et qui doit profiter, selon lui, à la poésie. Ce dernier point seul est contestable, et tient à tout un système. Il en résulte que les conclusions de M. de Chateaubriand sont plutôt en faveur des modernes; celles de M. Saint-Marc Girardin sont presque toujours à leur désavantage. A cela près, le procédé est le même; mais l'homme d'esprit l'a fort développé et renouvelé en l'appliquant; il se l'est rendu tout à fait original et propre. L'échelle qu'il parcourt est des plus étendues, et comprend toutes les variétés poussées jusqu'au contraste dans le cours d'un même sentiment. Et, par exemple, il passera en un clin d'œil de l'*Œdipe* ou du *Roi Lear* à une scène du *Père Goriot*, ou encore d'un père noble de Térence à une parabole de l'Évangile. S'agit-il de peindre la lutte de l'homme contre le danger? il n'y a que la main, pour lui, d'Ulysse à Robinson; il se ressouvient de la tempête de saint Paul dans les *Actes des Apôtres*, et nous ramène à l'incendie du *Kent*, vaisseau de la Compagnie des Indes, en 1825. Des réflexions morales, vives et pénétrantes, sur la différence des temps et des civilisations, viennent animer et sauver ces brusques trajets : on n'est pas en risque de s'ennuyer un instant avec lui. Tandis que d'autres jouent sur les antithèses de mots, M. Saint-Marc Girardin se plaît aux antithèses morales, et il en fait jaillir les aperçus. Sa critique, à cet égard, est pleine d'invention et de fertilité. Des parties tout à fait belles et sérieuses, comme lorsqu'il parle de l'antiquité grecque et des personnages d'Homère ou de Sophocle, ou encore lorsqu'il aborde cette autre antiquité chrétienne des Augustin et des Chrysostome, font voir le maître dans son élévation et sa gravité, et rachètent quelques abus.

Il y a de l'abus en effet. M. Saint-Marc Girardin est trop ennemi de la fadeur, pour ne pas nous permettre de sortir avec lui des termes d'un éloge continu. Si j'osais lui emprunter son propre langage ou du moins essayer de lui appliquer sa propre méthode pour le caractériser, voici comment je m'y prendrais. D'ordinaire, quand il veut triompher sur une ligne, en tacticien habile il choisit ses points. Il prend ses termes de comparaison chez les Grecs, chez les Latins, dans le siècle de Louis XIV; et enfin, quand il aboutit aux modernes, aux contemporains, il les bat, en les montrant inférieurs, malgré leur esprit, à ces maîtres plus naturels et plus graves. Or ici, dans la critique, voici ce qu'on pourrait lui dire, et ce que lui-même se dirait bien mieux que nous ne le pourrions, s'il voulait ajouter ce petit chapitre à tous les siens.

La critique chez les anciens, ferait-il remarquer, était elle-même grave et sérieuse. En critique comme en morale, les anciens ont trouvé toutes les grandes lois : les modernes n'ont fait le plus souvent que raffiner spirituellement sur les détails. Quel plus exact et plus souverain classificateur qu'Aristote ? C'est l'analyse et presque la loi littéraire dans sa perfection rigoureuse et son excellence. La critique, à ce degré, est devenue une magistrature, et ses arrêts ont pu sembler à quelques-uns une religion. Même dans la décadence de l'art, des rhéteurs tels que Longin (ou celui qu'on a désigné sous ce nom) ont une justesse sévère et d'admirables développements. La critique de détail, en ce qui concernait les moindres artifices de style et de diction, prenait chez les anciens une importance dont personne ne songeait à se railler. Le nom d'Aristarque, le maître en ce genre de sagacité grammaticale, est passé en circulation à l'état de type, et signifie l'oracle même du goût. Cette tradition respectueuse de la critique se retrouve tout entière chez les Latins. Dans l'intervalle des fonctions publiques, dans les courtes trêves des tempêtes civiles, Cicéron écrivait, sans croire déroger, des traités de rhétorique. Horace, dans ses vers, a résumé toute la substance et la fleur de l'ancienne critique; en vraie abeille qu'il est, il en a fait un miel aussi agréable que nourrissant. Lors même que la décadence du goût est déjà avancée, quand Tacite (ou tout autre) écrivait ce *Dialogue des Orateurs*, où toutes les opinions, même celles des romantiques du temps, sont représentées, l'agrément et la raillerie ne nuisaient pas au sérieux; aucun système n'est sacrifié dans cet excellent dialogue, et chaque côté de la question est défendu tour à tour avec les meilleures raisons et les plus valables. Le nom de Quintilien suffit pour exprimer, dans l'ordre critique, le modèle du scrupuleux, du sérieux, de l'attentif, l'idée du jugement même. Que si l'on passe aux rhéteurs modernes, à ceux des bons et grands siècles, on descend de haut : la critique, en ces belles époques, n'a pas pris tout son développement et son essor, elle se contente souvent de suivre : pourtant, en un ou deux cas, elle dirige, elle guide aussi ; elle semble recouvrer son antique autorité. Boileau devance Rollin. Et sur celui-ci, sur sa candeur et sa modestie de juge, sur la droiture de sa méthode littéraire, et sur Fénelon et sur Voltaire, à ne les prendre tous deux que comme simples critiques et gens de goût, que ne dirait-on pas ? Remarquez que, dans ce moment, je ne fais qu'esquisser un tout petit chapitre, comme M. Saint-Marc Girardin le saurait bien mieux remplir sans insister autant que moi sur les transitions. J'arriverais donc, comme il aime à le faire, aux modernes du jour, aux contemporains, à nous-mêmes, et je dirais : La critique semble, au premier coup d'œil, avoir fait beaucoup de progrès, en avoir fait autant que l'art en a fait peu ; elle semble avoir gagné ce que l'autre a perdu. Pourtant ne nous laissons pas séduire à ces apparents avantages. Et alors je prendrais pour exemple M. Saint-Marc Girardin lui-même, c'est-à-dire un des plus brillants exemples modernes, un des plus raisonnables, et je dirais : On est toujours de son temps. Les modernes ont beau faire, ils sont toujours des modernes. Tel qui parle contre le raffinement est lui-même légèrement raffiné, ou, s'il revient au simple, il n'y revient qu'à force d'esprit, de dextérité et d'intelligence. J'ai quelquefois entendu dire que certains grands esprits de nos jours n'avaient rien de leur temps, M. Royer-Collard, par exemple : « Il n'a rien de ce temps-ci, disait-on ; tour de pensée et langage, il est tout d'une autre époque. » Pardon ! répondais-je ; M. Royer-Collard, tout comme M. Ingres, est encore de ce temps-ci, ne serait-ce que par le soin perpétuel de s'en garantir. Leur style, à tous deux, est *marqué ;* Nicole ou Raphaël autrefois y allaient plus uniment. On touche encore à son temps, et très-fort même quand on le repousse. M. Saint-Marc Girardin m'excusera donc de lui dire, à côté de ces deux beaux noms, que, lui aussi, il est de son temps, et d'en chercher en lui la marque. Je la trouverai, cette marque, dans sa méthode même. Elle n'est pas assez simple, assez suivie; elle fait trop de chemin en peu de temps; comme le théâtre des romantiques, elle a ses perpétuels changements à vue. Elle dissimule l'inquiétude propre aux modernes sous la mobilité, sous une agilité scintillante et gracieuse. Les choses qu'il dit sont fines, le plus souvent judicieuses, mais elles arrivent d'une manière scintillante. Lui qui sait si bien indiquer les défauts de la cuirasse d'autrui, voilà le sien. Il a des commencements de chapitres, parfaits de ton, de tenue, de sévérité, d'une haute critique; puis il descend ou plutôt il s'élance, il saute à des points de vue tout opposés. « Mais ce n'est point ma faute à moi, dira le critique; je n'invente pas mon sujet, je suis obligé d'en descendre la pente, et de suivre les modernes dans ces recoins du cœur humain où ils se jettent, après que les sentiments simples sont épuisés. » — Pardon, répondrai-je encore; votre ingénieuse critique, en faisant cela, n'obéit pas seulement à une nécessité, elle se livre à un goût et à un plaisir; elle s'accommode à merveille de ces recoins qu'elle démasque, et dont elle nous fait sentir, en se jouant, le creux et le faux. Si ces auteurs, qui semblent avoir été mis au monde tout exprès pour lui procurer un facile triomphe, n'existaient pas, votre critique serait bien en peine, et elle n'aurait pas toute sa matière. Elle a besoin d'eux pour se donner à elle-même toute son originalité et tout son piquant, pour égayer à temps son sérieux, qui, en se prolongeant, pourrait tourner au subtil. C'est là ce que j'appelle la marque moderne en M. Saint-Marc Girardin. Il y a dans un seul de ses chapitres prodigieusement d'idées, de vues, d'observations, bien plus sans doute que dans le même nombre de pages de Quintilien ou de Longin; mais il y a aussi du bel-esprit. Je serais assez embarrassé peut-être de le dénoncer du doigt dans un endroit précis, mais il est répandu partout dans l'ensemble. Le titre seul de certains chapitres est déjà une épigramme; ces chapitres, commencés avec gravité, finissent souvent en pointe. Il suffirait d'y ajouter un certain accent, pour avoir positivement du persiflage. Il y a, en tout cas, un cliquetis de rapprochements. Voilà comment, avec des parties hautes, sérieuses, éloquentes, M. Saint-Marc Girardin est lui-même essentiellement moderne.

Là où il me paraît tout à fait à l'aise et dans le milieu qui lui est propre, sans effort, avec une bonne grâce et une mesure de ton tout à fait naturelle, c'est quand il parle de la comédie, surtout de la comédie moyenne. Il a de la gaieté dans l'esprit, il a du léger et du plaisant; il sait toutes les finesses du cœur et les nuances de la société. Il a écrit, à propos d'une comédie de Collé et de *la Métromanie* de Piron, des pages charmantes, délicates, que je prise bien plus comme témoignage vrai de son talent que d'autres plus saillantes et où il élève la voix. Ce sont de petits chefs-d'œuvre de critique modérée. Il a aussi, dans l'ordre de critique morale, de fort belles pages, comme quand il commente la parabole de l'Enfant prodigue, en la rapprochant des pères de Térence. M. Saint-Marc Girardin aime à tirer de l'Écriture des exemples ou des maximes de morale, et il en assaisonne à ravir son enseignement. Je n'ai vu personne entendre si bien saint Paul parmi ceux qui goûtent si bien Collé.

L'influence de M. Saint-Marc Girardin sur la jeunesse a été réelle, et elle mérite d'être notée. Ennemi de l'en-

flure et des grands airs, il a aidé à désabuser de bien
des déclamations en vogue; il a crevé à coups d'épingle bien des ballons. Mais surtout il est de ceux qui ont
le plus contribué à guérir les jeunes générations de la
maladie de René. Qu'est-ce que cette maladie? M. Saint-
Marc Girardin l'a définie mainte fois et combattue sous
toutes les formes; il l'a rencontrée et décrite particulièrement avec une expression frappante dans un jeune
homme à qui saint Jean Chrysostome en son temps
adressait des conseils et qui passait pour possédé du
démon, dans le jeune *Stagyre*, premier type reconnaissable de cette famille des René et des Werther. M. Saint-
Marc Girardin a comme découvert ce Stagyre, et il lui
adresse à son tour beaucoup de vérités que la politesse
l'empêchait alors de dire en face à René lui-même. Le
démon de Stagyre, ou, ce qui revient au même, le mal
de René, c'est le dégoût de la vie, l'inaction et l'abus
du rêve, un sentiment orgueilleux d'isolement, de se
croire méconnu, de mépriser le monde et les voies tracées, de les juger indignes de soi, de s'estimer le plus
désolé des hommes, et à la fois d'aimer sa tristesse; le
dernier terme de ce mal serait le suicide. Peu de gens
de nos jours se sont tués, eu égard à tous ceux qui ont
songé à le faire. Mais tous, à une certaine heure, nous
avons été plus ou moins atteints du mal de René.
M. Saint-Marc Girardin, qui en fut toujours exempt, en
a saisi les effets désastreux et les ridicules; il n'a rien
épargné pour en dégoûter la jeunesse, il y a réussi. Il
n'a cessé de lui redire sur tous les tons, sur le ton de
la raillerie, comme aussi sur celui de l'affection : « Ne
vous croyez pas supérieur aux autres; acceptez la vie
commune; ne faites pas fi de la petite morale, elle est la
seule bonne. Le démon de Stagyre, c'est la tristesse ou
plutôt le défaut d'énergie et de ressort, c'est le néant de

l'âme. Pour en sortir, préférez à tous les plaisirs des mœurs régulières et simples, des devoirs et des intérêts de tous les jours. Prenez un état, mariez-vous, ayez des enfants. Il n'est pas de démon, en effet, fût-ce même celui de la tristesse, qui ose affronter le voisinage des petits enfants. » C'est en ces termes, et bien mieux encore (car je suis forcé d'abréger), que M. Saint-Marc Girardin, depuis tantôt dix-huit ans, a prêché à la jeunesse le mariage, la régularité dans les voies tracées, l'amour des grandes routes : « Les grandes routes, s'écriait-il un jour, je n'en veux pas médire, je les adore. » J'ai dit qu'il a réussi en effet, trop réussi. La jeunesse, une partie de la jeunesse, est devenue positive; elle ne rêve plus; elle pense, dès seize ans, à une carrière et à tout ce qui peut l'y conduire; elle ne fait rien d'inutile. La manie et la gageure de tous les René, de tous les Chatterton de notre temps, c'était d'être grand poëte ou de mourir. Le rêve des jeunes prudents aujourd'hui, c'est de vivre, d'être préfet à vingt-cinq ans, ou représentant, ou ministre. Le mal n'a fait que changer et se déplacer. C'est ce qui arrive de presque toutes les maladies de l'esprit humain qu'on se flatte d'avoir guéries. On les répercute seulement, comme on dit en médecine, et on leur en substitue d'autres. M. Saint-Marc Girardin, qui connaît si bien la nature humaine, le sait mieux que nous.

Lundi 8 octobre 1849

LES CONFIDENCES

PAR

M. DE LAMARTINE.

(1 vol. in-8º).

Et pourquoi donc n'en parlerais-je pas? Je sais les difficultés d'en parler convenablement : le temps des illusions et des complaisances est passé; il faut absolument dire des vérités, et cela peut sembler cruel, tant le moment est bien choisi. Pourtant, parce qu'un homme tel que M. de Lamartine a trouvé convenable de ne pas clore l'année 1848 sans donner au public ses confessions de jeunesse et sans couronner sa politique par des idylles, faut-il que la critique hésite à le suivre et à dire ce qu'elle pense de son livre, faisant preuve d'une discrétion et d'une pudeur dont personne (et l'auteur moins que personne) ne se soucie? Je prendrai donc le livre en lui-même; je l'isolerai tant que je pourrai de la politique; en oubliant le Lamartine de ces dernières années, je tâcherai de ne me souvenir que de celui d'avant *les Girondins*. En effet, littérairement parlant, ce volume des *Confidences* vient bien après *Jocelyn*, *la Chute d'un Ange*, *les Recueillements poétiques*, et il continue, sans trop de décadence, cette série de publications dans lesquelles les défauts de l'auteur vont s'exagérant de plus en plus, sans que ses qualités pour cela disparaissent.

Le livre commence par une préface sous forme de

lettre adressée à un ami; cette préface apologétique a pour objet d'excuser l'auteur, qui sent, malgré tout, l'inconvenance d'une publication romanesque dans les circonstances graves où il s'est placé et où il a tout fait pour placer son pays. Le poëte a le don des larmes; il en verse quelques-unes pour essayer de nous attendrir. Il s'agissait pour lui de vendre Milly, sa terre natale, la terre des tombeaux de famille, ou de vendre son manuscrit des *Confidences*. Au dernier moment, et par respect, dit-il, pour l'ombre de sa mère, de son père, de ses sœurs, il n'a pas hésité : « L'acte était sur la table. D'un mot j'allais aliéner pour jamais cette part de mes yeux (Milly). La main me tremblait, mon regard se troublait, le *cœur* me manqua... Je pesai d'un côté la tristesse de voir des yeux indifférents parcourir les fibres palpitantes de mon *cœur* à nu sous des regards sans indulgence; de l'autre le déchirement de ce *cœur* dont l'acte allait détacher un morceau par ma propre main. Il fallait faire un sacrifice d'amour-propre ou un sacrifice de sentiment. Je mis la main sur mes yeux, et je fis le choix avec mon *cœur*... » Je ne connais rien de plus triste que cette prodigalité de cœur qui est répandue sur toute cette préface, sous prétexte d'y couvrir ce que l'auteur ne fait par là qu'étaler. Puisqu'il fallait qu'il se décidât à un parti pénible, une préface brève, nette et simple, aurait bien mieux convenu, et elle nous aurait convaincus plus réellement de la violence qu'il se faisait à lui-même.

L'auteur vient de nous dire qu'en publiant *les Confidences* il sacrifiait l'amour-propre au sentiment. En parlant ainsi, il s'exagère un peu le sacrifice; son amour-propre, en effet, on va le voir, n'est pas le moins du monde en souffrance dans tout le livre. « Mon Dieu! s'écrie-t-il en commençant, j'ai souvent regretté d'être né; j'ai souvent désiré de reculer jusqu'au néant, au lieu d'avancer, à travers tant de mensonges, tant de souffrances et tant de pertes successives, vers cette perte de nous-même que nous appelons la mort ! » C'est là une boutade sombre qu'on dirait empruntée à René. M. de Lamartine, dont la disposition habituelle est plutôt le contentement et la sérénité, rentre bien vite dans le vrai de sa nature, lorsqu'il nous peint sa libre et facile enfance, sa croissance heureuse sous la plus tendre et la plus distinguée des mères : « Dieu m'a fait la grâce de naître dans une de ces familles de prédilection qui sont comme un sanctuaire de piété... Si j'avais à renaître sur cette terre, c'est encore là que je voudrais renaître. » Il aurait bien tort, en effet, et il serait bien injuste s'il croyait avoir à se plaindre du sort à ses débuts dans la vie. Jamais être ne fut plus comblé : il reçut en partage tous les dons, même le bonheur ; c'est à croire que toutes les fées assistèrent à sa naissance, toutes, excepté une seule, celle qui brille le moins et dont l'absence ne se fait sentir que plus tard, à mesure qu'on avance dans la vie. Qu'avait-elle donc au fond de sa boîte, cette fée absente qui, seule, a fait défaut à M. de Lamartine ? Je le dirai tout à l'heure, si je l'ose ; mais certainement le poëte ne croit pas qu'elle lui ait manqué.

Il nous expose lui-même avec complaisance toutes les qualités et les grâces dont il était revêtu. « Ton enfant est *bien beau* pour un fils d'aristocrate, » disait un jour un représentant du peuple à sa mère. Sa première éducation fut toute maternelle, toute libre, toute buissonnière. « Ce régime, dit-il, me réussissait à merveille, et j'étais alors *un des plus beaux enfants* qui aient jamais foulé de leurs pieds nus les pierres de nos montagnes, où la race humaine est cependant si saine et si belle. Des yeux d'un *bleu noir* comme ceux de ma mère; des traits accentués, mais adoucis par une expression un peu pensive, comme était la sienne; un éblouissant rayon de joie intérieure éclairant tout ce visage; des cheveux *très-souples* et *très-fins*, d'un brun doré comme l'écorce mûre de la châtaigne, tombant en ondes plutôt qu'en boucles sur mon cou bruni par le hâle (je supprime, j'en demande pardon à l'auteur, quelques détails sur la finesse de la peau)... En tout, le portrait de ma mère avec l'accent viril dans l'expression : voilà l'enfant que j'étais alors. Heureux de formes, heureux de cœur, heureux de caractère, la vie avait écrit bonheur, force et santé sur tout mon être. » Et plus loin, quand il quitte la maison maternelle pour le collége, il dira : « Je ressemblais à une statue de l'Adolescence enlevée un moment de l'abri des autels *pour être offerte en modèle aux jeunes hommes.* » Tout cela doit avoir été très-juste, très-fidèle; il est dommage seulement que ce soit l'original lui-même qui se fasse de la sorte son propre statuaire et son propre peintre. M. de Lamartine répondra que Raphaël s'est bien peint lui-même. Je pourrais lui répondre à mon tour que l'écrivain, pour se peindre, a besoin de plus de travail moral, de plus de réflexion et de préméditation que le peintre proprement dit, et que, du moment que le moral intervient, un autre ordre de délicatesse commence. M. de Lamartine loue beaucoup sa mère; rien de plus naturel au premier abord; il semble qu'un père et qu'une mère soient de ces êtres qu'on ne puisse trop louer ou du moins trop aimer. Mais il y a là encore une nuance de délicatesse. Louer à tout moment sa mère comme une femme de génie, comme un modèle de sensibilité expressive et de beauté, prenez garde, c'est déjà un peu se louer soi-même, surtout quand toutes ces louanges vont à conclure qu'on est en personne tout son portrait vivant. Oh! que Racine fils, nourri dans la pureté *et* la religion du foyer domestique, s'entendait mieux à cette pudeur qui accompagne toute vraie piété! Il hésite à prononcer tout haut le nom illustre de son père, ce nom qui était le sien :

> Virgile, qui d'Homère appris à nous charmer,
> Boileau, Corneille, *et Toi que je n'ose nommer,*
> Vos esprits n'étaient-ils qu'étincelle légère?

Nous touchons ici à un défaut essentiel dans l'éducation de M. de Lamartine, à une erreur de cette mère excellente qui, nourrie de Jean-Jacques et de Bernardin dont elle associait les systèmes avec ses croyances, ne voulut élever son fils qu'à l'aide du sentiment. A aucun moment, en effet, la règle n'intervient dans cette éducation abandonnée à la pure tendresse : « Mon éducation était toute dans les yeux plus ou moins sereins et dans le sourire plus ou moins ouvert de ma mère... Elle ne me demandait que d'être vrai et bon. Je n'avais aucune peine à l'être... Mon âme, qui ne respirait que la bonté, ne pouvait pas produire autre chose. Je n'avais jamais à lutter ni avec moi-même ni avec personne. Tout m'attirait, rien ne me contraignait. » C'est cette limite, c'est ce *veto* contre lequel son enfance ne s'est jamais heurtée, qui a manqué à l'éducation de M. de Lamartine, et qu'il n'a rencontré que très-tard dans la vie. Même hors de l'enfance et durant toute sa jeunesse, cette nature favorisée n'a cessé de s'épanouir sans se trouver en présence d'un obstacle qui l'avertît. Le monde l'a traité d'abord comme l'avait traité sa famille : il avait été l'enfant gâté de sa mère, il le devint de la France et de la jeunesse. Son génie facile, abondant, harmonieux, s'épanchait sans économie au gré de tous ses rêves. C'est ainsi qu'il a dépensé continuellement les plus riches dons, sans être averti de les ménager, jusqu'à ce qu'il les ait dissipés à peu près tous, — oui, tous, excepté ce don de la parole qui semble chez lui intarissable, et dont il jouera jusqu'à la fin comme d'une flûte enchantée. Pour me représenter M. de Lamartine et ses erreurs sans lui faire trop d'injure, je me suis demandé quelquefois ce que serait devenu un François de Sales ou un Fénelon, une de ces natures d'élite, qui n'aurait pas été élevée du tout, qui n'aurait connu aucune règle, et se serait passé tous ses caprices. Un Fénelon gâté et sans aucun frein, une manière d'Ovide à demi mystique, parlant du ciel et s'occupant de la terre, vous êtes-vous jamais figuré une combinaison de ce genre-là ?

Il faut pourtant qu'indépendamment de l'éducation il ait manqué quelque chose encore à cette nature et à cet esprit d'ailleurs si doué; car, lorsqu'une qualité un peu forte existe en nous, elle sait très-bien se produire tôt ou tard, et se passer après tout de l'éducation. Nous voici revenus à cette fée absente, la seule, disions-nous, qui ait fait défaut au berceau du poëte. Voyons si lui-même, dans son ingénuité d'aveux, il ne nous mettra pas sur la voie pour la reconnaître. Parmi les auteurs qu'il lit d'abord et qu'il aime, nous trouvons le Tasse, Bernardin de Saint-Pierre, Ossian; c'est tout simple, et l'affinité des natures, la parenté des génies se déclare. Mais ce jeune esprit ouvert à tout, amoureux de tout, repousse un seul livre parmi ceux qu'on lui met entre les mains; il a d'instinct une aversion. Et pour qui donc? pour La Fontaine. « Les fables de La Fontaine, dit-il, me paraissaient à la fois puériles, fausses et cruelles, et je ne pus jamais les apprendre par cœur. » Cela me rassure de voir que M. de Lamartine n'ait jamais eu de goût pour La Fontaine, et dès lors je me confirme dans mon secret jugement. Car enfin, qu'il tourne le dos à Rabelais, qu'il ait même l'air de mépriser Montaigne, je le conçois de la part d'une si platonique nature, et ces paroles de dédain ne signifient autre chose, sinon : Je ne leur ressemble en rien. Mais La Fontaine! c'était un rêveur comme lui, épris comme lui de la solitude, du silence des bois, du charme de la mélancolie, et par moments aussi raffolant de Platon. Qu'avait donc de plus ce rêveur pour lui tant déplaire? Il avait, au milieu de son rêve, l'expérience, le sentiment de la réalité, le bon sens. C'est lui qui, dans la fable du *Berger devenu ministre*, a dit, pour nous expliquer comment le pauvre homme, brusquement jeté du milieu de son troupeau au gouvernail d'un État, s'en tire beaucoup mieux qu'on n'aurait pu croire :

Il avait du bon sens, le reste vient ensuite.

Cette fée, qui a manqué au berceau du poëte, ne serait-elle donc pas tout simplement la fée qui avait doué le Berger de la fable, la fée du bon sens et du sens réel? M. de Lamartine assurément ne le croit pas, car il nous dit, en parlant de sa formation précoce : « Cette vie entièrement paysannesque, et cette ignorance absolue de ce que les autres enfants savent à cet âge, n'empêchaient pas que, sous le rapport des sentiments et des idées, mon éducation familière, surveillée par ma mère, ne fît de moi *un des esprits les plus justes*, un des cœurs les plus aimants, etc., etc. » Voilà qui est clair, et c'est sur ce point aussi que nous sommes forcé de lui crier clairement : *Holà!* J'entends par bon sens, remarquez-le, non pas le bon sens vulgaire, mais le tact, l'esprit de conduite, le bon goût, bien des choses à la fois, en un mot, la justesse d'esprit dans ses applications les plus variées et les plus délicates.

Et, par exemple, sans sortir des *Confidences*, dans l'ordre des choses de goût et de sentiment, que fait M. de Lamartine quand il nous parle de sa mère? Il ne se contente pas de nous la peindre, il nous la décrit. Décrire avec une si visible complaisance une personne qui nous touche de si près et à laquelle on a tant de chances de ressembler, c'est déjà un manque de tact en si délicate matière. Mais en quels termes encore la décrit-il? Tantôt « on retrouve en elle ce sourire intérieur de la vie, cette tendresse intarissable de l'âme et du regard, et surtout ce rayon de lumière si serein de raison, si *imbibé* de sensibilité, qui *ruisselait comme une caresse éternelle* de son œil un peu profond et un peu voilé, comme si elle n'eût pas voulu laisser jaillir toute la clarté et tout l'amour qu'elle avait dans ses beaux yeux. » Tantôt « ses traits sont si délicats, ses yeux noirs ont un regard si candide et si pénétrant; *sa peau transparente laisse tellement apercevoir sous son tissu un peu pâle le bleu des veines* et la mobile rougeur de ses moindres émotions; ses cheveux très-noirs, mais très-fins, tombent *avec tant d'ondoiements* et *des courbes si soyeuses* le long de ses joues *jusque sur ses épaules*, qu'il est impossible de dire si elle a dix-huit ou trente ans. » Un spirituel romancier qui, de nos jours, a inventé un genre, M. de Balzac, a décrit aussi la femme de trente ans, et il ne l'a pas fait avec des traits plus choisis et plus délicieusement disposés; mais, en la décrivant, il ne décrivait pas une mère. Est-ce que vous ne sentez pas la différence? « On comprend, dit M. de Lamartine, rien qu'à voir ce portrait, toute la passion qu'une telle femme dut inspirer à mon père, et toute la piété que plus tard elle devait inspirer à ses enfants. » Oui, l'on comprend la passion, mais non la piété. La piété chaste, sainte, vraiment filiale, n'analyse pas ainsi. Racontant l'emprisonnement de son père pendant la Terreur, M. de Lamartine nous fait assister à des scènes tant soit peu romanesques, et qu'il me permettra de ne croire qu'avec réserve; car il était trop enfant pour les remarquer alors, et aucun des deux acteurs n'a dû certainement les lui apprendre avec le détail qu'il nous donne aujourd'hui. Selon lui, moyennant une corde lancée d'un toit à l'autre avec une flèche, son père et sa mère correspondaient, et son père put même quelquefois sortir la nuit de sa prison, pour aller passer quelques heures avec sa mère. « Quelles nuits, s'écrie le poëte, que ces nuits furtives passées à retenir les heures dans le sein de tout ce qu'on aime! A quelques pas, des sentinelles, des barreaux, des cachots et la mort! Ils ne comptaient pas, comme Roméo et Juliette, les pas des astres dans la nuit par le chant du rossignol et par celui de l'alouette, mais par le bruit des rondes... » Le poëte continue ainsi à s'enflammer sur ces nuits *délicieuses*, sur ces *entrevues des deux amants*, et à vouloir nous y intéresser. Il semble avoir complétement oublié qu'il est fils, et qu'il s'agit de ses père et mère. Tout cela est choquant au dernier point, et tellement indélicat, que c'est presque une indélicatesse à la critique elle-même de venir le relever. « Il faut avoir de l'âme pour avoir du goût », a dit Vauvenargues; mais, comme l'âme ne saurait être mise en doute dans un pareil sujet, je me contente de dire que cette violation du goût et de la bienséance tient à un manque de justesse première que l'éducation n'a rien fait pour corriger.

On aurait tort de croire qu'à travers ces défauts qui blessent, il n'y ait pas, malgré tout, de charmants détails, mille retours heureux où le poëte se joue et retrouve sa touche légère. Au moment où l'on s'impatiente et où l'on désespère, tout à coup le talent reparaît vif, facile, plein de fraîcheur, et l'on se sent reprendre avec lui. Pourtant ce n'est qu'en avançant dans le volume que l'écrivain se dégage un peu de la phrase proprement dite, de ce que j'appellerai la rhétorique du sentiment. Cette rhétorique, qu'on ne saurait plus confondre avec la poésie sans profaner ce dernier nom, se marque par une singulière habitude et comme par un *tic* qui finit par devenir fatigant. Il est question dans le roman d'*Adèle de Sénange* d'un personnage qui ne parle point sans placer trois mots presque synonymes l'un après l'autre, qui ne vous salue, par exemple, qu'en vous priant de compter sur sa *déférence*, ses *égards*, sa *considération*. M. de Lamartine, sans s'en apercevoir, a pris également l'habitude de couper sa pensée, sa phrase par trois membres, de procéder trois par trois. Lorsqu'une fois on a fait cette remarque, on trouve occasion de la vérifier dans mainte page des *Confidences*. Si le poëte rouvre ses manuscrits de famille, c'est qu'il veut *retrouver, revoir, entendre* l'âme de sa mère. S'il veut nous faire regretter Milly, c'est pour les images de tendresse qui ont *peuplé, vivifié, enchanté* cet enclos; il s'enveloppe de ce *sol*, de ces *arbres*, de ces *plantes* nées avec lui; il revient visiter ses *souvenirs*, ses *apparitions*, ses *regrets*. Cette phraséologie abondante et monotone finit par lasser ceux mêmes qui aimaient le plus à se laisser bercer à la belle langue du poëte. Ceux surtout qui savent ses vers par cœur (et le nombre en est grand parmi les hommes de notre âge) en retrouvent, non sans regret, des lambeaux entiers étendus et comme noyés dans sa prose. Cette prose, dans *les Confidences*, n'est trop souvent que la paraphrase de ses vers, lesquels eux-mêmes étaient devenus vers la fin la paraphrase de ses sentiments.

Le volume ne prend tout son intérêt qu'à partir de l'épisode de Lucy, et cet intérêt se prolonge jusqu'à la fin de l'épisode de Graziella. Ce premier amour avec Lucy, sous l'invocation d'Ossian, est une jolie esquisse, d'un trait pur et simple; c'est finement touché : il y a du sourire, un peu de malice; en un mot, de ces qualités qu'excède aisément le talent de M. de Lamartine, mais qui font d'autant plus de plaisir à rencontrer chez lui. Le passage du nord au midi est sensible; on fait le chemin en compagnie de la piquante cantatrice Camilla. Le nuage d'Ossian se dissipe peu à peu au soleil d'Italie; la beauté romaine se dessine. La Camilla fait transition entre Lucy et Graziella. Celle-ci est la véritable héroïne des *Confidences*.

L'épisode de Graziella a des parties supérieurement traitées et dans lesquelles on reconnaît un pittoresque vrai, sans trop de mélange du faux descriptif, un sentiment vif de la nature et de la condition humaine. M. de Lamartine, en prenant soin de mettre la date de 1829 à la suite de cet épisode, a voulu nous avertir qu'il l'avait écrit dès cette époque, et que les vers qu'il consacrait à la jeune Napolitaine en 1830 ne sont venus qu'après, comme un couronnement. Quoique cet épisode de la Graziella soit écrit avec plus de fermeté et de simplicité que le reste des *Confidences*, on y trouve pourtant quelques-uns de ces tons discordants et forcés, tels que M. de Lamartine n'en admettait pas encore dans sa manière à la date de 1829; on se prend à douter de cette date; et, en effet, l'auteur lui-même, qui a des instants d'oubli, nous dit, dans sa préface des mêmes *Confidences*, que c'est en 1843, à Ischia, au moment où il composait son *Histoire des Girondins*, qu'il écrivit comme intermède cet épisode de Graziella. S'il dit vrai dans sa préface, il s'est donc permis une légère supposition à l'autre endroit du volume. Mais peu nous importe, et le poëte a eu, dans sa vie, bien d'autres oublis plus graves. La seule conséquence que je veuille tirer de cette date récente, est toute littéraire; elle porte sur un défaut qui affecte désormais la manière de M. de Lamartine, même à ses meilleurs moments. Je voudrais essayer ici de faire sentir ce défaut, de le faire toucher du doigt.

Parmi les auteurs qui ont eu le plus d'influence sur M. de Lamartine, et qui ont le plus agi de bonne heure sur sa forme d'imagination, il faut mettre au premier rang Bernardin de Saint-Pierre. Le poëte des *Harmonies* et de *Jocelyn* procède manifestement de lui; il ne perd aussi aucune occasion de l'avouer pour maître et de le célébrer. *Paul et Virginie* a été son livre de prédilection dès l'enfance. Un des plus heureux passages de l'épisode de Graziella, c'est quand le poëte, après la tempête qui l'a jeté dans l'île de Procida, réfugié au sein de cette famille de pêcheurs, se met à lire et à traduire à ces pauvres gens, durant la veillée, quelques-uns des livres qu'il a sauvés du naufrage. Il y a trois volumes en tout : l'un est le roman de *Jacopo Ortis;* l'autre est un volume de Tacite (le poëte, dès ce temps-là, ne sortait jamais sans un Tacite, en prévision de ses futures destinées) : enfin, le troisième volume est *Paul et Virginie*. Le poëte essaie vainement de faire comprendre à ces bonnes gens, tout voisins de la nature, ce que c'est que la douleur de Jacopo Ortis, et ce que c'est que l'indignation de Tacite; il ne réussit qu'à les ennuyer et à les étonner. Mais *Paul et Virginie!* à peine a-t-il commencé à le leur traduire, qu'à l'instant la scène change, les physionomies s'animent, tout a pris une expression d'attention et de recueillement, indice certain de l'émotion du cœur. La note naturelle est trouvée; les larmes coulent; chacun a sa part dans l'attendrissement. La pauvre Graziella surtout va puiser dans cette lecture charmante du livre innocent le poison mortel qui la tuera. Il y a là une admirable analyse de *Paul et Virginie,* une analyse en groupe et en action, telle qu'un poëte seul a pu la faire. Eh bien! ce feu d'une passion qui s'allume à l'autre, ce roman qui va naître du roman, aura-t-il la même pureté, la même simplicité d'expression? C'est là que, *Paul et Virginie* en main, j'ose à mon tour faire la leçon à M. de Lamartine, et lui demander compte de ce qu'il m'a tout à l'heure si bien appris à sentir. Sa manière, que nous avons connue si noble d'abord, un peu vague, mais pure, s'est gâtée; elle dément à chaque instant ses premiers exemples et ses modèles. Est-ce Bernardin de Saint-Pierre qui, pour exprimer la facilité de liaison et de cordialité naturelle aux conditions simples, aurait dit: « Le temps qui est nécessaire à la formation des amitiés intimes dans les hautes classes, ne l'est pas dans les classes inférieures. Les cœurs s'ouvrent sans défiance, ils se *soudent* tout de suite... » Est-ce Bernardin de Saint-Pierre encore qui dans cette scène, jolie d'ailleurs, où Graziella, pour mieux plaire à celui qu'elle aime, essaie de revêtir la robe trop étroite d'une élégante de Paris, est-ce lui qui viendrait nous dire, après les détails sans nombre d'une description toute physique : « Ses pieds, accoutumés à être nus ou à s'emboîter dans de larges babouches grecques, *tordaient* le satin des souliers... » Ce défaut, dont je ne fais que toucher quelques traits, est presque continuel désormais chez M. de Lamartine; il se dessine et reparaît à travers les meilleurs endroits. Tantôt c'est une existence *extravasée;* tantôt, lisant Ossian, il sent ses larmes se *congeler* au bord de ses cils. Il n'a pas seulement l'amour de la nature, il en a la *frénésie*. Les notes d'une guitare ne font pas simplement vibrer les fibres de son cœur, elles vont les *pincer* profondément. Ce sont des *ruissellements* perpétuels, ruissellements de soleil, de tendresse. Ici c'est le cœur qui est trop *vert*, plus loin c'est le caractère qui est *acide*. Remarquez que ce n'est pas précisément tel ou tel mot qui me paraît grave, car alors on pourrait l'enlever aisément, c'est la veine elle-même, qui tient à une modification profonde dans la manière de voir et de sentir du poëte. Je voudrais la mieux spécifier encore. J'ai déjà nommé M. de Balzac; ce romancier original a trouvé, je l'ai dit, une veine qui est bien à lui; elle peut nous plaire plus ou moins, mais elle est sienne; il n'a pas prétendu faire du chaste et de l'idéal; il se pique avant tout de physiologie, il pousse à bout la réalité et il la creuse. Qu'a fait M. de Lamartine? Il a fini, sans trop y penser peut-être, par opérer un singulier mélange, par adopter cette manière étrangère sans renoncer pour cela à la sienne propre, par faire entrer, en un mot, du Balzac dans du Bernardin. C'est ainsi que je définirais au besoin son style de romancier.

Les *Confidences* sont, en effet, un roman. Après l'épisode de Graziella terminé, il ne faut rien leur demander de plus; elles offrent toujours de jolies pages, mais aucune suite, aucun ensemble, et elles n'ont pas assez de vérité pour inspirer confiance en ce qui est des faits ou même des sentiments. L'auteur s'y souvient, mais à peu près; les portraits de ses amis, il les force et les exagère. Il se figure lui-même qu'il était, en ces temps éloignés, beaucoup plus libéral et plus voisin du tribun actuel qu'il ne le fut certainement. Cette préoccupation du présent qu'il porte dans le passé, deviendrait piquante à l'étudier de près. C'est l'inconvénient de ce genre de

Mémoires qui n'en sont pas, et dans lesquels on pose. Ce sont bien là en gros les événements de votre jeunesse, mais revus et racontés avec vos sentiments d'aujourd'hui; ou bien ce sont vos sentiments d'alors, mais déguisés sous les couleurs d'à présent. On ne sait où est le vrai, où est le faux; vous ne le savez vous-même; ce faux et ce vrai se mêlent à votre insu sous votre plume et se confondent. En veut-on un tout petit exemple? Une noble dame qui accueille M. de Lamartine réfugié en Suisse pendant les Cent-Jours, la baronne de Vincy, lui explique qu'elle ne voit point Mme de Staël, que la politique les sépare, et qu'elle a le regret de ne pouvoir le présenter à Coppet : « Elle est fille de la Révolution par M. Necker, disait Mme de Vincy; nous sommes de la religion du passé. Nous ne pouvons pas plus *communier* ensemble que la démocratie et l'aristocratie. » *Communier* ensemble! Je vous demande si, avant les banquets humanitaires, on avait l'idée de s'exprimer ainsi. Mme de Vincy a dit *communiquer*. M. de Lamartine commet là un anachronisme qui n'est pas seulement un anachronisme de langage, mais qui en est un au moral. Dans *les Confidences*, il en a commis perpétuellement de semblables.

J'aurai encore bien à dire, lorsqu'une autre fois je m'occuperai de *Raphaël*.

Lundi 15 octobre 1849.

DE LA QUESTION DES THÉATRES
ET DU
THÉATRE-FRANCAIS EN PARTICULIER.

Une loi sur les théâtres s'élabore en ce moment. Un projet est soumis au Conseil d'État et va l'être à l'Assemblée. Je n'ai pas à m'occuper des dispositions de ce projet ni à les discuter; mais il s'agit d'une matière qui prête à bien des observations littéraires, morales, et je tâcherai d'en toucher quelques-unes.

Les doctrines absolues en toute chose ont rencontré eurs limites, et les bons esprits commencent à s'éclairer par l'expérience. La liberté absolue des théâtres a des inconvénients et des dangers frappants. On ne saurait, dans aucun cas, assimiler cette liberté à la liberté absolue de la presse. Un théâtre offre aux yeux en même temps qu'aux oreilles quelque chose de vif, de sensible, d'immédiat; il peut en résulter des conséquences telles, que les pouvoirs publics aient à y intervenir à chaque instant, comme on a le droit d'éteindre un incendie. Même en matière de presse, d'ailleurs, le gouvernement, en laissant la plus grande liberté possible, se réserve un organe à lui, un *Moniteur*. En matière de théâtre, le gouvernement, même en accordant toutes les facilités de concurrence, cesserait-il d'avoir des théâtres qu'il protége, et par conséquent qu'il surveille, qu'il fasse diriger?

Il est trois ou quatre théâtres que l'on ne conçoit pas sans protection en France : l'Opéra, l'Opéra-Comique, le Théâtre-Français et les Italiens. Ce sont des théâtres de luxe ou des écoles de goût. Je ne dis rien de l'Opéra-Italien, plante exotique, plante rare et délicieuse, qui s'acclimate chaque jour parmi nous, mais qui a besoin encore des artifices de la serre. Le Grand-Opéra est un spectacle unique. Relisez *le Mondain* et ce qu'en a dit Voltaire; c'est encore vrai pour nous : l'Opéra représente la civilisation parisienne à ses grands jours, dans sa pompe et dans ses fêtes. Après chaque ébranlement social, voulez-vous avoir la mesure de la confiance renaissante? voulez-vous savoir si le monde reprend à la vie, si la société se remet à flot et rentre à pleines voiles dans ses élégances et ses largesses? ce n'est pas tant à la Bourse qu'il faut aller, c'est peut-être à l'orchestre de l'Opéra. Quand Paris recommence à s'amuser, ce n'est pas seulement une classe privilégiée qui s'amuse, ce sont toutes les classes qui profitent et qui prospèrent. Paris alors est en bon train de se sauver, et la France avec lui.

L'Opéra-Comique représente ce genre moyen, cher à l'esprit français, dans lequel la musique se mêle au drame selon une mesure qui plaît à notre organisation et que l'on goûte sans étude et sans effort; c'est un genre particulièrement agréable, qui refleurit à chaque saison et qu'il est naturel de maintenir. Mais le Théâtre-Français surtout est et demeure, à travers toutes les vicissitudes, une grande école de goût, de bon langage, un monument vivant où la tradition se concilie avec la nouveauté. A l'époque où tant de ruines se sont faites autour de nous, il serait peu raisonnable de venir com promettre et livrer au hasard ce qui a survécu et ce qui subsiste.

« De ce que j'ai fait une faute, ce n'est pas une raison de les commettre toutes, » répondait Mme de Montespan à quelqu'un qui s'étonnait de la voir faire maigre en Carême. De ce que nous avons fait bien des fautes en politique, ce n'est pas une raison non plus d'y ajouter ; un gouvernement qui, de gaieté de cœur, se dessaisirait de ce qu'il peut conserver de force et d'initiative avec l'assentiment public, raisonnerait moins bien que Mme de Montespan. Dans les choses tout à fait essentielles à l'État, si un accident imprévu cause une ruine, si une des poutres qui soutiennent l'édifice s'écroule, il vient un moment où le besoin absolu qui se fait sentir à tous peut amener une réparation ; mais dans l'ordre délicat, en ce qui touche les intérêts de l'esprit, les ruines une fois faites, par le temps qui court, ont grande chance de rester des ruines, et, quand la société a tant à lutter pour subvenir au strict nécessaire, il peut arriver que le jour de la réparation se fasse longtemps attendre pour le superflu.

Le superflu pourtant, *chose si nécessaire !* c'est Voltaire qui l'a dit, lui, le Français par excellence et qui connaissait si bien son espèce. Le mot est sérieusement vrai en France, surtout à Paris. On ne le sent jamais mieux qu'après l'avoir quelque temps quitté. On trouve ailleurs toutes sortes de qualités utiles et solides, de réalités essentielles : la facilité, l'art de vivre n'est qu'à Paris. Et c'est pour cela qu'on doit tant en vouloir à ceux qui ne négligent rien pour rendre Paris inhabitable et sauvage : laissez-les un instant à l'œuvre ; ce sont gens à faire baisser tout le niveau de la civilisation humaine en quelques jours, en quelques heures. Cela s'est vu : on peut perdre en trois semaines le résultat de plusieurs années, presque de plusieurs siècles. La civilisation, la *vie*, sachons-le bien, est chose apprise et inventée, perfectionnée à la sueur du front de bien des générations, et à l'aide d'une succession d'hommes de génie, suivis eux-mêmes et assistés d'une infinité d'hommes de goût. Ces hommes-là, ces grands artisans de la civilisation, sans lesquels on en serait resté pendant quelques siècles de plus aux glands du chêne, Virgile les a placés au premier rang, et à bon droit, dans son Élysée; il nous les montre à côté des guerriers héroïques, des chastes pontifes et des poëtes religieux,

Inventas aut qui vitam excoluere per artes.

Les hommes, après quelques années de paix, oublient trop cette vérité; ils arrivent à croire que la culture est chose innée, qu'elle est pour l'homme la même chose que la nature. Avons-nous besoin encore d'être avertis? La sauvagerie est toujours là à deux pas; et, dès qu'on lâche pied, elle recommence. Toujours est-il que, dans les bons temps, l'art de vivre, comme l'entendent les modernes, n'a été poussé nulle part ailleurs comme à Paris. Or, cet art perpétuel et insensible, ce courant des mœurs, c'est surtout par les théâtres qu'il s'enseigne, qu'il s'entretient ou s'altère. Les théâtres présentent le moyen d'action le plus prompt, le plus direct, le plus continu sur les masses. Nous vivons dans un temps où la société imite le théâtre bien plus encore que celui-ci n'imite la société. Dans les scènes scandaleuses ou grotesques qui ont suivi la Révolution de février, qu'a-t-on vu le plus souvent? La répétition dans la rue de ce qui s'était joué sur les théâtres. La place publique parodiait au sérieux la scène; les coulisses des boulevards s'étaient retournées, et l'on avait le paradis en plein vent. « Voilà mon histoire de la Révolution qui passe, » disait un historien, en voyant de sa fenêtre défiler une de ces parodies révolutionnaires. Un autre aurait pu dire également : « Voilà mon drame qui passe. » Une chose entre autres qui m'a frappé dans ces événements si étonnants, et dont je ne prétends point d'ailleurs diminuer la portée, c'est, à travers tout, un caractère d'imitation, et d'imitation littéraire. On sent que la phrase a précédé. Ordinairement la littérature et le théâtre s'emparaient des grands événements historiques pour les célébrer, pour les exprimer : ici c'est l'histoire vivante qui s'est mise à imiter la littérature. En un mot, on sent que bien des choses ne se sont faites que parce que le peuple de Paris a vu le dimanche, au boulevard, tel drame, et a entendu lire à haute voix dans les ateliers telle histoire. Avec les dispositions d'un pareil peuple, abandonner au hasard la direction des théâtres, ne s'en réserver aucune, ne pas user de ces grands organes, de ces foyers électriques d'action sur l'esprit public, ne pas assurer une existence régulière à trois ou quatre d'entre eux qui, à force de zèle et d'activité, à force de bonnes pièces, de nouveautés entremêlées à la tradition, fassent concurrence aux théâtres plus libres et empêchent qu'on ne puisse dire *Paris s'ennuie*, ou *Paris s'amuse, à faire peur*, ce serait méconnaître les habitudes et les exigences de notre nation, le ressort de l'esprit français lui-même.

Qu'on ne s'y trompe pas : à travers les formes diverses et les bigarrures qui se succèdent et qui déguisent souvent le fond, cet esprit français subsiste; il subsistera tant qu'il y aura une France, et il faut espérer que ce sera bien longtemps encore. Cet esprit qu'on croyait inhérent à l'ancienne société a triomphé de tout ce qui l'a modifiée successivement et détruite; il a triomphé de 89, de 93, de l'Empire, du régime constitutionnel des deux Chambres. On le dit toujours mort ou bien malade; il vit, il reparaît à chaque intervalle, le même au fond; il cherche avec avidité à se satisfaire; et ce qui importe, c'est d'empêcher qu'il ne tourne à mal et qu'il ne se pervertisse. Français, nous avons depuis quelque temps tous nos défauts; gardons au moins quelques-unes de nos qualités. Là où les institutions favorisent et défraient ces qualités, et où elles ne sont pas écroulées avec le reste, maintenons-les soigneusement, et attachons-nous à les réparer plutôt qu'à les ébranler dans l'entre-deux des crises et au lendemain des orages.

Un petit nombre de choses anciennes sont restées debout en France à travers nos révolutions périodiques, et plus que périodiques; de ce nombre est ce qu'on appelle si justement la Comédie-Française. Lors de la première Révolution, de celle de 89, la Comédie-Française y avait, pour sa part, puissamment contribué. Les tragédies de Voltaire avaient fait des républicains de la veille de ceux-là même qui avaient goûté *le Mondain;* ils purent s'apercevoir plus tard de la contradiction, trop tard pour se corriger. *Le Mariage de Figaro* avait enflammé les esprits et allumé une gaieté folle, inextinguible, mais qui n'était pas inoffensive comme le bon rire des pièces de Molière. La tragédie de *Charles IX* sonna le tocsin. La Comédie-Française avait trop marqué pour rester inviolable et innocente; elle fut atteinte et frappée. Une moitié des comédiens fit emprisonner l'autre. Il y eut, au sortir de la Terreur, division persistante et schisme; mais, lorsque enfin la réunion se fit, jamais la Comédie-Française ne parut plus au complet ni plus brillante qu'à la veille de brumaire et en ces années du Consulat. Elle répara ses fautes avec splendeur. Nulle institution ne contribua plus directement à la restauration de l'esprit public et du goût. Après 1814, la Comédie-Française eut à peine un instant d'éclipse ; durant toute la Restauration, nous l'avons vue briller du plus vif et du plus pur éclat. Sans vouloir faire tort à aucun des poëtes dramatiques d'alors, on accordera peut-être qu'elle possëdait en Talma le premier de ces poëtes, le plus naturellement inventeur, créant des rôles imprévus dans des pièces où ils n'eussent point été soupçonnés sans lui, créant aussi ces autres rôles anciens qu'on croyait connus, et sur lesquels il soufflait la vie avec une inspiration nouvelle. Depuis qu'il eut disparu et Mlle Mars après lui, on a pu dire que la Comédie-Française dégénérait ; et pourtant elle dure, elle s'est tout à coup rajeunie avec un jeune talent doué de grâce et de fierté (1) ; elle a des retours inattendus de faveur et de vogue auprès d'un public qui y raccourt au moindre signal et qui a le bon sens de lui demander beaucoup. Le public français, qui a si peu de choses en respect, a gardé la religion du Théâtre-Français ; il y croit : à chaque annonce d'une pièce nouvelle, il s'y porte avec espérance. Voilà ce qu'on est trop heureux de n'avoir qu'à entretenir. C'est ce théâtre qu'il s'agit surtout aujourd'hui de ne pas abandonner, de ne pas laisser diriger non plus par plusieurs et en famille (mauvaise direction, selon moi, en ce qu'elle est trop intime, trop commode, et, comme on dit aujourd'hui, trop fraternelle), mais de faire régir bien effectivement par quelqu'un de responsable et d'intéressé à une active et courageuse gestion.

Un spirituel écrivain, qui entendait très-bien la matière, M. Étienne, dans son *Histoire du Théâtre-Français pendant la Révolution*, a dit : « L'expérience a

---

(1) Mademoiselle Rachel.

montré que les comédiens ne s'administrent bien que par eux-mêmes : c'est la seule république du monde où la puissance soit mal exercée par un chef. » Le mot est piquant. M. Étienne écrivait cela après le 18 brumaire, sous le Consulat. Quand il y a un maître aux Tuileries, le dirai-je? cette petite république de la rue Richelieu offre moins d'inconvénients : un ordre d'en haut est bientôt donné, et il est toujours suivi. Mais, dans une vraie république comme la nôtre, où il y a tout simplement un ministère de l'intérieur, je craindrais le relâchement. N'abondons pas, en fait d'art, dans les inconvénients de notre régime. Ministre, ne vous dessaisissez pas.

J'ai cru remarquer que, même dans les Lettres, dans cette république des Lettres, le plus sûr, pour que les choses aient quelque ensemble, c'est qu'il y ait au fond quelqu'un, un seul ou un petit nombre, qui tienne la main. J'ai besoin de m'expliquer, ayant là-dessus depuis longtemps des idées qui ne sont peut-être pas d'accord avec celles qui ont cours aujourd'hui. En réfléchissant à ce qu'étaient ce qu'on appelle les grands siècles et pourquoi ils l'ont été, toujours il m'a semblé qu'indépendamment des beaux génies et des talents sans lesquels la matière aurait fait faute, il s'était rencontré quelqu'un qui avait contenu, dirigé, rallié autour de lui. Autrement le concert manque avec les plus riches éléments, et les beaux génies eux-mêmes courent risque de se dissiper. La conscience publique l'a bien senti lorsqu'elle a salué certaines époques des noms de Périclès, d'Auguste, de Médicis, de François Ier, d'Élisabeth. Au xviie siècle, en France, on avait Richelieu. Après lui, sous Louis XIV, on eut d'abord Colbert, protecteur un peu lourd en fait de belles-lettres et qui s'aidait de Chapelain; mais bientôt on eut Louis XIV lui-même, avec son bon sens royal, aidé de Boileau. Et tout alentour, que de cercles délicats sans lesquels l'épreuve d'un bon ouvrage n'était pas complète! Il y avait l'épreuve redoutable de Chantilly, où M. le Prince, le plus railleur des hommes, ne faisait grâce qu'à l'excellent; l'épreuve de la cour de Madame, où la nouveauté était sûre de trouver faveur, à condition de satisfaire l'extrême délicatesse; puis l'épreuve redoublée des cercles de M. de La Rochefoucauld, de Mme de La Fayette et de tant d'autres. Voilà ce qu'on peut appeler des garanties. Ainsi resserré et contenu par ces regards vigilants, le talent atteignait à toute sa hauteur. C'est à ce prix que se composent et s'achèvent les grands siècles littéraires. Le souffle vivifiant de la liberté, dans un premier moment d'inspiration générale et d'enthousiasme, suffit certes à féconder les talents; mais, en se prolongeant, il s'épuise ou s'égare : l'enthousiasme, sans points d'appui, sans foyers réguliers qui le concentrent et l'alimentent, se dissipe bientôt comme une flamme.

Au xviiie siècle, il se fit un grand changement et une révolution dans la manière de voir et de juger; on se passa volontiers de la Cour en matière d'esprit. On n'avait pas encore le régime de la liberté, on eut le règne de l'*Opinion*, et l'on y crut. Que si l'on analyse ce qu'était l'Opinion au xviiie siècle, on verra pourtant qu'elle se composait du jugement de plusieurs cercles réguliers, établis, donnant le ton et faisant la loi. C'était l'aristocratie constituée de l'intelligence; et cette aristocratie put, un certain temps, subsister en France, grâce à ce pouvoir absolu même qu'elle frondait le plus souvent et qu'elle combattait. Avec la chute de l'ancien régime, les cercles réguliers qui en dépendaient tout en réagissant contre lui, et qui dirigeaient l'opinion publique, se brisèrent eux-mêmes, et ils ne se sont jamais reformés qu'incomplétement depuis. On eut l'entière liberté, mais avec ses rumeurs confuses, ses jugements contradictoires et toutes ses incertitudes.

De nos jours la dispersion est complète; elle ne l'était pas encore sous la Restauration. Il s'y reforma tout d'abord des salons distingués, débris de l'ancien régime ou création du nouveau. Leur influence était réelle, leur autorité sensible. Jamais les grands talents qui se sont égarés depuis ne se seraient permis de telles licences, s'ils étaient restés en vue de ce monde-là. Une des grandes erreurs du dernier régime a été de croire qu'on ne dirige pas l'opinion, l'esprit littéraire, et de laisser tout courir au hasard de ce côté. Il en est résulté que les grands talents, ne sentant plus nulle part des juges d'élite, n'étant plus retenus par le cercle de l'opinion, n'ont consulté que le souffle vague d'une popularité trompeuse. L'émulation chez eux s'est déplacée, et, au lieu de viser en haut, elle a visé en bas. Aujourd'hui la dispersion, disons-nous, la confusion est arrivée à son dernier terme. Il n'y a plus en haut de pouvoir qui ait qualité pour diriger; les cercles distingués sont brisés pour le moment et ont disparu. On chercherait vainement quelque chose qui ressemble à une opinion régnante en matière littéraire.

Au milieu d'une situation si désespérée, ce semble, je persiste pourtant à croire qu'il ne serait pas impossible, si la société politique dure et se rasseoit, de voir se rétablir un certain ordre où la voix de l'Opinion redeviendrait peu à peu distincte. Il faudrait seulement que les gouvernements, quels qu'ils fussent, que les grands corps littéraires, les Académies elles-mêmes, en revinssent à l'idée qu'une littérature se peut jusqu'à un certain point contenir et diriger. En tout état de cause, un Théâtre-Français, bien mené, serait un premier centre, un foyer autour duquel pourraient se reformer une galerie habituelle et quelques juges.

Pour mon compte, je n'ai pas si mauvaise idée du public pris en masse, mais à condition qu'il soit suffisamment averti. « Combien faut-il de sots pour composer un public? » disait un homme d'esprit ironique. Je suis persuadé que cet homme d'esprit avait tort, qu'il disait une chose piquante et fausse. Un public n'est jamais composé de sots, mais de gens de bon sens, prudents, hésitants, dispersés, qui ont besoin le plus souvent qu'on les rallie, qu'on leur dégage à eux-mêmes leur propre avis et qu'on leur indique nettement ce qu'ils pensent. Cela est vrai de tous les publics, grands ou petits, même de ceux qui sont déjà un choix. Pour revenir au point tout particulier d'où je me suis éloigné, cela est vrai même des comités dramatiques. Les petits sénats dirigeants obéissent à un petit nombre qui les mène. En telle matière, le plus simple est encore d'en revenir à l'unité. Il s'agit de la bien choisir. Le bon choix une fois fait, tout s'ordonne. Ayez une bonne Direction au Théâtre-Français; qu'elle sente que la responsabilité pèse sur elle, qu'elle ait intérêt à ce que le théâtre vive et prospère, se renouvelle le plus possible tout en se maintenant dans les grandes lignes des chefs-d'œuvre. On serait assez embarrassé de donner une définition précise du Théâtre-Français eu égard à ce qu'il doit être désormais. On a tant dit qu'il dégénérait; et nous l'avons vu se relever tout à coup du côté où l'on s'y attendait le moins, et la tradition s'y réconcilier avec la jeunesse. Tandis qu'une grande actrice y rendait la vie et la fraîcheur aux chefs-d'œuvre, de légers et poétiques talents y introduisaient la fantaisie moderne dans sa plus vive étincelle. Je définirais au besoin le Théâtre-Français d'après le rôle qui, plus que jamais, lui appartient, le contraire du grossier, du facile et du vulgaire; et, dans l'intervalle des grandes œuvres, je m'accommoderais fort bien d'y aller voir encore, comme un de ces soirs, *Louison* et *le Moineau de Lesbie*.

Ce qu'il faut de plus en plus à la France, appelée indistinctement à la vie de tribune et jetée tout entière sur la place publique, c'est une école de bonne langue, de belle et haute littérature, un organe permanent et pur de tradition. Où le trouver plus sûrement qu'à ce théâtre? On y va voir et entendre ce qu'on n'a plus le temps de lire. La vie publique nous envahit; des centaines d'hommes politiques arrivent chaque année des départements avec des qualités plus ou moins spéciales et des intentions que je crois excellentes, mais avec un langage et un accent plus ou moins mélangés. Tout cela pourtant est voué par devoir et par goût à la parole et à l'éloquence. Où se former en se récréant? Sera-ce à voir les gracieuses esquisses, les charmantes bluettes des petits théâtres, où l'esprit tourne trop souvent au jargon? Les salons proprement dits, les cercles du haut monde ont disparu, ou, s'il s'en rouvrait encore, ils ne feraient que retentir, tout le soir, de la politique du matin. Mais le Théâtre-Français est là. Gouvernement, maintenez-le de plus en plus à l'état d'institution; de ce que vous êtes républicain vous-même, n'en concluez pas qu'il faille le laisser se régir à l'état de république. Appréciez mieux les inconvénients et les différences. Qu'il n'y ait là du moins qu'un maître et qu'un roi, comme dit Homère, mais un roi que vous ferez responsable, et que vous-même surveillerez.

Il y avait quelque chose qu'on appelait autrefois la censure pour les théâtres, vilain nom, nom odieux, et qu'il faut dans tous les cas supprimer. Est-ce à dire qu'il faille supprimer toute surveillance? Est-ce convenable et même possible? Est-ce dans l'intérêt même des auteurs et des théâtres, qui peuvent à tout instant (et nous en avons des exemples) être entraînés à des essais compromettants qu'il faut retirer ensuite, et qu'un peu de prudence eût fait éviter? La vraie surveillance théâtrale, telle que je l'entends, devrait s'exercer comme de concert avec le public honnête, et l'avoir de moitié pour collaborateur. Ce qui se passerait dans un bureau du ministère de l'intérieur serait de nature si nette et si franche, qu'à toute heure, à la première interpellation, il en pourrait être rendu bon compte au public du haut de la tribune, aux applaudissements des honnêtes gens. Voilà le genre de surveillance que j'entends et qu'il me paraît impossible de ne pas admettre dans une loi qui veut durer. L'esprit des auteurs n'en souffrirait pas, et y gagnerait plutôt. Que les plus exigeants se tranquillisent. Un homme de grand esprit, l'abbé Galiani, parlant de la liberté de la presse, que Turgot, en 1774, voulait établir par édit, écrivait très-sérieusement : « Dieu vous préserve de la liberté de la presse établie par édit! Rien ne contribue davantage à rendre une nation grossière, à détruire le goût, à abâtardir l'éloquence et toute sorte d'esprit. Savez-vous ma définition du *sublime oratoire?* C'est l'art de tout dire sans être mis à la Bastille, dans un pays où il est défendu de rien dire... La contrainte de la décence et la contrainte de la presse ont été les causes de la perfection de l'esprit, du goût, de la tournure chez les Français. Gardez l'une et l'autre, sans quoi vous êtes perdus... Vous serez aussi rudes que les Anglais sans être aussi robustes... » L'abbé Galiani en parlait un peu à son aise. La liberté de la presse n'a pas été accordée, elle a été conquise; elle n'a pas vérifié toutes les craintes du spirituel abbé, mais seulement quelques-unes. Elle a trouvé un correctif dans l'esprit français lui-même, qui, tout en s'émancipant, s'est encore imposé de certaines règles et de certaines difficultés pour avoir le plaisir de s'en jouer. Il existe une presse, et c'est la seule estimée, qui se commande à elle-même cette retenue dont la loi, à la rigueur, l'affranchit. Cette presse y gagne en esprit et en trait. Nous sommes en voie peut-être, sur trop d'articles de nos mœurs, de devenir aussi rudes que les Anglais et les Américains; mais par moments aussi, dans le journal et dans le pamphlet, Voltaire nous reconnaîtrait encore. Le plus sûr pourtant, c'est, là où il y a une différence profonde et sentie, comme entre la liberté absolue du théâtre et celle de la presse, de ne pas abolir toute garantie, tout contrôle, et d'être persuadé que l'esprit français, dans le dramatique, ne s'en trouverait pas plus mal à l'aise pour se sentir un peu contenu.

Je n'ai pas à conclure ici. Ma seule conclusion serait que, sous une forme politique ou sous une autre, l'État en France a les mêmes intérêts et les mêmes devoirs; qu'il se tromperait en abdiquant toute direction de l'esprit public, en n'usant pas des organes légitimes d'action qui lui sont laissés; que c'est faire de la bonne politique que de travailler d'une manière ou d'une autre à contenir la grossièreté croissante, la grossièreté immense qui, de loin, ressemble à une mer qui monte; d'y opposer ce qui reste encore de digues non détruites, et de prêter la main, en un mot, à tout ce qui s'est appelé jusqu'ici goût, politesse, culture, civilisation. Quelles que soient les apparences contraires, et même après tous les naufrages, pourvu qu'on n'y périsse point, il y aura toujours de l'écho en France pour ces noms et ces choses-là.

Lundi 22 octobre 1849.

Mémoires touchant la vie et les écrits de Mme DE SÉVIGNÉ, par M. le baron Walckenaer. (4 vol.)

Mme de Sévigné, comme La Fontaine, comme Montaigne, est un de ces sujets qui sont perpétuellement à l'ordre du jour en France. Ce n'est pas seulement un classique, c'est une connaissance, et, mieux que cela, c'est une voisine et une amie. Tous ceux qui travaillent à nous en rendre la lecture, non pas plus agréable, mais plus facile et plus courante, plus éclaircie jusque dans les moindres détails, sont sûrs de nous intéresser. M. Monmerqué a rendu un service de ce genre, il y a une trentaine d'années, par son excellente édition. M. Walckenaer, par la riche et copieuse biographie qu'il est en train de publier, et que le quatrième volume, donné depuis peu, n'a pas épuisée encore, vient combler la mesure. Sur Mme de Sévigné et son monde, sur ses amis et connaissances, et les amis de ses amis, grâce aux recherches infatigables de son curieux biographe, on aura tout désormais, et plus que tout.

M. Walckenaer est un des savants de ce temps-ci les plus laborieux et les plus divers, un savant presque universel. Interrogez les naturalistes : ils vous diront qu'il a fondé une branche de l'histoire naturelle; il a débuté par un travail tout neuf sur les *Aranéides* ou araignées;

il a dit là-dessus le premier et le dernier mot ; ses écrits en ce genre sont classiques : il est le Latreille des araignées. Il s'est occupé aussi des abeilles. Sa *Géographie ancienne des Gaules* le classe à un haut rang parmi les géographes originaux, à la suite de d'Anville. Et, tout à travers cela, nous le trouvons amoureux de La Fontaine, le suivant dans ses rêveries jour par jour, nous le racontant par le menu, comme aurait pu le faire Pellisson, célèbre aussi par son araignée ; puis, s'occupant d'Horace, et donnant deux gros volumes, un peu gros vraiment, mais pleins de choses sur le charmant poëte ; et, de là, revenant à La Bruyère, dont il a publié la meilleure et la plus complète édition ; enfin, s'attachant à Mme de Sévigné, comme s'il ne l'avait jamais quittée un instant et comme si, de toute sa vie, il n'avait rien eu autre chose à faire.

Vous connaissez ce bon d'Hacqueville, l'ami, le confident empressé de Mme de Sévigné et de tout son monde, celui qui se met en quatre et en mille pour tout voir, pour tout savoir, qui sait les dessous de cartes d'un chacun, et qui n'en est pas moins obligeant et indulgent pour cela, incapable de négliger aucun ami absent ou présent, se multipliant de sa plume et de sa personne pour suffire à tout. En vain Mme de Sévigné essayait quelquefois de le modérer dans son zèle de bons offices et de correspondance : « Vous jugez bien, écrivait-elle à sa fille, que puisque le régime que je lui avais ordonné ne lui plaît pas, je lâche la bride à toutes ses bontés et lui laisse la liberté de son écritoire. Songez qu'il écrit de cette furie à tout ce qui est hors de Paris et voit tous les jours tout ce qui y reste : ce sont *les d'Hacqueville*... » C'est ainsi qu'elle le surnomme, et elle continue d'en parler comme s'il était *plusieurs*. Eh bien ! supposez un moment qu'après tout à l'heure deux siècles, d'Hacqueville soit revenu au monde, qu'il se mette à se ressouvenir de ce temps-là, à nous entretenir de Mme de Sévigné et de ses amis, à vouloir tout nous dire et ne rien oublier; imaginez le récit intime, abondant, interminable, que cela ferait, un récit doublé et redoublé de circuits sans nombre et de toutes sortes de parenthèses; — ou, mieux encore, imaginez une promenade que nous ferions à Saint-Germain ou à Versailles en pleine Cour de Louis XIV, avec d'Hacqueville pour maître des cérémonies et pour guide : il donne le bras à Mme de Sévigné, mais il s'arrête à chaque pas, avec chaque personne qu'il rencontre, car il connaît tous les masques, il les accoste un à un, il les questionne pour mieux nous informer; il revient à Mme de Sévigné toujours, et elle lui dirait : « Mais, *les d'Hacqueville*, à ce train-là, nous n'en sortirons jamais. » C'est tout à fait l'idée qu'on peut prendre du livre de M. Walckenaer, plein d'intérêt et de longueur, qui ressemble à la promenade en zigzag dont nous parlions; c'est un livre qui rendrait Mme de Sévigné bien reconnaissante et qui l'impatienterait un peu; elle dirait de son d'Hacqueville biographe, comme elle disait de l'autre quand elle le voyait se prodiguer pour des personnes du dehors : « Il est, en vérité, *un peu étendu* dans ses soins. » Mais la reconnaissance surnagerait, et elle doit à plus forte raison surnager chez nous, qui ne sommes point Mme de Sévigné, et que cet habile homme, informé comme on ne l'est pas, initie à tant de choses que, sans lui, nous n'aurions jamais eu chance de savoir. Ajoutez le parfum d'honnêteté antique qui circule à travers ces pages et qui trouve moyen de se mêler jusqu'au milieu de la chronique scandaleuse à laquelle elles sont souvent consacrées, un profond et naïf amour des Lettres et de tout ce qu'elles amènent de délicat avec elles, une bonhomie parfaite qui épouse son sujet tout entier avec tendresse et réussit, après un peu de résistance, à nous le faire aimer et embrasser jusque dans ses replis. Toutes ces qualités et ces mérites, sauf les légers inconvénients que le goût nous obligeait de ressentir, font, à nos yeux, de M. Walckenaer le plus ample, le plus instructif et, si je puis dire, le plus serviable des biographes.

Comment la figure de Mme de Sévigné ressort-elle de cette étude? Elle en sort telle que la première vue nous l'avait offerte, et plus que jamais pareille à elle-même. On se confirme, après étude et réflexion, dans l'idée qu'une première et franche impression nous avait laissée d'elle. Et d'abord, plus on y songe, et mieux on s'explique son amour de mère, cet amour qui, pour elle, représentait tous les autres. Cette riche et forte nature en effet, cette nature saine et florissante, où la gaieté est plutôt dans le tour et le sérieux au fond, n'avait jamais eu de passion proprement dite. Orpheline de bonne heure, elle ne sentit point la tendresse filiale; elle ne parle jamais de sa mère; une ou deux fois il lui arrive même de badiner du souvenir de son père; elle ne l'avait point connu. L'amour conjugal, qu'elle essaya loyalement, lui fut vite amer, et elle n'eut guère jour à s'y livrer. Jeune et belle veuve, à l'humeur libre et hardie, dans ce rôle d'éblouissante Célimène, eut-elle en secret quelque faible qu'elle déroba? Une étincelle lui traversa-t-elle le cœur? Fut-elle jamais en péril d'avoir un moment d'oubli avec son cousin Bussy, comme M. Walckenaer, en Argus attentif, inclinerait à le croire? Avec ces spirituelles rieuses on ne sait jamais à quoi s'en tenir, et on serait bien dupe souvent de s'arrêter à quelques mots qui, chez d'autres, diraient beaucoup. Le fait est qu'elle résista à Bussy, son plus dangereux écueil, et que, si elle l'agréa un peu, elle ne l'aima point avec passion. Cette passion, elle ne la porta sur personne jusqu'au jour où ces trésors accumulés de tendresse éclatèrent sur la tête de sa fille pour ne plus s'en déplacer. Un poëte élégiaque l'a remarqué : un amour qui vient tard est souvent plus violent; on y paie en une fois tout l'arriéré des sentiments et les intérêts :

> Sœpe venit magno fœnore tardus amor.

Ainsi de Mme de Sévigné. Sa fille hérita de toutes les épargnes de ce cœur si riche et si sensible, et qui avait dit jusqu'à ce jour : *J'attends*. Voilà la vraie réponse à ces gens d'esprit raffinés qui ont voulu voir dans l'affection de Mme de Sévigné pour sa fille une affectation et une contenance. Mme de Grignan fut la grande, l'unique passion de sa mère, et cette tendresse maternelle prit tous les caractères en effet de la passion, l'enthousiasme, la prévention, un léger ridicule (si un tel mot peut s'appliquer à de telles personnes), une naïveté d'indiscrétion et une plénitude qui font sourire. Ne nous en plaignons pas. Toute la correspondance de Mme de Sévigné est comme éclairée de cette passion qui vient s'ajouter à tous les éclairs déjà si variés de son imagination et de son humeur.

Et sur ce dernier point, c'est-à-dire le tempérament et l'humeur, connaissons bien Mme de Sévigné. En parlant d'elle, on a à parler de la grâce elle-même, non pas d'une grâce douce et molle, entendons-nous bien, mais d'une grâce vive, abondante, pleine de sens et de sel, et qui n'a pas du tout les pâles couleurs. Elle a une veine de Molière en elle. Il y a de la *Dorine* dans Mme de Sévigné, une Dorine du beau monde et de la meilleure compagnie; à cela près, la même verve. Quelques mots de Tallemant caractérisent bien cette charmante et puissante nature de femme, telle qu'elle se déclarait toute jeune dans l'abondance de la vie : après avoir dit qu'il la trouve une des plus aimables et des plus honnêtes femmes de Paris, « elle chante, ajoute-t-il, elle danse, et a l'esprit fort vif et agréable ; elle est *brusque* et ne peut se tenir de dire ce qu'elle croit joli, quoique assez souvent ce soient des choses un peu gaillardes... » Voilà le mot qu'il ne faut pas perdre de vue avec elle, tout en le recouvrant ensuite de toute la politesse et de toutes les délicatesses qu'on voudra. Il y avait de la joie en elle. Elle vérifiait de sa personne le mot de Ninon : « La joie de l'esprit en marque la force. » Elle était de cette race d'esprits dont étaient Molière, Ninon elle-même, Mme Cornuel un peu, La Fontaine ; d'une génération légèrement antérieure à Racine et à Boileau, et plus vivace, plus vigoureusement nourrie. « Vous paraissez née pour les plaisirs, lui disait Mme de La Fayette, et il semble qu'ils soient faits pour vous. Votre présence augmente les divertissements, et les divertissements augmentent votre beauté lorsqu'ils vous environnent. Enfin la joie est l'état véritable de votre âme, et le chagrin vous est plus contraire qu'à qui que ce soit. » Elle disait elle-même, en se souvenant d'un ancien ami : « J'ai vu ici M. de Larrei, fils de notre pauvre ami Lenet, avec qui nous avons tant ri ; car jamais il ne fut une jeunesse plus riante que la nôtre de toutes les façons. » Sa beauté un peu irrégulière, mais réelle, devenait rayonnante en ces moments où elle s'animait ; sa physionomie s'éclairait de son esprit, et l'on a pu dire, à la lettre, que cet esprit allait jusqu'à éblouir les yeux. Un homme de ses amis (l'abbé Arnauld), qui avait aussi peu d'imagination que possible, en a trouvé pour la peindre, lorsqu'il nous dit : « Il me semble que je la vois encore telle qu'elle me parut la première fois que j'eus l'honneur de la voir, arrivant dans le fond de son carrosse tout ouvert, au milieu de monsieur son fils et de mademoiselle sa fille : tous trois tels que les poëtes représentent Latone au milieu du jeune Apollon et de la jeune Diane, *tant il éclatait d'agrément dans la mère et dans les enfants!* » La voilà bien au naturel dans son cadre et dans son épanouissement : une beauté, un esprit et une grâce à découvert, qui reluit en plein soleil. Il faut noter pourtant une nuance. Sa joie si réelle n'était pas pour cela à tout propos ni hors de saison, et, sans jamais s'éteindre, elle s'adoucit sans doute avec les années. Parlant d'un voyage qu'elle faisait en 1672, et où elle regrettait la compagnie de son aimable cousin de Coulanges : « Pour avoir de la joie, écrivait-elle, il faut être avec des gens réjouis. Vous savez que je suis comme on veut, mais je n'invente rien. » Cela veut dire que ce charmant esprit avait tous les tons et savait s'accommoder aux personnes. Toujours est-il que, même au milieu des tristesses et des ennuis, elle demeurait la plus belle humeur de femme et l'imagination la plus enjouée qui se pût voir. Elle avait un tour à elle, le don des images les plus familières et les plus soudaines, et elle en revêtait à l'improviste sa pensée comme pas une autre n'eût su faire. Même quand cette pensée est sérieuse, même quand la sensibilité est au fond, elle a de ces mots qui la déjouent et qui font l'effet d'une gaieté. Son esprit ne put jamais se priver de cette vivacité d'éclairs et de cette gaieté de couleurs. Elle est tout le contraire de ses bons amis les jansénistes, qui ont le style *triste*.

Mme de Sévigné, Mme de La Fayette et Mme de Maintenon sont les plus distinguées entre les femmes du XVIIe siècle qui ont écrit. Les deux dernières ont su concilier dans une rare mesure l'exactitude et l'atticisme ; mais la première seule nous offre cette imagination continue, cette invention de détail qui anime tout ce qu'elle touche, et dont on jouit également chez La Fontaine et chez Montaigne. C'est cette veine d'imagination perpétuelle dans le détail de l'expression plutôt que dans l'ensemble, qui nous ravit surtout en France. On a remarqué, d'ailleurs, qu'à cette époque de Louis XIV, toutes les femmes du monde écrivent avec charme; elles n'ont pour cela qu'à écrire comme elles causent et à puiser dans l'excellent courant d'alentour. C'est ce qu'on a dit bien souvent, mais je puis le prouver aussitôt par un piquant exemple et tout à fait neuf, que me suggère M. Walckenaer lui-même. Parmi les personnes qu'il rencontre sur son chemin, dans son quatrième volume, est une marquise de Courcelles qui eut une célébrité fâcheuse, et dont Mme de Sévigné parle dans ses lettres. M. Walckenaer a consacré tout un chapitre à cette beauté romanesque; mais il s'est appliqué à la traduire, et il ne la laisse pas assez parler elle-même. Pourtant Mme de Courcelles a écrit; elle a raconté avec une ingénuité singulière une partie de ses aventures dans une confession adressée à l'un de ses amants; elle a laissé des lettres écrites à ce même amant. C'est la personne la moins semblable au moral à Mme de Sévigné, mais elle peut en être rapprochée sans injure pour l'esprit et pour la grâce.

La marquise de Courcelles, née Sidonia de Lenoncourt, d'une illustre famille de Lorraine, orpheline de bonne heure, fut élevée chez une tante abbesse, dans un couvent d'Orléans, et tirée de là à l'âge de moins de quatorze ans, par ordre de Louis XIV, pour être mariée comme riche héritière à Maulevrier, un des frères de Colbert. Ce mariage manqua par l'habileté de cette jeune fille, qui, à peine sortie de l'enfance, savait des manéges et des ruses qui eussent fait honneur à une héroïne de la Fronde. Elle crut avoir meilleur marché d'un mari en épousant le marquis de Courcelles, qui n'avait pour lui que d'être neveu du maréchal de Villeroy, et qui surtout lui offrait de s'engager, dans le contrat de mariage, à ne jamais la mener à la campagne (clause capitale), à ne jamais lui faire quitter la Cour. C'était le seul théâtre que la jeune femme jugeât digne de ses triomphes. Elle n'eut qu'à se montrer pour y réussir. Le soir même du mariage, qui s'était célébré à grande pompe, et où la reine avait fait à la mariée l'honneur de lui *donner la chemise* (style du temps), à peine tout ce monde retiré, Sidonia comprit dès les premiers mots qu'elle avait affaire, dans M. de Courcelles, à un homme grossier et vil, et elle le méprisa. Elle prit sur elle de dissimuler pendant huit jours, eu égard à l'équipage qu'on lui faisait et aux cadeaux; puis elle ne se contint plus : « Je crus, dit-elle, qu'il y allait de ma gloire de ne point paraître entêtée d'un homme que personne n'estimait, et je donnai un si libre cours à mon aversion pour lui, qu'en un mois toute la France en fut informée. Je ne savais pas encore que haïr son mari et pouvoir en aimer un autre, n'est presque que la même chose. Dans cette erreur, beaucoup de gens prirent le soin de me le dire. » On comprendra qu'étant de cette humeur, elle ne devait pas manquer sur ses pas de téméraires et d'indiscrets; on le comprendra mieux encore, quand on aura su d'elle-même quelle était sa beauté; et il ne paraît pas qu'elle l'ait exagérée en aucun trait. On me permettra de citer cette page tout entière, l'une des plus gracieuses qui soient sorties de la plume d'une femme assise devant son miroir. C'est un portrait de plus à ajouter à ceux de la galerie de Versailles, ou, si vous l'aimez mieux, c'est comme un émail de Petitot:

« Pour mon portrait, écrivait-elle à un homme qui l'aimait, je voudrais bien le faire sur l'idée que vous en avez conçue, et qu'on voulût s'en rapporter à vos descriptions; mais il faut dire naïvement ce qui en est. J'avouerai que, sans être une grande beauté, je suis pourtant une des plus aimables créatures qui se voient; que je n'ai rien dans le visage ni dans les manières qui ne plaise ni qui ne touche; que, jusqu'au son de ma voix, tout en moi donne de l'amour, et que les gens du monde les plus opposés d'inclination et de tempérament sont d'un même avis là-dessus, et conviennent qu'on ne me peut voir sans me vouloir du bien.

« Je suis grande, j'ai la taille admirable et le meilleur air que l'on puisse avoir; j'ai de beaux cheveux bruns faits comme ils doivent être pour parer mon visage et relever le plus beau teint du monde, quoiqu'il soit marqué de petite vérole en beaucoup d'endroits. J'ai les yeux assez grands; je ne les ai ni bleus ni bruns; mais, entre ces deux couleurs, ils en ont une agréable et particulière; je ne les ouvre jamais tout entiers, et quoique, dans cette manière de les tenir un peu fermés, il n'y ait aucune affectation, il est pourtant vrai que ce m'est un charme qui me rend le regard le plus doux et le plus tendre du monde. J'ai le nez d'une régularité parfaite. Je n'ai point la bouche la plus petite du monde, je ne l'ai point aussi fort grande.

« Quelques censeurs ont voulu dire que, dans les justes proportions de la beauté, on pouvait me trouver la lèvre du dessous un peu trop avancée. Mais je crois que c'est un défaut qu'on m'impute, pour ne m'en avoir pu trouver d'autres, et que je dois pardonner à ceux qui disent que je n'ai point la bouche tout à fait régulière, quand ils conviennent en même temps que ce défaut est d'un agrément infini et me donne un air très-spirituel dans le rire et dans tous les mouvements de mon visage. J'ai enfin la bouche bien taillée, les lèvres admirables, les dents de couleur de perle, le front, les joues, le tour du visage beaux, la gorge bien taillée, les mains divines, les bras passables, c'est-à-dire un peu maigres; mais je trouve de la consolation à ce malheur par le plaisir d'avoir les plus belles jambes du monde. Je chante bien, sans beaucoup de méthode; j'ai même assez de musique pour me tirer d'affaire avec les connaisseurs. Mais le plus grand charme de ma voix est dans sa douceur et la tendresse qu'elle inspire; et j'ai enfin des armes de toute espèce pour plaire, et jusques ici je ne m'en suis jamais servie sans succès.

« Pour de l'esprit, j'en ai plus que personne; je l'ai naturel, plaisant, badin, capable aussi des grandes choses, si je voulais m'y appliquer. J'ai des lumières et connais mieux que personne ce que je devrais faire, quoique je ne le fasse quasi jamais. »

On peut rêver devant un tel portrait toute une destinée de plaisir, de folie et de malheur. La jeune Sidonia était née un peu tard ou un peu tôt. Elle aurait dû naître à temps pour être de la Fronde; elle y aurait pris place régulièrement après Mme de Chevreuse, Mme de Longueville et la Palatine, à côté de Mmes de Montbazon, de Châtillon et de Lesdiguières. Elle aurait pu naître un peu plus tard et être tout simplement Manon Lescaut.

La destinée se joua d'elle en la jetant au début de la grande époque de Louis XIV, de ce règne où tant de choses galantes étaient permises, mais où il fallait, jusque dans le désordre, une certaine régularité. Elle commença d'emblée par le plus scabreux de l'intrigue. Elle s'était brouillée, en repoussant Maulevrier, avec la famille des Colbert; elle sut plaire au grand rival de Colbert, à Louvois. Ce ministre, alors âgé de trente-six ans, la vit à l'Arsenal, où M. de Courcelles était employé dans l'artillerie et où elle logeait. La voir et l'aimer ne fut pour Louvois qu'une même chose. Il était venu un matin à l'Arsenal pour voir des canons; elle sortait pour aller à la messe aux Célestins : « Il me reconnut, dit-elle, à ma livrée, mit pied à terre et me mena à la messe, et l'entendit avec moi. Quoique je ne me connusse guère aux marques d'une passion naissante, je ne laissai pas de comprendre que cette démarche d'un homme aussi brusque et aussi accablé d'affaires me voulait dire quelque chose. » Le malheur voulut qu'elle prît aussitôt pour Louvois une aversion presque égale à celle qu'elle avait pour son mari, et qu'elle se mît en tête de le leurrer. Être mal avec les Colbert, et vouloir jouer au plus fin avec Louvois, c'était se préparer un périlleux avenir. Mais la jeune imprudente avait quinze ans et ne croyait qu'en sa fantaisie.

Deux choses nuisaient à Louvois dans son esprit, sans compter qu'il ne lui plaisait pas : la première, c'est que toute sa famille et son mari lui-même conspiraient honteusement à le lui donner pour amant, afin de pousser leur fortune. La seconde raison, c'est qu'elle aimait déjà un cousin de son mari, l'aimable et séduisant marquis de Villeroy. Mais je m'aperçois que, si je n'y prends garde, je vais m'engager dans un récit de roman, ce qui n'est point de mon fait ici. J'avais en vue seulement de prouver que ces femmes du xviie siècle n'ont qu'à le vouloir pour écrire avec un charme infini, qu'elles ont toutes le don de l'expression, et que Mme de Sévigné n'est que la première dans une élite nombreuse. Quant à la marquise de Courcelles, il faut lire ses aventures dans le récit de M. Walckenaer, ou mieux encore chez elle-même. Ses imprudences la perdirent : elle s'aliéna Louvois ; Villeroy lui échappa ; reléguée en province par son mari, elle y céda à une seduction vulgaire et se vit convaincue. Les restes de ménagements que son mari avait eus pour elle ne tenaient qu'à sa fortune, et, du moment qu'il y eut une preuve légale suffisante pour la lui ravir, il ne ménagea plus rien. La marquise de Courcelles commença alors une vie de Conciergerie et de procès, dont elle ne se releva jamais. Réfugiée à Genève, elle put séduire un moment, par sa grâce et son hypocrisie charmante, nobles, bourgeois et syndics, les plus graves calvinistes eux-mêmes. Elle avait trouvé alors un ami dévoué et fidèle dans un gentilhomme nommé Du Boulay, capitaine au régiment d'Orléans, qui fut son chevalier Des Grieux. Mais lui non plus, elle ne sut pas le conserver, et elle poursuivit le cours de ses inconstances. C'est Du

Boulay qui eut l'idée de réunir, pour les faire lire en confidence à ses amis, les lettres et les papiers de Mme de Courcelles : « J'avais à me justifier, dit ce galant homme, d'avoir aimé trop fidèlement et trop fortement la plus charmante créature de l'univers, à la vérité, mais la plus perfide et la plus légère, et que je reconnaissais pour telle. Je me défiais trop de mon éloquence pour m'en rapporter à elle seule de cette justification, et les discours que je faisais tous les jours, pour bien représenter les charmes de son esprit (et c'était le fort de ma défense), me satisfaisaient si peu moi-même, que je voyais bien qu'ils ne persuaderaient personne. Dans cet embarras, dont je ne savais par où sortir, je m'avisai un jour heureusement que j'avais des moyens sûrs pour cette persuasion, et que ce qu'elle m'avait écrit était si beau et si parfait qu'il ne fallait que le montrer pour persuader mieux que ce que je pouvais dire. » C'est ainsi que se sont conservés ces lettres et mémoires que Chardon de La Rochette retrouva en manuscrit à Dijon, dans les papiers du président Bouhier, et qu'il fit imprimer en 1808. — Infidèle à Du Boulay comme elle l'avait été à tous, et après quelques derniers éclats, Mme de Courcelles, devenue veuve, finit par faire ce qu'on appelle un sot mariage. Elle mourut en 1685, âgée seulement de trente-quatre ans.

Une comparaison s'établit naturellement entre elle et la duchesse de Mazarin, cette nièce du cardinal avec laquelle elle avait été fort liée, qu'elle avait eue un moment pour compagne de réclusion, pour rivale ensuite, et qui est si connue elle-même par ses aventures conjugales, ses procès, sa fuite et ses pérégrinations galantes. Il y aurait à faire entre ces deux femmes (deux démons sous forme d'anges!) un parallèle suivi qui serait curieux pour l'histoire des mœurs du grand siècle. Mais sur un point important je voudrais qu'on marquât bien la conclusion à l'avantage de la duchesse de Mazarin. Celle-ci, en effet, au milieu de tout ce qui pouvait la faire déchoir, sut toujours tenir son rang et se concilier ce qu'il faut bien appeler (je ne sais pas un autre mot) de la considération. Elle la devait sans doute en partie à la mémoire de son oncle, à ses richesses, à ses grandes relations, mais aussi à son caractère et à son attitude : « Mme de Mazarin n'est pas plus tôt arrivée en quelque lieu, dit Saint-Évremond, qu'elle y établit une maison qui fait abandonner toutes les autres. On y trouve la plus grande liberté du monde; on y vit avec une égale discrétion. Chacun y est plus commodément que chez soi, et plus respectueusement qu'à la Cour. » Voilà le mérite principal, l'art de vivre et de régner qui a immortalisé Hortense et sauvé son renom. Elle eut, après tout, de la justesse et de l'économie jusque dans la prodigalité de ses qualités et de ses dons; elle ne se contenta pas d'avoir de l'esprit, elle l'aima chez les autres; elle rechercha les lumières, chose alors nouvelle, et sut partout s'entourer d'un cercle d'hommes distingués; elle vécut enfin et mourut comme une grande dame, tandis que la pauvre Sidonia, avec tout son esprit et ses grâces, a fini comme une aventurière. Encore une fois, son nom est tout trouvé : c'est la Manon Lescaut du xviie siècle.

Dans un temps où il y aurait encore une librairie de luxe, on devrait bien réimprimer ce petit volume de Mme de Courcelles (1).

(1) Les *Mémoires et Correspondance de la marquise de Courcelles* ont été depuis réimprimés et publiés par M. Paul Pougin, dans la Bibliothèque elzévirienne de Jannet, 1855.

Lundi 29 octobre 1849.

RAPHAËL

PAGES DE LA VINGTIÈME ANNÉE,

PAR

M. DE LAMARTINE.

Sous ce titre de *Raphaël*, M. de Lamartine a détaché de ses *Confidences* l'événement le plus considérable de sa jeunesse, ce grand événement de cœur qu'on n'a qu'une fois, et qui, dans la sphère de la sensibilité et de la passion, domine toute une vie. L'épisode de *Graziella*, quelque importance et quelque intérêt que le talent de l'auteur ait réussi à lui donner, sent la composition et l'art. La charmante corailleuse de Naples est en partie une création. Après tout, ôtez le ciel d'Italie et le costume de Procida, ce n'est qu'une aventure de grisette, embellie et idéalisée par l'artiste, élevée après coup aux proportions de la beauté, mais une de ces aventures qui ne laissent que trop peu de traces dans la vie, et qui ne se retrouvent que plus tard dans les lointains de la pensée, quand le poëte ou le peintre sent le besoin d'y chercher des sujets d'élégie ou de tableau. Il en est autrement de la femme qui fut chantée sous le nom d'Elvire. Il y a de ce côté toute une destinée et presque une religion. On conçoit que l'auteur ait voulu traiter à part ce souvenir unique, et ne pas le confondre avec la foule de ses réminiscences.

Un récit exact et simple, circonstancié et fidèle, de

cette passion mystérieuse que le poëte des *Méditations* n'a célébrée qu'à demi en la dérobant, et qui semble avoir donné à son génie l'impulsion secrète, serait infiniment précieux comme étude et intéresserait assurément comme lecture. La mémoire d'Elvire y gagnerait-elle? Cette vague figure, que l'on n'avait entrevue qu'à la clarté des étoiles, en devenant plus précise, restera-t-elle aussi élevée et aussi pure? Ne vaut-il pas mieux, lorsqu'une émotion universelle s'est produite autour d'un être idéal, ne pas trop en rapprocher l'objet, et se confier au rêve et à l'imagination de tous pour l'achever et le couronner mieux que nous ne saurions faire? Je le crois, et pourtant, en ce qui est de la véritable Elvire, un récit fidèle et simple, où l'homme se souviendrait de tout et dirait tout, serait, je le répète, d'un grand prix et pourrait être encore d'un grand charme.

Ici, dans *Raphaël*, nous voyons tout d'abord que ce n'est point un tel récit que l'auteur prétend nous donner, et que nous devons attendre. Reculant devant une révélation directe et toute nue à une date encore si rapprochée, il a mis au-devant de son indiscrétion quelque précaution légère et quelque déguisement. Ce n'est plus lui, c'est un ami (le meilleur et le plus beau de ses amis, il est vrai), Raphaël, qui a laissé en mourant un manuscrit. Le voile, dira-t-on, est transparent; il y a pourtant un voile. Ce récit s'intitule : *Pages de la vingtième année*. En réalité, l'homme qui aima, après 1816, la femme célébrée sous le nom d'Elvire, avait au moins vingt-cinq ans; il était plus près de trente que de vingt. Je ne relève ces premiers détails que pour montrer que nous ne pouvons nous attendre, dans ce récit en prose, à trouver toute la vérité et la réalité sur un sujet qui, simplement exposé, nous intéresserait tant. Il y aura nécessairement une part de roman encore mêlée à des sentiments vifs et réels. On ne saurait donc s'étonner si, en lisant ces pages, à côté de touches charmantes et de pensées toutes faites pour émouvoir, on en rencontre beaucoup d'autres artificielles, et si l'on n'y sent pas tout l'homme. Nous avions dans les *Méditations* la poésie pure : aurons-nous ici la réalité vive ? Non ; nous aurons une demi-réalité, de la poésie encore, mais de la poésie de seconde veine, de la poésie mise en roman.

Je sens combien j'ai à demander pardon pour ma témérité à plusieurs de nos jeunes lecteurs et surtout de nos lectrices (1). Ces pages de *Raphaël* renferment, en effet, plus de jolies choses qu'il n'en faut pour séduire, à une première lecture, des esprits et des cœurs qui portent en eux la facilité de l'admiration, et qui ne cherchent qu'un prétexte pour être charmés. *Raphaël* est un livre d'amour écrit avec de prodigieux défauts, mais aussi avec des qualités rares, par la plume de ce temps-ci la plus riche, la plus abondante et la plus flexible. Les défauts qui y circulent, et qui souvent y débordent, sont précisément les défauts de notre temps, c'est-à-dire ceux auxquels les lecteurs ordinaires sont le moins sensibles, tellement que quelques-uns vont peut-être jusqu'à y être sensibles dans un sens inverse et à y voir des beautés. En tout cas, quand on est jeune, fût-on la distinction même, on glisse vite sur ces défauts à une première lecture; on s'attache à ce qui plaît, à ce qui nous offre l'expression idéalisée la plus moderne de nos sentiments, de notre situation ou de notre désir. Ces pages, qui n'ont servi encore à

---

(1) Et aussi à mon ami, M. Arsène Houssaye, qui s'est fait leur interprète dans *le Constitutionnel*, au premier moment de la publication de *Raphaël*. Le gracieux poëte des roses et de la jeunesse voudra bien me pardonner d'être moins jeune et moins indulgent que lui.

aucune autre génération précédente, et qui semblent avoir été faites chaque matin tout exprès pour nous, nous deviennent aussitôt comme propres et intimes. Elles nous flattent en plus d'une fibre secrète. Ce sont celles avec lesquelles on achève la pensée de la veille et l'on commence le rêve d'aujourd'hui, celles dont on s'entretient d'abord en se revoyant, dont on se conseille la lecture, qu'on marque légèrement du doigt dans le volume qu'un autre lira tout à l'heure. Ces sortes d'ouvrages qu'une génération accueille à leur naissance, qu'on peut lire à deux, et avec lesquels, pour ainsi dire, on aime, sont très-délicats à analyser ; il semble que le critique, en venant y relever ce qui le choque et ce qui détonne, s'immisce plus ou moins dans des sentiments particuliers et chers, et qu'il fasse le rôle d'un trouble-fête. M. de Lamartine le sait bien, et il y a longtemps qu'on m'assure avoir entendu de lui ce mot : « Qu'importe ! qu'on dise tout ce qu'on voudra : j'ai pour moi les femmes et les jeunes gens. » Charmant et bien désirable auditoire sans doute, mais qui n'est pas définitif ; car les jeunes gens eux-mêmes cessent de l'être, et un certain jour, quand ils s'avisent de relire, ils sont étonnés. Puis d'autres générations surviennent vite, qui ne se laissent plus prendre aux mêmes défauts, qui en veulent d'autres, qui veulent surtout qu'on renouvelle le costume et les modes de leurs sentiments. Alors le livre déchu n'est plus jugé qu'au poids du talent et du mérite. C'est à ce lendemain sévère que tout artiste sérieux doit songer. Il est vrai que M. de Lamartine, dans son ivresse de succès, a pu croire qu'un tel lendemain n'arriverait jamais pour lui. Il y a déjà trente ans qu'en publiant ses *Méditations,* il passionna l'élite de la jeunesse d'alors. Trente ans après, avec cette même Elvire changée en Julie, voilà qu'il peut croire qu'il enlève encore une fois toute la jeunesse. Il se tromperait fort, nous en sommes certain, s'il se figurait cela ; la séduction n'est plus à beaucoup près la même ni sans mélange. Pourtant elle n'est pas épuisée encore, et il y a dans cette destinée du poëte, séducteur à la fois des pères et des fils, sur un même thème d'amour, quelque chose qui rappelle véritablement la destinée de Ninon. Quoi qu'il en soit, tôt ou tard, le fatal lendemain arrive. Pour moi qui, en qualité de critique, suis de ce lendemain plus que je ne veux, je me demande, après avoir lu *Raphaël*, non pas s'il y a assez de beautés pour nous toucher çà et là et pour ravir les jeunes cœurs avides et qui dévorent tout ; mais je me demande si les esprits devenus avec l'âge plus délicats et plus difficiles, ceux qui portent en eux le sentiment de la perfection, ou qui seulement ont le besoin du naturel jusque dans l'idéal, ne sont pas arrêtés à tout moment et ne trouvent pas, à cette lecture, plus de souffrance de goût que de jouissance de cœur et d'émotion véritable.

Je ne ferai que courir sur la préface dans laquelle Raphaël, ce meilleur ami de l'auteur, nous est représenté et décrit dans les moindres détails de sa beauté avec plus de coquetterie et d'application, mais avec moins d'agrément, selon moi, que nous n'en avons vu l'autre jour à cette jolie Mme de Courcelles s'asseyant devant son miroir. Je ne sais rien de moins intéressant qu'un homme qui se mire et qui s'adonise. Au physique comme au moral, Raphaël réunit toutes les perfections, tous les dons de l'ange, son patron, et du grand peintre, son homonyme. Je laisse de côté le physique ; et, sur ce point, je ne me permettrai qu'une remarque. L'auteur, en essayant d'appliquer à son héros le type de beauté du grand peintre d'Urbin, a oublié une seule chose : c'est que la première, la souveraine impression que fait sur nous la vue d'une figure de Raphaël, est une impression de pureté virginale et de chasteté. Or, je ne saurais recevoir cette impression-là, quand l'auteur, dans la traduction qu'il nous donne du portrait du peintre, s'épuise à nous décrire ces yeux, « qui sont, dit-il, *imbibés* de lumière jusqu'au fond, mais un peu *humides* des rayons *délayés* dans la rosée ou dans les larmes. » Je sens là une intention voluptueuse qui ne ressort pour moi d'aucune figure peinte par Raphaël, pas même de la sienne. Raphaël a pu avoir du voluptueux dans sa vie, mais M. de Lamartine en a prêté gratuitement à son pinceau. —Je reviens au Raphaël d'aujourd'hui, à celui de M. de Lamartine : « S'il eût tenu un pinceau, dit notre auteur, il aurait peint la Vierge de Foligno; s'il eût manié le ciseau, il aurait sculpté la Psyché de Canova; s'il eût connu la langue dans laquelle on écrit les sons, il aurait noté les plaintes aériennes du vent de mer dans les fibres des pins d'Italie... S'il eût été poëte, il aurait écrit les apostrophes de Job à Jéhovah, les stances d'Herminie du Tasse, la conversation de Roméo et Juliette au clair de lune, de Shakspeare, le portrait d'Haydé de lord Byron... S'il eût vécu dans ces républiques antiques où l'homme se développait tout entier dans la liberté, comme le corps se développe sans ligature dans l'air libre et en plein soleil, il aurait aspiré à tous les sommets comme César, il aurait parlé comme Démosthène, il serait mort comme Caton. » Caton, César, Démosthène, Tasse, Shakspeare, Job et *tutti quanti*, tout cela en un seul homme, à la bonne heure! Quand on se met une fois en frais d'idéal, il est plus simple de ne pas s'arrêter à mi-chemin dans ses souhaits d'ambition. Mais, après avoir parlé ainsi de Raphaël, M. de Lamartine n'a plus qu'une réponse à faire à ceux qui lui demanderaient si Raphaël ce n'est pas lui-même; il devra répondre comme faisait Rousseau à ceux qui lui demandaient s'il avait voulu se peindre dans Saint-Preux : « Non, disait-il, Saint-Preux n'est pas ce que j'ai été, mais ce que j'aurais voulu être. »

Le roman commence par une description des lieux, du lac et des montagnes qui vont être comme la décoration de cet amour : « On ne peut bien comprendre un sentiment que dans les lieux où il fut conçu... Otez les falaises de Bretagne à René, les savanes du désert à Atala, les brumes de la Souabe à Werther, les vagues *imbibées* de soleil et les mornes *suants de chaleur* à Paul et Virginie, vous ne comprendrez ni Chateaubriand, ni Bernardin de Saint-Pierre, ni Goethe. » Tout cela est juste, sauf pourtant ces mornes *suants* de chaleur qui sont une invention pittoresque, et qui jurent désagréablement avec l'idée calme et reposée de *Paul et Virginie,* de même que tout à l'heure la traduction trop amollie de M. de Lamartine jurait avec l'idée pure d'une figure de Raphaël. Bernardin de Saint-Pierre est le Raphaël des îles de l'Inde; il est céleste de pinceau et chaste comme l'autre peintre des divines enfances. M. de Lamartine les sent l'un et l'autre profondément; comment se fait-il qu'il déroge si à la légère, et sans paraître s'en douter, à l'impression principale que tous deux laissent dans l'âme? On a peine à s'expliquer de telles absences de goût.

Le cadre du lac et des monts serait bien posé, si bientôt il ne devenait trop large et débordant pour les personnages. Le poëte descriptif intervient indiscrètement, avec ses artifices et ses jeux de pinceau, au milieu des sentiments bien autrement personnels et égoïstes d'un amour naissant. Les amants heureux s'accommodent volontiers de tous les cadres; ils portent en eux de quoi embellir les déserts. Une riche nature sans doute les sert mieux et les enchante; la grande nature admirée ensemble est le plus bel accompagnement d'un noble amour. Mais il ne convient point que le poëte y insiste beaucoup plus que les amants n'y insisteraient eux-mêmes. Ainsi, lorsqu'au sortir d'une scène d'orage, où il a secouru et longtemps veillé Julie évanouie, Raphaël nous décrit, au matin, l'abbaye de Haute-Combe, avec son *architecture vivante de ronces, de lierres flottants, de giroflées suspendues, de plantes grimpantes*, avec son luxe *de soleil, de parfums, de murmures, de saintes psalmodies des vents, des eaux, des oiseaux, des échos sonores...*, quand il s'écrie : « La Nature est le grand prêtre, le grand décorateur, le grand poëte sacré et le grand musicien de Dieu; » il se sent obligé presque aussitôt de nous avertir qu'il n'a songé à tout cela que depuis : « Je n'étais pas, en ce moment, assez maître de mes pensées, dit-il, pour me rendre compte à moi-même de ces vagues réflexions. » Pourquoi donc alors venir nous en rendre compte avec ce double faste de métaphysique et de couleurs ? Montrez-nous l'abbaye en deux grands traits, et passez outre comme vous fîtes alors. Car, enfin, de qui êtes-vous épris? est-ce de votre maîtresse, ou bien est-ce de la nature? Laquelle des deux est pour vous sur le premier plan? Il faut choisir, et dans *Raphaël* l'écrivain ne choisit plus : il prétend confondre et identifier l'une et l'autre; c'est là son rêve. Il fut un temps où il choisissait. Dans cette admirable élégie du *Lac*, qui vaut mieux, à mon sens, que tout *Raphaël*, le poëte ne prenait encore les objets que pour ce qu'ils étaient un peu indistinctement à ses yeux, pour les témoins confus, pour les confidents et les dépositaires de son bonheur :

> O lac, rochers muets, grottes, forêt obscure,
> Vous que le temps épargne ou qu'il peut rajeunir,

> Gardez de cette nuit, gardez, belle Nature,
> Au moins le souvenir!

Qu'on relise la pièce, ou plutôt qu'on se la redise par cœur un moment, et qu'on se demande si ce simple cri, ce vague et profond appel ne rend pas mieux la sincérité du sentiment que de venir nous dire : « Nous visitâmes ainsi successivement ensemble toutes les *anses*, toutes les *vagues*, tous les *sables* du lac, toutes les *cimes*, toutes les *croupes*, toutes les *gorges*, toutes les *vallées* secrètes, toutes les *grottes*, toutes les *cascades* encaissées dans les fissures des rochers de la Savoie. » S'adressant au lac chéri qu'il revenait seul revoir après une année, le poëte, encore ému, s'écriait :

> Tu mugissais ainsi sous ces roches profondes,
> Ainsi tu te brisais sur leurs flancs déchirés;
> Ainsi le vent jetait l'écume de tes ondes
> Sur ses pieds adorés!

Le sentiment n'était-il pas mieux observé dans cette simple écume jetée au hasard, que lorsque nous lisons aujourd'hui : « Une terrasse couverte de quelques mûriers sépare le château de la plage de sable fin où viennent continuellement *mourir, écumer, lécher et balbutier les petites langues bleues des vagues.* » Remarquez, même aux meilleurs endroits, que ce qu'on nous donne ici comme le dernier mot, n'est pas plus vrai ni plus réel: c'est moins contenu, et dès lors moins poétique. Car la poésie est l'essence des choses, et il faut bien se garder d'étendre la goutte d'essence dans une masse d'eau ou dans des flots de couleur. La poésie ne consiste pas à tout dire, mais à tout faire rêver.

Le personnage d'Elvire transformé en celui de Julie

est-il devenu plus vivant? Oui, en partie; il y a des instants où l'on croit voir et entendre cette charmante et délicate créature. Mais, à d'autres instants et par d'autres endroits, le personnage est devenu en partie systématique. On peut être assuré que la véritable Elvire n'était point tout à fait telle qu'on nous peint cette nouvelle Julie. Et puisqu'on a tant fait que de lui changer son nom, j'avouerai que je n'aime guère ce nom de Julie. Il rappelle le nom de l'héroïne de Jean-Jacques, mais il rappelle aussi un vers de Voltaire :

Chez Camargo, chez Gaussin, chez Julie.

Il me rappelle un vers d'André Chénier :

Et nous aurons Julie au rire étincelant...

Il y a des nuances morales attachées aux noms. Julie semblerait plutôt un nom brillant de plaisir; c'est un nom de femme romaine, ou tout au moins de femme bien portante. La Julie de *Raphaël* est un être frêle, maladif, nerveux, une nature toute d'exception. Raphaël n'a entendu d'abord que sa voix : « Elle résonnait, dit-il, entre les dents à demi fermées, comme ces petites lyres de métal que les enfants des îles de l'Archipel font résonner sur leurs lèvres, le soir, au bord de la mer. C'était un tintement plutôt qu'une voix. Je l'avais observé sans penser que cette voix *tinterait si profond* et à jamais dans ma vie. » Dans la première conversation suivie qu'elle a avec Raphaël, Julie lui explique très-franchement sa situation et lui raconte son histoire. Elle est créole de Saint-Domingue; orpheline, élevée avec les filles de la Légion-d'Honneur, mariée à dix-sept ans de son plein gré à un vieillard, savant illustre, qui n'est pour elle et ne veut être qu'un père (elle insiste très-nettement sur ce point), Julie est atteinte d'un mal singulier qui la consume, et qui lui interdit, même au prix d'une faiblesse, de donner ni de recevoir le bonheur. La jeune femme a puisé dans son éducation et dans la société de son mari les pures doctrines du xviiie siècle; elle est incrédule, matérialiste, athée même; cela ne l'empêche pas d'être très-liée avec M. de Bonald, et c'est un jour, pour lui complaire, que le poëte des *Méditations* aurait commis innocemment, sans trop savoir ce qu'il faisait, cette ode au *Génie*, dédiée au grand adversaire de la liberté. Cette petite apologie, glissée en passant, de la part du tribun futur, devra paraître heureusement trouvée. Avec un mari qui n'est pour elle qu'un père, et qui, dans sa philosophie indulgente, lui permettrait beaucoup, avec des opinions et des doctrines positives comme celles qu'elle s'est formées, on est réduit à reconnaître que Julie ne peut être protégée dans ses longs tête-à-tête avec son jeune ami (et elle en convient) que par son mal même et par la singularité de sa nature. Du moment que la pensée est obligée de s'arrêter sur des circonstances particulières aussi désagréables, on a droit de s'étonner lorsqu'on entend tout à coup cette femme matérialiste déclamer contre l'*abjecte nature des sensations*, et faire appel à une *pureté surnaturelle :* «... Vous trouveriez ce que vous appelez un bonheur, dit-elle à son amant; mais ce bonheur serait une faute pour vous! Et pour moi... je descendrais de l'élévation où vous m'avez placée!... » L'incrédule Julie a tort de vouloir chercher des raisons là où il n'y en a point pour elle; elle parle en ces moments comme aurait pu le faire une platonicienne.

Allons au fond de notre critique et dégageons toute notre pensée : l'auteur de *Raphaël*, dans cette partie délicate de son récit, a voulu tout nous dire, et il n'a pas osé. Il a essayé de faire une confession entière, et il s'est arrêté à mi-chemin, en songeant que c'était aussi la confession d'une autre. Il a essayé de combiner ce qu'il croyait devoir à la mémoire d'Elvire, et ce qu'il devait à l'intérêt actuel du roman. Il a inventé, à cette fin, des obstacles, des impossibilités, pour rendre vraisemblable ce qui ne l'est pas, impossibilités qui deviennent elles-mêmes d'énormes invraisemblances. Faut-il, après cela, s'étonner qu'on le surprenne par endroits dans quelques contradictions? On a beaucoup dit de mal de Rousseau et de ses *Confessions*, tout en les goûtant. Je crois que du moment qu'on se décide à faire des Confessions, il n'y a pas à marchander : il faut les faire vraies, fidèles, supprimer le moins possible, ne rien inventer, et surtout ne sophistiquer jamais. Or, on sent à tout moment dans *Raphaël* l'altération, le renchérissement subtil et sophistique de ce qui a dû exister à l'état de passion plus simple; on sent la *fable* qui s'insinue. C'est surtout dans les conversations des deux amants sur le lac, dans ces dissertations à perte de vue sur Dieu, sur l'infini, que je crois sentir l'invasion de ce que j'appelle la fable et le système. Ici, l'anachronisme moral devient évident. Jamais une jeune femme, vers 1817 ou 1818, fût-elle à la hauteur philosophique de Mme de Condorcet, n'a causé ainsi; c'est le panthéisme (le mot n'était pas inventé alors), le panthéisme, disons-nous, de quelque femme, esprit fort et bel-esprit de 1848, que l'auteur de *Raphaël* aura mis après coup dans la bouche de la pauvre Elvire, qui n'en peut mais. Jamais Elvire, en montrant le soleil couchant à son ami, a-t-elle pu lui dire : « Vois-tu le disque à moitié plongé derrière *ces sapins qui ressemblent à des cils de la paupière du ciel?* » Et, si épris, si enivré que fût son amant, il ne s'exprimait point encore alors comme il fait aujourd'hui : « J'ouvrais les bras à l'air, au lac, à la lumière, comme si j'eusse voulu étreindre la nature et la remercier de s'être *incarnée* et animée pour moi dans un être qui rassemblait, à mes yeux, tous ses mystères, toute sa bonté, toute sa vie, tout son enivrement!... Je n'étais plus un homme, j'étais *un hymne vivant, criant, chantant, priant, invoquant, remerciant, adorant, débordant*, etc., etc. » J'abrége la litanie. Et encore : « Il y avait dans nos âmes assez de vie et assez d'amour pour animer toute cette nature, *eaux, ciel, terre, rochers, arbres, cèdre et hysope*, et pour leur faire rendre *des soupirs, des ardeurs, des étreintes, des voix, des cris, des parfums, des flammes*, etc., etc. » Et plus loin, parlant de Julie, après avoir épuisé, ce semble, les termes passionnés : « Je lui cherchais des noms, dit-il, je n'en trouvais pas. A défaut de nom, je l'appelais en moi-même *mystère :* je lui rendais sous ce nom un culte qui tenait de la terre par la tendresse, de l'extase par l'enthousiasme, de la réalité par la présence, et du ciel par l'adoration. » On voudrait bien, à l'aide de ces grands mots délirants, simuler l'enthousiasme qu'on n'a plus, et l'on ne réussit à surprendre un moment que quelques âmes ouvertes et faciles qui croient encore à toutes les paroles.

Je n'insisterai pas sur les grandes scènes du roman, pas même sur celle du *suicide*, qui est encadrée magnifiquement, comme toujours, mais qui, telle qu'elle nous est racontée, manque son effet, et qui finit d'ailleurs assez ridiculement. Je m'attache au seul personnage de Julie, qui fait l'âme du livre, et je lui applique ce que M. de Lamartine lui-même, dans l'un des beaux passages du volume, dans sa visite aux Charmettes, nous a dit de Mme de Warens : « Je défie un homme raisonnable, affirme-t-il, de recomposer avec vraisemblance le caractère que Rousseau donne à son amante, des éléments contradictoires qu'il associe dans cette nature de femme. L'un de ces éléments exclut l'autre. » Je dirai donc, en raisonnant exactement comme M. de Lamartine, et en opposant les éléments contradictoires dont il compose l'amante de Raphaël : Si Julie est incrédule, elle ne doit point parler de Dieu à chaque instant. Si elle est matérialiste, elle ne doit point avoir tant de mépris pour la matière et pour les sensations. Si elle a épousé les doctrines de l'école de Cabanis, elle ne saurait tant admirer M. de Bonald. Si, à un certain moment, elle s'est convertie à Dieu, ce dut être au Dieu des chrétiens, au Dieu du crucifix, au seul Dieu enfin que confessât alors son amant. Dans aucun cas, elle ne saurait s'exprimer comme personne n'avait l'idée de s'exprimer à cette date. Elle ne saurait être coupable de l'espèce de galimatias double (on va en juger) que Raphaël lui prête dans ce moment solennel de la conversion : « *Dieu! Dieu! Dieu!* s'écria-t-elle encore, comme si elle eût voulu s'apprendre à elle-même une langue nouvelle; *Dieu, c'est vous! Dieu, c'est moi pour vous! Dieu, c'est nous! Raphaël, me comprenez-vous? Non, vous ne serez plus Raphaël, vous êtes mon culte de Dieu!* » J'en conclus que la véritable Elvire aurait peine à se reconnaître dans les pages alambiquées du roman panthéiste de M. de Lamartine, et je la restitue dans mon imagination telle qu'elle apparut la première fois au bord de ce lac, bien différente, au jeune poëte lui-même si différent!

A travers le factice et le faux que je crois avoir assez indiqués, on noterait (gardons-nous de l'oublier), dans presque tous les chapitres ou couplets dont se compose le récit, des accents vrais, des touches heureuses et fines, inexplicable mélange qui déconcerte, et qui est plus fait pour attrister le lecteur déjà mûr que pour le consoler. Dans un dernier pèlerinage d'adieu, qu'avant de quitter leur séjour de bonheur, les deux amants vont faire à tous les sites préférés, montrant de loin du doigt à son ami la petite maison de pêcheur dans laquelle ils se sont rencontrés pour la première fois, et qui est à peine visible à l'horizon, Julie lui dit avec sentiment : « C'est là ! Y aura-t-il un lieu et un jour, ajouta-t-elle tristement, où la mémoire de ce qui s'est passé en nous, là, dans des heures immortelles, ne vous apparaîtra plus, dans le lointain de votre avenir, que comme cette petite tache sur le fond ténébreux de cette côte ? » Accent vrai, parole naturelle et sentie, comme j'en aurais voulu toujours entendre ! Mais ne pourrait-on pas lui répondre : Il y aura quelque chose de plus triste pour vous, pour la mémoire de ces heures immortelles, que d'être reléguée comme un point à peine visible dans le lointain du passé : ce sera de n'être prise un jour, de n'être étalée et exposée aux yeux de tous que comme un prétexte à des rêves nouveaux, comme un canevas à des broderies et à des pensées nouvelles.

Trois endroits m'ont particulièrement frappé en bien dans le volume, et ils ne se rapportent point au roman : c'est d'abord la visite aux Charmettes, où M. de Lamartine a parlé de Rousseau avec éloquence et vérité. C'est ensuite cette autre visite que fait le jeune poëte, son manuscrit des *Méditations* en main, chez l'imprimeur Didot : la physionomie de l'estimable libraire classique, son refus, ses motifs, tout cela est raconté avec esprit et malice ; le poëte en a tiré une charmante vengeance. Enfin, le plus émouvant passage est certainement l'histoire du bouquet d'arbre coupé dans l'enclos de Milly; on y retrouve, mais trop tard, la corde réelle et vibrante qu'il n'aurait jamais fallu quitter. On en retrouvait pourtant aussi quelque note heureuse dans les souvenirs du pont des Arts et du quai Conti. Quant aux grandes scènes finales de l'arbre de Saint-Cloud, autrement dit *l'Arbre de l'Adoration*, et aux promenades dans le parc de Mousseaux, j'y suis peu sensible; elles rentrent dans ce nouveau système d'amour, qui consiste à identifier Julie avec la nature et avec Dieu, à faire de tous les trois un mélange qui semble tenir à la présente religion de l'auteur, et qui appartient peut-être à la future religion du monde. Je n'en suis pas là encore. Pour ne parler que littérature, dans toutes ces pages et dans cent autres, l'auteur abuse démesurément des harmonies, des images champêtres, de la verdure, des murmures et des eaux. Un critique éminent, M. Joubert, parlant de ces défauts, bien moins développés, mais déjà sensibles, chez Bernardin de Saint-Pierre, disait : « Il y a dans le style de Bernardin de Saint-Pierre un prisme qui lasse les yeux. Quand on l'a lu longtemps, on est charmé de voir la verdure et les arbres moins colorés dans la campagne qu'ils ne le sont dans ses écrits. Ses harmonies nous font aimer les dissonances qu'il bannissait du monde, et qu'on y trouve à chaque pas. La nature a bien sa musique; mais elle est rare heureusement. Si la réalité offrait les mélodies que ces messieurs trouvent partout, on vivrait dans une langueur extatique, et l'on mourrait d'assoupissement. »

Je finis sur cette remarque d'un critique qu'on n'accusera certes pas de sécheresse ni d'insensibilité pour la poésie : c'est aux lecteurs avertis de voir si elle ne s'applique pas, à plus forte raison, à la manière de plus en plus immodérée de M. de Lamartine.

Lundi 5 novembre 1849.

M. DE MONTALEMBERT
ORATEUR.

Je voudrais parler ici de M. de Montalembert orateur, au point de vue du talent, pour le caractériser et le saisir dans les principaux traits de son éloquence. Ce n'est point un adhérent qui parle, c'est encore moins un adversaire ; c'est quelqu'un qui l'a suivi dès son entrée sur la scène publique avec curiosité et intérêt, et bientôt avec admiration et applaudissement. Cette admiration, indépendante du fond même, devenait aisément unanime chez tous ceux qui l'entendaient ; mais les preuves réitérées et diverses qu'il a données de sa puissance oratoire dans ces deux dernières années le classent définitivement parmi les maîtres de la parole. En regard de tant d'autres talents qui se dissipent ou qui s'égarent, on est heureux d'en rencontrer un qui grandit et s'élève en raison des difficultés et des obstacles, qui mûrit visiblement chaque jour, qui remplit ou qui même dépasse les plus belles espérances.

Pourtant, je le dirai d'abord, si M. de Montalembert était resté purement et simplement dans la ligne qu'il suivait avant février 1848, j'aurais éprouvé quelque difficulté à parler de lui en toute liberté, même dans un autre lieu que *le Constitutionnel*. En effet, à ne le prendre que dans cette carrière déjà si pleine qu'il a fournie durant treize années au sein de la Chambre des pairs, je vois en lui un orateur des plus distingués, l'avocat ou plutôt le champion, le chevalier intrépide et brillant d'une cause; mais tous ses développements d'alors roulent sur deux ou trois idées absolues, opiniâtres, presque fixes: il défend la Pologne, il attaque l'Université, il revendique une liberté illimitée pour l'enseignement ecclésiastique, pour les Ordres religieux; il a deux ou trois grands thèmes, ou plutôt un seul, la liberté absolue. Ce thème est pour lui un point de foi, un sujet de conviction : aussi son éloquence n'est-elle point celle d'un avocat, mais d'un croyant, d'un lévite armé, ou mieux d'un Croisé qui aurait reçu le don du bien dire. Il me semble, en chaque question, le voir marcher tout droit devant lui contre l'adversaire, glaive en main et cuirasse au soleil. J'admire et j'applaudis de grand cœur avec la noble Chambre d'autrefois ce qu'il y a de jeune, de brillant, d'aventureux dans ce tournoi à outrance; ce sont des exploits de tribune; mais je me demande quels pouvaient être les résultats. Ce n'est que depuis 1848 que M. de Montalembert, acceptant la leçon des événements, a cessé d'être un orateur de parti pour se montrer un orateur tout à fait politique. Jusque-là on l'admirait, et, à moins d'être étroitement de son parti, on ne le suivait pas. Maintenant, de quelque côté qu'on vienne, on le suit volontiers; on accepte non pas seulement la vibration et l'éclat, mais le sens de ses nobles paroles. Il a cessé de voir les questions par un seul aspect; il unit deux choses contraires, il combine. Il n'a pas perdu ses convictions, mais il consent à entrer dans celles des autres, à compter et à composer avec elles. De là un effort et un frein auquel son éloquence elle-même ne peut que gagner. Il est trop aisé et trop simple de n'obéir qu'à un seul souffle direct, impétueux; le beau de la force humaine est de se contenir, de se diriger entre des impulsions diverses et d'assembler sous une même loi les contraires. « On ne montre pas sa grandeur, a dit Pascal, pour être en une extrémité, mais bien en touchant les deux à la fois et remplissant tout l'entre-deux. » M. de Montalembert n'est plus tout entier à une extrémité; il a montré qu'il savait embrasser des points opposés et marcher, lui aussi, dans l'entre-deux. Il a fait place, dans son esprit, à un certain contraire. Quelles que soient les convictions profondes du dedans, c'est là un grand pas de fait pour la vérité pratique et applicable. Le vrai talent non plus n'a point à se repentir de ces contrariétés qu'il s'impose. L'énergie gagne par la prudence; l'éloquence plus mûre n'y perd pas, et elle donne désormais la main à la politique, qui n'est autre, le plus souvent, qu'une transaction. Depuis ses derniers discours, qui sont aussi les plus éloquents, M. de Montalembert en a fait l'épreuve; il a mérité cet éloge, que M. Berryer lui donnait en le félicitant : « Vous êtes un esprit non absolu, mais résolu. » Généreux éloge que nous le supplions de justifier de plus en plus et toujours.

M. de Montalembert a commencé de bonne heure et presque adolescent à se produire par la parole. Sa longue jeunesse, à laquelle on est accoutumé depuis dix-huit ans, n'est pas close encore; né en 1810, il n'a que trente-neuf ans. Jamais il n'y eut jeunesse ni adolescence plus écoutée. Une circonstance singulière le mit en vue dès 1831. Disciple alors de M. de Lamennais et rédacteur très-actif du journal *l'Avenir*, il y faisait ses premières armes en réclamant, au nom de la Charte, cette entière liberté d'enseignement qu'il n'a cessé de revendiquer depuis. Pour mieux constater le droit, il ouvrit une école gratuite avec deux de ses amis, M. de Coux et l'abbé Lacordaire. L'école ne fut ouverte que deux jours; le commissaire de police vint la fermer, et les trois *maîtres d'école* (comme ils s'intitulaient) se vi-

5.

rent traduits en police correctionnelle. C'était précisément ce qu'ils avaient voulu, afin de provoquer le débat public. Mais la mort du père de M. de Montalembert, survenant sur ces entrefaites, investit tout à coup le jeune homme des prérogatives de la pairie, et le procès fut évoqué devant la haute Cour. C'est ainsi que M. de Montalembert, devenu à l'improviste pair de France tout à la veille de l'abolition de l'hérédité, fit ses débuts d'orateur à la barre de la noble Chambre en septembre 1831, à l'âge de vingt et un ans, et en qualité d'accusé. Mais, à voir sa jeunesse, sa bonne grâce et son aisance, la netteté élégante et incisive de sa parole et de sa diction, on oubliait naturellement, et les juges étaient les premiers de tous à oublier, qu'on avait affaire à un accusé; on ne voyait que les commencements d'un orateur. La Chambre entière écoutait, avec une surprise qui n'était pas sans agrément, les audaces du jeune homme, et, ne regardant qu'au talent et à la façon, elle y trouvait avant tout des gages et de futures promesses pour elle-même. Elle accueillait ce dernier-né de l'hérédité avec la faveur et presque la tendresse qu'une mère a pour le dernier de ses enfants. Depuis ce jour, M. de Montalembert, condamné pour la forme à une légère amende, fut véritablement porté dans les entrailles de la pairie, il en fut le Benjamin. Lorsqu'il reparut, quatre ans après, dans cette même Chambre, pour y siéger avec voix délibérative, il eut le droit de tout dire, de tout oser, moyennant cette élégance de parole et de débit qui ne l'abandonne jamais. Il put y faire entendre en toute franchise les accents les plus passionnés pour cette liberté dont l'amour fut le seul excès de sa jeunesse; il put y développer sans interruption ses théories absolues, qui eussent fait frémir dans une autre bouche, mais qui plaisaient presque dans la sienne. Il put même y donner libre cours à ses qualités incisives, mordantes, acérées, et se montrer personnel envers les potentats et les ministres impunément. Dans un ou deux cas, M. le Chancelier le rappela bien à l'ordre pour la forme; mais la faveur qui s'attachait au talent couvrait tout. Son amertume (car il en eut parfois) semblait presque, de sa part, de l'aménité. L'âpreté du sens était déguisée par l'élégance du bien dire et le parfait bon air. En toute circonstance et quoi qu'il se permît, il n'eut qu'à remercier la Chambre de lui accorder, comme le lui dit un jour M. Guizot, *les immenses libertés de sa parole*. Ici on me permettra quelques remarques qu'il m'a été impossible de ne pas faire durant les années où j'étudiais de loin, en silence, ce talent précoce et grandissant.

Il faut bien des qualités, il faut même quelques défauts peut-être pour composer un grand orateur; ou, du moins, quelques-unes des qualités de l'orateur, quand il débute très-jeune, avant de devenir tout à fait des qualités, peuvent ressembler à des défauts. Ainsi la confiance en sa propre idée, la certitude dans l'affirmation, avant d'être de l'autorité réelle, peut ressembler à de la témérité. Je mentirais à ma pensée si je ne disais que ce fut quelquefois le cas pour M. de Montalembert. Jamais, sous prétexte d'avoir mis son humilité, une fois pour toutes, aux pieds du Saint-Siége, un jeune talent d'orateur ne s'est passé plus en sûreté de conscience ses facultés altières, piquantes, ironiques, et n'a joué plus librement de l'arme du dédain. Jamais, à la faveur d'une conviction religieuse profonde, on n'a eu moins de souci ni de ménagement de l'adversaire. Et puisque j'en suis aux remarques critiques sincères (et à qui les adresserait-on mieux qu'au noble talent qui est la sincérité même?), j'en ferai aussi quelques-unes sur le fond.

M. de Montalembert, dès le premier jour, entra en

lice, je l'ai dit, avec une idée absolue. Tout enfant, il avait fait contre l'Université le serment d'Annibal, et il lui avait juré haine et guerre éternelle. Ce fut là, durant dix-huit ans, sa conclusion réitérée et acharnée, son *Delenda Carthago*, comme pour Caton. Il avait retourné le mot de Voltaire, et il s'écriait, lui aussi : *Écrasons l'infâme!* En écrasant l'Université, c'était, en effet, l'ennemie mortelle du christianisme, c'était le séminaire de l'incrédulité qu'il prétendait exterminer. Très-frappé des pertes graduelles, croissantes, que faisait la foi catholique au sein des jeunes générations, et qui proviennent de tant de causes combinées, M. de Montalembert, pour couper court au mal, crut qu'il fallait en dénoncer toute l'étendue, et marquer au vif la séparation entre la partie saine et celle qui, selon lui, ne l'était pas. Il s'attacha, en conséquence, à ranger en bataille l'armée des catholiques, à la discipliner et à la morigéner, à l'épurer et à la compter, au risque de la diminuer, sinon de l'amoindrir; il supprima les neutres. Jusque-là, en France, tout homme qui ne disait pas : *Je ne suis point catholique*, était censé l'être. Il s'attacha à montrer que la plupart de ces gens-là n'étaient point des alliés pour lui, mais plutôt pour l'ennemi. Il tendit d'une manière tranchée à instituer le duel entre ce qu'il appelait *les fils des Croisés* et *les fils de Voltaire*. En répétant sans cesse : *Nous autres catholiques,* au lieu de dire : *Nous tous catholiques,* comme on faisait auparavant; en se représentant lui et les siens comme dans un état d'oppression criante et d'isolement, il donna à penser que le catholicisme en France pourrait n'être bientôt plus qu'un grand parti, une grande secte. J'honore cette franchise, je respecte cette foi de Polyeucte, qui repousse les tièdes, et qui, forte d'un espoir supérieur, réclame le combat, même inégal, sans douter de la victoire; mais, politiquement et moralement, j'aurais mieux aimé laisser un peu plus de confusion sur ces objets. Quand on aura démontré à une foule d'honnêtes gens qui se croyaient encore catholiques, qu'ils ne le sont pas, qu'y aura-t-on gagné? M. de Montalembert, depuis le 24 février, semble l'avoir compris, et c'est avec bonheur qu'on l'a entendu, dans ses discours sur la liberté d'enseignement, des 18 et 20 septembre 1848, consentir à prendre la religion chrétienne indépendamment du degré de foi individuelle, la considérer plus généralement au point de vue social, au point de vue politique, et accepter pour coopérateurs tous ceux qui, à l'exemple de Montesquieu, l'envisagent au même titre.

Ce fut dans la session de 1844, et à l'occasion surtout de la loi sur l'instruction secondaire, que l'orateur prit, à la Chambre des pairs, la position élevée qu'il a gardée depuis, et qu'il se posa décidément comme le chef du parti catholique, le défenseur et un peu le conducteur du clergé et de l'épiscopat français tout entier. C'était un beau rôle à l'âge de trente-trois ans, et il sut le remplir dans toute sa hauteur et son étendue. Il était allé, en 1843, à l'île de Madère, pour y chercher un climat propice à la santé de sa jeune femme; il y travaillait, dans ses loisirs, à une Histoire de saint Bernard. A la nouvelle du projet de loi, c'est-à-dire du danger, il lança de ce rocher de Madère une brochure où il traçait aux catholiques leurs devoirs et la ligne de conduite à suivre dans la conjoncture présente. Il revint tout exprès de Madère pour soutenir le poids de la discussion, et il y retourna ensuite pour veiller à ses affections domestiques, conciliant ainsi d'une manière touchante les devoirs de l'homme privé avec ceux de l'homme public. C'est ce caractère moral qui, répandu sur toute une vie, contribue beaucoup à l'autorité dès la jeunesse.

A partir de cette session de 1844, le talent de M. de Montalembert n'eut plus qu'à se déployer; il avait atteint toute son élévation. Son discours sur l'incorporation de Cracovie, du 21 janvier 1847, restera comme un des plus mémorables sur ces sortes de sujets faits pour inspirer. J'avoue que je me méfie toujours un peu de ce qu'on appelle éloquence en de tels sujets, et je cherche avant tout à la distinguer de la déclamation. Mais ici l'éloquence est bien réelle et sentie; elle est brûlante. Flétrissant l'ancien partage de la Pologne, et posant en principe que l'injustice amène tôt ou tard après elle le châtiment, l'orateur fait voir « la nation opprimée qui s'attache aux flancs de la puissance opprimante comme une plaie vengeresse immortelle. » Et plus loin, comparant le peuple écrasé à l'antique géant étouffé sous l'Etna : « On a cru, s'écria-t-il, anéantir un peuple, on a créé un volcan. » M. de Montalembert a une faculté qui manque à beaucoup d'autres, d'ailleurs éloquents, et qui fait que sa phrase ne résonne pas comme une autre phrase : il a la faculté de l'indignation. Il a conservé dans sa vivacité première le sentiment du juste et de l'injuste. Son cœur saigne véritablement devant certains spectacles, et son âme parle par sa blessure. Mais ce discours sur Cracovie fut surpassé encore par celui de l'année suivante, du 14 janvier 1848, sur les affaires de Suisse. Ici l'approche des grands événements dont il sent à l'avance le courant électrique, enflamme l'orateur : ce n'est plus de la Suisse, ni de la souveraineté cantonale, ni des jésuites d'au delà du Jura, qu'il parle; il s'agit bien de tout cela ! il s'agit de nous-mêmes : « C'est un vaincu, annonçait-il en commençant, qui vient parler à des vaincus, c'est-à-dire aux représentants de l'ordre social, de l'ordre régulier, de l'ordre libéral qui vient d'être vaincu en Suisse, et qui est menacé, dans toute l'Europe, par une nouvelle invasion de barbares. » Une fois entré dans cette veine toute vive, il n'en sortit plus, et tout son discours ne fut qu'une évocation directe, personnelle, prophétique. On a souvent dit de la puissance de la parole qu'elle transporte; jamais le mot ne fut plus applicable que dans ce cas; il n'y eut jamais de discours plus transportant. La noble Chambre fut près d'oublier un moment sa gravité dans un enthousiasme jusqu'alors sans exemple; toutes les arrière-pensées, d'ordinaire prudentes et voilées, reconnaissant tout d'un coup leur expression éclatante, se révélèrent. On peut dire que la Chambre des pairs eut son chant du cygne dans ce dernier discours de M. de Montalembert.

Il y aurait eu pourtant, au point de vue politique ou même seulement logique, des observations à faire sur quelques parties de ce discours, si l'effet général n'avait tout couvert. Par exemple, l'orateur, au milieu de tout ce qu'il signalait de dangers, continuait de faire ses réserves en faveur de la liberté entière et absolue. Il dénonçait chez nous les manifestations et ce qu'il appelait les excès du radicalisme, et il approuvait qu'on les tolérât. Il sonnait la trompette d'alarme, et il ajoutait en même temps : Gardez-vous de courir aux armes ! C'était là un reste d'inconséquence et de système dont il a fallu le 24 février pour l'affranchir, lui et beaucoup d'autres. Depuis lors, son beau talent, avec la fermeté, la souplesse et la vigueur qui le distinguent, avec cet art de présenter la pensée sous des aspects toujours larges et nets, avec l'éclat et la magnificence du langage qui ne se séparent point chez lui de la chaleur du cœur, s'est mis tout entier au service non-seulement des belles causes, des causes généreuses, mais aussi des choses praticables et possibles. C'est là le point sur lequel j'aime à insister. Le 22 juin 1848, il débuta devant l'Assemblée nationale en venant parler sur la propriété (à propos d'un projet de décret sur la reprise de possession des chemins de fer par l'État); il exprima des considérations justes, élevées, opportunes, dans un loyal et courageux langage. En présence d'une Assemblée si nouvelle et au sortir de cette atmosphère de faveur où son éloquence avait été nourrie sans s'y amollir, il eut un léger apprentissage à faire; il le fit en un instant. Ce n'est qu'à titre de reconnaissance qu'il a lieu maintenant de regretter la Chambre des pairs; mais ces assemblées nouvelles, si diversement composées et si orageuses, lui vont à merveille; il ne craint pas les interruptions, il les aime; il y trouve *grand honneur*, dit-il, et *grand plaisir*. Sa faculté ironique et poliment hautaine qui, à certains jours pourtant, excédait un peu le ton de la noble Chambre et pouvait sembler disproportionnée, trouve ici des objets très-convenables, et il n'en laisse, à la rencontre, échapper aucun; il joint aux autres qualités de l'orateur celle de la riposte et de l'à-propos. Faisant allusion aux fautes qui s'étaient commises et dont personne ne pouvait se croire exempt, il disait un jour à quelqu'un qui le complimentait, et tout en déclinant l'éloge : « Nous ne sommes plus qu'une réunion d'humbles pénitents. » Mais les pénitents comme M. de Montalembert se relèvent vite, et je ne conseillerais pas aux adversaires de s'y trop fier. Qu'on se rappelle ce spirituel discours (12 janvier 1849) dans lequel il conviait l'Assemblée nationale de consentir à se dissoudre, et où il la suppliait sur tous les tons, avec un respect tempéré de sarcasme. Les interrupteurs évidemment n'ont rien à gagner avec lui.

Dans son discours sur l'inamovibilité de la magistrature (10 avril 1849), nous trouvons M. de Montalembert sur le terrain de M. Dupin, d'accord avec lui et lui prêtant la main pour la première fois peut-être. Le passage du discours où le *sacerdoce* de la magistrature est pris et interprété au pied de la lettre, et où l'orateur le rapproche, socialement parlant, du sacerdoce du prêtre; ce double temple qu'il importe de maintenir debout; ce torrent des révolutions qui doit, en roulant, trouver au moins deux rives inébranlables, et se contenir entre le temple de la loi et le temple de Dieu, tout cela est à la fois de la haute éloquence et de l'éternelle politique. En parlant sur la loi de la presse (24 juillet 1849), dans cette discussion où le talent de M. Thiers lui-même a grandi et a su ajouter à ses qualités habituelles je ne sais quoi de contenu et le ressort de l'émotion, — dans cette discussion pénible, M. de Montalembert a trouvé à proférer hautement des vérités qui avaient bien du poids et de l'accent sur ses lèvres. C'est ce même sentiment qui, dans son dernier discours sur les affaires de Rome (19 octobre), lui a fait proclamer avec amertume que le résultat le plus net de l'anarchie, ce n'était pas de détrôner quelques rois, c'était de détrôner la liberté : «Les rois sont remontés sur leurs trônes, s'est-il écrié douloureusement, la liberté n'est pas remontée sur le sien : elle n'est pas remontée sur le trône qu'elle avait dans nos cœurs.» Je n'ai rien à dire de ce dernier discours, qui retentit encore. Le passage sur l'Église d'autant plus forte qu'elle est faible, et qui apparaît revêtue de l'inviolabilité d'une femme et d'une mère; ce pathétique mouvement, même pour ceux qui, à distance, ne prendraient ces choses qu'au point de vue du beau, devra rester comme une des plus heureuses inspirations de l'éloquence.

A la tribune, M. de Montalembert arrive aux effets sans grands efforts et comme par suite d'un développement continu. Il y est d'une parfaite aisance. Il a peu de gestes, mais il possède la plus essentielle des parties qui concourent à l'action; il a la *voix*, une voix d'un courant pur et d'une longue haleine, d'un timbre net et clair, d'un accent distinct et vibrant, très-propre à marquer les intentions généreuses ou ironiques du discours. Fils d'une mère anglaise, on croirait sentir dans sa voix, à travers la douceur apparente, une certaine accentuation montante qui ne messied pas, qui fait tomber certaines paroles de plus haut et les fait porter plus loin. Je demande pardon d'insister sur ces nuances, mais les anciens, nos maîtres en tout, et particulièrement en éloquence, y apportaient une minutieuse attention, et un grand orateur moderne a dit : « On a toujours la voix de son esprit. » Un esprit clair, net, ferme, généreux, un peu dédaigneux, marque tout cela dans sa voix. Ceux dont la voix n'est pas l'organe expressif et sensible de ces moindres nuances du dedans ne sont pas faits pour produire, comme orateurs, des impressions pénétrantes.

M. de Montalembert improvise-t-il ou récite-t-il en partie? a-t-il écrit des portions de discours à l'avance ou ne les a-t-il que préparées? Ce sont des questions qui tiennent au secret de chacun, et sur lesquelles il serait difficile de se prononcer par conjecture. Si j'en crois de bons renseignements, M. de Montalembert, dans son procédé de composition oratoire, a passé par les différentes phases qui sont familières aux gens du métier. Au début, il a commencé simplement par écrire ses discours et par les lire, puis par les réciter. La plume, en effet, est le premier, on l'a dit (1), le plus sûr des maîtres pour façonner à la parole. Enhardi bientôt, il s'est

---

(1) « Stylus optimus et præstantissimus dicendi effector ac magister. » Cicéron (*De Oratore*, 1, 33).

mis à parler sur de simples notes, et, si je ne me trompe, aujourd'hui il combine ensemble ces diverses manières, en y ajoutant ce que la pure improvisation ne manque jamais de lui fournir. Le tout est enveloppé dans une sorte de circulation vive qui ne laisse apercevoir aucun intervalle, et qui fait que les jets du moment, les pensées méditées ou notées, les morceaux tout faits, se rejoignent, s'enchaînent avec souplesse, et se meuvent comme les membres d'un même corps. Tout orateur qui l'est véritablement sent toujours combien il lui reste de progrès à faire pour atteindre à cet idéal que les plus grands eux-mêmes ont désespéré de réaliser. M. de Montalembert a donc encore à gagner dans l'avenir, surtout s'il est vrai, comme l'a remarqué l'antique Solon dans de beaux vers qu'on a de lui, que l'accord parfait de la pensée et de l'éloquence ne se rencontre avec plénitude que de quarante-deux à cinquante-six ans. Observation large et juste, et qui ressemble à une loi ! Bien de vivants exemples, autour de nous, la confirmeraient.

Comme écrivain, M. de Montalembert a publié, en 1836, l'*Histoire de sainte Élisabeth de Hongrie*, une touchante et poétique légende dont il s'était épris durant un séjour en Allemagne. Il a traduit le livre des *Pèlerins polonais* du poëte Mickiewicz. Il a écrit aussi quelque chose contre les destructeurs des monuments gothiques. Mais son grand ouvrage, son œuvre capitale en perspective, est une *Histoire de saint Bernard*, depuis longtemps préparée, et que ses devoirs d'homme public l'ont empêché jusqu'ici de mener à fin. Deux volumes contenant les préliminaires, sur la formation, le développement et le rôle des Ordres monastiques au Moyen Age, sont imprimés, mais non publiés. On le voit, ce n'est point l'unité qui manque à une telle vie.

Lundi 12 novembre 1849.

CHEFS-D'ŒUVRE DE LA LITTÉRATURE FRANÇAISE.

(Collection Didot).

HAMILTON.

Le vice moderne qui a fait le plus de mal peut-être dans ces derniers temps a été la phrase, la déclamation, les grands mots dont jouaient les uns, et que prenaient au sérieux les autres, que prenaient au sérieux tout les premiers ceux mêmes qui en jouaient. Je ne veux pas dire que nous ne soyons malades que de ce mal-là, ni qu'il ne se rattache aussi à beaucoup d'autres; mais je crois que ce mal a été l'un des plus contagieux, l'un des plus directement nuisibles depuis bien des années, et que ce serait avoir beaucoup fait que de travailler à nous en guérir. Tout ce qui contribuerait à nous rendre dans l'expression la netteté première, à débarrasser la langue et l'esprit français du pathos et de l'emphase, de la fausse couleur et du faux lyrique qui se mêle à tout, serait un vrai service rendu non-seulement au goût, mais aussi à la raison publique. S'accoutumer à écrire comme on parle et comme on pense, n'est-ce pas déjà se mettre en demeure de bien penser? Après tout, on n'a jamais tant d'efforts à faire en France pour revenir à cette netteté, car elle n'est pas seulement de forme chez nous, elle constitue le fond de la langue et de l'esprit de notre nation; elle en a été la disposition et la qualité évidente durant des siècles, et, au milieu de tout ce qui s'est fait pour l'altérer, on en retrouverait encore de nombreux et d'excellents témoignages aujourd'hui.

J'irai même plus loin et je dirai que, quoi qu'on fasse, la netteté est et sera toujours de première nécessité chez une nation prompte et pressée comme la nôtre, qui a besoin d'entendre vite et qui n'a pas la patience d'écouter longtemps. Nous retrouvons ainsi des ressources dans nos inconvénients, et nous sommes ramenés à notre qualité par nos défauts mêmes.

Parmi les auteurs célèbres de notre langue, tous pourtant ne sont pas propres indifféremment à nous rendre l'impression et à nous montrer l'image de cette parfaite netteté. Il s'en rencontrerait sans doute des exemples en tout temps, même dans les âges anciens : témoin Philippe de Commynes et Montaigne. Malgré le pédantisme des fausses sciences et les restes de barbarie, la disposition et le tour particulier à l'esprit français ne laissaient pas de se faire jour, et les natures originales prenaient le dessus. Pourtant ce n'est qu'à partir d'une certaine époque plus également éclairée, que cette netteté devint habituelle et, on peut le dire, universelle chez tous les bons écrivains, et qu'elle a tout à fait passé dans l'usage. Cette époque est assez récente, et je ne saurais la dater que de la fin du xviie siècle. Ce n'est que vers le milieu de ce siècle seulement que la prose française, qui avait fait sa classe de grammaire avec Vaugelas et sa rhétorique sous Balzac, s'émancipa tout d'un coup et devint la langue du parfait honnête homme avec Pascal. Mais ce qu'avait fait d'abord un homme de génie, ce que d'autres esprits supérieurs rompus au monde, les La Rochefoucauld, les Retz, pratiquaient également, il fallut quelque intervalle pour que tous en profitassent et que la monnaie au titre nouveau circulât.

La Bruyère marque décidément l'ère nouvelle, et il inaugure cette espèce de régime tout à fait moderne dans lequel la netteté de l'expression veut se combiner avec l'esprit proprement dit, et ne peut absolument s'en passer pour plaire. A côté de La Bruyère on trouverait d'autres exemples moins frappants, mais aussi peut-être plus coulants et plus faciles. Fénelon, dans ses écrits non théologiques, est le plus léger et le plus gracieux modèle de ce que nous cherchons. Quelques femmes distinguées, avec ce tact qu'elles tiennent de la nature, n'avaient pas non plus attendu La Bruyère pour montrer leur vive et inimitable justesse dans les genres familiers. Il eut plus qu'elles de bien savoir ce qu'il faisait et de le dire. Depuis cette fin du xviie siècle et durant la première moitié du xviiie, il y eut une période à part pour la pureté et le courant de la prose. Lorsque viendra la seconde moitié du siècle, lorsque Jean-Jacques Rousseau aura paru, on s'enrichira de parties plus élevées, plus brillantes et toutes neuves; on gagnera pour les nuances d'impressions et pour les peintures, mais la déclamation aussi s'introduira; la fausse exaltation et la fausse sensibilité auront cours. Cette déclamation dont nous souffrons aujourd'hui, a pris bien des formes depuis près d'un siècle; elle a eu ses renouvellements de couleurs tous les vingt-cinq ans; mais elle date en premier lieu de Rousseau. Quoi qu'il en soit, entre la fin de La Bruyère ou de Fénelon et les débuts de Jean-Jacques, on embrasse une période calme, éclairée, modérée, où se retrouve la langue telle que nous la parlons ou que nous la pourrions parler, et telle que rien n'en a vieilli encore. « Notre prose, dit Lemontey, s'arrêta au point où, n'étant ni hachée ni périodique, elle devint l'instrument de la pensée le plus souple et le plus élégant. » On peut assurément préférer, comme amateur, d'autres époques de prose à celle-là; il ne serait pas difficile d'indiquer des moments où cette prose a paru revêtir plus de grandeur ou d'ampleur, et réfléchir plus d'éclat; mais, pour l'usage habituel et général, je ne sais rien de plus parfait, rien de plus commode ni d'un meilleur commerce que la langue de cette date. J'y rencontre à première vue, comme noms principaux, Le Sage, l'abbé Prévost, Mme de Staal (de Launay), Mme Du Deffand, Fontenelle, Vauvenargues, Montesquieu enfin, et Voltaire déjà dans toute sa variété et sa richesse. J'y rencontre même, au début, l'incomparable auteur des Mémoires, Saint-Simon, et un conteur unique avec lequel je m'arrêterai à causer aujourd'hui, le très-aimable Hamilton.

Antoine Hamilton, un des écrivains les plus attiques de notre littérature, n'est ni plus ni moins qu'un Anglais, de race écossaise. On a vu d'autres étrangers, Horace Walpole, l'abbé Galiani, le baron de Besenval, le prince de Ligne, posséder ou jouer l'esprit français à merveille; mais pour Hamilton, c'est à un degré qui ne permet plus qu'on y distingue autre chose; il est cet esprit même. Nourri de bonne heure en France, ayant vécu ensuite à la Cour à demi française de Charles II, de tout temps élève de Saint-Évremond et du chevalier de Grammont, avec une veine en lui des Cowley, des Waller et des Rochester, il ne fit que croiser ce qu'il y avait de plus fin dans les deux races. L'Angleterre, qui avait pris Saint-Évremond à la France, le lui restitua en la personne d'Hamilton, et il y avait de quoi la consoler. Louis XIV donnait à Charles II des subsides, il lui donna aussi une maîtresse : l'émigration de Jacques II le rendit à Louis XIV en lui donnant un grand guerrier, Berwick, et, ce qui est plus rare, un charmant écrivain, le chroniqueur léger des élégances.

Que sait-on de la vie d'Hamilton? Bien peu de chose (1). Il naquit, dit-on, vers 1646, auquel cas il serait un peu plus jeune peut-être que La Bruyère, et un peu plus vieux que Fénelon. Il était à la fleur de l'âge dans cette Cour de Charles II, qu'il nous a si vivement décrite; mais les Hamilton dont il parle sont ses frères, et il ne s'y donne à lui-même aucun rôle. Quelque rôle qu'il pût y prendre, il eut avant tout celui d'observateur. Doué d'un sentiment vif des ridicules et du tact social le plus pénétrant, il démêlait les moindres nuances, et les fixait d'un trait léger, ineffaçable. Il ne fait pas difficulté de convenir qu'il se divertissait volontiers aux dépens de ceux qui le méritaient. Venu en France à la révolution de 1688, à la suite de son roi légitime, il y vécut dans le meilleur monde, se dédommageant des ennuis de la petite Cour dévote de Saint-Germain par des séjours chez les Berwick et chez les Grammont. Il faisait des couplets dans le goût de Coulanges; il écrivait à ses amis des lettres en prose entremêlée de vers dans le goût de Chaulieu. Il était lié avec celui-ci, il hantait les Vendôme et la société du Temple. On le voit recherché à Sceaux, où la duchesse du Maine tenait cour plénière de bel-esprit. Dangeau lui écrivait, à propos d'une lettre à Berwick qu'on trouvait remplie de délicates louanges : « Elles ont été du goût de tous les honnêtes gens qui sont à Marly. »

Mais ce genre de vogue ne l'aurait mené qu'à être apprécié de ses amis et des sociétés qu'il égayait, et ne lui aurait pas même procuré une physionomie distincte

---

(1) On peut lire un agréable article sur Hamilton au tome II de l'*Histoire de la Littérature française à l'étranger*, par M. Sayous, 1853. Malgré toutes les recherches de l'ingénieux auteur, ce sont encore des vues critiques plutôt que des faits nouveaux.

dans la chronique du temps. Parlant de l'expédition du Prétendant en 1708, et des seigneurs qui devaient en être, Saint-Simon cite confusément Hamilton : « Les Hamilton, dit-il, étaient frères de la comtesse de Grammont, des premiers seigneurs d'Écosse, braves et pleins d'esprit, fidèles. Ceux-là, par leur sœur, étaient fort mêlés dans la meilleure compagnie de notre Cour; ils étaient pauvres et avaient leur bon coin de singularité. » Voilà donc notre Hamilton confondu avec les autres de sa famille, et, pour toute distinction dans le signalement, on leur accorde à tous un *bon coin de singularité*. Nous en serions restés là avec lui si, déjà vieux, en 1704, il ne s'était avisé, pour divertir le comte de Grammont âgé de plus de quatre-vingts ans et toujours aimable, d'écrire les aventures de jeunesse de celui qui était alors le chevalier de Grammont, et de se faire son Quinte-Curce et son Plutarque en badinant.

C'est aujourd'hui le seul ouvrage d'Hamilton qu'on doive relire; car pour ses vers et même pour ses Contes, il en faut peu parler. Ses vers, loués pourtant de Voltaire qui s'est chargé de les faire oublier, loués même par Boileau qui dut écrire cette lettre de politesse en grondant, sont tout à fait passés pour nous et à peu près illisibles : ce ne sont qu'enfilades de rimes où se détache un trait heureux par-ci par-là. Comment se fait-il que, dans les ouvrages d'esprit qui ont plu en naissant à de bons juges, il entre ainsi toute une partie qui se mortifie avec le temps et qui passe? Il y a du Voiture dans chaque homme d'esprit qui n'est que cela; j'appelle Voiture cet esprit de mode qui n'a qu'une saison et qu'un souffle fane; il y a beaucoup de Voiture dans les vers d'Hamilton.

Ne demandez pas la pure poésie à Hamilton. Il a celle de son temps dans le badinage; il sait la dose de l'esprit français à cette date : *Quels que soient leurs ornements,* dit-il,

> Dans un récit de longue haleine
> Les vers sont toujours *ennuyants.*

Il aime Horace, mais il n'a pas l'air de savoir ce que c'est que Milton. Shakspeare est pour lui comme s'il n'était pas. Seulement, il semble que l'aimable lutin Ariel se soit déguisé pour le surprendre, et que, sans se nommer, il se soit glissé dans sa prose.

Ses Contes auraient quelque chose peut-être de cette fantaisie d'Ariel, s'ils étaient plus clairs. Il les a faits par gageure de société pour divertir sa sœur, la comtesse de Grammont, et par émulation des *Mille et une Nuits* qui paraissaient alors (1704-1708); ils sont remplis d'allusions qui échappent (1). A travers tout, on y sent du naturel et du piquant. Le duc de Lévis, qui a cru les continuer, n'a été qu'insipide. Si j'en voulais donner une idée par quelque production moderne, je renverrais à la jolie fantaisie du *Merle blanc,* d'Alfred de Musset.

Mais les *Mémoires de Grammont*, voilà ce qui reste, et ce que la fée a touché de toute sa grâce. La manière en semble faite exprès pour expliquer le mot de Voltaire :

> La grâce en s'exprimant vaut mieux que ce qu'on dit.

Le fond en est mince, non pas précisément frivole, comme on l'a dit; il n'est pas plus frivole (pour être si léger) que tout ce qui a pour matière la comédie humaine. Il y a de gros traités qui n'en ont pas l'air et qui

---

(1) Pour l'explication du conte du *Bélier*, par exemple, il faut lire es *Mémoires* de Saint-Simon, tome IV, pages 11-13 (1829).

sont plus frivoles que cela. Le héros des *Mémoires* est le chevalier, depuis comte de Grammont, l'homme le plus à la mode de son temps, l'idéal du courtisan français à une époque où la Cour était tout, le type de ce personnage léger, brillant, souple, alerte, infatigable, réparant toutes les fautes et les folies par un coup d'épée ou par un bon mot : notre siècle en a vu encore de beaux restes dans le vicomte Alexandre de Ségur et le comte Louis de Narbonne. Le propre de cette race légère était de ne se démentir jamais. Grammont, dangereusement malade, et pressé de se convertir par Dangeau, que lui avait envoyé le roi, se retourne vers sa femme, fort dévote elle-même : « Comtesse, dit-il, si vous n'y prenez garde, voilà Dangeau qui va vous escamoter ma conversion. » Ce qui n'empêcha pas, en fin de compte, la conversion d'être suffisamment sincère. Ce sont de ces traits qui peignent au naturel une race fine, mais fortement trempée. Et ne fut-elle pas dignement représentée dans la campagne de Russie par M. de Narbonne ?

Mais peu nous importe Grammont en lui-même. Pour être le héros du récit d'Hamilton, il n'en est bien souvent que le prétexte. C'est la manière de le montrer qui en fait tout le charme. Les envieux (et Bussy l'était), tout en reconnaissant au comte de Grammont l'esprit galant et délicat, ajoutaient que « ses mines et son accent faisaient bien souvent valoir ce qu'il disait, *qui devenait rien dans la bouche d'un autre.* » Hamilton a mis bon ordre au pronostic de Bussy, et il a rendu à Grammont tout son accent, si même il ne lui a point prêté. Rien n'égale cette façon de dire et de conter, facile, heureuse, unissant le familier au rare, d'une raillerie perpétuelle et presque insensible, d'une ironie qui glisse et n'insiste pas, d'une médisance achevée. Il dit quelque part du duc de Buckingham qui faisait la cour à une beauté : « Elle ne haïssait point la médisance; il en était le père et la mère; il faisait des vaudevilles, inventait des contes de vieille, dont elle était folle. Mais son talent particulier était d'attraper le ridicule et les discours des gens, et de les contrefaire en leur présence sans qu'ils s'en aperçussent. Bref, il savait faire toutes sortes de personnages avec tant de grâce et d'agrément, qu'il était difficile de se passer de lui quand il voulait bien prendre la peine de plaire. » Je crois saisir dans ce portrait-là comme un reflet d'Hamilton en personne; mais c'est surtout quand il nous peint sa sœur, la belle Mlle d'Hamilton qui épousa Grammont, c'est dans cette page heureuse entre tant d'autres qu'il lui échappe des traits que je lui renvoie à lui-même, et que j'applique non pas à sa muse (ce sont des noms solennels qui ne lui vont pas), mais à sa grâce d'écrivain : « Elle avait, dit-il, le front ouvert, blanc et uni, les cheveux bien plantés, et dociles pour cet arrangement naturel qui coûte tant à trouver. Une certaine fraîcheur, que les couleurs empruntées ne sauraient imiter, formait son teint. Ses yeux n'étaient pas grands, mais ils étaient vifs, et ses regards signifiaient tout ce qu'elle voulait; sa bouche était pleine d'agréments, et le tour de son visage parfait. Un petit nez délicat et retroussé n'était pas le moindre ornement d'un visage tout aimable... Son esprit était à peu près comme sa figure. Ce n'était point par ces vivacités importunes dont les saillies ne font qu'étourdir, qu'elle cherchait à briller dans la conversation. Elle évitait encore plus cette lenteur affectée dans le discours, dont la pesanteur assoupit; mais, sans se presser de parler, *elle disait ce qu'il fallait, et pas davantage.* » C'est ainsi, dans sa diction parfaite, qu'il m'apparaît lui-même. Ajouterai-je que, jusque dans le portrait de sa sœur, cette plume malicieuse ne s'épargne pas une insinuation sur des beautés cachées, qui prouve qu'au besoin son indiscrétion ne respecte rien? Mais cela est touché à point et de ce tour qui fait tout passer. On a eu depuis des Mémoires de courtisans et de fats célèbres. Le maréchal de Richelieu, cet enfant gâté du xviiie siècle et de Voltaire, ce dernier type d'éternel courtisan qui relaya le comte de Grammont, désira aussi avoir son historien. Soulavie a rédigé sur ses notes des volumes pleins de scandales, d'aventures récréatives et plus ou moins vulgaires. Mais eût-ce été un autre que l'indigne Soulavie, eût-ce été Rulhière en personne qui eût tenu la plume, il n'y aurait apporté que ce qu'on peut prévoir et deviner; il y aurait mis du mordant et du goût. Mais la fleur du genre était enlevée. Je ne sais s'il n'y a eu qu'un comte de Grammont, mais il n'y a qu'un Hamilton.

Il n'y a qu'un âge aussi pour certaines œuvres heureuses. Qu'un esprit doux et poli, pénétrant et fin, répandant sur les choses et sur le prochain une raillerie légère universelle, qu'un tel esprit vienne à naître, cela ne suffit pas. Il faut qu'autour de lui tout soit disposé et lui prête faveur; il faut que le climat, en quelque sorte, soit préparé; qu'au milieu des sots et des grossiers dont le monde, et le plus beau monde, en tout temps fourmille, une élite d'esprits assortis se recueille, se rassemble dans un coin, et sache l'écouter et lui répliquer; s'il parle à voix basse, que rien ne s'en perde; s'il ne dit que ce qu'il faut, qu'on ne lui en demande pas davantage ni surtout trop. A partir de la seconde moitié du xviiie siècle, le monde, à cet égard, changea; la déclamation prit le dessus, et un certain faux montant devint nécessaire. Des esprits dans la mesure d'Hamilton auraient été moins goûtés dès lors et auraient dû forcer le ton pour être sentis. Au train dont y va le monde, l'espèce de ces esprits rares se perdra-t-elle? Non pas absolument, je ne le crois pas; mais elle sera de moins en moins en vue, et dans un moins beau jour. Il y aura de plus en plus de quoi souffrir pour ces esprits-là, surtout s'ils venaient à être dépaysés et déportés dans un état de soi-disant civilisation où le cri l'emporte sur le sourire, où il faille appuyer de toute sa force sur chaque chose, et où la plaisanterie ait souvent besoin d'un porte-voix.

En attendant, c'est profit de se remettre en goût de temps en temps avec ces auteurs faciles qu'on a sous la main, et qui n'ont rien de vieux. « Cet ouvrage, a dit Voisenon en parlant des *Mémoires de Grammont*, est à la tête de ceux qu'il faut régulièrement relire tous les ans. » C'est là un conseil qui vaut mieux qu'on ne l'attendrait de Voisenon. La grâce, je le sais, ne se conseille pas, elle ne s'apprend pas; et ce serait déjà la méconnaître que de prétendre la copier. Il est bon pourtant d'en causer quelquefois et de tourner autour; il en reste toujours quelque chose. Analyser ces *Mémoires de Grammont* serait une tâche ingrate et maussade, puisque c'est le tour qui en fait le prix, et que le récit, à partir d'un certain moment, va un peu comme il plaît à Dieu. Les aventures du début sont les plus agréables et les plus suivies. La première perte de jeu à Lyon avec le marchand de chevaux, la revanche du chevalier au siége de Trin, cette partie avec le comte de Caméran, où le prévoyant tricheur se fait appuyer sous main d'un détachement d'infanterie, ce sont des scènes de comédie toutes faites. On sent d'abord combien les idées morales ont changé en ces matières, pour que, même en plaisantant, l'historien puisse faire honneur au héros de ce qui intéresse si fort la probité. Il est vrai que lorsque

Hamilton, à la fin du siècle de Louis XIV, racontait les premiers exploits de son chevalier sous Richelieu, il parlait déjà d'un autre siècle et de choses comme fabuleuses; et cela tirait moins à conséquence. Toutefois l'abbé Prévost lui-même n'a pas cru perdre entièrement dans l'esprit du lecteur son chevalier Des Grieux en lui prêtant de semblables peccadilles. Concluons donc hardiment que sur ce point de morale nous valons mieux. Les personnages qu'Hamilton rencontre sur son chemin et qu'il nous montre, vivent aussitôt. Qui ne se rappelle, pour les avoir vus, le grotesque Cerise, l'honnête gouverneur Brinon, et Matta surtout, le second du chevalier, Matta si naturel, si insouciant, si plein de saillies? Il n'avait guère de cervelle, dit Retz; mais Hamilton a mis en action son étourderie naïve, et nous le fait aimer. A Turin, la galanterie commence; les belles dames y sont nommées par leur nom, et c'est un autre trait de mœurs encore que ces *Mémoires* aient pu paraître en 1713, c'est-à-dire du vivant d'Hamilton, avec tous ces noms propres et ces révélations galantes, sans qu'il en soit résulté aucun éclat. On était alors plus coulant sur de certains endroits qu'aujourd'hui. Quand son héros passe à la Cour d'Angleterre, la manière de l'historien change un peu; on entre dans une série de portraits et dans une complication d'aventures où l'on a quelque peine d'abord à se démêler. L'unité cesse; on a à la fois les souvenirs de Grammont et les souvenirs d'Hamilton, qui se combinent et se croisent. Mais, avec un peu d'attention, on finit par se reconnaître, comme dans un bal de Cour, au milieu de ce *raout* de beautés anglaises les plus fines et les plus aristocratiques du monde, et dont le peintre a rendu avec distinction les moindres délicatesses. J'ai sous les yeux la magnifique édition exécutée à Londres en 1792, avec les nombreux portraits gravés;

je vois défiler ces beautés diverses, l'escadron des filles d'honneur de la duchesse d'York et de la reine ; je relis le texte en regard, et je trouve que c'est encore l'écrivain avec sa plume qui est le plus peintre : « Cette dame, dit-il d'une Mme Wetenhall, était ce qu'on appelle proprement une beauté tout anglaise ; pétrie de lis et de roses, de neige et de lait quant aux couleurs ; faite de cire à l'égard des bras et des mains, de la gorge et des pieds ; mais tout cela sans âme et sans air. Son visage était des plus mignons ; mais c'était toujours le même visage : on eût dit qu'elle le tirait le matin d'un étui pour l'y remettre en se couchant, sans s'en être servie durant la journée. Que voulez-vous ? la nature en avait fait une poupée dès son enfance ; et poupée jusqu'à la mort resta la blanche Wetenhall. » Ainsi de l'une, ainsi des autres ; et aucune ne se ressemble. Hamilton n'est pas le Van Dyck de cette Cour ; il n'a pas cette gravité du grand peintre royal ; mais il est un peintre à part avec son pinceau doué de mollesse, de finesse et de malice. L'espiègle Ariel se joue dans toute cette partie des Mémoires, et il se plaît souvent à embrouiller l'écheveau. Que de mystifications, que de folles histoires, que de jolis épisodes à travers cet imbroglio croissant ! Quel contraste ironique de cette vie de jeunesse avec l'expiation finale à Saint-Germain ! La dernière page où se résument en mariages ces bizarreries de l'amour et du hasard termine à merveille ce gracieux récit, dont la fin commençait à traîner un peu (1).

(1) Lord Byron, dans une lettre à Murray (Ravenne, 12 octobre 1820), écrivait au sujet de son *Don Juan* et de ce qu'en disaient les femmes : «... La vérité, c'est que c'est *trop vrai*, et les femmes détestent tout ce qui ternit l'oripeau du *sentiment;* elles ont raison, car c'est leur arracher leurs armes. Je n'ai jamais connu de femme qui, par ce même motif, ne détestât les *Mémoires de Grammont*, jusqu'à lady ***, qui avait coutume b'en médire. »

Le style, généralement heureux, naturel, négligé, délicat sans rien de précieux, n'est pas exempt, en deux ou trois endroits, d'une apparence de recherche ou de papillotage, qui sent l'approche du xviiᵉ siècle. Je passerais encore que le président Tambonneau, venu en Angleterre pour briller, et voyant qu'il y perd sa peine, retourne en France *aux pieds de ses premières habitudes*, c'est-à-dire de sa première maîtresse; mais c'est trop que le fat Jermyn ne soit dans toute sa personne *qu'un trophée mouvant des faveurs et des libertés du beau sexe*. Crébillon fils aurait envié ce trophée-là. On noterait deux ou trois traits pareils d'un goût équivoque, et ce ne serait que justice chez un railleur qui ne passe rien.

En un mot, le xviiiᵉ siècle commence avec Hamilton. Il a déjà la phrase courte de Voltaire. Bossuet vient de sortir fort à propos du monde au moment où il écrit (1704). Il est avec La Fare, Sainte-Aulaire, Chaulieu, de ce petit groupe de voluptueux choisis qui marque la transition des deux âges. Il touche du doigt aux *Lettres persanes* publiées un an après sa mort (1721). Mais, dans les *Lettres persanes*, la plaisanterie s'attaque déjà aux choses sérieuses, et y prend une âcreté que Montesquieu ensuite regrettera. Hamilton ne se joue, du moins plume en main, que sur des choses légères, et n'est moqueur qu'à demi-voix. Il est de ces vifs et heureux esprits qui ornent doucement le début du siècle, bien avant la déclamation qui s'ouvre avec Rousseau, et avant la propagande qui va prendre feu avec Voltaire. Épicurien sur tant de points peut-être, il a du moins la prudence de sentir que, pour l'être à son aise, il ne faut pas que tout le monde le soit. C'est à sa suite que je rangerais un peu confusément, et sauf la différence des âges, quelques noms que je rencontre en ces années, le président Hénault, le président de Maisons, le comte des Alleurs, et le fils de Bussy, cet évêque de Luçon qu'on proclamait le Dieu de la bonne compagnie et plus aimable que son père. Ce serait là le cortége d'Hamilton. Joignez-y Mme Du Deffand. En lui dédiant l'édition de luxe à cent exemplaires qu'il fit imprimer des *Mémoires de Grammont,* Horace Walpole lui disait à bon droit qu'elle en rappelait l'auteur pour les agréments et la qualité de l'esprit.

Hamilton mourut à Saint-Germain le 21 avril 1720, âgé d'environ soixante-quatorze ans, dans de grands sentiments de piété, dit-on, et après avoir reçu les sacrements; il redevint un homme du xviie siècle à l'article de la mort. Quelques *Réflexions* en vers, qu'on trouve à la fin de ses poésies, attestent, en effet, qu'il eut son jour de repentir sincère, comme La Fontaine. Je lis dans les *Anecdotes littéraires* de l'abbé de Voisenon, un mot sur Hamilton, qui aurait besoin d'éclaircissement : « Le comte de Caylus, qui le voyait souvent chez sa mère, dit cet abbé, m'a certifié plus d'une fois qu'il n'était point aimable. » Se peut-il qu'Hamilton n'ait point été aimable en société, et, malgré toutes les attestations du monde, le voudra-t-on croire? Hamilton, quand le comte de Caylus le vit chez sa mère, était vieux, fatigué peut-être; de tout temps, d'ailleurs, on le conçoit volontiers capricieux, d'humeur assez inégale, comme l'était sa sœur; il avait ce coin de *singularité* dont parle Saint-Simon. Il nous dit quelque part qu'il sait très-bien se taire, ou plutôt qu'il n'aime pas trop à parler. Avec sa causticité malicieuse et cette lèvre fine qu'on lui connaît, il avait besoin qu'on fît silence autour de lui, et quand Caylus le vit chez sa mère, il y avait sans doute un peu trop de bruit et de jeunesse ce jour-là.

Je compte bien, à propos des réimpressions modernes de nos classiques, me donner ainsi la permission de revenir de temps en temps sur ces auteurs d'autrefois qui, de tous, sont encore les plus vivants.

Lundi 19 novembre 1849

ŒUVRES LITTÉRAIRES DE M. VILLEMAIN.

(Collection Didier, 10 vol.)

ŒUVRES LITTÉRAIRES DE M. COUSIN.

(3 vol.)

En associant ces deux noms si souvent unis, déjà bien anciens et toujours présents, je ne les aborderai ici que par un seul aspect, et je considérerai uniquement MM. Villemain et Cousin comme critiques littéraires, les deux plus éloquents critiques de ce temps-ci, et comme venant de rassembler leurs titres à cet égard aux yeux du public dans des Œuvres corrigées et revues avec soin. C'est déjà un salutaire exemple que de voir des hommes, si comblés par la renommée, se recueillir pour donner à des œuvres qui ont eu dès longtemps leur succès, et qui n'en sont plus à attendre la faveur publique, ce degré de perfection et de fini qui n'est sensible qu'à des lecteurs attentifs, et qui ne s'apprécie que si l'on y regarde de très-près. J'y vois la preuve que ces rares esprits ont conservé dans son intégrité la religion littéraire, la foi au lendemain, à ce qu'on appelait anciennement la postérité. C'est là un genre de religion qui s'est trop affaibli dans les âmes comme les autres religions, et dont le défaut se traduit dans la pratique en un seul fait trop évident : parmi ceux qui écrivent, combien en est-il qui cherchent à faire de leur mieux aujourd'hui ?

M. Villemain nous avertit tout d'abord et nous conseille, par son exemple, d'être du petit nombre de ceux-là. Lui, si doué de la nature, il ne s'y confie pourtant que jusqu'à un certain degré. A la première expression, toujours si prompte chez lui et si vive, il sait joindre l'expression méditée, et aux brillantes rapidités de la parole il substitue insensiblement la perpétuité du style. Il a donc revu ses anciens Cours, les a complétés et singulièrement enrichis dans le détail. Il a distribué aussi ses Mélanges littéraires dans un ordre plus méthodique et les a assortis d'une façon agréable. Mais, dans cette Collection que nous avons sous les yeux, il est deux parties, entre autres, qui méritent d'être distinguées et recommandées par-dessus tout : ce sont les quatre volumes qui traitent du xviiie siècle, et aussi le volume considérable qui nous offre le tableau de l'Éloquence chrétienne au ive siècle.

Je ne sais pas de lecture plus intéressante, parmi les lectures sérieuses de notre âge, que celle de ces quatre volumes sur le xviiie siècle, tels qu'ils s'offrent à nous dans leur rédaction définitive. Il y reste de la parole première une sorte de mouvement général, la facilité et le courant ; mais le style a désormais toute la précision et tout le fini que les plus curieux peuvent souhaiter ; la pensée sur chaque point a sa solidité et sa nuance. On y est conduit sans interruption depuis les premiers pas un peu timides de La Motte et de Fontenelle, à travers les conquêtes et les hardiesses triomphantes de leurs successeurs, jusqu'à l'entrée en scène de Mme de Staël et de M. de Chateaubriand, qui viennent clore pour nous cette grande époque où régna Voltaire. L'écrivain s'y est donné tout développement dans l'intervalle, et ne s'est refusé aucune des excursions ou des vues qui pouvaient agrandir son sujet et l'éclairer. On y passe plus d'une fois en Angleterre, ou, mieux, on ne cesse pas de l'embrasser d'un même regard parallèlement avec la France, et de suivre l'histoire de la littérature et de l'éloquence anglaise durant tout le siècle, depuis Bolingbroke jusqu'à M. Pitt. La connaissance approfondie que l'auteur a de l'antiquité amène à propos des rapprochements, des citations heureuses, toutes neuves à force d'être antiques, et pleines de fraîcheur. Avec Pope, on est reporté à Homère; La Chaussée, avec son drame, est une occasion d'évoquer Ménandre. M. Villemain excelle à ces traductions qui rendent si bien le génie d'une langue, sans offenser jamais celui d'une autre. En n'évitant aucune des faces importantes de son sujet, l'auteur réussit particulièrement dans les endroits qui demandent un sentiment littéraire exquis. Il est unique à démêler et à démontrer les originalités voilées qui se combinent avec une part d'imitation et s'y confondent, l'originalité de Pope, par exemple. Les portraits modérés, tels que ceux de Gresset, de Daguesseau, de Vauvenargues, sont touchés avec une grâce parfaite, et comme enlevés avec légèreté.

Le tableau de l'Éloquence chrétienne et de l'Église durant les premiers siècles nous transporte dans un monde bien différent. Les enseignements directs, toutefois, et les rapprochements avec nous-mêmes n'y manquent pas; ils ressortent presque à chaque page, et nous pouvons y apercevoir, sous un costume et un langage qui le déguisent à peine, notre même mal social, notre maladie morale, sinon notre remède. Ce volume des Pères a été pour l'auteur une étude de prédilection depuis plusieurs années, et comme une retraite à demi littéraire et à demi religieuse. Bien jeune, et brillant de tous les succès, il avait abordé ce sujet sévère par une sorte de caprice de goût, pour en extraire la fleur et nous en donner le parfum. En y revenant cette fois avec un redoublement d'étude et une affection singulière, il l'a tout à fait pénétré et en a tiré d'abondantes richesses. On connaîtra désormais, après ces analyses et ces traductions vraiment admirables, les Basile, les Grégoire de Nazianze, les Chrysostome, par les caractères de leur talent et de leur parole aussi distinctement que l'on connaît Bourdaloue et Massillon. L'auteur, qui entend toute chose, mais qui d'instinct sent l'éloquence mieux encore que la poésie, a su cette fois pénétrer dans cette poésie un peu sombre et déjà voilée, qui, chez quelques-uns de ces Pères, chez Grégoire de Nazianze surtout, se montre si bien en accord avec les souffrances de l'âme et du monde. « Le beau génie de la Grèce, dit-il, semble s'obscurcir ; un nuage a voilé sa lumière ; mais c'est un des progrès moraux que le christianisme apportait au monde, un progrès de douleur sur soi et de charité pour les autres. Le cœur de l'homme a plus gagné dans ce travail que son imagination n'a perdu ; Grégoire de Nazianze en est la preuve. » L'oserai-je dire ? en lisant ce volume, il m'a semblé qu'une partie de cet éloge pouvait s'appliquer à M. Villemain lui-même. Sans perdre de ses grâces d'autrefois, son talent a gagné une teinte de mélancolie qu'il ne connaissait pas auparavant et qui le rehausse. On croit sentir dans ces pages toutes sérieuses, tout étendues, et où nulle trace d'inquiétude littéraire ne se fait jour, ce je ne sais quoi d'achevé que donne au talent la connaissance du mal caché et l'épreuve même de la douleur. Lorsque, la première fois, le brillant écrivain abordait ces portions d'étude si compliquées et parfois si sombres, il n'avait connu que les grâces de la vie, et il n'en avait recueilli que les applaudissements faciles : « Lecteur profane, disait-il, je cherchais dans ces bibliothèques

théologiques les mœurs et le génie des peuples... »
Pour bien apprécier le génie des Ambroise et des Augustin durant ces âges extrêmes de la calamité et de l'agonie humaine, il fallait avoir fait un pas de plus, et y revenir avec la conscience qu'on n'a été soi-même étranger à rien de l'homme. C'est là le progrès à la fois moral et littéraire que je crois sentir en plus d'un passage de cette étude, devenue aujourd'hui un livre.. M. Villemain n'est plus ce *lecteur profane* dont il a parlé. Il ne fait pas seulement briller à nos yeux les choses éloquentes, il touche avec émotion les choses profondes.

M. Villemain admire beaucoup, et nul ne sait mieux que lui varier les formes et les aspects de l'admiration, de manière à ne la rendre jamais fastidieuse ni monotone. L'art de louer, on l'a remarqué, est une des plus rares épreuves du talent littéraire, un signe bien plus sûr et plus délicat que ne le serait tout l'art de la satire. « C'est un grand signe de médiocrité, a dit Vauvenargues, de louer toujours modérément. » M. Villemain, dans cette étude des Pères et dans ce tableau de leur éloquence, les loue beaucoup ; et ce qui est le comble de l'art, il sait, au moyen de cette louange répandue sur tous, les rendre pourtant distincts les uns des autres et les laisser pour nous reconnaissables.

Dans le genre du tableau littéraire proprement dit, où il excelle, et dans le tableau qu'il a donné du xviiie siècle en particulier, je me permettrai seulement de faire une remarque, de relever un trait de caractère qu'on ne saurait omettre en parlant du critique célèbre qui a été le maître de notre âge. Le propre des critiques en général, comme l'indique assez leur nom, est de juger, et au besoin de trancher, de décider. Prenez tous les hommes considérables auxquels s'est appliqué jusqu'ici ce titre de critique, Malherbe, Boileau (car tous deux étaient des critiques sous forme de poëtes); le docteur Johnson en Angleterre; La Harpe chez nous, même M. de Fontanes : tous ces hommes, qui ont eu de l'autorité en leur temps, jugeaient des choses de goût avec vivacité, avec trop d'exclusion peut-être, mais enfin avec un sentiment net, décisif et irrésistible. Boileau avait *la haine d'un sot livre*, et ne pouvait se tenir de le railler. Au contraire, quand il avait affaire à une œuvre qu'il jugeait belle, il prenait parti hautement, et la vengeait des injures des sots en toute rencontre. Fontanes de même, à sa manière : il vengeait avec passion *les Martyrs*, si attaqués à leur naissance, et donnait le signal de les admirer. Depuis lors, les choses ont bien changé; la critique est devenue plutôt historique et comme éclectique dans ses jugements. Elle a beaucoup exposé, elle a tout compris, elle a peu conclu. M. Villemain a plus que personne contribué à l'engager et à la maintenir dans cette voie qui, à beaucoup d'égards, est plus large, plus féconde, mais qui parfois aussi, à force d'être large, n'aboutit pas. Ainsi dans ce tableau littéraire du xviiie siècle, lorsqu'il a *la Henriade* à juger, il donne toutes les bonnes raisons de ne point l'admirer, de ne la ranger à aucun degré à côté des œuvres épiques qui durent; mais quand il faut conclure formellement, il recule, il fléchit; le juge se dérobe, et, en quatre ou cinq endroits tout à fait évasifs, il essaie d'espérer que *la Henriade traversera les siècles, qu'elle est après tout une œuvre durable*, qu'elle tient un rang *à part, une première place après les œuvres originales*. Il y revient à quatre ou cinq reprises, au lieu de trancher net et dans le vif une bonne fois, comme son propre raisonnement l'y autorisait. Il y a là un côté faible chez ce rare esprit. Ses jugements, si exquis à l'origine, sont difficiles à saisir dans leur conclusion; il les faudrait surprendre comme au vol, à l'état d'épigrammes charmantes, ou les dégager soi-même des riches sinuosités où il les déploie. Cela est vrai surtout dès qu'il s'agit des vivants. Sa délicatesse redouble, au point d'alarmer presque la mienne en ce moment. Il aime alors à procéder par sous-entendus, par allusions. Dans ses excellents Rapports annuels à l'Académie, les bons juges, qui savent tout saisir ne trouvent rien à désirer; eu égard à ceux qui ne sont pas juges et au public, on voudrait plus de relief dans les jugements.

Mais pour l'ensemble et le détail de cette critique littéraire conçue au point de vue historique, et, comme telle, si neuve et si largement comprise, que de richesses! quelle étendue! quelle fertilité! J'y vois quelque chose qui me rappelle cette vaste intelligence de Cicéron s'appliquant aux Lettres, qui la rappelle non-seulement pour la capacité et l'étendue, pour l'agrément de l'invention et la belle économie de la mémoire, pour ce fleuve sinueux de la parole et pour les fleurs perpétuelles du chemin, mais aussi pour de certains faibles qui ne sont pas sans grâce. Cet esprit de nette et rapide justesse, dont un mot d'éloge senti et vivement accordé serait tout un suffrage, est lui-même sensible à l'approbation des autres comme s'il n'avait pas en soi un jugement supérieur qui le tranquillise. En un temps où les hommes éminents ne pèchent point, en général, par trop de méfiance d'eux-mêmes, c'est là un trait presque touchant.

J'aurai tout à l'heure quelques mots à dire de son style, de ce style orné, élégant, ingénieux et pur, qui, à la fois, tient de la tradition et participe de quelque nouveauté; mais j'ai auparavant à caractériser, par opposition, la manière de M. Cousin, depuis que, sans déserter la philosophie, mais en partageant toutefois son culte, il a hautement pris position dans la pure critique littéraire.

M. Cousin, tout occupé de la perfection, et avec ce sentiment du mieux qui est l'âme des grands talents, a revu et recueilli pendant les années dernières ses Cours et fragments de philosophie en une douzaine de petits volumes, quelquefois charmants malgré le sujet, ou du moins remplis de variété et d'intérêt. La littérature aurait droit déjà d'en revendiquer une bonne part; il y a surtout de certaines pages sur le *beau* qui sont des plus mémorables entre les belles pages de notre langue. Mais c'est dans ses travaux littéraires directs qu'il nous est plus commode d'aborder M. Cousin, et cela importe d'autant plus que, depuis quelque temps, ce puissant esprit a fait toute une révolution dans la critique. Cette révolution, en deux mots, est celle-ci :

Le siècle de Louis XIV est déjà bien loin de nous; pourtant, jusqu'en des temps très-rapprochés, les écrivains corrects, ceux qui aspiraient au titre de classiques, se flattaient non-seulement de le rappeler, mais de le continuer. MM. Auger et Roger, et bien d'autres, avaient cette illusion naïve. Le jour où l'on osa dire pour la première fois que la littérature de Louis XIV était une littérature admirable, mais *ancienne*, ce furent des cris et un scandale dont il me souvient encore. Déjà, en 1818, un écrivain peu populaire, mais élevé (Ballanche), s'était avisé de dire : « Notre littérature du siècle de Louis XIV a cessé d'être l'expression de la société; elle commence donc à être déjà pour nous en quelque sorte une littérature ancienne, *de l'archéologie*. » Eh bien! la révolution introduite par M. Cousin dans la critique littéraire consiste précisément à traiter la période du xvııe siècle comme si elle était déjà une antiquité, à en étudier et, au besoin, à en restaurer les monuments, comme on ferait en matière d'archéologie. Cette qualification d'*anciens* appliquée aux Pascal et aux Racine, qui, dans notre bouche, à nous autres, pouvait ressembler à une épigramme et à un blasphème, est devenue, de sa part, un hommage et une piété. Nul mieux que lui n'avait mission, en effet, pour s'éprendre de la langue du grand siècle et pour la revendiquer comme sienne : il est certainement, de tous les écrivains de nos jours, celui qui en renouvelle le mieux les formes, et qui semble sous sa plume en ressusciter le plus naturellement la grandeur. M. Cousin eut de bonne heure un double instinct, une double passion presque contradictoire. Il est homme à s'occuper des textes, à rechercher des manuscrits, à s'intéresser à des scholies et à des commentaires, à les transcrire jusqu'au dernier mot, à ne faire grâce à lui ni aux autres d'aucune variante ni d'aucune leçon; et, tout à travers cela, il s'élève, il embrasse, il généralise, il a des conceptions d'artiste et des verves d'orateur. Nous avions affaire à un texte poudreux et subtil, à quelque obscur parchemin à déchiffrer, et tout à coup nous voyons se dresser une statue. Tant qu'il ne se donnait pour sujet que Proclus ou même Platon, cela nous touchait moins; mais la méthode nous est devenue très-sensible depuis que nous l'avons vue appliquée à Pascal, à la sœur de Pascal, à Jean-Jacques Rousseau, à Mme de Longueville. Il avait l'air d'abord de ne vouloir donner que des textes plus corrects, quelques lettres ou papiers retrouvés au fond des bibliothèques, et voilà qu'il a fait apparaître, dans toute leur hauteur, de grandes figures, ou qu'il a ranimé avec feu des physionomies charmantes. Tel est le talent et l'art de M. Cousin. En restaurant le texte altéré des éditions de Pascal, et en montrant qu'un travail analogue est à faire sur presque tous nos auteurs classiques, il a créé ce qu'on peut appeler la philologie française, et il l'a passionnée en naissant.

Grâce à lui désormais, une foule de détails qui semblaient du ressort exclusif des bibliographes et des éditeurs, et dont ces derniers ne faisaient qu'un usage très-borné et très-aride, ont pris un sens et une vie qui les rattache à l'histoire littéraire. Nous apprenons à mieux pénétrer les secrets de composition de nos grands auteurs. Les diverses phases par lesquelles la prose a passé depuis la fin du xvie siècle s'éclairent avec précision; les moindres variations de régime dans les formes et les vogues successives du langage viennent se fixer avec une sorte de méthode et de rigueur, non-seulement par l'étude de quelques écrivains célèbres, mais aussi par celle de beaucoup d'écrivains secondaires et pourtant agréables, auxquels on avait peu songé. En un mot, la confection et la constitution de la prose française depuis deux siècles est mise dans tout son jour.

Parmi les écrivains témoins de la langue, M. Cousin s'est attaché de prédilection à une classe de témoins d'autant plus sûrs qu'ils le sont avec moins de préméditation et comme à leur insu. Je veux parler des femmes qui ont écrit, et il en est un grand nombre qui remplissent la seconde moitié du xviie siècle et la première partie du xviiie. Dans sa belle bibliothèque qu'il enrichit chaque jour, M. Cousin a pris à cœur de recueillir les moindres opuscules de ces femmes plus ou moins célèbres, leurs petits romans ou nouvelles, leurs lettres publiées ou inédites. On n'a pas oublié les ravissantes pages qu'il a mises en tête de son étude sur Jacqueline, sœur de Pascal; il y a tracé avec amour tout un projet de galerie brillante. « Accomplirai-je jamais, dit-il, cette idée d'une galerie des femmes illustres du xviie siècle? C'est du moins un rêve qui sert de délassement à mes travaux, de charme à ma solitude. Je rassemble, sur les rayons de ma bibliothèque, ce qui nous reste de quelques-unes de ces femmes; je recueille des lambeaux de leurs correspondances inédites ou de mémoires manuscrits qui éclairent à mes yeux et marquent plus distinctement les traits de telle figure qui m'est chère. » La bibliographie, convenons-en, n'était pas accoutumée à être traitée avec une inspiration de ce genre. Charles Nodier avait su y introduire, en son temps, de la fantaisie et des manies charmantes; mais, ici, on a l'utilité du but sous l'idéal de la passion.

M. Cousin, en ouvrant cette voie avec tant d'éclat, a mérité qu'on l'y suivît avec ardeur. Une quantité de travailleurs après lui sont à l'œuvre dans la même direction, et quelques-uns avec succès. L'ancien genre de l'Éloge académique est détrôné; il a fait place décidément à la notice érudite, à la dissertation et à la dissection presque grammaticale de chaque auteur. Je me permettrai toutefois, en montrant cette veine et en l'appelant heureuse chez celui qui l'a trouvée, de signaler l'inconvénient qui en pourrait naître. Le danger serait, si l'on y abondait sans réserve, de trop dispenser le critique de vues et d'idées, et surtout de talent. Moyennant quelque pièce inédite qu'on produirait, on se croirait exempté d'avoir du goût. L'aperçu, cette chose légère, courrait risque d'être étouffé sous le document. C'est à faire à M. Cousin de donner du prix aux pièces inédites qu'il découvre, aux moindres reliques philosophiques et littéraires qu'il publie; il y met des cadres d'or. Mais après lui, à côté de lui, que deviendra cette mode croissante? Tant que le maître est là, je suis tranquille, et, tant que je le lis, je suis charmé; mais je crains les disciples. Se pourrait-il que déjà l'ère des scholiastes eût commencé pour la France, et que nous en fussions désormais, comme œuvre capitale, à dresser notre inventaire? Voilà un pronostic que j'essaie en vain d'écarter. Oui, je crains par moments que le maître, avec son magnifique style, ne mette les colonnes du Parthénon comme façade à une école de Byzantins.

Je crois l'entendre d'ici me répondre que cette pente où l'on va est une loi fatale pour toute littérature qui a beaucoup duré et qui a eu déjà plusieurs siècles de floraison et de renaissance ; qu'en attendant il faut tirer de chaque âge le meilleur parti possible, lui demander l'œuvre à laquelle il est le plus propre, et que, d'ailleurs, nous n'en serons pas de sitôt pour cela à l'école de Byzance, que nous n'en sommes qu'à celle d'Alexandrie. Mais, encore une fois, ma remarque n'intéresse que les disciples et non le maître.

Son grand style, à lui, couvre tout et rehausse tout. Quel est le rapport exact du style de M. Cousin et de celui de M. Villemain? En quoi les deux manières se rapprochent-elles et diffèrent-elles? J'oserai d'autant plus les comparer, qu'ici je n'aurai réellement pas à conclure, et que, tout balancé, je ne puis qu'admirer des deux parts sans incliner à une préférence. Le style de M. Cousin a l'air plus grand ; il a la ligne plus ouverte, le dessin plus large ; il se donne à première vue plus d'horizon. Mais il est de certains détails dont il ne tient pas compte et qu'il néglige. Comme les statuaires, il choisit son point de vue et y sacrifie le reste. Le style de M. Villemain, large et fin, avance comme un flot ; il ne laisse aucun point de la pensée sans l'embrasser et la revêtir. Il est tout varié de nuances, de rencontres imprévues, d'expressions trouvées. S'il trahit par endroits un peu d'inquiétude et d'incertitude, dès qu'il est dans le plein du sujet il devient tout à fait grave et beau. J'ai pour idée que l'on est toujours de son temps, et ceux-là mêmes qui en ont le moins l'air. Le style de

M. Villemain appartient à notre temps par un certain souci et une certaine curiosité d'expression qui y met le cachet; c'est un style, après tout, individuel, et qui ressemble à l'homme. Le style de M. Cousin, au premier abord, paraît échapper à la loi commune ; on dirait vraiment que c'est un personnage du xviie siècle qui écrit. Il entre dans son sujet de haute-lice ; il a l'élévation de ton aisée, naturelle, l'ampleur du tour, la propriété lumineuse et simple de l'expression. Pourtant certain air de gloire répandu dans l'ensemble trahit à mes yeux le goût de Louis XIII jusqu'en plein goût de Louis XIV. Son style aussi est moins individuel que l'autre, et serre de moins près les replis de la pensée ; c'est un style qui honore ce temps-ci bien plus encore qu'il ne le caractérise. Je ne veux pas prolonger outre mesure un parallèle qui peut se résumer d'un mot : M. Villemain a des teintes plus fines, M. Cousin a la touche plus large. Seulement si quelqu'un, frappé chez celui-ci de tant de grandes parties qui enlèvent, était tenté, entre les deux, de le préférer comme écrivain et de le lui dire, nous sommes bien sûr que lui-même serait le premier à renvoyer l'admirateur au style de l'autre, en disant : « Regardez bien, vous n'y avez pas tout vu. »

Lundi 26 novembre 1849.

MADAME RÉCAMIER.

Au mois de mai dernier a disparu une figure unique entre les femmes qui ont régné par leur beauté et par leur grâce; un salon s'est fermé, qui avait réuni longtemps, sous une influence charmante, les personnages les plus illustres et les plus divers, où les plus obscurs même, un jour ou l'autre, avaient eu chance de passer. Les premiers en renommée, dans ce groupe de noms mémorables, ont été frappés par la mort presque en même temps que celle qui en faisait l'attrait principal et le lien. Quelques-uns à peine survivent, dispersés et inconsolés aujourd'hui; et ceux qui n'ont fait que traverser un moment ce monde d'élite, ont le droit et presque le devoir d'en parler comme d'une chose qui intéresse désormais chacun et qui est devenue de l'histoire.

Le salon de Mme Récamier était bien autre chose encore, mais il était aussi, à le prendre surtout dans les dernières années, un centre et un foyer littéraire. Ce genre de création sociale, qui eut tant d'action en France et qui exerça un empire si réel (le salon même de Mme Récamier en est la preuve), ne remonte pas au delà du xviie siècle. C'est au célèbre hôtel de Rambouillet qu'on est convenu de fixer l'établissement de la société polie, de cette société où l'on se réunissait pour causer entre soi des belles choses et de celles de l'esprit en particulier. Mais la solennité de ce cercle Rambouillet convient peu à l'idée que je voudrais réveiller en ce moment, et j'irais plutôt chercher dans des coins de monde plus discrets et plus réservés les véritables *précédents* du genre de salons dont le dernier sous nos yeux vient de finir. Vers le milieu du XVIIe siècle, au haut du faubourg Saint-Jacques, dans les dehors du monastère de Port-Royal, se retirait une personne célèbre par son esprit et par le long éclat de ses succès, la marquise de Sablé. Dans cette demi-retraite, qui avait un jour sur le couvent et une porte encore entr'ouverte au monde, cette ancienne amie de M. de La Rochefoucauld, toujours active de pensée, et s'intéressant à tout, continua de réunir autour d'elle, jusqu'à l'année 1678, où elle mourut, les noms les plus distingués et les plus divers; d'anciens amis restés fidèles, qui venaient de bien loin, de la ville ou de la Cour, pour la visiter, des demi-solitaires, gens du monde comme elle, dont l'esprit n'avait fait que s'embellir et s'aiguiser dans la retraite, des solitaires de profession, qu'elle arrachait par moments, à force d'obsession gracieuse, à leur vœu de silence. Ces solitaires, quand ils s'appelaient Arnauld ou Nicole, ne devaient pas être trop désagréables en effet, et Pascal, une ou deux fois, dut être de ce nombre. Ce petit salon de Mme de Sablé, si clos, si visité, et qui, à l'ombre du cloître, sans trop s'en ressentir, combinait quelque chose des avantages des deux mondes, me paraît être le type premier de ce que nous avons vu être de nos jours le salon de l'Abbaye-aux-Bois (1). Je n'ai à parler ici que de ce dernier.

(1) J'ai eu depuis la satisfaction de retrouver cette vue dans le livre de M. Cousin sur *Madame de Sablé*, 1854, fin du chapitre Ier, page 63 : « ... Elle avait, dit-il de Mme de Sablé, de la raison, une

M. de Chateaubriant y régnait, et, quand il était présent, tout se rapportait à lui; mais il n'y était pas toujours, et même alors il y avait des places, des degrés, des *à-parte* pour chacun. On y causait de toutes choses, mais comme en confidence et un peu moins haut qu'ailleurs. Tout le monde, ou du moins bien du monde allait dans ce salon, et il n'avait rien de banal; on y respirait, en entrant, un air de discrétion et de mystère. La bienveillance, mais une bienveillance sentie et nuancée, je ne sais quoi de particulier qui s'adressait à chacun, mettait aussitôt à l'aise, et tempérait le premier effet de l'initiation dans ce qui semblait tant soit peu un sanctuaire. On y trouvait de la distinction et de la familiarité, ou du moins du naturel, une grande facilité dans le choix des sujets, ce qui est très-important pour le jeu de l'entretien, une promptitude à entrer dans ce qu'on disait, qui n'était pas seulement de complaisance et de bonne grâce, mais qui témoignait d'un intérêt plus vrai. Le regard rencontrait d'abord un sourire qui disait si bien : *Je comprends*, et qui éclairait tout avec douceur. On n'en sortait pas même une première fois sans avoir été touché à un endroit singulier de l'esprit et du cœur, qui faisait qu'on était flatté et surtout reconnaissant. Il y eut bien des salons distingués au xviiie siècle, ceux de Mme Geoffrin, de Mme d'Houdetot, de Mme Suard. Mme Récamier les connaissait tous et en parlait trèsbien; celui qui aurait voulu en écrire avec goût aurait

grande expérience, un tact exquis, une humeur agréable. — Quand je me la représente telle que je la conçois d'après ses écrits, ses lettres, sa vie, ses amitiés, à moitié dans la solitude, à moitié dans le monde, sans fortune et très en crédit, une ancienne jolie femme à demi retirée dans un couvent et devenue une puissance littéraire, je crois voir, de nos jours, Mme Récamier à l'Abbaye-aux-Bois. »

dû en causer auparavant avec elle ; mais aucun ne devait ressembler au sien.

C'est qu'aussi elle ne ressemblait à personne. M. de Chateaubriand était l'orgueil de ce salon, mais elle en était l'âme, et c'est elle qu'il faudrait tâcher de montrer à ceux qui ne l'ont pas connue ; car vouloir la rappeler aux autres est inutile, et la leur peindre est impossible. Je me garderai bien d'essayer ici de donner d'elle une biographie ; les femmes ne devraient jamais avoir de biographie, vilain mot à l'usage des hommes, et qui sent son étude et sa recherche. Même quand elles n'ont rien d'essentiel à cacher, les femmes ne sauraient que perdre en charme au texte d'un récit continu. Est-ce qu'une vie de femme se raconte ? Elle se sent, elle passe, elle apparaît. J'aurais bien envie même de ne pas mettre du tout de date, car les dates en tel sujet, c'est peu élégant. Sachons seulement, puisqu'il le faut, que Jeanne-Françoise-Julie-Adélaïde Bernard était née à Lyon, dans cette patrie de Louise Labé, le 3 décembre 1777. De tous ces noms de baptême que je viens d'énumérer, le seul qui lui fût resté dans l'habitude était celui de *Julie* transformé en *Juliette*, quoiqu'il ne dût jamais y avoir de Roméo. Elle fut mariée à Paris dans sa seizième année (le 24 avril 1793) à Jacques-Rose Récamier, riche banquier ou qui tarda peu à le devenir. Au début du Consulat, on la trouve brillante, fêtée, applaudie, la plus jeune reine des élégances, donnant le ton à la mode, inventant avec art des choses simples qui n'allaient qu'à la suprême beauté. Nous qui n'y étions pas, nous ne pouvons parler qu'avec une extrême réserve de cette époque comme mythologique de Mme Récamier, où elle nous apparaît de loin telle qu'une jeune déesse sur les nuées ; nous n'en pouvons parler comme il siérait, non pas qu'il y ait rien à cacher sous le nuage, mais parce qu'une telle beauté tendre et naissante avait de ces finesses qui ne se peuvent rendre si on ne les a du moins aperçues. Qui s'aviserait de vouloir peindre l'aurore, s'il n'avait jamais vu que le couchant? Pourtant, comme on ne peut bien comprendre le caractère et le doux génie de M⁽ᵐᵉ⁾ Récamier, cette ambition de cœur qui, en elle, a montré tant de force et de persistance sous la délicatesse; comme on ne peut bien saisir, disons-nous, son esprit et toute sa personne sans avoir une opinion très-nette sur ce qui l'inspirait en ce temps-là, et qui ne différait pas tellement de ce qui l'inspira jusqu'à la fin, j'essaierai de toucher en courant quelques traits réels à travers la légende, qui pour elle, comme pour tous les êtres doués de féerie, recouvre déjà la vérité. Quand on veut juger Mme de Sévigné ou Mme de Maintenon, et se rendre compte de leur nature, on est bien obligé d'avoir une idée générale et une *théorie* sur elles. Pour bien entendre, par exemple, ce qu'était Mme de Maintenon auprès de Louis XIV, ou Mme de Sévigné auprès de sa fille, et quel genre de sentiment ou de passion elles y apportaient, il faut s'être posé sur la jeunesse de ces deux femmes plusieurs questions, ou plus simplement il faut s'en être posé une, la première et presque la seule toujours qu'on ait à se faire en parlant d'une femme : A-t-elle aimé? et comment a-t-elle aimé?

Je poserai donc la question, ou plutôt elle se pose d'elle-même malgré moi pour Mme Récamier; et pour elle comme pour Mme de Maintenon, comme pour Mme de Sévigné (la Mme de Sévigné non encore mère), je répondrai hardiment : *Non*. Non, elle n'a jamais aimé, aimé de passion et de flamme; mais cet immense besoin d'aimer que porte en elle toute âme tendre se changeait pour elle en un infini besoin de plaire, ou mieux d'être aimée, et en une volonté active, en un fervent désir de payer tout cela en bonté. Nous qui l'avons vue dans ses dernières années, et qui avons saisi au passage quelques rayons de cette bonté divine, nous savons si elle avait de quoi y suffire, et si l'amitié ne retrouva pas en définitive chez elle de cette flamme que n'avait jamais eue l'amour.

Il faut noter deux époques très-distinctes dans la vie de Mme Récamier : sa vie de jeunesse, de triomphe et de beauté, sa longue matinée de soleil qui dura bien tard jusqu'au couchant; puis le soir de sa vie après le soleil couché, je ne me déciderai jamais à dire sa vieillesse. Dans ces deux époques si tranchées de couleur, elle fut la même au fond, mais elle dut paraître bien différente. Elle fut la même par deux traits essentiels et qui seuls l'expliquent, en ce que jeune, au plus fort des ravissements et du tourbillon, elle resta toujours pure; en ce que, retirée à l'ombre et recueillie, elle garda toujours son désir de conquête et sa douce adresse à gagner les cœurs, disons le mot, sa coquetterie; mais (que les docteurs orthodoxes me pardonnent l'expression) c'était une coquetterie angélique.

Il y a des natures qui naissent pures et qui ont reçu *quand même* le don d'innocence. Elles traversent, comme Aréthuse, l'onde amère; elles résistent au feu, comme ces enfants de l'Écriture que leur bon Ange sauva, et qu'il rafraîchit même d'une douce rosée dans la fournaise. Mme Récamier, jeune, eut besoin de cet Ange à côté d'elle et en elle, car le monde qu'elle traversa et où elle vécut était bien mêlé et bien ardent, et elle ne se ménagea point à le tenter. Pour être vrai, j'ai besoin de baisser un peu le ton, de descendre un moment de cette hauteur idéale de Laure et de Béatrix où l'on s'est accoutumé à la placer, de causer d'elle enfin plus familièrement et en prose. En définitive, je l'espère, elle n'y perdra pas.

Au moment où elle apparaît brillante sous le Consulat, nous la voyons aussitôt entourée, admirée et passionnément aimée. Lucien, le frère du Consul, est le premier personnage historique qui l'aime (car je ne puis compter Barrère, qui l'avait connue enfant autrefois). Lucien aime, il n'est pas repoussé, il ne sera jamais accueilli. Voilà la nuance. Il en sera ainsi de tous ceux qui vont se presser alors, comme de tous ceux qui succéderont. Je voyais dernièrement, dans le palais du feu roi de Hollande, à La Haye, une fort belle statue d'Ève. Ève, dans sa première fleur de jeunesse, est en face du serpent qui lui montre la pomme : elle la regarde, elle se retourne à demi vers Adam, elle a l'air de le consulter. Ève est dans cet extrême moment d'innocence où l'on joue avec le danger, où l'on en cause tout bas avec soi-même ou avec un autre. Eh bien ! ce moment indécis, qui chez Ève ne dura point et qui tourna mal, recommença souvent et se prolongea en mille retours dans la jeunesse brillante et parfois imprudente dont nous parlons; mais toujours il fut contenu à temps et dominé par un sentiment plus fort, par je ne sais quelle secrète vertu. Cette jeune femme, en face de ces passions qu'elle excitait et qu'elle ignorait, avait des imprudences, des confiances, des curiosités presque d'une enfant ou d'une pensionnaire. Elle allait au péril en souriant, avec sécurité, avec charité, un peu comme ces rois très-chrétiens du vieux temps, un jour de semaine sainte, allaient à certains malades pour les guérir. Elle ne doutait pas de son fait, de sa douce magie, de sa vertu. Elle tenait presque à vous blesser d'abord le cœur, pour se donner ensuite le plaisir et le miracle de vous guérir. Quand on se plaignait ou qu'on s'irritait, elle vous disait avec une désespérante clémence : « Venez, et je vous guérirai. » Et elle y a réussi pour quelques-uns, pour le plus grand nombre. Tous ses amis, à bien peu d'exceptions près, avaient commencé par l'aimer d'amour. Elle en avait beaucoup, et elle les avait presque tous gardés. M. de Montlosier lui disait un jour qu'elle pouvait dire comme le Cid : *Cinq cents de mes amis.* Elle était véritablement magicienne à convertir insensiblement l'amour en amitié, en laissant à celle-ci toute la fleur, tout le parfum du premier sentiment. Elle aurait voulu tout arrêter en *avril.* Son cœur en était resté là, à ce tout premier printemps où le verger est couvert de fleurs blanches et n'a pas de feuilles encore.

Je pourrais ici raconter de souvenir bien des choses, si ma plume savait être assez légère pour passer sur ces fleurs sans les faner. A ses nouveaux amis (comme elle voulait bien quelquefois les appeler), Mme Récamier parlait souvent et volontiers des années anciennes et des personnes qu'elle avait connues. « C'est une manière, disait-elle, de mettre du passé devant l'amitié. »

Sa liaison avec Mme de Staël, avec Mme Moreau, avec les blessés et les vaincus, la jeta de bonne heure dans l'opposition à l'Empire, mais il y eut un moment où elle n'avait pas pris encore de couleur. Fouché, voyant cette jeune puissance, eut l'idée de s'en faire un instrument. Il voulut faire entrer Mme Récamier, à l'origine, comme dame d'honneur dans la maison impériale ; il n'aimait pas la noblesse, et aurait désiré avoir là quelqu'un d'influent et de dévoué. Elle ne voulut pas se prêter à un tel rôle. Bientôt elle fut dans l'opposition, surtout par ses amis et par l'idée qu'on se faisait d'elle.

Elle n'y était pas encore, un jour qu'elle dînait chez une des sœurs de Bonaparte. On avait voulu la faire rencontrer avec le premier Consul; il y était en effet. A table, elle devait être placée à côté de lui; mais, par un malentendu qui eut lieu au moment de s'asseoir, elle se trouva placée à côté de Cambacérès, et Bonaparte dit à celui-ci en plaisantant : « Eh bien! consul Cambacérès, toujours auprès de la plus jolie! »

Le père de Mme Récamier, M. Bernard, était dans les postes et royaliste; il fut compromis sous le Consulat, arrêté et mis au secret. Elle apprit cela subitement, ayant à dîner chez elle Mme Bacciochi, sœur de Bonaparte. Celle-ci promit de tout faire pour intéresser le Consul. Après le dîner, Mme Récamier sortit et voulut voir Fouché, qui refusa de la recevoir, « de peur d'être touché, disait-il, et dans une affaire d'État. » Elle courut rejoindre, au Théâtre-Français, Mme Bacciochi, qui était avec sa sœur Pauline, laquelle était tout occupée du casque de Lafon : « Mais voyez, disait-elle, comme ce casque est mal mis, comme il est de côté! » Mme Récamier était au supplice; Mme Bacciochi voulait rester jusqu'à la fin de la tragédie, peut-être à cause de sa sœur Pauline. Bernadotte était dans la loge; il vit l'air altéré de Mme Récamier; il lui offrit son bras pour la reconduire, et de voir lui-même à l'instant le Consul. C'est de ce moment que date le vif sentiment de Bernadotte pour elle; il ne la connaissait point auparavant. Il obtint la grâce du père. Ce qui est dit dans le *Mémorial de Sainte-Hélène*, à ce sujet, est inexact. Mme Récamier ne vit pas Bonaparte à cette occasion; ce fut Bernadotte qui se chargea de tout.

Bernadotte l'aima donc, et fut un de ses chevaliers. Les Montmorency, rentrés alors de l'émigration, ne l'étaient pas moins. Mathieu de Montmorency, qui fut depuis un saint, Adrien (depuis duc de Laval), bien plus tard le fils d'Adrien, qui se trouvait ainsi le rival de son père, tous l'aimaient de passion. Henri de Laval se rencontrait souvent chez elle avec le duc de Laval son père; il tenait bon et ne sortait pas, ce dont le bon duc enrageait, et, comme il avait de l'esprit, il écrivait à Mme Récamier le plus agréablement du monde : «Mon fils lui-même est épris de vous, vous savez si je le suis; c'est au reste le sort des Montmorency :

> Ils ne mouraient pas tous, mais tous étaient frappés. »

Mme Récamier était la première à raconter ces choses, et elle en souriait avec gaieté. Elle a conservé presque jusqu'à la fin ce rire enfant, ce geste jeune qui lui faisait porter son mouchoir à la bouche comme pour ne pas éclater. Mais, dans la jeunesse, cette enfance de sentiments, avec le gracieux manége qui s'y mêlait, amena plus d'une fois (peut-on s'en étonner?) des complications sérieuses. Tous ces hommes attirés et épris n'étaient pas si faciles à conduire et à éluder que cette dynastie pacifiée des Montmorency. Il dut y avoir autour d'elle, à de certaines heures, bien des violences et des révoltes dont cette douce main avait peine ensuite à triompher. En jouant avec ces passions humaines qu'elle ne voulait que charmer et qu'elle irritait plus qu'elle ne croyait, elle ressemblait à la plus jeune des Grâces qui se serait amusée à atteler des lions et à les agacer. Imprudente comme l'innocence, je l'ai dit, elle aimait le péril, le péril des autres, sinon le sien; et pourquoi ne le dirai-je pas aussi? à ce jeu hasardeux et trop aisément cruel, elle a troublé, elle si bonne, bien des cœurs; elle en a ulcéré, sans le vouloir, quelques-uns. non-seulement d'hommes révoltés et aigris, mais de pauvres rivales, sacrifiées sans qu'elle le sût et blessées. C'est là un côté sérieux que sa charité finale n'a pas été tout à fait sans comprendre; c'est une leçon que la gravité suprême qui s'attache à sa noble mémoire n'interdit pas de rappeler. Avec son instinct de pureté et de bonté céleste, elle le sentait bien elle-même : aussi, elle si admirée et si adorée, on ne la vit point regretter la jeunesse, ni ses matinées de soleil, ni ses orages, même les plus embellis. Elle ne concevait point de parfait bonheur hors du devoir; elle mettait l'idéal du roman là où elle l'avait si peu rencontré, c'est-à-dire dans le mariage; et plus d'une fois en ses plus beaux jours, au milieu d'une fête dont elle était la reine, se dérobant aux hommages, il lui arriva, disait-elle, de sortir un moment pour pleurer.

Telle je la conçois dans le monde et dans le tourbillon, avant la retraite. Il y aurait à son sujet une suite de chapitres à écrire et que je ne puis même esquisser. L'un de ces chapitres serait celui de ses relations et de son intimité avec Mme de Staël, deux brillantes influences si distinctes, bien souvent croisées, presque jamais rivales, et qui se complétaient si bien. Ce fut en 1807, au château de Coppet, chez Mme de Staël, que Mme Récamier vit le prince Auguste de Prusse, l'un des vaincus d'Iéna; elle l'eut bientôt vaincu et conquis à son tour, prisonnier royal, par habitude assez brusque et parfois embarrassant. Cette brusquerie même le trahissait. Un jour qu'il voulait dire un mot à Mme Récamier dans une promenade à cheval, il se retourna vers Benjamin Constant qui était de la partie : « Monsieur de Constant, lui dit-il, si vous faisiez un petit temps de galop? » Et celui-ci de rire de la finesse allemande.

Un autre chapitre traiterait de la conquête aisée que Mme Récamier fit à Lyon du doux Ballanche, lequel se donna du premier jour à elle, sans même le lui dire jamais. Un autre chapitre offrirait ses relations moins simples, moins faciles d'abord, mais finalement si établies avec M. de Chateaubriand. Mme Récamier l'avait vu pour la première fois chez Mme de Staël, en 1801 ; elle le revit pour la seconde fois en 1816 ou 1817, vers le temps de la mort de Mme de Staël, et chez celle-ci encore. Mais ce n'avaient été là que des rencontres, et la liaison véritable ne se noua que tard, dans le temps où M. de Chateaubriand sortit du ministère, et à l'Abbaye-aux-Bois.

Il y aurait aussi un chapitre à faire sur la liaison étroite avec Benjamin Constant, laquelle date seulement de 1814-1815. Les lettres de celui-ci, adressées à Mme Récamier, y aideraient beaucoup ; mais elles seraient très-insuffisantes, au point de vue de la vérité, si l'on n'y ajoutait la contre-partie, ce qu'il écrivait pour lui seul au sortir de là, et que bien des gens ont lu, et enfin si l'on n'éclairait le tout par les explications de moraliste qui ne se trouvent point d'ordinaire dans les plaidoiries des avocats. Mais cela me rappelle qu'il y a tout un fâcheux procès entamé à ce sujet, et j'ai hâte de me taire.

Avant le chapitre de Benjamin Constant, il y aurait encore à faire celui du voyage d'Italie en 1813, le séjour à Rome, la liaison avec Canova, le marbre de celui-ci, qui cette fois, pour être idéal, n'eut qu'à copier le modèle ; puis le séjour à Naples auprès de la reine Caroline et de Murat. Ce dernier, si je ne me trompe, resta quelque peu touché. Mais c'est assez de rapides perspectives.

Quand Mme Récamier vit s'avancer l'heure où la beauté baisse et pâlit, elle fit ce que bien peu de femmes savent faire : elle ne lutta point ; elle accepta avec goût les premières marques du temps. Elle comprit qu'après de tels succès de beauté, le dernier moyen de paraître encore belle était de ne plus y prétendre. A une femme qui la revoyait après des années, et qui lui faisait compliment sur son visage : « Ah! ma chère amie, répondait-elle, il n'y a plus d'illusion à se faire. Du jour où j'ai vu que les petits Savoyards dans la rue ne se retournaient plus, j'ai compris que tout était fini. » Elle disait vrai. Elle était sensible en effet à tout regard et à toute louange, à l'exclamation d'un enfant ou d'une femme du peuple tout comme à la déclaration d'un prince. Dans les foules, du bord de sa calèche élégante qui n'avançait qu'avec lenteur, elle remerciait chacun de son admiration par un signe de tête et par un sourire.

A deux époques, M. Récamier avait essuyé de grands revers de fortune : la première fois au début de l'Empire, la seconde fois dans les premières années de la Restauration. C'est alors que Mme Récamier se retira dans un appartement de l'Abbaye-aux-Bois, en 1819. Elle ne tint jamais plus de place dans le monde que quand elle fut dans cet humble asile, à une extrémité de Paris. C'est de là que son doux génie, dégagé des complications trop vives, se fit de plus en plus sentir avec bienfaisance. On peut dire qu'elle perfectionna l'art de l'amitié et lui fit faire un progrès nouveau : ce fut comme un bel art de plus qu'elle avait introduit dans la vie, et qui décorait, ennoblissait et distribuait tout autour d'elle. L'esprit de parti était alors dans sa violence. Elle désarmait les colères, elle adoucissait les aspérités; elle vous ôtait la rudesse et vous inoculait l'indulgence. Elle n'avait point de repos qu'elle n'eût fait se rencontrer chez elle ses amis de bord opposé, qu'elle ne les eût conciliés sous une médiation clémente. C'est par de telles influences que la société devient société autant que possible, et qu'elle acquiert tout son liant et toute sa grâce. C'est ainsi qu'une femme, sans sortir de sa sphère, fait œuvre de civilisation au plus haut degré, et qu'Eurydice remplit à sa manière le rôle d'Orphée. Celui-ci apprivoisait la vie sauvage; l'autre termine et couronne la vie civilisée.

Un jour, en 1802, pendant cette courte paix d'Amiens, non pas dans le brillant hôtel de la rue du Mont-Blanc, que Mme Récamier occupait alors, mais dans le salon du château de Clichy où elle passait l'été, des hommes venus de bien des côtés différents étaient réunis, Adrien et Mathieu de Montmorency, le général Moreau, des Anglais de distinction, M. Fox, M. Erskine et beaucoup d'autres : on était en présence, on s'observait ; c'était à qui ne commencerait pas. M. de Narbonne, présent, essayait d'engager la conversation, et, malgré son esprit, il n'avait pu y réussir. Mme Récamier entra : elle parla d'abord à M. Fox, elle dit un mot à chacun, elle présenta chaque personne à l'autre avec une louange appropriée ; et à l'instant la conversation devint générale, le lien naturel fut trouvé.

Ce qu'elle fit là un jour, elle le fit tous les jours. Dans son petit salon de l'Abbaye, elle pensait à tout, elle étendait au loin son réseau de sympathie. Pas un talent, pas une vertu, pas une distinction qu'elle n'aimât à connaître, à convier, à obliger, à mettre en lumière, à mettre surtout en rapport et en harmonie autour d'elle, à marquer au cœur d'un petit signe qui était sien. Il y a là de l'ambition, sans doute ; mais quelle ambition adorable, surtout quand, s'adressant aux plus célèbres, elle ne néglige pas même les plus obscurs, et quand elle est à la recherche des plus souffrants ! C'était le caractère de cette âme si multipliée de Mme Récamier d'être à la fois universelle et très-particulière, de ne rien exclure, que sais-je ? de tout attirer, et d'avoir pourtant le choix.

Ce choix pouvait même sembler unique. M. de Chateaubriand, dans les vingt dernières années, fut le grand

centre de son monde, le grand intérêt de sa vie, celui
auquel je ne dirai pas qu'elle sacrifiait tous les autres
elle ne sacrifiait personne qu'elle-même), mais auquel
elle subordonnait tout. Il avait ses antipathies, ses aversions et même ses amertumes, que les *Mémoires d'outre-tombe* aujourd'hui déclarent assez. Elle tempérait et
corrigeait tout cela. Comme elle était ingénieuse à le
faire parler quand il se taisait, à supposer de lui des
paroles aimables, bienveillantes pour les autres, qu'il
lui avait dites sans doute tout à l'heure dans l'intimité,
mais qu'il ne répétait pas toujours devant des témoins !
Comme elle était coquette pour sa gloire ! Comme elle
réussissait parfois aussi à le rendre réellement gai, aimable, tout à fait content, éloquent, toutes choses qu'il
était si aisément dès qu'il le voulait ! Elle justifiait bien
par sa douce influence auprès de lui le mot de Bernardin de Saint-Pierre : « Il y a dans la femme une gaieté
légère qui dissipe la tristesse de l'homme. » Et ici à
quelle tristesse elle avait affaire ! tristesse que René avait
apportée du ventre de sa mère, et qui s'augmentait en
vieillissant ! Jamais Mme de Maintenon ne s'ingénia à
désennuyer Louis XIV, autant que Mme Récamier pour
M. de Chateaubriand. « J'ai toujours remarqué, disait
Boileau en revenant de Versailles, que, quand la conversation ne roulait pas sur ses louanges, le Roi s'ennuyait
d'abord, et était prêt ou à bâiller ou à s'en aller. » Tout
grand poëte vieillissant est un peu Louis XIV sur ce
point. Elle avait chaque jour mille inventions gracieuses
pour lui renouveler et rafraîchir la louange. Elle lui ralliait de toutes parts des amis, des admirateurs nouveaux.
Elle nous avait tous enchaînés aux pieds de sa statue
avec une chaîne d'or.

Une personne d'un esprit aussi délicat que juste, et
qui l'a bien connue, disait de Mme Récamier : « Elle a

dans le caractère ce que Shakspeare appelle *milk of human kindness* (le lait de la bonté humaine), une douceur tendre et compatissante. Elle voit les défauts de ses amis, mais elle les soigne en eux comme elle soignerait leurs infirmités physiques. » Elle était donc la sœur de Charité de leurs peines, de leurs faiblesses, et un peu de leurs défauts.

Que dans ce procédé habituel il n'y eût quelques inconvénients à la longue, mêlés à un grand charme; que dans cet air si tiède et si calmant, en donnant aux esprits toute leur douceur et tout leur poli, elle ne les amollît un peu et ne les inclinât à la complaisance, je n'oserai le nier, d'autant plus que je crois l'avoir, peut-être, éprouvé moi-même. C'était certainement un salon, où non-seulement la politesse, mais la charité nuisait un peu à la vérité. Il y avait décidément des choses qu'elle ne voulait pas voir et qui pour elle n'existaient pas. Elle ne croyait pas au mal. Dans son innocence obstinée, je tiens à le faire sentir, elle avait gardé de l'enfance. Faut-il s'en plaindre? Après tout, y aura-t-il encore un autre lieu dans la vie où l'on retrouve une bienveillance si réelle au sein d'une illusion si ornée et si embellie? Un moraliste amer, La Rochefoucauld, l'a dit : « On n'aurait guère de plaisir si on ne se flattait jamais. »

J'ai entendu des gens demander si Mme Récamier avait de l'esprit. Mais il me semble que nous le savons déjà. Elle avait au plus haut degré non cet esprit qui songe à briller pour lui-même, mais celui qui sent et met en valeur l'esprit des autres. Elle écrivait peu; elle avait pris de bonne heure cette habitude d'écrire le moins possible; mais ce peu était bien et d'un tour parfait. En causant, elle avait aussi le tour net et juste, l'expression à point. Dans ses souvenirs elle choisissait de préférence un trait fin, un mot aimable ou gai, une situation pi-

quante, et négligeait le reste ; elle se souvenait avec
goût

Elle écoutait avec séduction, ne laissant rien passer
de ce qui était bien dans vos paroles sans témoigner
qu'elle le sentît. Elle questionnait avec intérêt, et était
tout entière à la réponse. Rien qu'à son sourire et à ses
silences, on était intéressé à lui trouver de l'esprit en la
quittant.

Quant à la jeunesse, à la beauté de son cœur, s'il a
été donné à tous de l'apprécier, c'est à ceux qui en ont
joui de plus près qu'il appartient surtout d'en parler un
jour. Après la mort de M. Ballanche et de M. de Chateaubriand, quoiqu'elle eût encore M. Ampère, le duc
de Noailles, et tant d'autres affections autour d'elle, elle
ne fit plus que languir et achever de mourir. Elle expira
le 11 mai 1849, dans sa soixante-douzième année. Cette
personne unique, et dont la mémoire vivra autant que
la société française, a été peinte avec bien de la grâce
par Gérard dans sa fraîcheur de jeunesse. Son buste a
été sculpté par Canova dans son idéal de beauté. Achille
Devéria a tracé d'elle, le jour de sa mort, une esquisse
fidèle qui exprime la souffrance et le repos.

HISTOIRE DU CONSULAT ET DE L'EMPIRE,

PAR

M. THIERS.

Tome IXe.

M. Thiers est entré dans la seconde moitié de son Histoire, dans celle où commencent à se manifester les fautes et les premiers revers de son héros. Sa méthode d'exposition, si développée et si lumineuse, ne nous dérobe rien des erreurs et de leurs conséquences; il en traite comme il avait fait précédemment pour les parties heureuses, et ne laisse rien dans l'ombre. Cette méthode est telle, par le détail des preuves, par la nature et l'abondance des documents, qu'elle permet au lecteur de se former une opinion propre, qui peut, sur certains points, différer de celle même de l'historien et la contredire, ou du moins la contrôler. En un mot, une information si ample, puisée à des sources si directes, servie d'un langage si lucide et si étranger aux prestiges, constitue, chez l'historien qui traite un sujet contemporain, la plus rare comme la plus sûre des impartialités.

Napoléon est certes l'un des premiers en puissance et en qualité dans le premier ordre des hommes. C'est, je crois, Machiavel qui l'a dit : « Les hommes qui, par les lois et les institutions, ont formé les républiques et les royaumes, sont placés le plus haut, sont le plus loués après les dieux. » Napoléon est l'un de ces mortels qui, par la grandeur des choses qu'ils conçoivent et qu'en partie ils exécutent, se placeraient aisément dans l'imagination primitive des peuples presque à côté des dieux. Pourtant, à le bien juger en réalité, et en m'en tenant à une lecture attentive de cette histoire même de M. Thiers, il me semble qu'il entrait essentiellement dans le génie et le caractère de l'homme quelque chose de gigantesque, qui, en chaque circonstance, tendait presque aussitôt à sortir et qui devait tôt ou tard amener la catastrophe. Cet élément du gigantesque qui, chez lui, pouvait quelquefois se confondre avec l'élément de grandeur, était de nature aussi à le compromettre et à l'altérer. Quand il s'annonça au monde, la société en détresse appelait un sauveur; la civilisation, épuisée par d'affreuses luttes, était à l'une de ces crises où ce sauvage, qu'elle porte toujours en son sein, se relève avec audace, et se montre tout prêt à l'accabler. C'est alors qu'en présence de cette sauvagerie menaçante, le cri public fait appel à un héros, à quelqu'un de ces hommes puissants et rares qui comprennent à fond la nature des choses, et qui, de même qu'ils auraient autrefois rassemblé les peuplades errantes, rallient aujourd'hui les classes énervées et démoralisées, les rassemblent encore une fois en faisceau, et réinventent, à vrai dire, la société, en en cachant de nouveau la base, et en la recouvrant d'un autel. Napoléon fut un de ces hommes; mais chez lui, ce législateur qui aurait eu je ne sais quoi de sacré, ce sauveur assez puissant de tête et de bras pour ressaisir une société penchante au bord de l'abîme, et pour la rasseoir sur ses bases, n'avait pas à la fois le tempérament nécessaire pour l'y conserver. Son génie excessif aimait l'aventure. Législateur doublé d'un grand capitaine (ce qui était bien nécessaire alors), mais aussi compliqué d'un conquérant, il aimait avant tout son premier art, celui de la guerre ; il en aimait l'émotion, le risque et le jeu. Son génie se croyait sans cesse en droit de demander des miracles, et, comme on dit, de mettre le marché à la main à la Fortune. Dès le début de Napoléon, j'aperçois en lui ce caractère excessif, qui a contribué en définitive à grandir sa figure dans l'imagination des hommes, mais qui, dans le présent, devait un jour ou l'autre amener la ruine. Après l'admirable campagne d'Italie de 96, n'eut-on pas l'aventure d'Égypte, que j'appelle ainsi parce qu'il y avait bien des chances pour qu'il n'en revînt pas? Après les justes merveilles de l'installation du Consulat, le gigantesque apparaît et sort presque aussitôt ; on le retrouve dans cette expédition d'Angleterre, qui avait tant de chances aussi d'être une aventure ; car il se pouvait certes que, réussissant à débarquer, sa flotte fût détruite peu après par Nelson, et qu'il eût son Trafalgar le lendemain de la descente, comme il avait eu son Aboukir le lendemain de l'arrivée en Égypte. L'amiral Villeneuve était homme à être battu un an plus tôt. Qu'on se figure ce qu'eût été, dans l'Angleterre à demi conquise, la situation d'une armée française victorieuse, mais coupée de son empire par une mer et une flotte maîtresse des mers! Je sais qu'on n'oserait jamais rien de grand et qu'on ne ferait jamais de choses immortelles si l'on ne risquait à un moment le tout pour le tout; aussi n'est-ce point le fait d'avoir risqué une ou deux fois, mais la disposition et le penchant à risquer toujours, que je relève ici chez Napoléon. Rien n'égale en beauté, comme création de génie majestueuse et bienfaisante, l'œuvre pacifique du Consulat, le Code civil, le Concordat, l'administration intérieure organisée dans toutes ses branches, la restauration du pouvoir dans tous les ordres ; c'est un monde qui renaît après le chaos. Mais, même dans le civil, le gigantesque se retrouve bientôt à la fondation de l'Empire ; je le vois surgir dans cet échafaudage improvisé d'un trône à la Charlemagne, dans cette machine exagérée et ruineuse d'un Empire de toutes parts flanqué de royautés de famille. Là ressort encore ce qu'on peut appeler, en pareille matière, l'aventure. Mais ce fut surtout dans le jeu terrible des batailles que ce génie extraordinaire l'allait chercher, et qu'il remettait en question coup sur coup les magnifiques résultats obtenus. Ce capitaine, le plus grand peut-être qui ait existé, aimait trop son art pour s'en priver aisément. Cette activité sans pareille n'avait tout son emploi et toute sa jouissance, n'était véritablement à la fête que quand elle rentrait en campagne. Sa passion secrète était ingénieuse à fournir au rare bon sens dont il était doué des prétextes, des apparences de raisons nationales ou politiques pour récidiver sans cesse. Après les miracles d'Austerlitz et d'Iéna, ne le voit-on pas pousser à bout la Fortune, et vouloir absolument lui faire rendre plus qu'elle ne peut donner ? Il y a un moment où la nature des choses se révolte et fait payer cher au génie lui-même ses abus de puissance et de bonheur. C'est ce qui parut à Eylau ; et du haut de ce cimetière ensanglanté, sous ce climat d'airain, Napoléon, pour la première fois averti, put avoir comme une vision de l'avenir. Le futur désastre de Russie était là, sous ses yeux, en abrégé, dans une prophétique perspective.

Un moment il parut le comprendre, et, à la vue de ces incendies fumant à travers la neige, de ces cadavres gisant sur cette plaine glacée, il s'écria : « Ce spectacle est fait pour inspirer aux princes l'amour de la paix et l'horreur de la guerre. » Mais l'impression, sincère peut-être pendant la durée d'une minute, passa vite, et le démon familier reprit possession de son âme. Après Tilsitt, il était à l'apogée de sa grandeur : le continent, broyé, ne remuait pas; l'empereur de Russie, subjugué si charmé, entrait de lui-même dans la sphère d'attraction du vainqueur. Je ne sais pas de spectacle plus philosophique, plus fécond en réflexions de tout genre, que celui de ces deux hommes accoudés durant des heures à une table, une carte déployée sous leurs yeux, et se partageant à eux deux le monde. Il faudrait être Tacite ou Shakspeare pour rendre au vif ce qu'inspire une pareille vue à bien des cœurs, ce que du moins je ressens pour mon compte, et que bien d'autres sentent comme moi confusément. Le génie est grand, mais l'univers l'est aussi; et il y a un moment, je ne puis que le redire, où la nature des choses (y compris la conscience des peuples), trop méconnue, se soulève et se revanche, où l'univers, qu'on voulait étreindre, reprend le dessus.

C'est à l'autre extrémité du continent, c'est en Espagne que se fit sentir le premier craquement et qu'on s'aperçut tout à coup que la statue colossale avait un pied d'argile. Dans son VIIIe volume, M. Thiers a raconté, avec le détail le plus circonstancié et le plus dramatique, toutes les phases et les vicissitudes de cette entreprise (disons le mot comme il le dit lui-même), de cet attentat de Napoléon contre la royauté espagnole. Profitant de la paix forcée de l'Europe, assuré de l'alliance de la Russie et certain d'acheter sa connivence à l'Occident moyennant un appât du côté de la Turquie, Napoléon conçoit à un moment l'idée de mettre la main sur le trône d'Espagne, d'en précipiter un roi imbécile, une reine dissolue, et de déshériter leur fils qui, au fond, ne valait guère mieux, mais à qui l'on n'avait à reprocher alors que de ne pouvoir vivre en intelligence avec ses tristes parents et avec leur scandaleux favori, le prince de la Paix. M. Thiers, en possession de pièces confidentielles dont nul autre que lui n'avait eu jusqu'ici connaissance, et y appliquant sa merveilleuse faculté d'éclaircissement, s'est attaché à fixer avec la dernière précision l'instant où ce projet d'usurpation fatale entra dans la tête de Napoléon et y prit le caractère d'une résolution arrêtée; car pour l'idée vague, elle avait dû lui traverser depuis longtemps la pensée. Les scrupules de justice ordinaire ne sont pas, en général, ce qui arrête les hommes de la portée des Frédéric et des Napoléon, qu'il s'agisse de la Silésie ou de l'Espagne. Le tout, pour cette race de mortels à part, est de bien prendre son moment, de bien proportionner son audace, et de faire valoir encore dans une certaine juste mesure le droit du lion. Frédéric calcula juste pour la Silésie; Napoléon présuma trop pour l'Espagne. M. Thiers est arrivé, sur ce point de l'entreprise d'Espagne étudiée dans son origine, à un résultat des plus curieux et des plus satisfaisants pour l'histoire comme pour la morale. On y voit Napoléon hésiter jusqu'au dernier moment, changer d'avis, ne s'ouvrir tout entier à personne, ne découvrir que des coins de vérité à ses plus intimes agents, vouloir être éclairé et sembler en même temps le craindre. Son rare bon sens, sinon l'instinct de justice, lui disait que c'était là peut-être la plus grosse affaire encore que depuis le 18 brumaire il eût entamée. Mais, au 18 brumaire, il avait derrière lui toute une nation pour complice : ici, il allait avoir devant lui tout un peuple pour adversaire, et, pour juge, la conscience du genre humain indignée. La fatalité et aussi l'appétit l'emportèrent. Le guet-apens de Bayonne s'exécuta à point nommé comme il l'avait résolu : le vieux roi et son fils, amenés avec astuce dans le piége, y restèrent. Mais la nation aussi restait derrière eux, et à cette nouvelle soudaine, par une sorte de commotion électrique, l'Espagne tout entière se leva.

Le IX⁰ volume de M. Thiers est consacré à retracer les premières et déjà terribles conséquences de l'attentat de Bayonne. Ce volume se compose de trois livres, intitulés *Baylen*, *Erfurt* et *Somo-Sierra*. Dans le livre de *Baylen*, on suit d'un bout à l'autre le soulèvement de l'Espagne, les atroces cruautés de la populace mêlées à l'énergie du patriotisme, et qui le souillent si aisément en tout pays. Ces indignes scènes qu'il flétrit n'empêchent pas M. Thiers de rendre hautement justice au sentiment généreux qui transporta l'Espagne à cette heure :

« Je ne suis point, dit-il, je ne serai jamais le flatteur de la multitude. Je me suis promis, au contraire, de braver son pouvoir tyrannique, car il m'a été infligé de vivre en des temps où elle domine et trouble le monde. Toutefois, je lui rends justice : si elle ne voit pas, elle sent, et, dans les occasions fort rares où il faut fermer les yeux et obéir à son cœur, elle est, non pas un conseiller à écouter, mais un torrent à suivre. Le peuple espagnol, bien qu'en repoussant la royauté de Joseph il repoussât un bon prince et de bonnes institutions, fut peut-être mieux inspiré que les hautes classes. Il agit noblement en repoussant le bien qui lui venait d'une main étrangère, et, sans yeux, il vit plus juste que les hommes éclairés, en croyant qu'on pouvait tenir tête au conquérant auquel n'avaient pu résister les plus puissantes armées et les plus grands généraux. »

Le livre de *Baylen* nous montre les tâtonnements et les premiers revers des lieutenants de Napoléon, isolés dans un pays montueux, sous un climat brûlant, au cœur d'une population ennemie ; la flotte française écrasée la première dans le port de Cadix, et forcée de se rendre, et bientôt enfin le désastre célèbre qui fut le premier et même le seul affront de ce genre qu'eurent à subir nos vaillantes armées, la capitulation, en rase campagne, du général Dupont à Baylen. A dater de ce jour, la Fortune commence à tourner ; elle aura de brillants retours encore, mais le prestige est évanoui.

Sur ce point capital de son histoire, comme sur tant d'autres, M. Thiers, en possession de documents uniques, a porté une lumière d'évidence qu'on ne soupçonnait pas auparavant et qui est définitive. Le général Dupont, l'un des plus brillants officiers de la grande armée, le même qui, dans la campagne de 1805, à Haslach, animé d'une inspiration digne d'un vrai capitaine, avait su défaire 25,000 Autrichiens avec 6,000 hommes, et que Napoléon destinait à devenir un de ses prochains maréchaux ; Dupont, lancé *en flèche* dans l'Andalousie révoltée, est bientôt obligé de se rabattre et de songer à une retraite. Mais il y songe trop tard ; il se tient trop longtemps immobile dans une position peu sûre ; il choisit mal ses points en arrière, et ne serre pas d'assez près les défilés de la Sierra-Morena par où il doit repasser. Il laisse le temps à l'ennemi de le tâter et de sentir le côté faible *par où le fer*, en appuyant, *pourrait entrer*. Enfin, dans sa marche tardive, il est embarrassé par ses malades, peu servi par ses jeunes soldats que l'ardeur du climat dévore, mal secondé surtout par ses lieutenants, par le général Védel, qui fait là, en diminutif, ce que Grouchy fera un jour à Waterloo. Bref, de faute en faute, dont quelques-unes sont à lui, dont les autres sont à son lieutenant, et dont la première remonte à Napoléon lui-même, il est amené à signer cette capitulation humiliante à laquelle est resté attaché son nom. M. Thiers a raconté, discuté et rendu sensible toute cette affaire de Baylen, de manière à ne laisser aucun doute sur les vraies causes, à attribuer à chacun ses fautes, et à ne charger la mémoire du général Dupont que de celles qui lui reviennent en propre. Un haut sentiment de moralité militaire anime ces pages; on sent combien l'historien souffre d'avoir à raconter ce premier désastre; mais il l'a sondé hardiment, et il s'estime encore heureux de n'avoir à y constater, après tant de calomnies, qu'un immense malheur.

« L'infortuné général Dupont, dit-il de lui au moment de la trêve qu'il vient d'obtenir, jusque-là si brillant, si heureux, rentre dans sa tente, accablé de peines morales qui le rendent presque insensible aux peines physiques de deux blessures douloureuses. Ainsi va la Fortune à la guerre comme dans la politique, comme partout en ce monde agité, théâtre changeant, où le bonheur et le malheur s'enchaînent, se succèdent, s'effacent, ne laissant, après une longue suite de sensations contraires, que néant et misère! Trois ans auparavant, sur les bords du Danube, ce même général Dupont, arrivant à perte d'haleine au secours du maréchal Mortier, le sauvait à Diernstein. Mais autre temps, autres lieux, autre esprit! C'était en décembre et au Nord; c'étaient de vieux soldats, pleins de santé et de vigueur, excités par un climat rigoureux, au lieu d'être abattus par un climat énervant, habitués à toutes les vicissitudes de la guerre, exaltés par l'honneur, n'hésitant jamais entre mourir ou se rendre. Ceux-là, si leur position devenait mauvaise un moment, on avait le temps d'accourir à leur aide et de les sauver! Et puis la Fortune souriait encore, et réparait tout : personne n'arrivait tard, personne ne se trompait! Ou bien, si l'un se trompait, l'autre corrigeait sa faute. Ici, dans cette Espagne où l'on était si mal entré, on était jeune, faible, malade, accablé par le climat, nouveau à la souffrance! On commençait à n'être plus heureux, et, si l'un se trompait, l'autre aggravait sa faute. Dupont était venu au secours de Mortier à Diernstein : Védel n'allait venir au secours de Dupont que lorsqu'il ne serait plus temps! »

On pourrait sans doute désirer, en quelques endroits du récit, un coup de pinceau plus vif, un trait de burin plus profond; mais je ne sais si une autre manière produirait une impression aussi nette, aussi lucide et aussi parfaitement juste que celle que laisse ce récit égal, uni, et ce style, interprète fidèle et patient de l'équité. En apprenant ce désastre du général Dupont, Napoléon, qui était alors à Bordeaux, entra en fureur; dans le premier moment de colère, il parlait de le faire fusiller, lui et tous les auteurs de la capitulation. Bientôt, sur les remontrances du *sage et toujours sage Cambacérès*, dit M. Thiers, et le premier emportement apaisé, il déféra à un tribunal d'honneur, composé des grands de l'Empire, le jugement de cette affaire. La sentence prononcée fut la dégradation, et un décret impérial ordonna que trois exemplaires manuscrits de la procédure tout entière seraient déposés, l'un au Sénat, l'autre au Dépôt de la guerre, le troisième aux Archives de la haute Cour impériale. Lorsqu'en 1814 la Restauration, trouvant le général Dupont en prison, en eut fait un ministre de la guerre, celui-ci travailla à anéantir toute trace de cette douloureuse procédure; mais il n'en put faire détruire que deux exemplaires, celui du Sénat et celui du Dépôt de la guerre. Le troisième exemplaire, destiné à la haute Cour impériale (laquelle ne fut jamais organisée), était resté aux mains de M. Regnault de Saint-Jean-d'Angely. C'est cet exemplaire, désormais unique, que M. Thiers a connu, et qui lui a permis d'offrir du général Dupont la seule réhabilitation possible, celle qui concerne son honneur militaire. Ainsi le malheureux général, sans s'en douter, voulait anéantir la seule preuve qui pût mettre hors de cause sinon son habileté en ce désastre, du moins son honneur (1). J'ai quelquefois entendu M. Thiers causer avec feu de cette affaire du général

---

(1) Mme la comtesse Dupont, veuve du général, a voulu contester l'exactitude de ces faits; M. le maréchal Dode, je ne sais pourquoi, l'a essayé également. M. le général Pelet, directeur du Dépôt de la guerre, est spontanément intervenu dans ce débat pour confirmer les assertions de l'historien et nos explications. On peut voir là-dessus *le Constitutionnel* des 7 et 11 janvier 1850.

Dupont : qu'il me pardonne de me souvenir de sa conversation, mais ceux qui l'entendent ne l'oublient pas aisément, et, le dirai-je? sa parole complète à merveille son style. Il ose, en causant, bien des choses que son goût scrupuleux croit devoir se retrancher dans l'histoire. Je ne l'en blâme pas, mais je profite des deux sources. « L'injustice, disait-il un jour avec énergie, est une mère qui n'est jamais stérile, et qui produit des enfants dignes d'elle. » Et il citait Moreau qui, cruellement banni, en 1804, pour un tort envers le Consul plus encore qu'envers la France, revient en 1813 enfant ingrat. Il citait Dupont qui, durement puni pour son malheur à Baylen, devient ministre en 1814, et alors bien véritablement coupable, et qui se venge.

Le livre intitulé *Baylen* se termine par le récit d'une autre capitulation fâcheuse, mais qui, du moins, n'eut rien que d'honorable, celle de Junot et de son armée en Portugal. Les troupes anglaises, en effet, venaient de débarquer en ce pays. Ce n'était encore qu'un premier essai, une première atteinte, et elles auront à revenir à la charge avant de prendre pied dans la Péninsule pour n'en plus sortir que par la frontière de France. Pourtant le signal est donné : sir Arthur Wellesley, celui qui sera le duc de Wellington, avec ce bon sens tenace contre qui se brisera le génie, apparaît et se dessine pour la première fois. Les qualités des deux armées, l'esprit militaire des deux peuples, sont en présence, et M. Thiers les a caractérisés dans une de ces pages comme il sait en écrire en tel sujet :

« C'était, dit-il en parlant du corps de Wellington, de la très-belle infanterie, ayant toutes les qualités de l'armée anglaise. Cette armée, comme on le sait, est formée d'hommes de toute sorte, engagés volontairement dans ses rangs, servant toute leur vie ou à peu près, assujettis à une discipline redoutable qui les bâtonne jusqu'à la mort pour les moindres fautes; qui, du bon ou du mauvais sujet, fait un sujet uniforme et obéissant, marchant au danger avec une soumission invariable à la suite d'officiers pleins d'honneur et de courage. Le soldat anglais, bien nourri, bien dressé, tirant avec une remarquable justesse, cheminant lentement parce qu'il est peu formé à la marche et qu'il manque d'ardeur propre, est solide, presque invincible dans certaines positions où la nature des lieux seconde son caractère résistant, mais devient faible si on le force à marcher, à attaquer, à vaincre de ces difficultés qu'on ne surmonte qu'avec de la vivacité, de l'audace et de l'enthousiasme. En un mot, il est ferme, il n'est pas entreprenant. De même que le soldat français, par son ardeur, son énergie, sa promptitude, sa disposition à tout braver, était l'instrument prédestiné du génie de Napoléon, le soldat solide et lent de l'Angleterre était fait pour l'esprit peu étendu, mais sage et résolu, de sir Arthur Wellesley. »

Une réflexion sévère ressort déjà : c'est combien la prudence et la ténacité ont raison, à la longue, du génie et de la force qui abuse d'elle-même. Laissons de côté ce qui tient à la grandeur d'imagination et de poésie : le grand rôle politique définitif restera aux Pitt et aux Wellington, à ces opiniâtres temporisateurs. Je dis Pitt, car si de sa personne il mourut à la peine, ce fut sa politique qui triompha en 1814 par ses continuateurs et ses élèves. On ne saurait dire que Napoléon avec son génie n'ait pas eu toutes les sortes d'idées politiques profondes; mais trop souvent ces idées ne faisaient que lui traverser en éclair la pensée, et n'y séjournaient pas avec la fixité et la prédominance qui conviennent aux vraies idées politiques. Le je ne sais quoi de gigantesque, comme je l'ai appelé, l'enlevait au delà. Génie si positif pourtant dans le détail, son idéal, pour dernier terme, sortait hors du possible. Son dernier mot, quand il l'articulait, tenait peut-être autant et plus du poëte que du politique. Il y avait dans cette pensée, même si ferme, une certaine hauteur où commençait l'éblouissement et le rêve. Aussi des hommes qui ne sont qu'au second rang, si on les compare à lui, ont su se pousser, eux et 'eur patrie, à des fortunes plus stables et se maintenir dans leur succès. C'est l'avantage que gardent sur lui dans l'histoire les Cromwell, les Guillaume d'Orange, et ce génie combiné de Pitt et de Wellington, qui finalement l'a vaincu.

Après le livre de *Baylen* on a celui que M. Thiers intitule *Erfurt*. Napoléon apprend les désastres de l'Espagne à la fin de l'été de 1808, et sent à l'instant qu'il a beaucoup à réparer. Il a besoin, avant tout, de contenir l'Europe, car l'indignation des vaincus commence à frémir, le mouvement des peuples se prononce déjà sourdement, et bientôt l'heure approche, s'il n'y prend garde, où toute l'Europe ne sera pour lui qu'une Espagne. Cette heure fatale n'est pas encore venue, mais déjà plus d'un symptôme alarmant l'annonce à qui voudrait bien l'apercevoir. Napoléon prépare donc à Erfurt, pour septembre et octobre de cette année, une de ces grandes représentations politiques et théâtrales comme il les entend si bien, faites pour agir sur l'esprit des souverains et sur l'imagination des peuples. Il se compose un front serein, un visage *solaire*, comme on l'a dit de Louis XIV. Il se porte avec son plus aimable sourire (un sourire plus fin que Louis XIV n'en eut jamais) au-devant de son fidèle allié, Alexandre, toujours séduit et fasciné; il veut acheter de lui la liberté de ses mouvements en Espagne par quelque concession (la moindre possible) en Orient. Pendant les longues entrevues des deux empereurs, la foule des rois, des souverains de second ordre, des princes et des ambassadeurs, servira de comparses sur l'avant-scène; les parties de chasse et les fêtes couvriront le sérieux du jeu.

« Napoléon voulut, dit M. Thiers, que les Lettres françaises contribuassent à la splendeur de cette réunion, et prescrivit à l'administration des théâtres d'envoyer à Erfurt les premiers acteurs français, et le premier de tous, Talma, pour y représenter *Cinna, Andromaque, Mahomet, OEdipe.* Il donna l'exclusion à la comédie, bien qu'il fît des œuvres immortelles de Molière le cas qu'elles méritent ; mais, disait-il, on ne les comprend pas en Allemagne. Il faut montrer aux Allemands la beauté, la grandeur de notre scène tragique ; ils sont plus capables de les saisir que de pénétrer la profondeur de Molière. »

Ce fut là une raison sans doute suffisante pour donner l'exclusion à Molière ; mais n'y aurait-il pas eu une autre raison encore ? C'est que ces sortes de gens qu'on nomme Molière ou Shakspeare ont de temps en temps de ces mots qui percent à fond tout l'homme et qui démasquent à l'improviste la comédie humaine. Quand on joue soi-même un rôle et qu'on monte une pièce sérieuse et solennelle, il n'est pas sûr d'admettre en tiers ces témoins-là. La tragédie classique, même celle de Corneille, tire moins à conséquence.

Il faut lire chez M. Thiers le détail de ces entretiens, de ces séductions d'Erfurt. On assiste à l'intimité des deux empereurs ; on comprend la grandeur de l'un, on partage la fascination de l'autre ; on peut pressentir aussi que cette fascination aura son terme. Le caractère d'Alexandre, aimable, prompt, mystique, ami du merveilleux, et qui est prêt à se refroidir du moment que le merveilleux fait place au positif, même au positif le plus avantageux, ce caractère est touché avec bien de la vérité, et d'autant mieux peint, qu'il l'est ici en action. Dans une visite à Weimar, Napoléon voit l'illustre Goethe et se plaît à l'entretenir avec une grâce infinie :

« Après un repas splendide, dit M. Thiers, un bal réunit la plus brillante société allemande ; Goethe et Wieland s'y trouvaient. Napoléon laissa cette société pour aller dans le coin d'un salon converser longuement avec les deux célèbres écrivains de l'Allemagne. Il leur parla du christianisme, de Tacite, de cet historien l'effroi des tyrans, dont il prononçait le nom sans peur, disait-il en souriant; soutint que Tacite avait chargé un peu le sombre tableau de son temps, et qu'il n'était pas un peintre assez simple pour être tout à fait vrai. Puis il passa à la littérature moderne, la compara à l'ancienne, se montra toujours le même en fait d'art comme en fait de politique, partisan de la règle, de la beauté ordonnée, et, à propos du drame imité de Shakspeare, qui mêle la tragédie à la comédie, le terrible au burlesque, il dit à Goethe : « Je suis étonné qu'un « grand esprit comme vous *n'aime pas les genres tranchés.* » Mot profond que bien peu de critiques de nos jours sont capables de comprendre. »

Je suis un peu moi-même de ces critiques-là, je l'avoue à ma honte, s'il peut y avoir de la honte à être en critique de l'avis de Goethe. Me serait-il permis de dire que Napoléon ici faisait son métier de monarque en faisant la guerre à Tacite et à Shakspeare? Je crains qu'il n'ait pas donné à Goethe le temps de lui répondre, ou que celui-ci, en Allemand cérémonieux qu'il était, n'ait eu trop de révérence envers le potentat pour riposter librement. Napoléon lui-même ne s'était guère donné le loisir de bien comprendre cette nature universelle de Goethe; il voyait toujours en lui l'auteur de *Werther,* c'est-à-dire ce que Goethe avait été à un instant de sa jeunesse et ce qu'il n'était plus.

Les goûts changent, l'opinion a ses flux et ses reflux, même par rapport aux renommées toutes faites. A propos de ce mot qu'on vient de lire sur Tacite, je crois vrai de remarquer que l'éloquent historien que Racine appelait *le plus grand peintre de l'antiquité,* l'historien philosophe, qui a été si en honneur durant tout le xviiie siècle, est moins en faveur depuis quelque temps. J'ai vu quelques bons esprits partager cette idée de Napoléon, que Tacite, dans ses tableaux, *a peut-être un peu forcé les couleurs,* et qu'il n'était pas *assez simple pour être tout à fait vrai.* Nous sommes aujourd'hui hors d'état de répondre à une telle conjecture; nous n'avons pour garant de sa propre fidélité que Tacite lui-même. Il y a un certain degré de talent dans le peintre, qui peut sans doute donner à celui-ci la tentation de créer ou d'achever quelquefois son objet. Le duc de Saint-Simon, pour prendre un exemple moderne, à force de saisir au vif ses originaux, et de les faire saillir aux yeux, en a pu malmener et outrager quelques-uns. Pourtant la vérité générale de pareils tableaux se prouve aussi, se déclare d'elle-même, et, en les voyant, on a droit de s'écrier comme devant un portrait dont on n'a jamais connu le modèle : *Que c'est vrai! que c'est ressemblant!* Je ne conseillerai certes à personne d'imiter Tacite, comme on l'a vu faire à quelques modernes. Du Tacite continuel, et surtout du Tacite imité, serait tendu et bien fatigant. Pourtant, dans un récit historique, un peu de Tacite de temps en temps ne ferait pas mal, si l'on entend par là une réflexion forte, concentrée, une expression figurée et profonde qui rassemble toute une situation et qui la juge, un de ces traits qui percent à jour un homme et le qualifient éternellement.

En nous rendant tout à l'heure l'opinion de Napoléon sur Tacite, je ne serais pas étonné que l'éminent historien ne nous eût donné à pressentir la sienne propre. M. Thiers, d'instinct et par tempérament, aime, avant tout, le naturel, la simplicité, l'opposé du déclamatoire et de tout ce qui y ressemble ou qui y prête. Littérairement, Bossuet, Molière et Racine sont ses dieux, et, en cela, il a la religion du grand nombre; mais il a plus que personne ses préférences et ses exclusions : il est pour Racine presque contre Corneille, pour Voltaire décidément contre Jean-Jacques. Esprit clair, vigoureux et net, par sa longue pratique positive il n'a fait que se fortifier dans son premier instinct et y ajouter l'arrêt de l'expérience. En histoire, sa méthode rappellerait plutôt, chez les anciens, celle de Polybe; guerre, administration, finances, il embrasse tout, il expose tout, comme il l'a étudié, avec précision, continuité, et sans lâcher prise jusqu'au dernier détail. Dans une histoire telle que celle qu'il traite aujourd'hui, où il est le premier à passer, et avec les incomparables matériaux qu'il a eus à sa disposition, on aurait dû, ce semble, lui souhaiter une telle méthode, s'il ne l'avait eue de lui-même. A combien de déclamations et de fausses vues une histoire ainsi faite va couper court dès l'origine! Que de questions jugées et vidées qui auraient fourni matière à controverse, s'il n'en avait établi dès l'abord la solution décisive! Je n'irai pas jusqu'à dire que sur tous les points il en soit ainsi; il est des branches de cette histoire impériale pour lesquelles il n'a pas tout fait, la diplomatie par exemple. Mais, pour l'ordre civil, pour l'administration, pour la guerre, il a poussé l'exposition au dernier degré d'éclaircissement et d'évidence où elle peut aller. On rend généralement hommage et justice à cette grande composition historique et aux belles qualités qui s'y déploient; mais, selon moi, on ne lui en rend pas encore assez, et l'avenir en dira plus. Tout le monde aborde et lit cette histoire, mais il n'y a qu'une manière de la lire comme il faut, en détail, les cartes sous les yeux, sans rien passer, sans rien brusquer; ce n'est pas là un de ces livres dont on prenne idée en le parcourant. Le plan général est vaste et même grandiose; l'historien procède par grandes masses qu'il dispose et distribue autour d'un événement principal qui donne son nom à chaque livre. Mais, dans l'exécution, il ne vise pas à grouper, il ne force rien, et ne contraint aucun fait à rentrer plus qu'il ne faut. Son récit, calme et limpide, se déroule sans impatience. Une fois les arches du pont jetées, il laisse le courant aller de soi-même en toute largeur. Dans le style, l'écrivain n'a nulle part flatté le goût du temps pour les effets et pour la couleur, et on pourrait même trouver qu'il en a tenu trop peu de compte quelquefois; mais c'est une satisfaction bien rare pour les esprits sérieux et judicieux que celle de lire une suite de volumes si aisés et si pleins, sortis tout entiers du sein du sujet et nous le livrant avec abondance, d'une simplicité de ton presque familière, où jamais ne se rencontre une difficulté dans la pensée, un choc dans l'expression, et où l'on assiste si commodément au spectacle des plus grandes choses.

Le troisième livre de ce IX° volume est intitulé *Somo-Sierra*, mais son vrai titre devrait être *Saragosse*, du nom de ce siége extraordinaire qui fut l'une de ces *défaites triomphantes* dont parle Montaigne. Rassuré du côté du Nord et se sentant au moins quelques mois devant lui du côté du Danube, Napoléon, avec une masse de forces, se porte sur l'Espagne en novembre 1808 afin de venger l'affront de Baylen et de relever l'ascendant de ses armes. Ce livre, qui contient les opérations d'Espagne jusqu'en février 1809, est tout militaire, et ce n'est pas moi qui m'en plaindrai. J'entends dire quelquefois qu'il y a trop de détails militaires dans l'Histoire de M. Thiers. Mais oublie-t-on que c'est l'histoire de l'Empire qu'il écrit, et celle du plus grand capitaine des temps modernes? Sa tâche et son habileté consistent à nous faire comprendre son héros comme si nous étions du métier, et il y réussit. Moyennant ces mouvements de troupes, ces va-et-vient de régiments et de bataillons qu'il nous déduit par leurs numéros, on saisit, à n'en pouvoir douter, l'*industrie* toute spéciale avec laquelle Napoléon sait tirer de ses armées d'Allemagne et d'Italie, sans trop les affaiblir, des corps qu'il approprie à son échiquier nouveau; on suit du fond de son fauteuil le grand artiste militaire dans ses habiletés et ses artifices d'organisateur. Tout lecteur attentif devient un moment le prince Berthier. En publiant, il y a vingt-cinq ans, les volumes où il donnait l'histoire de la Convention, M. Thiers disait : « Je n'ai pas craint d'entrer dans le détail des emprunts, des contributions, du papier-monnaie; je n'ai pas craint de donner le prix du pain, du savon, de la chandelle; je révolterai, j'ennuierai ou je dégoûterai beaucoup de lecteurs (il s'exagérait l'inconvénient), mais j'ai cru que c'était un essai à faire que celui de la vérité complète en histoire. » M. Thiers continue ici avec plus d'étendue l'application de cette même méthode. On voit Napoléon, au moment de sa campagne d'hiver en Espagne, s'occuper avant tout de deux choses en fait d'approvisionnement, de la *chaussure* et de la *capote* de ses soldats. Eh! qui n'aimerait à savoir au juste ces préoccupations de l'intendant militaire en grand chez Annibal ou chez Alexandre? Dans cette campagne où tant de mobiles l'animent, Napoléon va être victorieux sur tous les points; mais, pour la première fois, il ne l'est pas comme il l'aurait voulu; les résultats ne répondent qu'incomplétement à la science de ses manœuvres. Il cherche à frapper quelque grand coup comme à Ulm, et il n'aboutit qu'au combat brillant de Somo-Sierra. Pour les habiles en escrime, on l'a remarqué, il n'est pas de duel plus dangereux qu'avec des maladroits, surtout s'ils sont à la fois des furieux et des braves. Napoléon l'éprouva en Espagne. L'ennemi, par son peu de consistance et son imprévu, ne répondait pas aux plus savantes manœuvres, ne rendait pas du côté où le grand adversaire s'y serait attendu. Il voulait néantir ces armées de l'insurrection, et il ne parvenait qu'à les dissiper. Or, une armée, même en déroute, qui se disperse dans un pays ami, a de quoi se reformer vite à l'état de bandes. Ce récit d'opérations, presque toujours intéressant à suivre, et où le général Gouvion-Saint-Cyr a son épisode à part pour sa belle campagne de Catalogne, est entremêlé et relevé de pages très-spirituelles sur la royauté de Joseph et son entourage. On y voit le maréchal Jourdan tout fait à la mesure de ce roi dont il est le Berthier, Jourdan, sage, tranquille et médiocre, s'écriant du fond du cœur, dans une lettre au général Belliard : « Ah! mon cher général, si vous pouviez coopérer à me sortir de la maudite galère où je suis, vous me rendriez un grand service! Combien je me trouverais heureux d'aller planter mes choux, si toutefois les choses doivent rester dans l'état où elles sont! » Voilà pourtant où mène trop de philosophie quand on fait le métier des héros. Quant à Joseph, il ne renoncerait pas si aisément à son métier de roi, et il n'est nullement d'humeur à aller *planter ses choux;* il se croit très-propre à régner, mais il le voudrait faire à son aise, sur un trône à lui, comme un bon roi Louis XII sous le dais, comme s'il était l'héritier d'une longue race. Napoléon, par des lettres vigoureuses, où il concentre les hautes maximes de sa politique, essaie de remonter cette âme débonnaire et médiocrement royale de son frère, et de lui inoculer ce qui ne s'apprend pas. Tout ce contraste est touché par M. Thiers avec beaucoup de finesse. On arrive enfin à Saragosse, à ce siége unique, effroyable, qu'on est bien forcé d'admirer au milieu de l'horreur, et qui restera comme le plus fameux exemple de la résistance patriotique en face d'une invasion étrangère :

« Rien dans l'histoire moderne, dit M. Thiers, n'avait ressemblé à ce siége, et il fallait, dans l'antiquité, remonter à deux ou trois exemples comme Numance, Sagonte ou Jérusalem, pour retrouver des scènes pareilles. Encore l'horreur de l'événement moderne dépassait-elle l'horreur des événements anciens de toute la puissance des moyens de destruction imaginés par la science. Telles sont les tristes conséquences du choc des grands empires! Les princes, les peuples se trompent, a dit un ancien, et des milliers de victimes succombent innocemment pour leur erreur. »

Je crois reconnaître, dans ce mot d'un ancien, le vers d'Horace :

Quidquid delirant reges, plectuntur Achivi,

ce que La Fontaine a traduit à sa guise :

Hélas! on voit que de tout temps
Les petits ont pâti des sottises des grands.

Mais ceux qui ont vécu en révolution savent que ce ne sont pas seulement les rois et les grands qui se trompent. Alfieri disait après 93 : « Je connaissais les grands, et maintenant je connais les petits. » Aux fautes des princes, M. Thiers s'est donc permis d'ajouter dans sa traduction les erreurs des peuples, et cette variante d'Horace me plaît fort. Pourtant, à Saragosse, ce ne fut pas le peuple qui se trompa.

Tel est en substance ce IXe volume, qui montre ce que sera l'historien dans la seconde partie du tableau, et en quel sens de généreuse impartialité il entend remplir jusqu'au bout sa tâche. On est touché d'un sentiment de respect en voyant avec quelle fermeté d'esprit, au milieu des préoccupations politiques qui l'environnent, M. Thiers, dans la plénitude de son talent d'écrivain, ne se laisse point détourner du but, et trouve moyen de poursuivre régulièrement son œuvre.

Lundi 10 décembre 1849.

PENSÉES, ESSAIS, MAXIMES
ET CORRESPONDANCE

DE

M. JOUBERT,

(2 vol.)

On s'étonnait un jour que Geoffroy pût revenir à diverses reprises et faire tant d'articles sur la même pièce de théâtre. Un de ses spirituels confrères, M. de Feletz, répondit : « Geoffroy a trois manières de faire un article : *dire, redire,* et *se contredire.* » J'ai déjà parlé plus d'une fois de M. Joubert, et je voudrais pourtant en parler encore aujourd'hui sans redire et sans me contredire. La nouvelle édition qui se publie en ce moment m'en fournira l'occasion et peut-être le moyen.

La première fois que je parlai de M. Joubert, j'eus à répondre à cette question, qu'on était en droit de m'adresser : Qu'est-ce que M. Joubert? Aujourd'hui on ne fera plus cette question. Quoiqu'il ne soit pas de ces écrivains destinés jamais à devenir populaires, la publication première de ses deux volumes de Pensées et de Lettres, en 1842, a suffi pour le classer, dès l'abord, dans l'estime des connaisseurs et des juges; il ne s'agit que d'étendre un peu le cercle de ses lecteurs aujourd'hui.

Sa vie fut simple, et je ne la rappelle ici que pour ceux qui aiment à bien savoir de quel homme on parle quand on a affaire à un auteur. M. Joubert, né en 1754, mort en 1824, était, de son vivant, aussi peu auteur que possible. Ce fut un de ces heureux esprits qui passent leur vie à penser, à converser avec leurs amis, à songer dans la solitude, à méditer quelque grand ouvrage qu'ils n'accompliront jamais et qui ne nous arrive qu'en fragments. Ces fragments, par leur qualité et malgré quelques défauts d'une pensée trop subtile, sont assez distingués cette fois pour que l'auteur mérite de vivre dans la mémoire future. M. Joubert fut en son temps le type le plus délicat et le plus original de cette classe d'honnêtes gens, comme l'ancienne société seule en produisait, spectateurs, écouteurs sans ambition, sans envie, curieux, vacants, attentifs, désintéressés et prenant intérêt à tout, le véritable *amateur* des belles choses. « Converser et connaître, c'était en cela surtout que consistait, selon Platon, le bonheur de la vie privée. » Cette classe de connaisseurs et d'amateurs, si faite pour éclairer et pour contenir le talent, a presque disparu en France depuis que chacun y fait un métier. « Il faut, disait M. Joubert, toujours avoir dans la tête un coin ouvert et libre, pour y donner une place aux opinions de ses amis, et les y loger en passant. Il devient réellement insupportable de converser avec des hommes qui n'ont, dans le cerveau, que des cases où tout est pris, et où rien d'extérieur ne peut entrer. Ayons le cœur et l'esprit hospitaliers. » Mais allez donc aujourd'hui demander l'hospitalité intellectuelle, l'accueil pour vos idées, pour vos aperçus naissants, à des esprits pressés, affairés, tout remplis d'eux-mêmes, vrais torrents tout bruissants de leurs propres pensées ! M. Joubert, dans sa jeunesse, venu de sa province du Périgord à Paris, en 1778, à l'âge de vingt-quatre ans, y trouva ce qu'on n'y trouve plus aujourd'hui; il y vécut comme on vivait alors : il *causa*. Ce qu'il fit en ces années de jeunesse peut se résumer en ce seul mot. Il causa donc avec les gens de lettres en renom ; il connut Marmontel, La Harpe, d'Alembert ; il connut surtout Diderot, le plus accueillant par nature et le plus hospitalier des esprits. L'influence de ce dernier sur lui fut grande, plus grande qu'on ne le supposerait, à voir la différence des résultats. Diderot eut, certes, en M. Joubert un singulier élève, un élève épuré, finalement platonicien et chrétien, épris du beau idéal et du saint, étudiant et adorant la piété, la chasteté, la pudeur, ne trouvant, pour s'exprimer sur ces nobles sujets, aucune forme assez éthérée, aucune expression assez lumineuse. Pourtant, ce n'est que par ce contact de Diderot qu'on s'explique bien en M. Joubert la naissance, l'inoculation de certaines idées si neuves, si hardies alors, et qu'il rendit plus vraies en les élevant et en les rectifiant. M. Joubert eut sa période de Diderot dans laquelle il essaya tout ; plus tard il choisit. De tout temps, même de bonne heure, il eut du tact ; le goût ne lui vint qu'ensuite. « Le bon jugement en littérature, disait-il, est une faculté très-lente, et qui n'atteint que fort tard le dernier point de son accroissement. » Arrivé à ce point de maturité, M. Joubert rendait encore à Diderot cette justice qu'il y a bien plus de *folies de style* que de *folies d'idées* dans ses ouvrages. Ce fut surtout en matière d'art et de littérature qu'il lui dut l'éveil et l'initiation. Mais, en tombant dans une âme si délicate et si légère, ces idées de réforme littéraire et de régénération de l'art qui, chez Diderot, avaient conservé je ne sais quoi de bourgeois et de prosaïque, de fumeux et de déclamatoire, s'éclaircirent et s'épurèrent, revêtirent un caractère d'idéal qui les rapprocha insensiblement de la beauté grecque ; car c'était un Grec que M. Joubert, c'était un

Athénien touché de la grâce socratique : « Il me semble, disait-il, beaucoup plus difficile d'être un moderne que d'être un ancien. » Il était surtout un ancien en ce qu'il avait le sentiment calme, modéré; il ne voulait pas qu'on forçât les effets, qu'on appuyât outre mesure. Il demandait un agrément vif et doux, une certaine joie intérieure, perpétuelle, donnant au mouvement et à la forme l'aisance et la souplesse, à l'expression la clarté, la lumière et la transparence. C'est principalement en cela qu'il faisait consister la beauté :

« Les Athéniens étaient délicats par l'esprit et par l'oreille. Ils n'auraient pas supporté un mot propre à déplaire, même quand on ne l'aurait que cité. On dirait qu'ils étaient toujours de bonne humeur en écrivant. Ils désapprouvaient dans le style l'austérité qui annonce des mœurs difficiles, âpres, tristes ou sévères. »

Il disait encore :

« Ces fiers Romains avaient une oreille dure, et qu'il fallait caresser longtemps pour la disposer à écouter les belles choses. De là ce style oratoire qu'on trouve même dans leurs plus sages historiens. Les Grecs, au contraire, étaient doués d'organes parfaits, faciles à mettre en jeu, et qu'il ne fallait qu'atteindre pour les émouvoir. Aussi la plus simple parure suffisait à une pensée élégante pour leur plaire, et la vérité pure les satisfaisait dans les descriptions. Ils observaient surtout la maxime : *Rien de trop.* Beaucoup de choix et de netteté dans les pensées; des paroles assorties et belles de leur propre harmonie; enfin la sobriété nécessaire pour que rien ne retardât une impression, forment le caractère de leur bonne littérature. »

Sur Pigalle et la statuaire moderne opposée à l'antique, sur la peinture, on aurait, de lui, à citer des pensées du même ordre, des pages entières qui marquent à la fois très-nettement en quoi il procède de Diderot et en quoi il s'en sépare. Ainsi donc, vers l'époque de 89, il y avait en France un homme déjà fait, âgé de trente-cinq ans, qui avait huit ans de plus qu'André Chénier, quatorze ans de plus que Chateaubriand, et qui eût été tout préparé à les comprendre, à les unir, à leur donner des excitations et des vues, à les mettre à même chacun d'étendre et de compléter leur horizon. Ce fut le rôle, en effet, de M. Joubert auprès de M. de Chateaubriand, qu'il connut en 1800, dès le retour de celui-ci de Londres. M. de Chateaubriand, à ce beau moment de sa vie (ce beau moment, pour moi, est le moment littéraire, et s'étend depuis *Atala*, par *René*, par *les Martyrs*, jusqu'au *Dernier des Abencerrages*), M. de Chateaubriand eut alors, comme poëte, un bonheur que bien peu obtiennent : il rencontra deux amis, deux critiques à part, Fontanes et Joubert, faits tout exprès pour lui, pour l'avertir ou pour le guider. On n'a ordinairement qu'un ange gardien, il en eut deux alors : l'un tout à fait gardien, Fontanes, le contenant en particulier, le défendant au besoin devant tous, le couvrant du bouclier dans la mêlée ; l'autre, plutôt excitant et inspirateur, M. Joubert, celui-ci l'enhardissant à demi-voix, ou lui murmurant de doux avis dans une contradiction pleine de grâce. La meilleure, la plus fine critique à faire sur les premiers et grands ouvrages littéraires de M. de Chateaubriand, se trouverait encore dans les Lettres et les Pensées de M. Joubert. Ce n'est pas ici le lieu d'approfondir cette critique et de la dégager ; j'en toucherai pourtant tout à l'heure quelque chose.

La vie de M. Joubert est toute dans ses pensées ; mais on ne dirait pas de cette vie le peu qui est à en dire, si l'on ne parlait de Mme de Beaumont. Cette fille de l'ancien ministre M. de Montmorin, échappée pendant la Terreur au sort du reste de sa famille, et qui trouva grâce à cause de son abattement et de sa pâleur, était un de ces êtres touchants qui ne font que glisser dans la vie et qui y laissent une trace de lumière. M. Joubert, déjà marié, et qui passait une partie de l'année à Villeneuve-sur-Yonne, l'avait rencontrée en Bourgogne à la porte d'une chaumière où elle s'était réfugiée. Il s'attacha aussitôt à elle; il l'aima. Il l'aurait aimée d'un sentiment plus vif que l'amitié, s'il y avait eu pour cette âme exquise un plus vif sentiment que celui-là. Mme de Beaumont, jeune encore, était d'une grâce infinie. Son esprit était prompt, solide, élevé; sa forme déliée et aérienne. Elle avait connu autrefois et goûté André Chénier. Rulhière avait fait graver pour elle un cachet qui représentait un chêne avec cette devise : « Un souffle m'agite, et rien ne m'ébranle. » La devise était juste ; mais l'image du chêne peut sembler bien altière. Quoi qu'il en soit, cette enveloppe fragile et gracieuse, ce *roseau sentant* qui semblait s'abandonner au moindre souffle, renfermait une âme forte, ardente, capable d'un dévouement passionné. Frappée dans ses proches, victime d'une union mal assortie, elle aimait peu la vie ; mortellement atteinte, elle la sentait fuir, et elle avait hâte de la donner. En attendant de mourir, son esprit distingué se prodiguait et s'intéressait, heureux de répandre de douces approbations autour d'elle. On a dit de Mme de Beaumont qu'elle aimait le mérite comme d'autres aiment la beauté. Quand M. de Chateaubriand, arrivé à Paris, lui eut été présenté, elle reconnut aussitôt ce mérite sous sa forme la plus séduisante de poésie, et elle l'adora. Ce fut, après sa sœur Lucile, le premier grand dévouement qu'inspira cette figure de René, qui devait en inspirer encore plus d'un autre depuis, mais aucun d'un prix plus grand. Ce qu'elle inspirait à M. Joubert serait difficile à définir : c'était une sollicitude active et tendre, perpétuelle, sans orage et sans trouble, pleine de chaleur, pleine de rayons. Cet esprit trop vif, qui ne savait pas marcher lentement, aimait à voler et à s'élever près d'elle. Il avait, comme il le dit, l'esprit *frileux;* il aimait qu'il fît *beau* et *tiède* autour de lui ; il trouvait auprès d'elle cette sérénité et cette chaleur d'affection, et il y puisait la force dans l'indulgence. Comme elle faisait fi de la vie, il lui en prêchait constamment le soin et l'amour ; il aurait voulu lui rapprendre l'espérance :

« Je suis payé, lui écrivait-il, pour vous désirer la santé, puisque je vous ai vue; j'en connais l'importance, puisque je n'en ai pas... *Cela*, dites-vous, *serait plus tôt fait*. Plus tôt, oui, mais non pas bientôt. On meurt longtemps, et si, brutalement parlant, il est quelquefois agréable d'être mort, il est affreux d'être mourant pendant des siècles. Enfin, il faut aimer la vie quand on l'a : c'est un devoir. »

Il lui répète cette vérité de la morale et de l'amitié sous toutes les formes : il aurait voulu apaiser, ralentir en elle cette activité qui la dévorait et qui usait ses frêles organes. Il aurait voulu lui insinuer ce mot résigné de Mme de La Fayette : *C'est assez que d'être :*

« Ayez, lui disait-il, le repos en amour, en estime, en vénération, je vous en supplie à mains jointes. C'est, je vous assure, en ce moment le seul moyen de ne faire que peu de fautes, de n'adopter que peu d'erreurs, de ne souffrir que peu de maux. » — « Vivre, lui disait-il encore, c'est penser et sentir son âme ; tout le reste, boire, manger, etc., quoique j'en fasse cas, ne sont que des apprêts du vivre, des moyens de l'entretenir. Si on pouvait n'en avoir aucun besoin, je m'y résignerais facilement, et je me passerais fort bien de corps si on me laissait toute mon âme. »

Il avait ses raisons pour parler ainsi, lui dont on a dit qu'il avait l'air d'une âme qui a rencontré par hasard un corps, et qui s'en tire comme elle peut. Il conseillait donc à cette aimable amie le repos, l'immobilité, de suivre le seul régime dont il se trouvât bien, de rester longtemps couchée et de *compter les solives :*

« Votre activité, ajoutait-il, s'indigne d'un pareil bonheur; mais voyons si votre raison ne serait pas de cet avis. La vie est un devoir; il faut s'en faire un plaisir tant qu'on peut, comme de tous les autres devoirs, et un demi-plaisir, quand on ne peut pas mieux. Si le soin de l'entretenir est le seul dont il plaise au Ciel de nous charger, il faut s'en acquitter gaiement et de la meilleure grâce qu'il est possible, et attiser ce feu sacré, en s'y chauffant de son mieux, jusqu'à ce qu'on vienne nous dire : *C'est assez.* »

Ces tendres recommandations furent inutiles. Mme de Beaumont avait si peu d'attache à la vie, qu'il semblait qu'en le voulant, il n'eût tenu qu'à elle de vivre. Pure illusion! elle n'était que trop réellement atteinte, et elle-même avait peu à faire pour hâter sa destinée. Elle se décida à aller aux eaux du Mont-Dore dans l'été de 1803, et, de là, à partir pour Rome, où elle rejoignit M. de Chateaubriand; peu après son arrivée, elle y mourut. Il faut lire la lettre de M. Joubert, écrite pendant ce voyage de Rome. Il n'avait pas cru à ce départ; il avait tout bas espéré qu'elle reculerait devant tant de fatigue et de causes d'épuisement. La dernière lettre qu'il lui adresse (12 octobre 1803) est remplie d'une tendresse émue; on y sent comme une révélation, longtemps contenue, qu'il se fait enfin à lui-même; il ne s'était jamais dit encore à ce degré combien il l'aimait, combien elle lui était nécessaire :

« Tout mon esprit, écrivait-il, m'est revenu; il me donne de grands plaisirs; mais une réflexion désespérante les corrompt : je ne vous ai plus, et sûrement je ne vous aurai de longtemps à ma portée pour entendre ce que je pense. Le plaisir que j'avais autrefois à parler est entièrement perdu pour moi. Je fais vœu de silence; je reste ici l'hiver. Ma vie intime va tout entière se passer entre le Ciel et moi. Mon âme conservera ses habitudes, mais j'en ai perdu les délices.

« Adieu, s'écriait-il en finissant, adieu, cause de tant de peines, qui avez été pour moi si souvent la source de tant de biens. Adieu ! conservez-vous, ménagez-vous, et revenez quelque jour parmi nous, ne fût-ce que pour me donner un seul moment l'inexprimable plaisir de vous revoir. »

Dans les deux années qui avaient précédé (1800-1803), il s'était formé autour de Mme de Beaumont une petite réunion dont il a été parlé souvent, qui fut bien courte de durée, mais qui eut vie et action, et qui mérite de garder une place à part dans l'histoire littéraire. C'était l'heure où la société entière renaissait, et bien des salons offraient alors aux exilés et aux naufragés de la veille les jouissances si désirées de la conversation et de l'esprit. Il y avait les cercles philosophiques et littéraires de Mme Suard, de Mme d'Houdetot, celui de l'abbé Morellet (que tenait sa nièce, Mme Chéron); là dominaient, à proprement parler, les gens de lettres et les philosophes, continuateurs directs du dernier siècle. Il y avait les salons du monde proprement dit, d'une composition plus variée et plus diverse, le salon de Mme de La Briche, celui de Mme de Vergennes, où se distinguait sa fille, Mme de Rémusat, celui de Mme de Pastoret, de Mme de Staël quand elle était à Paris, et d'autres encore, dont chacun avait son ton dominant et sa nuance. Mais, dans un coin de la rue Neuve-du-Luxembourg, un salon bien moins en vue, bien moins éclairé, réunissait dans l'intimité quelques amis autour d'une personne d'élite. De ce côté se trouvaient alors la jeunesse, le sentiment nouveau et l'avenir. Les habitués du lieu étaient M. de Chateaubriand, même sa sœur Lucile durant tout un hiver, M. Joubert, Fontanes, M. Molé, M. Pasquier, Chênedollé, M. Gueneau de Mussy, un M. Jullien, fort instruit en littérature anglaise, Mme de Vintimille. C'était là le fonds même; les autres, qu'on pourrait citer, ne venaient qu'en passant. Le coup de soleil qui suivit le 18 brumaire s'était fait sentir mieux qu'ailleurs dans ce coin du monde : on aimait, on adoptait avec bonheur tout génie, tout talent nouveau; on en jouissait comme d'un enchanteur; l'imagination avait refleuri, et on aurait pu inscrire sur la porte du lieu le mot de M. Joubert : « L'admiration a reparu et réjoui une terre attristée. »

Ces heureuses rencontres, ces réunions complètes, ici-bas, n'ont qu'un jour. Après la perte de Mme de Beaumont, M. Joubert continua de vivre et de penser, mais avec moins de délices; il s'entretenait souvent d'elle avec Mme de Vintimille, la meilleure amie qu'elle eût laissée; mais rien ne se reforma de tel que la réunion de 1802, et, dès la fin de l'Empire, la politique et les affaires avaient relâché, sinon dissous, les relations des principaux amis. M. Joubert, isolé, vivant avec ses livres, avec ses songes, notant ses pensées sur de petits papiers qui ne se joignaient pas, serait mort sans rien laisser d'achevé ni de durable, si l'un des alliés de la famille, M. Paul Raynal, n'avait pris le soin pieux de recueillir ces fragments, de les enchâsser dans un certain ordre, et d'en faire comme une suite de pierres précieuses. Ce sont les volumes dont une seconde édition se publie aujourd'hui.

Puisque j'ai parlé de pierres précieuses, je dirai tout d'abord qu'il y en a trop. Un poëte anglais (Cowley) a dit : « On finit par douter si la voie lactée est composée d'étoiles, tant il y en a! » Il y a trop d'étoiles dans le ciel de M. Joubert. On voudrait plus d'intervalles et de repos. « Je suis comme Montaigne, disait-il, impropre au discours continu. En toutes choses il me semble que les idées intermédiaires me manquent, ou m'ennuient trop. » Ces idées intermédiaires, s'il s'était donné la peine de les exprimer, ne nous ennuieraient pas, ce semble, mais plutôt nous reposeraient en le lisant. On sent chez lui un effort souvent heureux, mais de l'effort. « S'il est un homme tourmenté, dit-il, par la maudite ambition de mettre tout un livre dans une page, toute une page dans une phrase, et cette phrase dans un mot, c'est moi. » Sa méthode est de toujours rendre une pensée dans une image ; la pensée et l'image pour lui ne font qu'un, et il ne croit tenir l'une que quand il a trouvé l'autre. « Ce n'est pas ma phrase que je polis, mais mon idée. Je m'arrête jusqu'à ce que la goutte de lumière dont j'ai besoin soit formée et tombe de ma plume. » Ce ne sont donc que gouttes de lumière que cette suite de pensées ; l'œil de l'esprit finit par s'y éblouir. « Je voudrais, dit-il encore, se définissant lui-même à merveille, je voudrais faire passer le sens exquis dans le sens commun, ou rendre commun le sens exquis. » Le bon sens tout seul l'ennuie; l'ingénieux sans bon sens lui paraît à bon droit méprisable : il veut unir l'un et l'autre, et ce n'est pas une petite entreprise : « Oh ! qu'il est difficile, s'écrie-t-il, d'être à la fois ingénieux et sensé ! » La Bruyère, avant lui, avait senti cette même difficulté et se l'était avouée aussi en commençant : « Tout est dit, et l'on vient trop tard depuis plus de sept mille ans qu'il y a des hommes, et qui pensent. » M. Joubert le reconnaît de même : « Toutes les choses qui sont aisées à bien dire ont été parfaitement dites ; le reste est notre affaire ou notre tâche : tâche pénible ! » J'indique tout d'abord l'inconvénient et le défaut. Ces livres de maximes et d'observations morales condensées, comme l'était déjà celui de La Bruyère et comme l'est surtout celui de M. Joubert, ne se peuvent lire de suite sans fatigue. C'est de l'esprit distillé et fixé dans tout son suc : on n'en saurait prendre beaucoup à la fois.

Les premiers chapitres du premier volume ne sont

pas ceux qui me plaisent le plus; ils traitent de Dieu, de la création, de l'éternité, et de bien d'autres choses. A la difficulté particulière des sujets, s'ajoute celle qui naît de la subtilité de l'auteur. Ici ce n'est plus seulement du Platon, c'est du saint Augustin à haute dose et sans la liaison des idées. Décidément, il sera convenable qu'un jour, de tous ces chapitres métaphysiques, on n'en fasse qu'un seul, très-réduit, dans lequel on n'admettra que les pensées belles, simples, acceptables, rejetant toutes celles qui sont équivoques ou énigmatiques. A ce prix seulement, on pourra faire des volumes de M. Joubert, non plus un livre de bibliothèque comme aujourd'hui, mais aussi (ce qui serait si facile avec du choix) un de ces beaux petits livres comme il les aimait, et qui justifierait en tout sa devise : *Excelle, et tu vivras!*

C'est quand il revient à parler des mœurs et des arts, de l'antiquité et du siècle, de la poésie et de la critique, du style et du goût, c'est sur tous ces sujets qu'il nous plaît et nous charme, qu'il nous paraît avoir ajouté une part notable et neuve au trésor de ses devanciers les plus excellents. Le goût, pour lui, est *la conscience littéraire de l'âme.* Pas plus que Montaigne, il n'aime le style *livrier* ou *livresque*, celui qui sent l'encre et qu'on n'a jamais que la plume à la main : « Il faut qu'il y ait, dans notre langage écrit, de la voix, de l'âme, de l'espace, du grand air, des mots qui subsistent tout seuls, et qui portent avec eux leur place. » Cette vie qu'il demande à l'auteur, et sans laquelle le style n'existe que sur le papier, il la veut aussi dans le lecteur : « Les écrivains qui ont de l'influence ne sont que des hommes qui expriment parfaitement ce que les autres pensent, et qui réveillent dans les esprits des idées ou des sentiments qui tendaient à éclore. C'est dans le fond des esprits que sont les littératures. » Aussi, lui qui sent si bien les anciens, l'antiquité de Rome, de la Grèce, et celle de Louis XIV, il ne nous demande pas l'impossible ; il nous dira de la sentir, mais non point d'y retourner. En fait d'expression, il préfère encore le sincère au beau et la vérité au simulacre :

« La *vérité* dans le style est une qualité indispensable, et qui suffit pour recommander un écrivain. Si, sur toutes sortes de sujets, nous voulions écrire aujourd'hui comme on écrivait du temps de Louis XIV, nous n'aurions point de vérité dans le style, car nous n'avons plus les mêmes humeurs, les mêmes opinions, les mêmes mœurs... Une femme qui voudrait écrire comme Mme de Sévigné serait ridicule, parce qu'elle n'est pas Mme de Sévigné. Plus le genre dans lequel on écrit tient au caractère de l'homme, aux mœurs du temps, plus le style doit s'écarter de celui des écrivains qui n'ont été modèles que pour avoir excellé à montrer, dans leurs ouvrages, ou les mœurs de leur époque ou leur propre caractère. Le bon goût lui-même, en ce cas, permet qu'on s'écarte du meilleur goût, car le goût change avec les mœurs, même le bon goût. »

S'il en est ainsi pour nous déjà du style de Louis XIV, que sera-ce de celui de la haute antiquité, et peut-on espérer d'y revenir ? M. Joubert se contente de désirer qu'on adore et qu'on regrette avec tendresse ce qui ne se retrouvera plus :

« Dans le luxe de nos écrits et de notre vie, ayons du moins l'amour et le regret de cette simplicité que nous n'avons plus et que peut-être nous ne pouvons plus avoir. En buvant dans notre or, regrettons les coupes antiques. Enfin, pour ne pas être corrompus en tout, chérissons ce qui vaut mieux que nous-mêmes, et sauvons du naufrage, en périssant, nos goûts et nos jugements. »

Ce que M. Joubert demande surtout aux modernes, c'est de ne pas insister sur leurs défauts, de ne pas verser du côté où ils penchent, de ne pas s'y jeter de toutes leurs forces. Nature idéale et légère, le sensuel, le boursouflé, le colossal, lui déplaisent par-dessus tout.

Nous sommes très-sensibles depuis quelques années à ce que nous nommons la force, la puissance. Souvent, quand il m'est arrivé de hasarder quelque remarque critique sur un talent du jour, on m'a répondu : « Qu'importe! ce talent a de la puissance. » Mais quelle sorte de puissance? M. Joubert va répliquer pour moi : « La force n'est pas l'énergie : quelques auteurs ont plus de muscles que de talent. La force! je ne la hais ni ne la crains; mais j'en suis, grâce au Ciel, tout à fait désabusé. C'est une qualité qui n'est louable que lorsqu'elle est ou cachée ou vêtue. Dans le sens vulgaire, Lucain en eut plus que Platon, Brébeuf plus que Racine. » Il nous dira encore : « Où il n'y a point de délicatesse, il n'y a point de littérature. Un écrit où ne se rencontrent que de la force et un certain feu sans éclat, n'annonce que le caractère. On en fait de pareils, si l'on a des nerfs, de la bile, du sang et de la fierté. » M. Joubert adore l'enthousiasme, mais il le distingue de l'explosion, et même de la verve, qui n'est que de seconde qualité dans l'inspiration, et qui *remue*, tandis que l'autre *émeut :* « Boileau, Horace, Aristophane eurent de la verve; La Fontaine, Ménandre et Virgile, le plus doux et le plus exquis enthousiasme qui fut jamais. » L'enthousiasme, en ce sens, pourrait se définir une sorte de *paix exaltée.* Les beaux ouvrages, selon lui, n'enivrent pas, mais ils enchantent. Il exige de l'agrément et une certaine aménité, même dans les sujets austères; il réclame du charme partout, même dans la profondeur : « Il faut porter du charme dans ce qu'on approfondit, et faire entrer dans ces cavernes sombres, où l'on n'a pénétré que depuis peu, la pure et ancienne clarté des siècles moins instruits, mais plus lumineux que le nôtre. » Ces mots de *lumineux* et de *lumière* reviennent fréquemment chez lui et trahissent cette nature ailée, amie du ciel et des hauteurs. Le brillant, qu'il distingue du lumineux, ne le séduit pas : « Il est bon, il est beau que les pensées rayonnent, mais il ne faut pas qu'elles étincellent. » Ce qu'il leur souhaite plutôt, c'est la splendeur, qu'il définit un éclat paisible, intime, uniformément répandu, et qui pénètre tout un ensemble.

On aurait beaucoup à tirer des chapitres de M. Joubert sur la critique et sur le style, de ses jugements sur les divers écrivains; il y paraît neuf, hardi, vrai presque toujours. Il étonne au premier abord, il satisfait le plus souvent quand on y songe. Il a l'art de rafraîchir les préceptes usés, de les renouveler à l'usage d'une époque qui ne tient plus à la tradition qu'à demi. Par ce côté, il est un critique essentiellement moderne. Malgré toutes ses religions de l'antique et ses regrets du passé, on distingue aussitôt en lui le cachet du temps où il vit. Il ne hait pas un certain air de recherche, et y voit plutôt un malheur qu'un défaut. Il va jusqu'à croire « qu'il est permis de s'écarter de la simplicité, lorsque cela est absolument nécessaire pour l'agrément et que la simplicité seule ne serait pas belle. » S'il veut le naturel, ce n'est pas le naturel vulgaire, mais le naturel exquis. Y atteint-il toujours? Il sent qu'il n'est pas exempt de quelque subtilité, et il s'en excuse : « Souvent on ne peut éviter de passer par le subtil pour s'élever et arriver au sublime, comme pour monter aux cieux il faut passer par les nuées. » Il s'élève souvent aux plus hautes idées, mais ce n'est jamais en suivant les grandes routes; il a des sentiers qui échappent. Enfin, pour tout dire, il a de la singularité et de l'*humeur* individuelle dans ses jugements. C'est un *humoriste* indulgent, qui rappelle quelquefois Sterne, ou plutôt Charles Lamb. Il a une manière qui fait qu'il ne dit rien, absolument rien, comme un autre. Cela est sensible dans les lettres qu'il écrit, et ne laisse pas de fatiguer à la longue. Par tous ces coins, M. Joubert n'est pas un classique, mais un moderne, et c'est à ce titre qu'il me paraît propre peut-être plus qu'un autre à donner de l'accent au bon conseil et à nous enfoncer le trait.

Je me suis demandé quelquefois ce que pourrait être une rhétorique française, sensée, juste, naturelle, et il m'est même arrivé, une fois dans ma vie, d'avoir à en conférer en quelques séances devant des jeunes gens. Qu'ai-je dû faire pour ne pas tomber dans la routine et ne pas me risquer dans la nouveauté? J'ai commencé tout simplement par Pascal, par les Pensées de littérature dans lesquelles le grand écrivain a consigné quelques-unes des observations qu'il avait faites sur son art; je les lisais à haute voix en les commentant. Puis, j'ai pris La Bruyère au chapitre des *Ouvrages de l'esprit*. J'ai passé ensuite à Fénelon pour ses *Dialogues sur l'Éloquence* et pour sa *Lettre à l'Académie française*; je lisais en parcourant, en choisissant les points et en commentant toujours moyennant quelques exemples, et sans me retrancher au besoin les vivants. Vauvenargues, par ses Pensées et ses Caractères littéraires, est venu ensuite. J'ai emprunté à Voltaire ses articles *Goût* et *Style* du *Dictionnaire philosophique*, son *Temple du Goût*, et quelques passages de ses lettres où il juge Boileau, Racine et Corneille. J'y ai joint, pour étendre un peu l'horizon à ce moment, quelques considérations sur l'esprit de Goethe et sur le goût anglais de Coleridge. Marmontel, dans ses *Éléments de Littérature*, m'a fourni ensuite l'article *Style*, morceau excellent. Je n'ai eu garde d'oublier Buffon sur le même sujet, couronnant le tout. Puis le cercle classique accompli, j'ai donné M. Joubert à mes jeunes gens pour dessert en quelque sorte, pour récréation, et pour petite débauche finale, une débauche digne de Pythagore! Et ma rhétorique française s'est trouvée finie.

En résumé, s'il s'agissait de lui assigner son caractère, M. Joubert avait toute la délicatesse qu'on peut désirer d'un esprit, mais il n'eut pas toute la puissance. Il était « de ces esprits méditatifs et difficiles qui sont distraits sans cesse de leur œuvre par des perspectives immenses et les lointains du *beau céleste* dont ils voudraient mettre partout quelque image ou quelque rayon. » Ils se consument à la peine. Il avait à un trop haut degré le sentiment du parfait et du fini : « Achever sa pensée ! s'écriait-il, cela est long, cela est rare, cela cause un plaisir extrême; car les pensées achevées entrent aisément dans les esprits; elles n'ont pas même besoin d'être belles pour plaire, il leur suffit d'être finies. La situation de l'âme qui les a eues se communique aux autres âmes, et y transporte son repos. » Il eut quelquefois cette douceur d'achever une pensée, mais il n'eut jamais celle de les joindre entre elles et de composer un monument.

Un philosophe de ce temps-ci, homme d'infiniment d'esprit lui-même, a coutume de distinguer ainsi trois sortes d'esprits :

Les premiers, à la fois puissants et délicats, qui excellent comme ils l'entendent, exécutent ce qu'ils conçoivent, et atteignent le grand et le vrai beau; une rare élite entre les mortels!

Les seconds, délicats surtout, et qui sentent leur idée supérieure à leur exécution, leur intelligence plus grande encore que leur talent, même quand celui-ci est très-réel. Ils se dégoûtent aisément, dédaignent les suffrages faciles, et aiment mieux juger, goûter et s'abstenir, que de rester au-dessous de leur idée et d'eux-mêmes. Ou s'ils écrivent, c'est par fragments, c'est pour eux seuls, c'est à de longs intervalles et à de rares instants ; ils n'ont en partage qu'une fécondité interne et qui n'a que peu de confidents.

Enfin, la troisième espèce d'esprits, ce sont ceux qui, plus puissants et moins délicats ou moins difficiles, vont produisant et se répandant sans trop se dégoûter d'eux-mêmes et de leurs œuvres ; et il est fort heureux qu'il en soit ainsi, car, autrement, le monde courrait risque d'être privé de bien des œuvres qui l'amusent et le charment, qui le consolent de celles, plus grandes, qui ne viendront pas.

Est-il besoin de dire que M. Joubert, comme M. Royer-Collard, appartient à la seconde classe de ces esprits, à ceux qui regardent en haut et produisent surtout en dedans ?

Naturellement, la conversation de ces hommes est encore supérieure à ce qu'ils laissent par écrit, et qui n'offre que la moindre partie d'eux-mêmes. Il m'a été donné de recueillir quelques traits des conversations de M. Joubert dans les papiers de Chênedollé, qui en avait pris note en le quittant. Veut-on savoir comment M. Joubert causait de M. de Chateaubriand et de Bernardin de Saint-Pierre, en les comparant tous deux pour ce qu'ils eurent d'excellent ? La semaine dernière a été toute consacrée à M. de Chateaubriand, et il y a eu grande fête d'éloquence à son sujet (1). Pourtant, si je ne m'abuse, et si je vois clair à de certains symptômes, le moment approche où sa haute renommée aura à supporter une de ces insurrections générales auxquelles

---

(1) Le 6 décembre, il y avait eu, à l'Académie française, grande séance de réception pour M. de Noailles, qui venait remplacer et célébrer M. de Chateaubriand ; M. Patin lui avait répondu.

n'échappent jamais, en fin de compte, les longues monarchies, les monarchies universelles. Ce qu'il faudra faire alors pour maintenir les justes droits de sa renommée, ce sera, en bonne critique comme en bonne guerre, d'abandonner sans difficulté toutes les parties de ce vaste domaine qui ne sont pas vraiment belles ni susceptibles d'être sérieusement défendues, et de se retrancher dans les portions tout à fait supérieures et durables. Ces portions que j'appelle vraiment belles et inexpugnables, ce sera *René*, quelques scènes d'*Atala*, le récit d'Eudore, la peinture de la Campagne romaine, de beaux tableaux dans l'*Itinéraire*; des pages politiques et surtout polémiques s'y joindront. Eh bien! voici ce que disait, un jour de février 1807, en se promenant avec Chênedollé devant la colonnade du Louvre, M. Joubert, à qui revenaient en mémoire *René, Paul et Virginie* et *Atala :*

> « L'ouvrage de M. de Saint-Pierre ressemble à une statue de marbre blanc, celui de M. de Chateaubriand à une statue de bronze fondue par Lysippe. Le style du premier est plus poli, celui du second plus coloré. Chateaubriand prend pour matière le ciel, la terre et les enfers : Saint-Pierre choisit une terre bien éclairée. Le style de l'un a l'air plus frais et plus jeune; celui de l'autre a l'air plus ancien : il a l'air d'être de tous les temps. Saint-Pierre semble choisir ce qu'il y a de plus pur et de plus riche dans la langue : Chateaubriand prend partout, même dans les littératures vicieuses, mais il opère une vraie transmutation, et son style ressemble à ce fameux métal qui, dans l'incendie de Corinthe, s'était formé du mélange de tous les autres métaux. L'un a une unité variée, l'autre a une riche variété.
>
> « Il y a un reproche à faire à tous les deux. M. de Saint-Pierre a donné à la matière une beauté qui ne lui appartient pas ; Chateaubriand a donné aux passions une innocence qu'elles n'ont pas, ou qu'elles n'ont qu'une fois. Dans *Atala*, les passions sont couvertes de longs voiles blancs.
>
> « Saint-Pierre n'a qu'une ligne de beauté qui tourne et revient

indéfiniment sur elle-même, et se perd dans les plus gracieux contours : Chateaubriand emploie toutes les lignes, même les défectueuses, dont il fait servir les brisures à la vérité des détails et à la pompe des ensembles.

« Chateaubriand produit avec le feu ; il fond toutes ses pensées au feu du ciel.

« Bernardin écrit au clair de lune, Chateaubriand au soleil. »

Je n'ajouterai rien après de telles pensées bien dignes de mémoire, sinon que, lorsqu'on fera encore une nouvelle édition de M. Joubert, il faudra les y ajouter.

Lundi 17 décembre 1849.

CAMPAGNES D'ÉGYPTE ET DE SYRIE,

MÉMOIRES DICTÉS PAR

NAPOLÉON.

(2 vol. in-8º avec Atlas. — 1847.)

Le sujet vaut la peine qu'on y revienne : dernièrement, à l'occasion de l'ouvrage de M. Thiers, j'ai osé toucher à Napoléon législateur et conquérant; aujourd'hui, à propos de ces nouveaux Mémoires très-authentiques, publiés il y a deux ans par les fils du général Bertrand et restés, je ne sais pourquoi, inaperçus, je voudrais dire quelque chose de Napoléon écrivain et l'un des maîtres de la parole.

Toute âme forte et grande, aux moments où elle s'anime, peut se dire maîtresse de la parole, et il serait bien étrange qu'il n'en fût pas ainsi. Une pensée ferme et vive emporte nécessairement avec elle son expression. Les natures simples des gens du peuple, dans les moments de passion, le prouvent assez; ils ont le mot juste et souvent le mot unique. Une âme forte, qui serait toujours dans l'état d'excitation où sont quelquefois les âmes simples, aurait un langage continuellement net, franc, et souvent coloré. L'éducation littéraire sert de peu pour ces sortes d'expressions toutes naturelles, et, si elle n'a pas été excellente, elle serait plutôt capable de les altérer. L'éducation littéraire de Napoléon avait été fort négligée, fort inégale. Sorti d'une île à demi sauvage, placé dans une École militaire et appliqué aux études mathématiques, ne retrouvant point dans le français la langue de sa nourrice, le jeune Bonaparte, en s'emparant de cet idiome pour rendre ses idées et ses sentiments, dut lui faire subir d'abord quelques violences et lui imprimer quelques faux plis. On connaît ses premiers essais. Il sacrifia au faux goût du jour. Il eut sa période déclamatoire, et comme qui dirait romantique. Quand il concourait à l'Académie de Lyon en 91, il avait du ton de l'abbé Raynal ; quand il écrivait en 96 des lettres passionnées à Joséphine, il se souvenait encore de *la Nouvelle Héloïse*. Il prêtait de son génie à Ossian et l'aurait mis volontiers dans sa cassette, comme Alexandre faisait pour Homère.

J'ai connu des gens de goût, mais d'un goût restreint et nourri à l'ombre du cabinet, qui, en jugeant Napoléon pour son talent de parole, en étaient restés sur cette première impression : Daunou, par exemple, écrivain d'un style pur, châtié et orné. Daunou avait mérité le prix à Lyon dans le Concours où, si la distribution s'était faite, Bonaparte n'aurait eu vraisemblablement que le second rang, et jusqu'à la fin il continua de juger, au point de vue littéraire, ce singulier concurrent comme un homme qui a eu le prix juge celui qui n'a eu que l'accessit.

Mais, dès ces années et sans doute dès sa première jeunesse, quand Napoléon causait, il y était tout entier de verve et de génie. Il pouvait avoir ses bizarreries, ses rudesses, mais il s'y dépouillait de tout faux goût. Je trouve, racontée au long, une de ces conversations qu'il tint à Ancône pendant la première campagne d'Italie, et je la trouve là où l'on s'y attendrait le moins, dans les notes d'un poëme (*la Chute de Napoléon*) publié par M. Collot en 1846. M. Collot accompagnait alors le général en chef comme commissaire des vivres. Il dut noter cette conversation, de souvenir et peu après l'avoir entendue. Telle qu'on la peut lire, elle constitue un mémorable morceau d'histoire, où le gouvernement de Robespierre est jugé d'un point de vue supérieur. Ce qui est piquant, c'est que l'auteur du poëme ne la rapporte qu'à son corps défendant et en la trouvant odieuse. Le propre des conversations de Napoléon, comme de celles de Pascal, était de se graver bon gré mal gré dans les esprits qui l'écoutaient, de nous arriver reconnaissables même à travers les témoins les plus ordinaires, et l'on est tout surpris, quand on les retrouve rapportées quelque part, de l'éclat soudain qu'elles jettent sur les pages insignifiantes d'à côté.

J'ai nommé Pascal : c'est peut-être l'écrivain moderne duquel se rapproche le plus, pour la trempe, la parole de Napoléon, quand celui-ci est tout entier lui-même. Dans l'ordre des genres, il semblerait plus naturel de le comparer aux grands rois, aux grands ministres qui ont laissé des écrits. On a des Œuvres de Louis XIV, où le langage est empreint de noblesse et de bon sens, vrais modèles d'un style royal élevé et modéré. Mais ce ton même de modération les range dans le genre tempéré, qui n'est pas celui de Napoléon. Les Mémoires de Frédéric et ceux du cardinal de Richelieu prêteraient aussi à un rapprochement; mais, quoique ces grands hommes, dans les moments essentiels, se dégagent très-bien des défauts de manière dont ils ne sont pas exempts, ils restent atteints dans leur ensemble et sont repris parfois, en écrivant, d'une sorte de manie de bel-esprit que leur donnaient l'éducation littéraire de leur temps et leur prétention particulière (1). Napoléon

(1) Cela est plus vrai de Richelieu que de Frédéric, dont le style historique est généralement très-sain.

n'a rien de tel; il est simple et nu. Son style militaire offre un digne pendant aux styles les plus parfaits de l'antiquité en ce genre, à Xénophon et à César. Mais, chez ces deux capitaines si polis, la ligne du récit est plus fine, ou du moins plus légère, plus élégante. Napoléon est plus brusque, je dirais plus sec, si de temps en temps les grands traits de son imagination ne faisaient clarté. Il a reçu, on le sent, une éducation moins attique, et il sait plus d'algèbre que ces deux illustres anciens. Sa brièveté a un cachet de positif. En général, la volonté se marque dans son style. Pascal, dans les immortelles Pensées qu'on a trouvées chez lui à l'état de notes, et qu'il écrivait sous cette forme pour lui seul, rappelle souvent, par la brusquerie même, par cet accent despotique que Voltaire lui a reproché, le caractère des dictées et des lettres de Napoléon. Il y avait de la géométrie chez l'un comme chez l'autre. Leur parole, à tous deux, se grave à la pointe du compas, et, certes, l'imagination non plus n'y fait pas défaut.

Ai-je besoin d'ajouter que ma comparaison ne va pas au delà? Si simple que soit le style de Pascal, et quoiqu'on ait eu raison de dire que, « rapide comme la pensée, il nous la montre si naturelle et si vivante, qu'il semble former avec elle un tout indestructible et nécessaire, » ce style, dès qu'il se déploie, a des développements, des formes, du nombre, tout un art dont le secret n'est pas celui du héros qui court à sa conquête. Napoléon, en dictant, ne pense pas seulement, il agit; ou, quand il se souvient, il a tant de choses à ressaisir, qu'il les presse dans le moindre espace. Napoléon en est resté au point où le style, la pensée et l'action se confondent. Chez lui, le style proprement dit n'a pas le temps de se détacher.

C'est le lecteur qui, à la réflexion, fait ce travail aujourd'hui. Du vivant de Napoléon, l'action couvrait tout;

on ne se doutait pas qu'il y aurait là, plus tard, matière à admirer la parole même. Aujourd'hui que l'action est plus éloignée, et que la parole reste, celle-ci se montre avec ses qualités propres, et en même temps le souvenir de l'action y projette un reflet et comme un rayon. Ce qui n'est que concis et ferme paraît grand; ce qui, chez un autre, ne serait qu'un trait heureux, devient ici un éclair sublime. Les paroles empruntent de celui qui les dit une portée extraordinaire. Napoléon, par exemple, racontant son armement des côtes de la Méditerranée, après le siége de Toulon (1793), nous dit : « Napoléon employa le reste de l'automne à faire armer de bonnes batteries de côtes les promontoires depuis Vado jusqu'au Var, afin de protéger la navigation de Gênes à Nice. En janvier (1794), il passa une nuit sur le col de Tende, d'où, au soleil levant, il découvrit ces belles plaines qui déjà étaient l'objet de ses méditations. *Italiam! Italiam!* » Il se souvenait d'un passage de Montesquieu en parlant ainsi; mais nous, en lisant ces simples lignes, nous oublions toute allusion secondaire. Montesquieu lui-même est éclipsé; c'est le cri de Colomb du haut d'un mât, saluant la terre, c'est l'élan du génie qui découvre son monde. Nous nous sentons émus, et peu s'en faut que nous ne trouvions sublimes ce peu de paroles, parce qu'elles ont pour commentaire et pour cortége Montenotte, Lodi et Rivoli.

Deux années s'écoulèrent avant que Napoléon, qui venait de découvrir son Italie du haut du col de Tende, la pût revoir comme général en chef et s'y lancer cette fois en vainqueur. Le jour de mars 1796, où venant prendre le commandement à Nice des mains de Schérer, et passant en revue ces troupes délabrées, il leur dit : « Soldats, vous êtes nus, mal nourris; le Gouvernement vous doit beaucoup, il ne peut rien vous donner... Je veux vous conduire dans les plus fertiles plaines du monde... vous y trouverez honneur, gloire et richesse. Soldats d'Italie, manqueriez-vous de courage ou de constance? » ce jour-là, il trouva d'instinct l'éloquence militaire dont il est le modèle; il inventa la harangue à l'usage de la valeur française et faite pour l'électriser. Henri IV avait eu des traits d'esprit, des saillies heureuses que répétaient Crillon et les gentilshommes; mais, ici, il fallait une éloquence à la hauteur nouvelle des grandes opérations, à la mesure de ces armées sorties du peuple, la harangue brève, grave, familière, monumentale. Du premier jour, au nombre de ses moyens de grande guerre, Napoléon trouva celui-là.

Chacun de ses pas désormais est marqué par une parole, par un de ces mots historiques qu'on retient parce qu'il est éclairé de gloire. Il a l'à-propos grandiose; il devine dans le passé ce qu'il faut savoir; il ne prend de l'histoire que ce qui s'appareille à lui. Annibal, les légions romaines, Alexandre, il les cite au moment qu'il faut, et n'en abuse pas; ce sont choses à lui familières. Arrivant à Toulon, en mai 98, pour prendre le commandement de l'armée d'Orient, il disait dans son ordre du jour : « Soldats, vous êtes une des ailes de l'armée d'Angleterre... Les légions romaines, que vous avez imitées, mais pas encore égalées, combattaient Carthage tour à tour sur cette même mer et aux plaines de Zama. » Mais, en s'embarquant pour l'Égypte, c'était moins encore l'étoile de Scipion qui le guidait que celle d'Alexandre.

Les deux volumes présents, qui traitent de l'expédition d'Égypte et de Syrie, ajoutent beaucoup à ce qui avait été dit de cette entreprise dans les Mémoires de Napoléon, précédemment publiés. Le ton du récit est celui de l'histoire développée et complète. Cette fois, celui qui dicte ne se hâte pas trop ; son imagination revient et s'étend avec complaisance sur cet épisode, qui fut encore le plus fabuleux de sa vie. Napoléon donne, au début, le portrait des généraux les plus distingués qu'il emmenait avec lui : Desaix, Kléber, Caffarelli Du Falga. Le portrait de Kléber, de ce *Nestor* de l'armée (tant cette armée était jeune !), et qui n'avait pas cinquante ans, est un modèle achevé ; je le citerais bien, si je ne craignais qu'avec notre besoin de couleurs il ne parût trop simple. Car, sachons-le bien, cet homme qui a fourni à tant de déclamations oratoires et autres, Napoléon, quand il écrit, est la simplicité même. C'est plaisir de voir celui qui a été le sujet de tant de phrases, en faire si peu. Nous avons tous vu le tableau qui représente Bonaparte escaladant le grand Saint-Bernard sur un cheval au galop qui se cabre. David a peint le cheval le plus fougueux qu'il ait pu imaginer. Écoutons, sur ce passage du Saint-Bernard, Napoléon lui-même : « Le premier Consul montait, dans les plus mauvais pas, le mulet d'un habitant de Saint-Pierre, désigné par le prieur du couvent comme le mulet le plus sûr de tout le pays. » Voilà bien la différence de la réalité au tableau, ou plutôt de la déclamation à la vérité. Au reste, je ne voudrais pas répondre que Napoléon n'eût lui-même suggéré au peintre cette idée du cheval fougueux ; il aimait les *genres tranchés*, comme il disait ; il les aimait jusqu'au point de ne pas haïr le convenu. Il n'était pas fâché de voir déclamer les autres ; il se réservait pour lui la simplicité, et cela est surtout vrai quand il écrit. J'ai dit que je n'osais citer ce portrait de Kléber ; mais, maintenant que j'ai pris mes précautions, pourquoi ne le citerais-je pas ? M. Thiers, dans le premier article qui ait été fait sur Napoléon écrivain (*National* du 24 juin 1830), a bien cité le portrait de Masséna, qui est dans le même style ! On a fait quelquefois la charge de Kléber, le Danton des camps. Voici le portrait vrai, en quelques traits décisifs :

« Kléber était le plus bel homme de l'armée. Il en était le Nestor. Il était âgé de cinquante ans. Il avait l'accent et les mœurs allemandes. Il avait servi huit ans dans l'armée autrichienne en qualité d'officier d'infanterie. En 1790, il avait été nommé chef d'un bataillon de volontaires de l'Alsace, sa patrie. Il se distingua au siége de Mayence, passa avec la garnison de cette place dans la Vendée, où il servit un an, fit les campagnes de 1794, 1795, 1796 à l'armée de Sambre-et-Meuse. Il en commandait la principale division, s'y distingua, y rendit des services importants, y acquit la réputation d'un général habile. Mais son esprit caustique lui fit des ennemis. Il quitta l'armée pour cause d'insubordination. Il fut mis à la demi-paye. Il demeurait à Chaillot pendant les années 1796 et 1797. Il était fort gêné dans ses affaires, lorsqu'en novembre 1797 Napoléon arriva à Paris. Il se jeta dans ses bras. Il fut accueilli avec distinction. Le Directoire avait une grande aversion pour lui, et celui-ci le lui rendait complétement. Kléber avait dans le caractère on ne sait quoi de nonchalant qui le rendait facilement dupe des intrigants. Il avait des favoris. Il aimait la gloire comme le chemin des jouissances. Il était homme d'esprit, de courage, savait la guerre, était capable de grandes choses, mais seulement lorsqu'il y était forcé par la nécessité des circonstances ; alors les conseils de la nonchalance et des favoris n'étaient plus de saison. »

Le chapitre premier a pour titre *Malte*, et traite de la prise de cette île. L'état de l'Ordre à ce moment suprême, ses divisions intestines, les dispositions des chevaliers, la plupart philosophes et mondains, qui n'étaient plus que de *vieux garçons* en exil sur un rocher, le manque absolu des grands mobiles qui portent les hommes à se sacrifier, tout est vu en passant avec le coup d'œil d'un moraliste, cette fois au service d'un conquérant. « La ville de Malte ne pouvait, ne voulait, ne devait pas se défendre. Elle ne pouvait résister à vingt-quatre heures de bombardement. Napoléon s'assura qu'il pouvait oser, et il osa. »

La prise de Malte ne retarda la marche de l'armée que de dix jours. Cette armée ne savait encore où on la menait. Il fut connu qu'on se dirigeait d'abord sur Candie. « Cette célèbre Crète excita toute la curiosité française. » Mais les opinions se partagèrent sur la destination ultérieure : « Allait-on relever Athènes ou Sparte ? Le drapeau tricolore allait-il flotter sur le Sérail, ou sur les Pyramides et les ruines de l'antique Thèbes ? Ou allait-on d'Alep se diriger sur l'Inde ? » En exposant de la sorte les incertitudes, il semble que Napoléon lui-même, au plus haut de son rêve, se complaise à les laisser planer, et que, dans son dessein préconçu de commencer par une de ces choses, il les embrasse toutes dans le lointain à la fois.

Le deuxième chapitre offre une large et précise description de l'Égypte considérée sous tous ses aspects. Le génie colonisateur est en présence de son objet; il le saisit dans son ensemble et dans les moindres détails; il l'organise. Ce n'est pas ici quelqu'un qui veuille décrire les choses pour les peindre et s'en amuser; s'il les décrit, c'est pour les connaître à fond et s'en servir. J'aime les peintres et les poëtes, et ce n'est pas moi, certes, qui voudrais les amoindrir ; mais je ne puis m'empêcher de noter les différences. Un grand peintre, un grand poëte descriptif, Chateaubriand, voyage, quelques années après, en Orient, pour y chercher des couleurs. Il revient de la Grèce et de Jérusalem; il aborde en Égypte, il remonte jusqu'au Caire; mais l'inondation du Nil l'arrête. Il faudrait attendre quelques jours pour que les eaux, en se retirant, lui permissent de visiter de près les Pyramides. Il n'a pas cette patience d'attendre. Et que lui importe? « L'Égypte, dit Eudore dans *les Martyrs*, toute brillante d'une inondation nouvelle, se montre à nos yeux comme une génisse féconde qui vient de se baigner dans les flots du Nil. » Voilà l'image que le poëte pittoresque est allé chercher ; il l'a trouvée, il l'emporte avec lui. Il ne voulait que cela. Que lui fait le reste ?

Volney, Champollion, envisagent l'Égypte autrement. Napoléon l'envisage plutôt comme Volney, en observateur sévère qui n'oublie rien. Géographie, configuration, climat, mœurs, religion, obstacles et ressources, il analyse tout, il mesure tout. Puis, quand il a poussé à bout ses calculs d'ingénieur et de politique ; quand la population, dans ses diverses races, est tenue en échec ; quand il a régularisé l'inondation et organisé le désert, que tous les puits sont occupés, que pas un pied cube d'eau n'est perdu, alors seulement il lâche bride à son imagination ; il se retrace le beau idéal d'une Égypte bien gouvernée : « Mais que serait ce beau pays, après cinquante ans de prospérité et de bon gouvernement ? L'imagination se complaît dans un tableau aussi enchanteur ! Mille écluses maîtriseraient et distribueraient l'inondation sur toutes les parties du territoire ; les huit ou dix milliards de toises cubes d'eau qui se perdent chaque année dans la mer seraient réparties dans toutes les parties basses du désert... » Et il continue de la sorte, sur une base géométrique, de donner cours à un enthousiasme sévère. Il prolonge à plaisir un tableau qui, du technique, s'élève bientôt au moral dans des proportions gigantesques, et qui se couronne par la conquête de l'Indoustan et la civilisation du cœur de l'Afrique. C'est dans de telles pages qu'on sent combien Napoléon prenait au sérieux par moments sa mission de guerrier civilisateur, et qu'il n'était pas seulement une épée de plus dans cet Orient de merveilles, mais une épée lumineuse.

En écrivant il a ses images aussi, croyez-le bien, mais

des images utiles et qui figurent un résultat. « Les Arabes Bédouins sont la plaie la plus grande de l'Égypte. Il ne faut pas en conclure qu'on doive les détruire; ils sont, au contraire, nécessaires. Sans eux, ce beau pays ne pourrait entretenir aucune communication avec la Syrie, l'Arabie, les Oasis... Détruire les Bédouins, *ce serait, pour une île, détruire tous les vaisseaux*, parce qu'un grand nombre sert à la course des pirates. » Ailleurs, il nous présentera les colonnes françaises dans leur marche, enveloppées, harcelées par ces Bédouins du désert : « Elles semblaient des escadres suivies par des requins. » Tel est son pittoresque, toujours sobre et vrai. Quand il a du pittoresque pur, ce n'est qu'un mot jeté en passant. Ainsi, pendant la nuit du débarquement de l'armée à Alexandrie : « La lune brillait de tout son éclat. On voyait comme en plein jour le sol blanchâtre de l'aride Afrique. » Ainsi, à Gizéh, au moment de l'incendie de la flottille égyptienne : « Pendant toute la nuit, au travers des tourbillons de flammes des trois cents bâtiments égyptiens en feu, se dessinaient les minarets du Caire. La lueur se réfléchissait jusque sur les parois des Pyramides. » Mais ce ne sont que des éclairs qui ne ralentissent rien à l'action. Seulement, quand il parle des Mameloucks et de leurs manœuvres, de cette *brave et belle milice*, comme il l'appelle, il a des pages presque descriptives : il semble se complaire, avant de les combattre, à les voir se déployer.

On citerait tel endroit où l'image se lie si étroitement à la pensée qu'elle n'en est pas séparable et qu'elle n'est autre que l'idée même. A peine débarqué, Napoléon se porte sur Alexandrie et donne l'assaut avec seulement une poignée de son monde, et sans attendre son canon : « C'est un principe de guerre, dit-il, que lorsqu'on peut se servir de la foudre, il la faut préférer au canon. » Il oppose ce principe à d'autres généraux qui, en pareil cas, ont perdu plusieurs jours, et ont manqué l'occasion pour vouloir trop bien s'y préparer. Mais, pour se servir ainsi de la foudre à défaut de canon, il n'y a qu'un moyen sûr, c'est d'être la foudre soi-même.

Le chapitre le plus remarquable des deux volumes est assurément celui qui traite des affaires religieuses. Il y donne au début son explication de la religion de Moïse et de Jésus-Christ, de celle de Mahomet. Cette explication tout historique, et qui ne choque d'ailleurs rien de sacré, est grande. Mais, dans l'application, la raison d'État, en Égypte, le fait incliner sans scrupule du côté de Mahomet. Les politiques qui avaient le mieux observé le génie du peuple d'Égypte, regardaient la religion comme le principal obstacle à l'établissement de l'autorité française. C'est cet obstacle que Napoléon s'attache surtout à vaincre et à tourner à son avantage. Comment il s'y prit à cet effet, par quelles précautions, par quels artifices de langage et quel appareil de conduite, il faut l'entendre là-dessus lui-même. Il nous dit tout et n'y met pas de fausse retenue. A la hauteur où il se place, et d'après la façon dont il parle, il est évident qu'il voit dans cette conduite non pas imposture, mais habileté légitime :

« L'école ou la Sorbonne de Gama-el-Azhar est la plus célèbre de l'Orient. Elle a été fondée par Saladin. Soixante docteurs ou ulémas délibèrent sur les points de la foi, expliquent les saints livres. C'était elle seule qui pouvait donner l'exemple, entraîner l'opinion de l'Orient et des quatre sectes qui la partagent. Ces quatre sectes ne diffèrent entre elles que sur des objets de discipline; elles avaient chacune pour chef, au Caire, un muphti. Napoléon n'oublia rien pour les circonvenir, les flatter. C'étaient des vieillards respectables par leurs mœurs, leur science, leurs richesses et même par leur naissance. Tous les jours, au soleil levant, eux et les ulémas de Gama-el-Azhar prirent l'habitude de se rendre au palais avant l'heure de la prière. La place d'Ezbékiéh tout entière était encombrée de leur cortége. Ils arrivaient sur leurs mules richement harnachées, environnés de leurs domestiques et d'un grand nombre de bâtonniers. Les corps-de-garde français prenaient les armes et leur rendaient les plus grands honneurs. Parvenus dans les salles, des aides-de-camp et des interprètes les recevaient avec respect, leur faisaient servir des sorbets, du café. Peu d'instants après, le général entrait, s'asseyait au milieu d'eux, sur le même divan, et cherchait à leur inspirer de la confiance par des discussions sur le Coran, s'en faisant expliquer les principaux passages et montrant une grande admiration pour le Prophète. En sortant de ce lieu, ils allaient aux mosquées où le peuple était assemblé. Là, ils lui parlaient de toutes leurs espérances, calmaient la méfiance et les mauvaises dispositions de cette immense population. Ils rendaient des services réels à l'armée. »

Ce qui est là résumé en une page, se trouve développé et confirmé en mille manières dans le courant du récit. L'administration française eut ordre de respecter les propriétés des mosquées, des fondations pieuses. Les chefs de la population arabe, qui étaient à la fois ceux de la religion, recouvrèrent l'autorité que leur avaient ravie Turcs et Mameloucks; il semblait que les Français ne fussent venus que pour eux. Depuis la Révolution, l'armée française ne pratiquait aucun culte; elle n'avait pas fréquenté les églises en Italie, elle ne les fréquentait pas davantage en Égypte. Cette circonstance n'échappa point aux docteurs musulmans, et, voyant que ces nouveaux venus n'étaient pas du moins des idolâtres, ils espérèrent bientôt d'en faire des fidèles. Le *Sultan Kébir* ou *grand* (comme ils nommaient Bonaparte) se prêta à cette espérance des docteurs; il ne cessait de causer avec eux du Coran, comme s'il eût voulu se faire instruire. Il ne demandait qu'un an pour amener à ses vues son armée. « Il fit faire les plans et les devis d'une mosquée assez grande pour contenir toute l'armée, le jour où elle reconnaîtrait la loi de Mahomet. » Ce n'était qu'un leurre, car « son opinion invariable, dit-il, était que tout homme doit mourir dans sa religion. » Mais de telles démonstrations étaient d'un bon effet. En même temps que la corde religieuse, il touchait la fibre du patriotisme arabe :

> « Pourquoi, leur disait-il, la nation arabe est-elle soumise aux Turcs? Comment la fertile Égypte, la sainte Arabie, sont-elles dominées par des peuples sortis du Caucase? Si Mahomet descendait aujourd'hui du ciel sur la terre, où irait-il? Serait-ce à la Mecque? il ne serait pas au centre de l'empire musulman. Serait-ce à Constantinople? Mais c'est une ville profane, où il y a plus d'infidèles que de croyants; ce serait se mettre au milieu de ses ennemis. Non, il préférerait l'eau bénie du Nil, il viendrait habiter la mosquée de Gama-el-Azhar, cette première clef de la sainte Kaaba. » A ce discours, les figures de ces vénérables vieillards s'épanouissaient; leurs corps s'inclinaient, et, les bras croisés, ils s'écriaient : « *Tayeh! tayeh!* Ah! cela est bien vrai. »

Après l'insurrection du Caire, Napoléon ne se départit point de ce système de protection pour les anciens chefs religieux du pays. Les soldats murmuraient, mais il tint bon. Il parut même ignorer que le vieux cheykh Sadah était le chef de la révolte, et il l'accueillit comme auparavant. Kléber arrivait à ce moment d'Alexandrie, et, voyant ce vieillard tout tremblant qui baisait la main du général en chef, il lui demanda qui c'était :

> « C'est le chef de la révolte, lui répondit Napoléon. — Eh quoi! vous ne le faites pas fusiller? — Non, ce peuple est trop étranger à nous, à nos habitudes; il lui faut des chefs. J'aime mieux qu'il ait des chefs d'une espèce pareille à celui-ci, qui ne peut ni monter à cheval, ni manier le sabre, que de lui en voir comme Mourad-Bey et Osman-Bey. La mort de ce vieillard impotent ne produirait aucun avantage, et aurait pour nous des conséquences plus funestes que vous ne pensez. »

Kléber tourna le dos et ne comprit pas. Plus tard, général en chef lui-même, il fit bâtonner imprudemment le vieux cheykh, et le coup de poignard du fanatisme s'ensuivit.

Je ne saurais dire combien me paraît intéressant tout ce chapitre par le jour qu'il jette sur le procédé politique de Napoléon, sur le point fixe de sa croyance supérieure (croyance en Dieu), sur son indifférence profonde pour les articles secondaires et sur l'importance extrême qu'il affectait pourtant d'y attacher, en un mot, sur la règle de conduite qu'il regardait évidemment comme la seule loi des chefs d'empire, puisqu'il nous l'expose en termes si nets et si peu voilés. C'est une haute leçon de politique; il est seulement curieux que ce soit celui qui l'a pratiquée à ce degré, qui nous la divulgue avec cette sorte d'indiscrétion ou de franchise. L'analyse a tellement pénétré partout aujourd'hui, que, lui aussi, il ne peut s'empêcher de dire ce qu'il a fait et pourquoi il l'a fait. Mahomet ou Cromwell y auraient regardé à deux fois avant de livrer ainsi leurs motifs. On saisit à nu, dans ce chapitre, l'œuvre d'une vieille société en reconstruction sous une main puissante, une vieille civilisation avec ses pièces essentielles, hardiment remise, comme un vaisseau de haut bord, sur le chantier. Napoléon, du premier coup, a compris que la majorité de toute société est *neutre* et ne demande qu'à subsister et à se soumettre, si elle est garantie dans ses croyances et dans ses intérêts. En s'adressant à ces chefs arabes, à ces ulémas et docteurs révérés, à ces *honnêtes gens* du pays, en essayant auprès d'eux sa politique de ménagement et de réparation pour ces grands intérêts de toute société, la religion, la propriété, la justice, le jeune conquérant se faisait la main pour ce qu'il devait accomplir ailleurs de bien plus délicat. Il faisait sa première expérience sur des nations moins avancées que la nôtre. Bientôt il nous reviendra tout exercé. Le chapitre dont je parle est à lire immédiatement avant celui du Concordat, et il en est désormais inséparable.

A un endroit, Napoléon compare ce qu'il a fait aussitôt après son débarquement en Égypte avec ce qu'y fit saint Louis. Il ne parle que des fautes militaires de ce saint roi : « Il passa huit mois à prier, lorsqu'il eût fallu les passer à marcher, combattre et s'établir dans le pays. » On ne peut s'empêcher de sourire. Toutes les autres différences que Napoléon ne dit pas éclatent à la pensée. On se souvient des récits du naïf Joinville, si peu semblable aux Monge et aux Berthollet. Mais saint Louis eut besoin de tous ses malheurs pour être grand, et c'est dans l'ordre des choses du cœur qu'il a sa couronne.

L'Égypte, si belle qu'il l'eût jugée d'abord, ne pouvait être pour Napoléon qu'un moyen et non un but. Il essaya d'en sortir, et de s'ouvrir la grande route d'Orient par la Syrie. Le plan et l'idée de cette campagne sont retracés avec une précision qui ne laisse aucun doute sur les projets, alors très-réels, de Napoléon du côté de l'Inde. En attendant, on côtoie avec lui les monts de Judée. Son génie en embrasse avec grandeur les horizons. Napoléon, au Caire, avait lu le Coran; une fois en Palestine, il ouvre la Bible : « En campant sur les ruines de ces anciennes villes, on lisait tous les soirs l'Écriture sainte à haute voix, sous la tente du général en chef. L'analogie et la vérité des descriptions étaient frappantes; elles conviennent encore à ce pays, après tant de siècles et de vicissitudes. » Il y eut là un moment où cette grande destinée faillit se détourner à jamais; une victoire de plus pouvait la faire verser du côté de l'Asie. Il fallut un échec pour nous la rendre. Du moment qu'arrêté à Saint-Jean-d'Acre, Napoléon se vit refoulé dans sa première conquête, il s'y sentit à l'étroit.

Bientôt les nouvelles de France lui montrèrent qu'un rôle tout nouveau l'attendait : « Tout lui annonçait, dit-il, que le moment désigné par le Destin était arrivé. » Eh ! n'avait-il pas fait suffisamment là-bas son apprentissage de chef d'empire ? Je ne dirai pas qu'il se dégoûta de l'Égypte, ce puissant esprit ne se dégoûtait pas ; mais quand un de ses rêves favoris lui échappait, il avait la faculté de *prendre son esprit*, comme il disait, et de *le porter ailleurs*. Il renonça donc sans hésiter à l'Égypte, et n'eut que le temps, à la veille de son brusque départ, de dicter pour Kléber trois mémoires, où il exposait ses vues sur la politique intérieure à suivre et sur les dispositions militaires à prendre. Celui qui les dictait eût été le seul capable d'y tenir la main. Se croyant quitte désormais envers sa conquête, il livra sa fortune aux vents et aux flots, et à son étoile.

« On était en France, dit-il, après quarante-cinq jours de navigation ; on avait surmonté beaucoup de périls. On remarqua que, dans le cours de la navigation, Napoléon se confia entièrement à l'amiral et ne manifesta jamais aucune inquiétude. Il n'eut aucune volonté. Il ne donna que deux ordres, qui deux fois le sauvèrent. Il avait appareillé de Toulon le 19 mai 1798. Il était donc resté absent d'Europe seize mois et vingt jours. Pendant ce peu de temps, il avait pris Malte, conquis la basse et la haute Égypte ; détruit deux armées turques, pris leur général, leur équipage, leur artillerie de campagne ; ravagé la Palestine, la Galilée, et jeté les fondements, désormais solides, de la plus magnifique colonie. Il avait reporté les sciences et les arts à leur berceau. »

On ne trouve à reprendre dans ce simple et splendide résumé que ces *fondements, désormais solides*, qu'il suppose à la colonie d'Égypte. Là, comme il l'éprouva si souvent ailleurs, il eût fallu, pour achever et maintenir ce qu'il avait posé, qu'il y eût laissé un autre lui-même.

Ces deux volumes d'un si beau récit, tout semés de

mots caractéristiques qui ne peuvent venir que du grand témoin, et dont quelques-uns ont été ajoutés au crayon, sur la dictée, par Napoléon même, ne s'arrêtent pas au moment de son départ d'Égypte. Ils comprennent l'exposé, la critique des opérations de Kléber et de Menou, jusqu'à l'évacuation de la colonie. On y lit également le précis et la critique des événements militaires survenus en Europe pendant les années 98 et 99. Ces deux volumes sont à joindre comme un complément indispensable aux neuf volumes des *Mémoires* publiés par les généraux Gourgaud et Montholon, et dont M. Thiers, le premier, a signalé l'importance et la beauté d'art en 1830. Ils sont à mettre à côté du curieux volume sur les guerres de Jules César, publié par M. Marchand en 1836, et dont Carrel a parlé si pertinemment dans *le National* du 12 mars même année. Et puisque j'en suis à indiquer les bons juges qui ont déjà parlé de Napoléon écrivain, je n'oublierai pas M. Villemain pour une des leçons du Cours sur le XVIIIe siècle; il y aborde Napoléon à propos du grand Frédéric. Je trouve aussi, en tête d'un volume intitulé *OEuvres choisies* de Napoléon (1844), quatre ou cinq pages des plus remarquables, signées d'un pseudonyme, mais qui attestent une plume distinguée (1).

Le résultat désormais, pour tous, est manifeste : mieux a valu pour Napoléon subir jusqu'au bout les années de la captivité et du malheur, puisqu'il devait ainsi les employer. En paraissant survivre à sa gloire, il l'a dignement accrue. Parmi les mots caractéristiques qu'on lit dans ces derniers volumes, il en est un qui me revient et que je me reprocherais de ne pas relever, car il trahit une pensée intime, et il est un de ceux que Napoléon

---

(1) Ces pages sont de M. Léonce de Lavergne.

a ajoutés de sa main au crayon sur le manuscrit. C'était à la bataille d'Aboukir, où il détruisit l'armée turque; le colonel Fugières, du 18° de ligne, eut les deux bras emportés par un boulet de canon. « Vous perdez un de vos soldats les plus dévoués, dit-il au général en chef; *un jour, vous regretterez de ne pas mourir comme moi au champ des braves.* » En ajoutant de sa main cette parole, le captif de Sainte-Hélène faisait évidemment un retour sur lui-même; il semblait dire que le colonel avait prophétisé, et que, pour lui, l'heure du regret de survivre était venue. Pourtant, malgré l'amertume du sort, Napoléon ne dut pas, en somme, regretter de vivre, de supporter les années dévorantes de l'exil, ne fût-ce que pour avoir le temps de consigner dans la mémoire les actes du passé. Un jour, au quartier général d'Austerlitz, on causait de la tragédie des *Templiers*, alors dans sa nouveauté. Il y a dans la pièce le rôle d'un jeune homme, du jeune Marigny, qui veut toujours mourir et qui s'y obstine. Napoléon ne trouvait pas cela naturel, et il conclut la discussion en disant : « *Il faut vouloir vivre et savoir mourir.* » Il pratiqua cette maxime, même à Sainte-Hélène; il continua jusqu'à la fin de *vouloir vivre,* et c'est à cette constance que nous devons, après le capitaine, d'avoir en lui l'historien.

Tout cela dit, et tout hommage rendu au grand style du moderne César, à ce style où dominent dans une forme brève la pensée et la volonté (*imperatoria brevitas*), et où l'imagination se fait jour par éclairs, il me sera permis de ne pas le considérer tout à fait comme le style-modèle qui doive faire loi aujourd'hui. Prétendre imiter le procédé de diction du héros qui sut abréger César lui-même, ce serait risquer d'être sobre jusqu'à la maigreur et de paraître tendu ou heurté. Il convient d'avoir fait d'aussi grandes choses pour avoir le droit d'être aussi nu. Réservons donc pour notre usage, pour l'usage de tous, le style littéraire proprement dit, que je distingue du style académique (lequel en son lieu, pourtant, a bien aussi son prix); réservons le style des honnêtes gens qui écrivent comme ils pensent, mais qui ne pensent pas avec cette hâte, avec ce mouvement impétueux et impérieux, qui pensent à leur loisir, avec douceur, élévation ou finesse, sans s'interdire certains circuits gracieux et les agréments du chemin. En un mot, même en face de César, et pas trop au-dessous dans l'ordre de la pensée, il y a place toujours pour Cicéron, et pour toutes les formes variées de discours, riches, faciles, naturelles, éloquentes ou ornées, que ce nom de Cicéron représente.

Lundi 24 décembre 1849.

ADRIENNE LE COUVREUR.

Il y a des noms qui vivent et dont on peut parler à chaque instant comme d'une chose présente. Prononcez le nom d'Héloïse, de La Vallière, chacun les connaît et pourtant est curieux d'en entendre parler encore. On désire, on espère toujours en apprendre quelque chose de plus. De l'éclat, du roman, une destinée d'émotion, de dévouement et de tendresse, un touchant malheur, voilà ce qui attache à ces poétiques figures, et ce qui, une fois transmises et consacrées, leur procure dans l'imagination des âges un continuel rajeunissement. Il se forme à leur sujet comme une légende qui ne meurt plus. Si l'on savait où est leur tombeau, on irait volontiers tous les ans en renouveler avec piété la couronne. Il en est un peu de même d'Adrienne Le Couvreur. Les raisons en sont assez confuses; nous tâcherons ici d'en démêler quelques-unes. Elle est la première actrice en France qui ait eu à la fois de l'éclat sur la scène et de la considération dans la société. Elle a été aimée du plus brillant guerrier de son temps; elle a inspiré au plus grand poëte d'alors sa plus touchante élégie. Le scandale public causé par le refus de sépulture dont elle fut l'objet, l'explication tragique et l'affreux soupçon qui ont couru au sujet de sa mort, ont répandu sur sa fin un intérêt mystérieux et ont fait d'elle une victime qu'on se sent d'abord disposé à aimer et à venger. Que dire encore? elle est de celles qui, vivantes, ont eu le charme, et, ce qui n'est donné qu'à bien peu, le je ne sais quoi du charme a survécu : il continue d'opérer après elle.

Je voyais dernièrement le drame plein d'action dans lequel deux hommes de talent (et l'un d'eux le plus habile ingénieur dramatique de notre âge) ont reconstruit et remis en jeu sa mémoire (1) : ils ont conçu le rôle au point de vue d'une grande actrice, l'Adrienne de nos jours, en le lui appropriant par d'heureux traits. Malgré tout, ce ne serait pas une raison suffisante pour moi de m'immiscer à ces choses de théâtre et de venir empiéter sur un domaine qui n'est pas le mien, si je ne me trouvais informé de certains documents nouveaux, de pièces originales, relatives à l'affaire de l'empoisonnement, et aussi de quelques lettres inédites qui font honneur à cette personne remarquable par l'esprit et la droiture comme par le talent. Un de mes amis, bibliophile avec passion et avec choix, a ressenti, à l'égard de mademoiselle Le Couvreur, ce je ne sais quoi du charme dont j'ai parlé; il s'est mis à rechercher curieusement ce qui restait d'elle, et, comme il a la main heureuse, il a trouvé de quoi ajouter sur quelques points à ce qu'on savait déjà. En attendant cette prochaine publication que prépare M. Ravenel, et en me souvenant du drame intéressant qu'on applaudit encore, il me sera donc permis de m'arrêter un instant sur ce sujet d'Adrienne Le Couvreur comme pour un à-propos.

Adrienne était née vers 1690, à Fismes, entre Soissons et Reims. Son père, chapelier de son état, transplanta,

---

(1) Le drame d'*Adrienne Le Couvreur*, par MM. Scribe et Legouvé, où Mlle Rachel a le principal rôle.

en 1702, sa famille à Paris, et vint loger dans le faubourg Saint-Germain, non loin de la Comédie. Ce voisinage offrit à la jeune enfant l'occasion de fortifier une passion pour le théâtre qui était née avec elle. « Plusieurs des bourgeois de Fismes, raconte l'abbé d'Allainval, qu'on ne saurait que répéter sur ces commencements, m'ont dit que, dès son enfance, elle se plaisait à réciter des vers, et qu'ils l'attiraient souvent dans leurs maisons pour l'entendre. La demoiselle Le Couvreur était de ces personnes extraordinaires qui se créent elles-mêmes. » A l'âge de quinze ans, elle s'entendit avec quelques jeunes gens du voisinage pour représenter *Polyeucte* et la petite comédie du *Deuil* (de Thomas Corneille). Les répétitions se firent chez un épicier de la rue Férou. On en parla dans le quartier. Adrienne jouait Pauline, et n'était pas trop mal secondée par ses camarades ; il y avait un Sévère qui se distinguait par la vérité de son jeu. La présidente Le Jay prêta à cette petite troupe son hôtel, rue Garancière ; le beau monde y accourut ; on dit que la porte, gardée par huit suisses, fut forcée par la foule. Mais la tragédie s'achevait à peine, que les gens de police entrèrent et firent défense de passer outre. La petite pièce ne fut pas donnée. Ainsi finirent ces représentations sans privilége. Adrienne joua quelque temps encore dans l'enceinte du Temple, sous la protection du grand-prieur de Vendôme ; puis on sait qu'elle reçut des leçons du comédien Le Grand, et on la perd de vue. Elle va faire ses caravanes en province et aux pays limitrophes, sur les théâtres de Lorraine et d'Alsace. Elle dut revenir plus d'une fois à Paris dans les intervalles, mais elle n'y reparut, pour y débuter, qu'au printemps de 1717, dans les rôles de Monime et d'Électre, et elle s'y montra du premier jour une actrice accomplie. On disait tout haut qu'elle commençait par où les grandes comédiennes finissent. Elle avait plus de vingt-cinq ans alors, et elle occupa la scène treize années.

Dans un art qui laisse aussi peu de traces, il est difficile, quand on juge à distance, de faire autre chose que de rapporter les témoignages des contemporains, et l'on n'a presque aucun moyen de les contrôler. Ici les louanges sont unanimes et s'accordent toutes dans le même sens. « On lui donne la gloire, dit *le Mercure* (mars 1730), d'avoir introduit la déclamation simple, noble et naturelle, et d'en avoir banni le chant. » Elle rechercha plus d'exactitude et de vérité dans les costumes; elle fut la première, par exemple, à mettre en usage les robes de cour dans les rôles de reine et de princesse. Elle fit cette innovation en jouant la reine Élisabeth dans *le Comte d'Essex*. En prenant le costume de reine, elle en prenait aussi le ton, c'est-à-dire qu'elle y parlait au naturel, sans faste, sans se croire obligée, comme faisaient les autres, de racheter par une solennité de commande ce qui avait manqué jusque-là dans le costume. Il semblait voir une princesse qui *jouait la comédie pour son plaisir*. Elle jouait aussi dans le comique proprement dit, mais avec moins d'étendue et de ressources, et elle n'y brillait que dans un petit nombre de rôles. Son domaine propre, sa gloire incomparable était dans le pathétique. « Elle avait l'art de se pénétrer au degré qu'il fallait pour exprimer les grandes passions et les faire sentir dans toute leur force. » On a dit de Mlle Champmeslé qu'elle avait la voix des plus sonores, et que lorsqu'elle déclamait, si l'on avait ouvert la loge du fond de la salle, sa voix aurait été entendue dans le café Procope. Je doute qu'il en eût été ainsi de Mlle Le Couvreur; mais sa voix s'insinuait avec justesse, avec finesse : elle soutenait même les vers faibles et donnait toute leur valeur aux plus beaux. « Elle n'avait pas beaucoup de tons dans la voix, mais elle savait les varier à l'infini, et y joindre des inflexions, quelques éclats, et je ne sais quoi d'expressif dans l'air du visage et dans toute sa personne, qui ne laissait rien à désirer. » Elle excellait dans les gradations, dans ces passages subits d'un ton à un autre qui expriment les vicissitudes de la passion. On a retenu des endroits de ses rôles de Bérénice, d'Élisabeth, d'Électre, où elle enlevait ainsi les cœurs par ces contrastes ménagés et attendrissants. On n'avait jamais si bien entendu l'art des scènes muettes, l'art de bien écouter et de jouer encore de toute sa personne et de son attitude expressive, tandis qu'un autre parlait. Il ne paraît pas que, hors de la scène, elle eût des beautés bien frappantes et bien extraordinaires; mais elle en avait l'ajustement naturel, l'ensemble et l'harmonie. On connaît son portrait par Coypel, qui l'a peinte en grand appareil de deuil, tenant son urne de *Cornélie*. *Le Mercure* nous la montre plus au naturel, « parfaitement bien faite dans sa taille médiocre, avec un maintien noble et assuré, la tête et les épaules bien placées, les yeux pleins de feu, la bouche belle, le nez un peu aquilin, et beaucoup d'agrément dans l'air et les manières; sans embonpoint, mais les joues assez pleines, avec des traits bien marqués pour exprimer la tristesse, la joie, la tendresse, la terreur et la pitié. » Beaucoup d'âme, beaucoup d'entrailles, une constante étude, un amour passionné pour son art, tout contribua à composer en elle cet idéal de grande tragédienne qui, jusque-là, ne paraît pas avoir été réalisé à ce degré. Mlle Duclos n'était qu'un représentant de l'école déclamatoire; et si Mlle Desmares et la Champmeslé avaient eu de grandes et belles parties, elles n'avaient certainement pas atteint à la perfection d'ensemble d'Adrienne Le Couvreur. Lorsque celle-ci parut, elle n'eut d'autre modèle que son goût, et elle créa.

De tout temps, dans les divers arts et dans celui du comédien en particulier, il y a eu en présence les deux manières, la manière de l'école officielle (Conservatoire ou Académie) et celle des talents originaux; la manière qui déclame ou qui chante, et celle qui dit. Nous trouvons ces deux écoles en opposition déjà et en guerre au début de notre théâtre, la troupe de Molière aux prises avec celle de l'hôtel de Bourgogne. Qu'on se rappelle *l'Impromptu de Versailles,* où ce conflit est si bien posé. Molière veut que, même dans la tragédie, on parle naturellement, *humainement;* la difficulté est de concilier avec la parfaite dignité et la noblesse ce naturel qui ne peut être ici qu'un naturel très-travaillé et très-savant. Molière, pour son compte, n'y réussit qu'imparfaitement dans les rôles tragiques, auxquels la nature ne l'avait pas destiné. Baron, son élève, formé tout entier par ses leçons, tint parole pour lui. Mlle Le Couvreur avait vu Baron lorsque, vieux et toujours excellent, il rentra au théâtre en 1720; mais elle ne l'avait pas attendu pour réaliser à sa façon la poétique de Molière et pour réunir en elle les qualités à la fois élevées, touchantes et naturelles de la parfaite actrice tragique.

On raconte qu'à ses débuts à Paris, au milieu des vifs applaudissements qu'elle excitait, un seul homme, enfoncé dans un coin de loge, et résistant à l'enthousiasme universel, se bornait de temps en temps et à de rares endroits à dire : « *C'est bon, cela!* » comme s'il eût donné à entendre que le reste ne l'était pas également. On le dénonça à l'actrice, qui désira connaître cet original récalcitrant, et qui l'invita, par un gracieux billet, à dîner en tête à tête avec elle. C'était Du Marsais, le philosophe grammairien, homme naïf, peu façonné au monde, franc et d'une inexorable justesse. Avant de se mettre à table, il pria Mlle Le Couvreur de réciter quelque morceau, reprit, en l'écoutant, son attitude de silence, et ne lâcha que deux ou trois fois son mot : « *C'est bon, cela!* » Pressé sur ses raisons, il ne fit pas difficulté de les dire, et une longue amitié s'ensuivit, durant laquelle le philosophe modeste n'épargna pas d'utiles conseils, des conseils qui se rapportaient tous à la vérité, au naturel, à la propriété de l'expression. Il voulait qu'on ne donnât jamais aux mots que la valeur qu'ils doivent avoir dans la situation. De tels conseils trouvaient dans l'intelligence droite de Mlle Le Couvreur un fonds tout préparé.

Ce rôle de Du Marsais auprès de Mlle Le Couvreur est une moitié de celui que les auteurs de la pièce nouvelle attribuent à Michonnet; et cela me fait souvenir que l'acteur qui remplit si excellemment ce rôle, M. Régnier, prépare lui-même, pour la publication prochaine dont j'ai parlé, une étude sur le talent et l'invention dramatique de Mlle Le Couvreur; je n'en dirai donc pas ici davantage. Ce rôle de Michonnet est double : il y a en lui le conseiller vrai, sincère, désintéressé, ce que fut en réalité Du Marsais; il y a de plus l'amoureux également vrai, sincère, dévoué jusqu'au sacrifice, et ce rôle-là, nous ne le trouvons pas moins rempli auprès de Mlle Le Couvreur par un autre de ses amis, par d'Argental.

Mlle Le Couvreur, dans sa première jeunesse, avait accueilli bien des adorateurs, dont on a droit de nommer quelques-uns, Voltaire par exemple. Celui-ci, parlant à Thieriot des vers que lui avait arrachés son indignation sur l'enterrement de la célèbre comédienne, ajoute que cette indignation, trop vive peut-être, est « pardonnable à un homme qui a été son admirateur, son ami, son amant, et qui, de plus, est poëte. » Voilà qui est clair.

Le Couvreur avait eu deux filles qui vécurent : l'une,

née à Strasbourg, fille de M. de Klinglin, qui était dès lors ou qui devint premier magistrat et, comme on disait, *préteur* de cette cité; il est question plus d'une fois de cette *fille de Monime* dans les lettres de Voltaire. Une autre fille naquit à Paris, et fut baptisée à Saint-Eustache le 3 septembre 1710, comme *fille de Philippe Le Roy, officier de monseigneur le duc de Lorraine,* et d'Adrienne Le Couvreur; elle épousa, en novembre 1730, Francœur, musicien de l'Opéra. Le savant mathématicien, mort depuis peu, était de cette famille. Mais la grande passion de Mlle Le Couvreur, celle qui mit fin aux hasards de sa première vie, ce fut son amour pour le comte de Saxe, lequel vint pour la première fois en France en 1720, et s'y fixa en 1722, sauf les fréquentes excursions et les aventures. A partir du moment où elle l'aima, et malgré les infidélités dont il ne se faisait pas faute, il paraît bien que Mlle Le Couvreur ne se considéra plus comme libre. Passionnément aimée du jeune d'Argental, elle faisait tout pour le guérir; elle ne s'y prenait pas avec ces demi-façons qui ne sont propres qu'à exciter et à attiser ce qu'on a l'air de combattre; elle avait le procédé net, loyal, sans arrière-pensée, celui d'un honnête homme. Elle lui écrivait :

« Enfin, vous voulez que l'on vous écrive, contre toutes sortes de raisons. Se peut-il qu'avec tant d'esprit, vous soyez si peu maître de vous? Que vous en reviendra-t-il, que le plaisir de m'exposer à des tracasseries désagréables, pour ne pas dire pis? Je suis honteuse de vous quereller quand vous me faites tant de pitié; mais vous m'y contraignez. Soyez, je vous prie, plus raisonnable, et dites à celui que vous chargez de me tourmenter qu'il me permette un peu de respirer : à peine, depuis quatre jours, m'en a-t-il laissé le temps. Je vous ferai voir bien clairement les inconvénients de cette conduite la première fois que le hasard pourra nous réunir, et je ne suis pas embarrassée de vous faire convenir que vous avez tort.

« Adieu, malheureux enfant. Vous me mettez au désespoir. »

Ayant appris que la mère de d'Argental, Mme de Ferriol, pensait à éloigner son fils, et même à l'envoyer à Saint-Domingue, de peur qu'il ne se portât à quelque proposition de mariage, Mlle Le Couvreur n'hésita point à la rassurer; elle alla trouver Mme de Ferriol, et, l'accueil de celle-ci l'ayant peu encouragée à parler, elle lui écrivit une lettre noble de ton, admirable de sentiments, et comme une femme qui veut concilier tous les devoirs naturels avec les convenances de la société. En écrivant cette lettre, dictée par le cœur, elle ne se doutait pas de l'élévation morale où elle se place, et cette élévation est grande, surtout si l'on vient à songer quelle est la femme (digne sœur de Mme de Tencin, c'est tout dire) à qui elle s'adresse :

« (Paris, 22 mars 1721.) Madame, je ne puis apprendre, sans m'affliger vivement, l'inquiétude où vous êtes et les projets que cette inquiétude vous fait faire. Je pourrais ajouter que je n'ai pas moins de douleur de savoir que vous blâmez ma conduite; mais je vous écris moins pour la justifier que pour vous protester qu'à l'avenir, sur ce qui vous intéresse, elle sera telle que vous voudrez me la prescrire. J'avais demandé mardi la permission de vous voir, dans le dessein de vous parler avec confiance et de vous demander vos ordres. Votre accueil détruisit mon zèle, et je ne me trouvai plus que de la timidité et de la tristesse. Il est cependant nécessaire que vous sachiez au vrai mes sentiments, et, s'il m'est permis de dire quelque chose de plus, que vous ne dédaigniez pas d'écouter mes très-humbles remontrances, si vous ne voulez pas perdre monsieur votre fils. C'est le plus respectueux enfant et le plus honnête homme que j'aie jamais vu de ma vie. Vous l'admireriez, s'il ne vous appartenait pas. Encore une fois, Madame, daignez vous joindre à moi pour détruire une faiblesse qui vous irrite, et dont je ne suis pas complice, quoi que vous disiez. Ne lui témoignez ni mépris ni aigreur; j'aime mieux me charger de toute sa haine, malgré l'amitié tendre et la vénération que j'ai pour lui, que de l'exposer à la moindre tentation de vous manquer. Vous êtes trop intéressée à sa guérison pour n'y pas travailler avec attention, mais vous l'êtes trop pour y réussir toute seule, et surtout en combattant son goût par autorité ou en me peignant sous des couleurs désavantageuses, fussent-elles véritables. Il faut bien que cette passion soit extraordinaire, puisqu'elle subsiste depuis si longtemps sans nulle espérance, au milieu des dégoûts, malgré les voyages que vous lui avez fait faire, et huit mois de séjour à Paris sans me voir, au moins chez moi, et sans qu'il sût si je le recevrais de ma vie. Je l'ai cru guéri, et c'est ce qui m'a fait consentir à le voir dans ma dernière maladie. Il est aisé de croire que son commerce me plairait infiniment sans cette malheureuse passion, qui m'étonne autant qu'elle me flatte, mais dont je ne veux pas abuser. Vous craignez qu'en me voyant il ne se dérange de ses devoirs, et vous poussez cette crainte jusques à prendre des résolutions violentes contre lui. En vérité, Madame, il n'est pas juste qu'il soit malheureux en tant de façons. N'ajoutez rien à mes injustices; cherchez plutôt à l'en dédommager; faites tomber sur moi tout son ressentiment, mais que vos bontés lui servent de dédommagement.

« Je lui écrirai ce qu'il vous plaira; je ne le verrai de ma vie, si vous le voulez; j'irai même à la campagne, si vous le jugez nécessaire; mais ne le menacez plus de l'envoyer au bout du monde. Il peut être utile à sa patrie; il fera les délices de ses amis; il vous comblera de satisfaction et de gloire : vous n'avez qu'à guider ses talents et laisser agir ses vertus. Oubliez, pendant un temps, que vous êtes sa mère, si cette qualité s'oppose aux bontés que je vous demande à genoux pour lui. Enfin, Madame, vous me verrez plutôt me retirer du monde ou l'aimer d'amour, que de souffrir qu'il soit à l'avenir tourmenté pour moi et par moi... »

M. d'Argental n'eut point connaissance de cette lettre dans le temps où elle fut écrite. Ce ne fut que soixante ans après, et quand il avait plus de quatre-vingts ans, qu'un jour, parmi d'anciens papiers de sa mère, cette lettre se retrouva. Il se la fit lire, et seulement alors il put connaître en entier le cœur de l'amie qu'il avait perdue.

Tout nous le dit déjà : Mlle Le Couvreur n'était pas simplement une personne de talent, elle était une personne distinguée par l'intelligence, par le cœur et les plus solides qualités. Elle en eut besoin dans sa condition pour se tirer de l'état social inférieur où la comédienne se trouvait encore au commencement du xviii° siècle. Molière, à force de génie et d'esprit, Baron, par son talent aidé de sa fatuité même, avaient relevé l'état de comédien dans le monde, et s'y étaient maintenus sur un pied respectable. Mais les femmes, même celles de talent comme la Champmeslé, n'avaient pu conquérir à aucun degré la considération; elles restaient dans une condition socialement infime. On allait chez la Champmeslé; on la célébrait en vers galants, comme faisait La Fontaine; on rimait avec le mari. On y vivait familièrement; mais elle n'avait rien de ce qu'on peut appeler un salon. Elle n'avait pas réussi à gagner cette estime sociale qui se marque dans les moindres nuances, cette estime qu'obtenait Ninon. Racine, le tendre et autrefois amoureux Racine, parle de la Champmeslé, en apprenant sa mort, comme d'une *pauvre malheureuse*, et d'un ton que l'austère dévotion même n'eût jamais permis depuis à l'honnête homme du monde. Un jour, Mlle Beauval, actrice antérieure de bien peu à Mlle Le Couvreur, allait rendre visite à un jeune homme de sa connaissance, le jeune abbé Aunillon, qui était malade. Le jeune homme se trouvait dans sa chambre avec sa mère au moment où l'on vint annoncer qu'une dame demandait à le voir : « Une dame qui demande mon fils ! » dit la mère avec étonnement. Elle n'eut pas plutôt achevé, qu'elle vit entrer une femme qui dit brusquement : « Non, Madame, ce n'est point une dame, c'est la Beauval. » Toute part faite à la singularité de la personne qui disait ce mot, on a là une mesure vraie du préjugé social au commencement du xviii° siècle. Le siècle qui allait être celui de Voltaire ne pouvait souffrir longtemps un tel désaccord entre les divers interprètes des arts, et Mlle Le Couvreur fut la première, non pas à protester, mais (ce qui vaut mieux) à opérer doucement une révolution par le charme de son influence.

Elle eut beaucoup à faire, on peut le croire. Une comédienne était alors aux ordres de toute une classe privilégiée. C'est parlant à Mlle Le Couvreur que milord Peterborough disait : « Allons ! qu'on me montre beaucoup d'amour et beaucoup d'esprit. » Ce qu'il disait là tout crûment comme un franc original qu'il était, bien d'autres se croyaient en droit de le penser, s'ils avaient la politesse de ne pas le dire. A force d'esprit, de bon sens, de sentiment des bienséances et de modestie, Mlle Le Couvreur sut se faire accorder ce qu'à cette époque nulle autre de son état n'était en mesure ni en droit de réclamer. Elle fut la première à conquérir en France, pour les actrices, la position de Ninon, c'est-à-dire d'une femme honnête homme, recevant la meilleure compagnie en hommes et même en femmes, pour peu que celles-ci eussent de la curiosité et un peu de courage. « C'est une mode établie de dîner ou de souper avec moi, écrivait-elle, parce qu'il a plu à quelques duchesses de me faire cet honneur. » Cet honneur avait bien ses charges et entraînait des sujétions, elle nous l'avoue :

« Si ma pauvre santé, qui est faible, comme vous savez, me fait refuser ou manquer à une partie de dames que je n'aurais jamais vues, qui ne se souviennent de moi que par curiosité, ou, si j'ose le dire, par air (car il en entre dans tout) : « Vraiment, dit l'une, elle fait la merveilleuse ! » Une autre ajoute : « C'est que nous ne sommes pas titrées ! » Si je suis sérieuse, parce qu'on ne peut être fort gaie au milieu de beaucoup de gens qu'on ne connaît pas : « C'est donc là cette fille qui a tant d'esprit ? Ne voyez-vous pas qu'elle nous dédaigne, et qu'il faut savoir du grec pour lui plaire ? — Elle va chez Mme Lambert, dit une autre ; cela ne vous dit-il pas le mot de l'énigme ? »

Mme de Lambert était l'amie de Fontenelle, de La Motte, de Mairan. On l'accusait de tenir bureau de bel-esprit, parce que sa maison était « la seule, à un petit nombre d'exceptions près, dit Fontenelle, qui se fût préservée de la maladie épidémique du jeu, la seule où l'on se trouvât pour s'entretenir raisonnablement les uns les autres, et même avec esprit selon l'occasion. »

La maison de Mlle Le Couvreur, à certains jours, devait être du petit nombre de celles où l'esprit et la raison avaient chance de se rencontrer. Elle habitait, rue des Marais-Saint-Germain, une petite maison où l'on disait que Racine avait demeuré, et que Mlle Clairon occupa depuis. Une fortune considérable pour le temps, et qui montait, dit-on, à plus de trois cent mille livres, lui procurait une honorable indépendance. Les jours où elle n'était pas trop envahie par les duchesses et par les personnes de bel air, Mlle Le Couvreur se plaisait à recevoir ses amis :

« Ma vanité, disait-elle, ne trouve point que le grand nombre dédommage du mérite réel des personnes ; je ne me soucie point de briller ; j'ai plus de plaisir cent fois à ne rien dire, mais à entendre de bonnes choses, à me trouver dans une société de gens sages et vertueux, qu'à être étourdie de toutes les louanges fades que l'on me prodigue à tort et à travers. Ce n'est pas que je manque de reconnaissance ni d'envie de plaire ; mais je trouve que l'approbation d'un sot n'est flatteuse que comme générale, et qu'elle devient à charge quand il la faut acheter par des complaisances particulières et réitérées. »

Elle se privait donc, le plus qu'elle pouvait, de l'approbation des sots, et s'en tenait à celle des amis. Ces amis honnêtes gens qu'elle préférait à tout, c'étaient Fontenelle, Du Marsais, Voltaire, d'Argental, le comte de Caylus, un abbé d'Anfreville, le comte de Saxe et quelques hommes de l'intimité de celui-ci, tels que le marquis de Rochemore. On peut y joindre une ou deux femmes spirituelles, de condition et pas trop grandes dames, telles que la présidente Berthier, par exemple. Voilà, j'imagine, ce que pouvait être, à de certains jours, le *personnel* d'un souper chez Mlle Le Couvreur, et il y en avait assurément en haut lieu de moins bien assortis que ceux-là. Le ton qui y régnait ne devait pas ressembler à celui que nous voyons établi, vers le milieu du siècle, dans les soupers de Mlle Quinault. Les Mémoires de Mme d'Épinay nous font assister à ces derniers ; l'entretien y est piquant, mais libre jusqu'à être licencieux, ce qui ne l'empêche pas de devenir parfois déclamatoire. Ce n'était pas là le ton habituel d'un lieu où Voltaire avait ses libres entrées et se permettait toutes ses saillies sans doute, mais où Fontenelle était goûté ; ce n'était pas le ton des soupers de Mlle Le Couvreur. Celle-ci a laissé de Fontenelle un portrait charmant qui la peint pour le moins autant elle-même que le philosophe qu'elle savait si bien apprécier :

« Les personnes ignorées, écrit Mlle Le Couvreur, font trop peu d'honneur à celles dont elles parlent, pour oser mettre au grand jour ce que je pense de M. de Fontenelle ; mais je ne puis me refuser en secret le plaisir de le peindre ici tel qu'il me paraît.

« Sa physionomie annonce d'abord son esprit : un air du monde, répandu dans toute sa personne, le rend aimable dans toutes ses actions.

« Les agréments de l'esprit en excluent souvent les parties essentielles. Unique en son genre, il rassemble tout ce qui fait aimer et respecter ; la probité, la droiture, l'équité, composent son caractère. Une imagination vive, brillante, tours fins et délicats, expressions nouvelles et toujours heureuses, en font l'ornement. Le cœur pur, les procédés nets, la conduite uniforme, et partout des principes ; exigeant peu, justifiant tout, saisissant toujours le bon, abandonnant si fort le mauvais, que l'on pourrait douter s'il l'a aperçu. Difficile à acquérir, mais plus difficile à perdre. Exact en amitié, scrupuleux en amour : l'honnête homme n'est négligé nulle part. Propre aux commerces les plus délicats, quoique les délices des savants; modeste dans ses discours, simple dans ses actions, la supériorité de son mérite se montre, mais il ne la fait jamais sentir... »

Nous retrouvons ici cette langue excellente et modérée que j'ai déjà essayé de caractériser plus d'une fois, la langue des commencements du XVIIIe siècle, remarquable surtout par le tour, par la justesse et la netteté, la langue d'après Mme de Maintenon, et que toute femme d'esprit saura désormais écrire, celle des Caylus, des Staal et des Aïssé. Le goût particulier à Mlle Le Couvreur se fait jour à son insu dans ce portrait, et l'on sent quelles qualités, avant tout, elle prise et elle désire chez les hommes de son intimité. *Difficile à acquérir, mais plus difficile à perdre :* telle est la vraie devise de l'amitié, et c'est un mérite que le cœur élevé de Mlle Le Couvreur mettait bien au-dessus des rapides caprices et des flammes passagères. Je trouve, dans des lettres inédites adressées par elle à un ami dont on ignore le nom, des paroles qui viennent confirmer de sa part ce sentiment habituel et sincère. Cet ami était parti brusquement sans le lui dire, sans le lui écrire; elle s'en plaint avec grâce : faut-il donc y tant regarder avant de se mettre à écrire une lettre d'amitié?

« Je veux, lui dit-elle, vous instruire de mes principes. Quand il est question d'écrire à mes amis, je ne songe jamais qu'il faille de l'esprit pour leur répondre : mon cœur me suffit à tout. Je l'écoute, et puis j'agis; et je m'en suis toujours bien trouvée. On me prend telle que je suis, ou bien on me laisse là. Tout l'art que j'y sais, c'est de ne me point jeter à la tête, pour quelques sentiments que ce puisse être. Je cherche d'abord de la probité jusque dans mes plus faibles liaisons. Quand les grâces s'y joignent, je sais les sentir, la nature m'ayant donné un instinct admirable pour les démêler. L'usage du monde, le temps et un peu de raison m'ont convaincue qu'il faut beaucoup d'indulgence dans la vie; mais ceux qui en ont le moins de besoin ne perdent rien avec moi : je leur donne, à la place, tout autant d'estime et d'admiration qu'il me paraît qu'ils en méritent. Et quand ils m'honorent de quelques bontés, vous sentez bien ce que la reconnaissance peut ajouter à de tels sentiments, et assurément je ne fus jamais ingrate... »

En même temps qu'elle désire l'amitié, elle en redoute un peu les enthousiasmes ; elle craint toujours qu'un autre sentiment ne se glisse dessous, et elle en parle d'un ton à persuader sérieusement qu'elle en veut rester au premier :

« Je suis, dit-elle, d'un sexe et d'une profession où l'on ne soupçonne pas volontiers cet honnête sentiment, l'unique que je désire, dont je sois flattée, et dont j'ose me croire digne par la façon dont je le sens ; j'ajoute même par celle dont je l'ai inspiré plus d'une fois. »

Quoique d'un âge où il ne tient qu'aux femmes de paraître encore jeunes, elle ne craint pas de parler des années qui approchent et de ce qu'elles amènent de moins gracieux avec elles, des soins, des devoirs auxquels, dans *dix ans*, on sera obligé auprès d'une *vieille amie*. Elle veut qu'on se propose tout cela à l'avance, qu'on s'y accoutume en idée, et elle est la première à vous y convier avec franchise : « Allons rondement, dit-elle, vers l'amitié. » Un grand préservatif qu'elle a contre toute nouvelle faiblesse, c'est qu'au fond elle aime, c'est que son cœur est rempli, c'est qu'elle tremble pour un absent qui court des dangers, c'est qu'elle attend avec impatience un retour :

« Une personne attendue depuis très-longtemps, écrivait-elle le 23 octobre 1728, arrive enfin ce soir, selon les apparences, en assez bonne santé. Un courrier vient de devancer, parce que la berline est cassée à trente lieues. On a fait partir une chaise, et, ce soir, *on* sera ici. »

Il n'est pas difficile d'imaginer quelle était cette personne si attendue : le comte de Saxe revenait, à cette date, d'un de ses voyages de Courlande à Paris.

La dernière année de la vie de Mlle Le Couvreur fut troublée par une étrange aventure qui a autorisé le bruit d'empoisonnement. Je tâcherai de dégager le récit de cette histoire des rumeurs populaires qui s'y sont mêlées, et qu'on peut lire reproduites dans les *Lettres* de Mlle Aïssé et dans le *Journal* de l'avocat Barbier. Vers le mois de juillet 1729, un petit abbé bossu et peintre en miniature, l'abbé Bouret, fils d'un trésorier de France à Metz, se présenta deux fois chez Mlle Le Couvreur, et, ne l'ayant pas trouvée, il laissa pour elle une lettre dans laquelle il lui disait qu'il avait des choses importantes à lui révéler, et que, si elle en voulait être informée, elle n'avait qu'à venir le lendemain dans une allée solitaire du Luxembourg qu'il lui désigna ; que là, à trois coups qu'il frapperait sur son chapeau, elle le reconnaîtrait et pourrait tout apprendre de lui. Mlle Le Couvreur, après avoir pris conseil de ses amis, se rendit au lieu indiqué en se faisant accompagner. Elle y trouva le petit bossu, qui lui dit en substance qu'une dame de la Cour dont il faisait la miniature lui avait proposé de s'introduire chez Mlle Le Couvreur comme peintre, et de lui donner un philtre qui éloignerait d'elle le comte de Saxe ; que, là-dessus, deux personnes masquées, à qui il avait eu affaire pour le détail de l'exécution, lui avaient déclaré qu'il ne s'agissait pas d'un philtre, mais bien d'un poison ; qu'à cet effet on déposerait, à un certain jour, dans un if des Tuileries, des pastilles empoisonnées ; que l'abbé les irait prendre, et que, s'il les donnait à Mlle Le Couvreur, on lui assurait 600 livres de pension et une somme de 6,000 livres. L'abbé ajoutait qu'il avait paru consentir à tout, et qu'il venait demander ce qu'il devait faire.

Mlle Le Couvreur ne trouva point d'abord cette histoire aussi invraisemblable qu'elle nous le semble aujourd'hui. Le comte de Saxe, de sa nature, était peu fidèle, bien que sincèrement attaché à Mlle Le Couvreur. Il avait essayé depuis quelque temps de se pousser du côté de la duchesse de Bouillon sans y réussir. Il était pris d'un goût vif pour une chanteuse de l'Opéra. Mlle Le Couvreur pensa vaguement qu'elle pouvait avoir quelque chose à craindre du côté de l'hôtel de Bouillon, ou du côté de l'Opéra. L'abbé entrait dans son sens en lui indiquant l'hôtel de Bouillon comme le lieu d'où venait le péril. Elle donna donc un second rendez-vous à l'abbé, consulta ses amis, et le comte de Saxe lui-même ; il fut décidé que l'abbé aurait l'air de se prêter à tout et qu'il irait prendre les pastilles aux Tuileries. Cela se fit comme on l'avait décidé. L'abbé eut les pastilles, les remit ; on les porta au lieutenant-général de police, M. Hérault. L'abbé Bouret fut arrêté dans le premier moment, les pastilles analysées. L'analyse, faite par Geoffroy, de l'Académie des Sciences, ne donna rien de décisif. J'ai sous les yeux le procès-verbal, daté du 30 juillet 1729. Quelques-unes des pastilles parurent douteuses ; mais la quantité n'était pas suffisante, disait le chimiste, pour permettre de constater les expériences et d'asseoir un jugement. Cependant l'affaire tout à coup s'ébruita, et l'on dit dans le public que la duchesse de Bouillon avait tenté d'empoisonner Mlle Le Couvreur. L'abbé Aunillon du Gué de Launay, ami des Bouillon, dans les Mémoires plus intéressants que connus qu'il a laissés, nous raconte que ce fut lui qui le premier informa la duchesse de cette odieuse rumeur, afin qu'elle eût à la conjurer. Il nous peint en termes naturels l'étonnement et la douleur qu'elle témoigna à cette première nouvelle. Cette duchesse de Bouillon, disons-le en passant, n'était pas du tout la princesse de ce nom, née Sobieska, dont il est question dans le drame du Théâtre-Français, mais bien la jeune belle-mère de celle-ci, née de Lorraine. Le duc de Bouillon fut informé à l'instant; toute la famille s'émut. On manda le lieutenant de police; on le semonça de n'avoir pas poussé l'affaire à bout dès le premier éveil, et d'avoir fait élargir l'abbé Bouret. Celui-ci fut repris et mis à Saint-Lazare. On l'interrogea, et il maintint son dire. Mlle Le Couvreur, touchée de l'arrestation d'un homme qui peut-être avait voulu la duper et s'insinuer près d'elle, mais qui peut-être aussi avait voulu sincèrement la servir, écrivit au lieutenant de police une lettre pleine de dignité et d'humanité :

« Je lui ai parlé et fait parler souvent et longtemps, disait-elle de ce jeune homme, et toujours il a répondu avec suite et ingénuité. Ce n'est pas que je désire qu'il dise vrai ; j'ai cent fois plus de raisons pour souhaiter qu'il soit fou. Eh! plût à Dieu qu'il n'y eût qu'à solliciter sa grâce! Mais, s'il est innocent, songez, Monsieur, quel intérêt je dois prendre à ses jours, et combien cette incertitude est cruelle pour moi. Ne regardez point mon état ni ma naissance, daignez voir mon âme, qui est sincère et à découvert dans cette lettre.... »

Les choses en étaient là depuis plusieurs mois. L'abbé Bouret, détenu à Saint-Lazare, persistait dans son dire. La famille de Bouillon pressait ou avait l'air de presser pour obtenir une solution, lorsque tout à coup Mlle Le Couvreur, dont la santé depuis un an était fort altérée, après avoir joué *Jocaste* dans *OEdipe* et *Hortense* dans *le Florentin* le mercredi 15 mars 1730, fut emportée par une violente inflammation d'entrailles le lundi 20. Cette mort soudaine réveilla les bruits de poison, quoiqu'il fût certainement peu vraisemblable que les personnes soupçonnées depuis plusieurs mois eussent choisi ce moment pour renouveler leur tentative, en les en supposant capables. On expliqua plus naturellement cette mort par une dose d'ipécacuanha prise mal à propos. On a le procès-verbal de l'ouverture du corps; il n'indique que les résultats de l'inflammation la plus aiguë. Voltaire, qui était présent, et entre les bras duquel Mlle Le Couvreur expira, dit que tous les bruits qui coururent alors étaient sans fondement, et son témoignage serait décisif si l'on ne savait qu'il est systématiquement opposé à toute idée de poison.

Pour en finir sur ce point délicat et obscur, après la mort de Mlle Le Couvreur on obtint, le 24 août 1730, de l'abbé Bouret, toujours détenu à Saint-Lazare, une rétractation pure et simple de ses premières dépositions, et une espèce de décharge en faveur de l'innocence de la duchesse de Bouillon. Mais cette pièce, dictée évidemment par la nécessité à ce malheureux, qui met le tout, en terminant, sur le compte de sa *cervelle brouillée*, serait de peu de valeur, si l'un des amis de la duchesse, mais galant homme, l'abbé Aunillon dont j'ai parlé, ne nous donnait une autre voie d'explication. L'abbé Aunillon pense qu'une dame de la Cour qu'il a en vue et qu'il ne nomme pas, une personne de considération, jalouse et sans doute rivale de la duchesse de Bouillon, et pour le moins aussi puissante, avait fait jouer toute cette machine, non pour empoisonner Mlle Le Couvreur, mais pour perdre de réputation la malheureuse duchesse dont on empruntait le nom. Il ajoute que celle-ci étant au lit de mort, sept ans après, fit, à haute voix, devant ses amis et toute sa maison, une confession générale de ses fautes, de ses égarements (et il y en avait beaucoup), et que toujours elle protesta de son entière innocence sur cet article de Mlle Le Couvreur.

Tout se réunissait au même moment pour exciter et passionner l'intérêt public autour du cercueil de l'actrice tant aimée. Le curé de Saint-Sulpice, Languet, refusa de la recevoir en terre sainte. Elle avait fait un legs considérable pour les pauvres de sa paroisse : « Soyez tranquille, disait-elle, le jour de sa mort, à un vicaire qui venait la visiter; je sais ce qui vous amène, monsieur l'abbé; je n'ai point oublié vos pauvres dans mon testament. » On ajoute, il est vrai, que, se retournant vers un buste du comte de Saxe, elle s'était écriée :

« Voilà mon univers, mon espoir et mes dieux! »

M. de Maurepas écrivit au lieutenant de police que l'intention du cardinal de Fleury n'était point d'entrer dans cette affaire de la sépulture ecclésiastique, mais de s'en rapporter à ce que feraient l'archevêque de Paris et le curé de Saint-Sulpice : « S'ils persistent à la lui refuser comme il y a apparence, écrivait-il, il faudra la faire enlever la nuit et enterrer avec le moins de scandale que faire se pourra. » Le corps fut donc enlevé de nuit dans un fiacre; deux portefaix guidés par un seul ami, M. de Laubinière, allèrent l'enterrer dans un chantier désert du faubourg Saint-Germain, vers l'angle sud-est actuel des rues de Grenelle et de Bourgogne. Le fidèle d'Argental, nommé légataire universel, ne crut pas compromettre son caractère de magistrat en acceptant cette mission de confiance, et il s'honora par là dans l'opinion. Ce legs, en réalité, n'était qu'un fidéicommis : Mlle Le Couvreur laissait deux filles à pourvoir.

Voltaire eut un de ces élans de douleur et de sensibilité comme il en était si capable, et il laissa échapper les vers touchants qu'on sait par cœur :

Sitôt qu'elle n'est plus, elle est donc criminelle!
Elle a charmé le monde, et vous l'en punissez....

Mais ici je ne veux pas trop m'étendre, de peur de paraître toucher à la déclamation, en parlant de celle dont le principal mérite, au théâtre comme dans la vie, a été d'être la vérité, la nature, le contraire de la déclamation même. Ces simples mots résument le caractère de Mlle Le Couvreur. En entendant, l'autre jour, le drame intéressant dans lequel la lutte du talent et du sentiment vrai contre le préjugé et l'orgueil social est si vivement représentée sous son nom, je me disais combien les choses ont changé depuis un siècle, combien la haute société ne mérite plus, à cet égard du moins, les mêmes reproches, et combien elle est peu en reste d'admiration et de procédés délicats envers tout talent supérieur. Bien certainement la grande actrice dans laquelle on a personnifié Mlle Le Couvreur, en récitant certains passages qui ont si peu leur application aujourd'hui, le sentait avec ce tact parfait qui la distingue, et se le disait bien mieux que moi.

Lundi 31 décembre 1849.

LE PÈRE LACORDAIRE ORATEUR.

Il y a quelque temps, je parlais de M. de Montalembert, en l'envisageant au point de vue du talent : aujourd'hui, je voudrais parler au même titre d'un autre orateur, diversement et non pas moins éloquent, qui a passé par plusieurs des mêmes phases, qui s'est aussi dégagé à temps de la voie étroite de l'École, et qui, depuis déjà quatorze ans, s'est créé dans la chaire une place singulière, originale, éclatante. L'éloquence de la chaire n'est pas sans avoir refleuri de nos jours, et l'on pourrait citer quelques noms modernes qui soutiennent avec honneur les traditions du passé : M. Lacordaire est plutôt de ceux qui relèvent et rehaussent la tradition que de ceux qui la soutiennent. Parmi ces orateurs de la chaire moderne, dont quelques-uns, dont l'un du moins (M. de Ravignan) pourrait lutter avec lui de chaleur vraie, de sympathie et d'onction, il n'en est aucun qui, par la hardiesse des vues et l'essor des idées, par la nouveauté et souvent le bonheur de l'expression, par la vivacité et l'imprévu des mouvements, par l'éclat et l'ardeur de la parole, par l'imagination et même la poésie qui s'y mêlent, puisse se comparer au Père Lacordaire. Il est assurément le prédicateur de nos jours qui, aux yeux de ceux qui observent et admirent plus encore qu'ils ne croient, se montre à la plus grande hauteur de talent. J'essaierai de marquer ici quelques traits de sa manière.

J'ai eu l'honneur de connaître beaucoup autrefois l'abbé Lacordaire; je ne l'ai jamais revu ni entendu depuis sans être touché de sa parole, sans être pénétré de son accent. Je voudrais aujourd'hui concilier tout ce que je dois à ces souvenirs et aux sentiments de respect que je lui ai voués, avec l'indépendance du critique, — au moins du critique littéraire; car ici, en parlant de ces hommes qu'il y aurait lieu d'étudier sous tant d'autres aspects, je ne suis et ne veux être que cela.

Il existe sur M. Lacordaire une notice exacte et très-bien faite, écrite par un de ses amis d'enfance, M. Lorain; je n'ai pas l'intention d'y ajouter ni d'y suppléer. Je dirai seulement qu'il est né en mai 1802, au bourg de Recey-sur-Ource (Côte-d'Or), à cinq lieues de Châtillon-sur-Seine. Son père, médecin, était venu se fixer là, après avoir fait une campagne dans la guerre d'Amérique sous Rochambeau; homme de bien et d'honneur, il a laissé dans le pays des souvenirs que quarante années écoulées depuis ont à peine effacés. Sa mère, de famille dijonnaise, fille d'un greffier au parlement de Bourgogne, était de ces personnes fortes et simples qui suffisent à tous les devoirs. Elle eut quatre fils, et perdit son mari étant enceinte du quatrième. Ces quatre fils vivent. Le plus jeune est capitaine de cavalerie, un autre architecte et ingénieur. L'aîné, dont on a lu des écrits dans la *Revue des Deux Mondes*, est, depuis plusieurs années, professeur d'histoire naturelle à l'université de Liége; il a voyagé quatre fois dans l'Amérique du Sud, et compte en première ligne parmi les entomologistes les plus distingués de notre temps, esprit net, investigateur patient, observateur précis et sévère. Le second des quatre fils était le futur dominicain. Je n'ai pas voulu omettre ces premières circonstances; car il n'est pas indifférent, selon moi, même pour les futures convictions et croyances, d'être sorti d'une race solide et saine, d'une race intègre et pure. Quand, sur un fonds d'organisation héréditaire aussi ferme et aussi nettement tracé, un talent singulier vient à se poser et à éclore, quand un grand don de gloire vient à éclater, quand l'éloquence, par exemple, la parole de feu descend, elle trouve de quoi la porter et l'encadrer : c'est comme l'encens qui d'avance a son autel, c'est comme l'holocauste qui s'allume sur le rocher.

Le jeune Henri Lacordaire fit ses études au lycée de Dijon, de 1810 à 1819. Dans cette patrie de Bossuet, en vue de la colline où naquit saint Bernard, il ne songeait pas encore qu'il aurait un jour affaire à ces grands noms, et qu'il briguerait son rang dans leur descendance. Seulement, sans se donner trop de peine, il remportait tous les prix à la fin de l'année; il avait sa tragédie sur le chantier, comme tout bon rhétoricien; il jouait des scènes d'*Iphigénie* avec un de ses camarades, aujourd'hui professeur de droit à Dijon, tous deux (l'Achille et l'Agamemnon) habillés en fantassins de ligne, et y allant bon jeu, bon argent. Le sentiment patriotique était très-vif en lui; il souffrait douloureusement des blessures de la France et des désastres qui marquèrent la chute de l'Empire. Devenu étudiant en droit, toujours à Dijon, il commença à se distinguer par un talent réel de parole dans des conférences qu'avaient établies entre eux les étudiants et de jeunes avocats. Il mêlait à tout cela des vers, quelques-uns même, dit-on, assez plaisants.

Son droit fini, il vint faire à Paris son stage, vers 1822. Il commençait à plaider, et avec succès. Mais, bien qu'il domptât cette matière ingrate, elle ne le satisfaisait pas. Sa parole s'y exerçait et y faisait sa gymnastique; mais elle n'y trouvait pas à s'étendre et à déployer ses ailes. Il était malade du mal du temps, du mal de la jeunesse d'alors; il pleurait sans cause comme René; il disait : *Je suis rassasié de tout sans avoir rien connu.* Son énergie refoulée l'étouffait. « A vingt-cinq ans, il l'a remarqué, une âme généreuse ne cherche qu'à donner sa vie. Elle ne demande au Ciel et à la terre qu'une grande cause à servir par un grand dévouement; l'amour y surabonde avec la force. » Il était alors voltairien comme sa génération, déiste, non pas sceptique et indifférent, remarquons-le bien : même quand il ne croyait pas, la forme de sa pensée était toujours nette et tranchée. Il est de cette race d'esprits faits pour la certitude, pour croire ou tout au moins pour conclure, de ces esprits droits, fermes et décidés, qui tendent au résultat. Je ne crois pas me tromper en disant que telle est la forme primitive d'esprit dans sa famille. Il y joignait un cœur tout jeune, conservé dans sa fraîcheur et sa plénitude, un cœur qui n'avait pas dépensé son trésor, une faculté puissante et un souffle de parole ardente qui cherchait son jour et qui ne le trouvait pas. Rien de ce qui l'entourait ne le remplissait. Dans sa petite chambre d'avocat stagiaire, il était occupé en apparence à rédiger des mémoires et à compulser des dossiers, mais il vivait dans l'orage de l'esprit. C'est alors, vers 1824, qu'une grande et brusque révolution se fit en lui; ses amis, sa famille apprirent tout à coup qu'il renonçait au barreau, et qu'il était entré à Saint-Sulpice.

Ces conversions qui semblent brusques sont toujours devancées par d'intimes mouvements qui les préparent. Depuis quelque temps, M. Lacordaire s'était fait le raisonnement que voici : La société, à mes yeux, est nécessaire; de plus, le Christianisme est nécessaire à la société; il est seul propre à la maintenir, là à perfectionner : donc le Christianisme est vrai, non pas d'une vérité politique et relative, comme l'admettent bien des gens, mais d'une vérité supérieure et divine : toute autre vérité secondaire serait un compromis et une sorte de malentendu indigne et de la confiance de l'homme et de la franchise de Dieu. C'est ainsi qu'il fut ramené aux croyances catholiques par ses croyances sociales, et que son esprit fit le premier pas. Mais l'élan de son cœur qui cherchait pâture, et, à son insu, l'essor de son talent qui cherchait carrière, firent le reste et abrégèrent le chemin.

Il a peint à ravir la paix, l'espèce de rajeunissement qu'on éprouve dans les premiers jours, lorsqu'au sortir du monde on entre au séminaire, et qu'on y retrouve son enfance de cœur, la docilité de ses jeunes années, la règle austère, toutes choses simples dont on a désormais la conscience réfléchie et le doux mérite. Je pourrais citer de lui là-dessus des pages charmantes, poétiques, écrites pour un ami et placées dans un livre où l'on ne s'aviserait guère de les démêler. Mais il me faut arriver au principal. Il conserva sous son habit nouveau les sentiments d'amour de la liberté qu'il avait puisés dès l'enfance dans l'air du siècle, et qu'il n'a jamais séparés depuis de l'idée vitale du Christianisme.

Il rendit témoignage de ce sentiment dès l'instant où il commença à se produire devant le public : c'était auprès de M. de Lamennais, au lendemain de 1830. Il crut que l'œuvre que M. de Lamennais tentait alors dans le journal *l'Avenir*, était d'un intérêt général et décisif pour le moment. Jusque-là, on s'était accoutumé à confondre l'idée religieuse catholique avec l'idée de pouvoir politique et de légitimité. La Restauration avait tout fait pour établir cette confusion dans les esprits. On était catholique et royaliste par le même train d'opinion, presque en vertu des mêmes idées et des mêmes intérêts. Une telle confusion semblait des plus fâcheuses à l'abbé Lacordaire ; elle lui paraissait une diminution et une dégradation du Christianisme, et il crut qu'il était bon de montrer enfin à la France qu'on pouvait être fidèle à Jésus-Christ sans être inféodé au trône déchu, ce trône fût-il celui des descendants de saint Louis. On peut dire qu'à la résumer dans cette idée, l'œuvre entreprise en 1831 par M. de Lamennais et ses disciples d'alors, même en étant sitôt interrompue, n'a pas totalement échoué, et qu'en effet, dès lors, la jeunesse a pu se convaincre que l'adhésion à un symbole religieux n'entraînait pas nécessairement l'adhésion à une forme politique. Il n'y a jamais eu, en un mot, de catholiques évidemment moins légitimistes que M. de Montalembert et l'abbé Lacordaire.

Dans le procès de l'école libre devant la Chambre des pairs (septembre 1831), l'abbé Lacordaire prit la parole. Il était l'un des trois accusés qui avaient essayé d'anticiper sur les promesses de la Charte de 1830, et qui avaient ouvert une école à leurs risques et périls, sans se soumettre aux décrets universitaires en vigueur. M. le procureur-général Persil soutint l'accusation ; ce fut l'abbé Lacordaire qui lui répliqua par une discussion nerveuse, tout improvisée, dans laquelle se retrouvait l'avocat, mais l'avocat déjà armé du glaive du lévite.

Quand la publication de *l'Avenir*, empreinte de talent et de générosité, mais si mêlée d'imprudences et de hasards, eut provoqué, de la part du Saint-Siège, un jugement de désapprobation, tous les rédacteurs se soumirent dans le premier instant ; mais, tandis que le maître indigné se soumettait en frémissant, d'une soumission impatiente et qui ne devait pas durer, M. Lacordaire se résignait simplement et sincèrement, décidé jusqu'au bout à obéir.

Cependant il avait atteint l'âge de trente ans; il n'avait fait jusque-là que des essais et n'avait pas trouvé sa voie. Il fit plus pourtant que de l'entrevoir dans des Conférences qu'il prêcha en 1834 au collége Stanislas, et où la jeunesse s'étonna d'entendre pour la première fois en chaire une parole vive et jeune comme elle, svelte et hardie, abordant par leurs noms les idées neuves, en prenant souvent la couleur et l'accent pour les serrer de plus près et pour les rattacher par leur partie saine à l'antique tradition qui en semblait toute rajeunie. Ces Conférences effrayèrent encore l'autorité, mais cette fois l'autorité politique, l'autorité universitaire. Il y a quelque chose dans la parole de M. Lacordaire qui effraie aisément, quand on en isole quelques traits et qu'on n'en veut entendre que certains éclats. C'est à l'aide de ces qualités mêmes, que quelques-uns nommeraient des défauts, qu'il prend d'autant mieux sur la jeunesse.

Enfin, la bienveillance de l'archevêque de Paris, M. de Quélen, qui eut le mérite, par un discernement honorable du cœur plus encore que de l'esprit, d'apprécier en lui le talent et la candeur dans le talent, ouvrit à M. Lacordaire en 1835 la chaire de Notre-Dame, la première chaire de la capitale. Dès le début, celui qui avait pour vocation presque naturelle de prêcher la jeunesse du xixe siècle, cette jeunesse dont il avait été et dont, par l'accent, il ne cessera jamais d'être, se sentit en plein dans son élément. Sa parole, semblable à ces oiseaux de haut vol qui ne sont à l'aise que dans l'espace et l'étendue, avait trouvé sa région.

Les Conférences de l'abbé Lacordaire ont un caractère qui ne les rattache à rien de ce qui est réputé classique en ce genre, mais qui est singulièrement approprié à l'auditoire de ce temps-ci. Tout au plus trouverait-on dans les fragments d'éloquence que l'on connaît du Père

Bridaine ou du Père Guénard des précédents qui n'offriraient encore que des analogies infidèles. Il faut donc reconnaître que la forme de l'abbé Lacordaire est neuve, et même *romantique* si l'on veut : ce n'est pas nous qui aurions droit de considérer ce mot comme une injure. Des hommes de haut talent, M. de Chateaubriand, M. de Maistre, M. de Lamennais (je ne les prends que par les ressemblances les plus générales), l'un à travers l'encens de la poésie, les autres par l'éclatante hardiesse des interprétations, avaient ressuscité pour les générations du siècle le Christianisme, et l'avaient offert sous des aspects qui ne sont point assurément ceux auxquels nous avaient accoutumés les Fleury, les Massillon, les Bourdaloue. Cette école hardie et brillante n'avait point suscité jusque-là son prédicateur, et c'est en l'abbé Lacordaire qu'il s'est rencontré.

« L'Église, dit-il en parlant des temps de mélange et de confusion semblables aux nôtres, l'Église alors appelle à son secours une parole qu'il serait difficile de définir par des caractères constants, à cause de la variété des erreurs qu'elle doit combattre et des âmes qu'elle veut convaincre, mais qu'on peut appeler la prédication extérieure ou apostolique. » Le rôle de l'apôtre est, en effet, de convertir les infidèles, les incrédules, et au xixe siècle nous en tenons tous plus ou moins. « L'antique serpent de l'erreur, dit-il encore, change de couleurs au soleil de chaque siècle. Aussi, tandis que la prédication de mœurs ne subit guère que des diversités de style, il faut que la prédication d'enseignement et de controverse, souple autant que l'ignorance, subtile autant que l'erreur, imite leur puissante versatilité, et les pousse, avec des armes sans cesse renouvelées, dans les bras de l'immuable vérité. » Il ne s'est donc pas contenté de retremper ses armes dans les sources de la doctrine ; il les a repolies à l'air du siècle, et elles brillent entre ses mains d'un éclat tout neuf, parfois éblouissant. « Il ne s'agit pas de suivre les règles de la rhétorique, mais de faire connaître et aimer Dieu ; ayons la foi de saint Paul, ajoute-t-il, et parlons le grec aussi mal que lui. » Ici, pourtant, ne le prenez pas au mot. S'il s'affranchit de la rhétorique, c'est en vertu d'un principe supérieur de rhétorique ; et, pour suivre sa comparaison, il ne parle pas le *grec* plus mal que ses devanciers, il le parle autrement. Ou plutôt, laissons de côté les métaphores, il parle le français du xixe siècle à des jeunes hommes du xixe siècle, à ceux dont il voit dans cette nef immense de Notre-Dame les têtes pressées à ses pieds, et à qui il dit : « Vous qui venez ici entendre la parole divine avec un cœur enflé et comme des juges ! » Il parle donc à ces juges de vingt ans leur langue, il sait leurs images, il leur rend visible par moments leur poésie. Certes, pour qui lit de sang-froid ces Conférences sur l'Église et sur sa constitution, sur son infaillibilité, etc., l'argumentation souvent est faible, la logique en paraît pleine de lacunes, et, en pareille matière, à cette date où nous sommes, il n'est pas surprenant qu'il manque dans la chaîne du raisonnement quelques anneaux. M. Lacordaire franchit les intervalles plus qu'il ne les comble. Souvent l'orateur joue sur les mots ; il se crée des définitions et en conclut ensuite ce qui serait précisément à prouver. Il se paie de comparaisons pittoresques ou d'abstractions subtiles. Il se compose une histoire à vue de pays, à vol d'oiseau, comme le pourrait faire l'œil de la Providence. Son imagination trop forte rapproche des faits qui diffèrent, que mille circonstances séparent et distinguent ; elle les rassemble à son foyer comme sous un verre ardent, jusqu'à ce qu'il y ait flamme. Voilà les défauts, que je pourrais au besoin discuter en détail et éclairer par des exemples. Mais qu'importe à l'orateur qui croit, si, moyennant ce procédé même, son auditoire le saisit mieux et lui accorde davantage, si lui-même il sent que sa parole entre et pénètre ! L'abbé Lacordaire est du siècle à un certain degré, je l'ai dit, et il le reconnaît avec une grâce touchante : « Dieu nous avait préparé à cette tâche en permettant que nous vécussions d'assez longues années dans l'oubli de son amour, emporté sur ces mêmes voies qu'il nous destinait à reprendre un jour dans un sens opposé. En sorte qu'il ne nous a fallu, pour parler comme nous l'avons fait, qu'un peu de mémoire et d'oreille, et que nous tenir dans le lointain de nous-même, en unisson avec un siècle dont nous avions tout aimé. » Cette connaissance du siècle et de ses faiblesses lui ménage de faciles alliances avec l'imagination et le cœur de son jeune public. « Dieu, dit-il en un endroit, donna à son Église la charité. Par la charité, il n'y eut pas de cœur où l'Église ne pût pénétrer ; car le malheur est le roi d'ici-bas, et, tôt ou tard, tout cœur est atteint de son sceptre... Désormais l'Église pouvait aller avec confiance conquérir l'univers, car il y a des larmes dans tout l'univers, et elles nous sont si naturelles, qu'encore qu'elles n'eussent pas de cause, elles couleraient sans cause, par le seul charme de cette indéfinissable tristesse dont notre âme est le puits profond et mystérieux. » L'éloquence de l'abbé Lacordaire est toute remplie de ces jaillissements de sensibilité qui ressemblent à des aveux, et après lesquels ceux qui l'entendent sont moins rebelles sur les raisons. Et puis, ce qu'il veut, ce n'est pas tant convertir d'un coup, c'est ébranler, c'est remuer et faire rendre témoignage, c'est arracher un *son :* « Dès qu'une âme, dit-il, rend dans le siècle le son de l'éternité, dès qu'elle témoigne en faveur du Christ et de son Église, ne nous montrons pas plus rigoureux que Celui qui a dit : *Quiconque n'est pas contre vous est pour vous.* » Grâce à ce ton de facilité généreuse et de franchise, il a su conquérir, sur son auditoire de jeunes gens, une autorité de faveur et de sympathie ; il a pu leur donner des conseils moraux sur les sujets les plus délicats : il a fait sur la *chasteté*, par exemple, des Conférences qui sembleraient d'une étrange audace, si cette audace n'était revêtue d'autant de candeur et servie d'un aussi prodigieux talent. Avec lui on est souvent dans le hasard, dans le péril de l'expression ; mais on se rassure bientôt, quand on s'y est accoutumé. On sent si bien une puissance qui, du haut de cette chaire, est dans la sincérité de sa direction et dans la plénitude de sa nature, une parole qui a cru entendre son mot d'ordre d'en haut : « N'interrogez pas le cours des fleuves ni la direction des montagnes, allez tout droit devant vous ; allez comme va la foudre de Celui qui vous envoie, comme allait la parole créatrice qui porta la vie dans le chaos, comme vont les aigles et les anges. » Il va donc et nous emporte maintes fois sur les crêtes et sur les cimes ; on frémit, mais il ne tombe pas. Quelquefois lui-même il s'arrête comme étonné devant les témérités de sa parole ; mais il la reprend, la répare aussitôt, ou seulement il la redouble, il l'explique ; car rien, chez lui, n'est sorti que d'un cœur net, d'une lèvre ardente et pure.

Trois grands noms de prédicateurs sont l'honneur de la chaire française : Bossuet, Bourdaloue et Massillon. Les *Sermons* de Bossuet ne sont appréciés que depuis qu'on les a imprimés, et, de son vivant, ils étaient comme perdus dans le reste de sa gloire. Bourdaloue et Massillon furent de leur temps les maîtres de la chaire dans le genre du *sermon*. Massillon, dont chacun connaît les riches développements, la savante, l'ingénieuse mais déjà un peu prolixe et un peu molle éloquence, est celui des deux qui plaît aujourd'hui le plus à la lecture. C'est Bourdaloue pourtant qui, par les justes proportions, par la beauté de l'ordonnance et l'exactitude des développements, représente la perfection moyenne et complète de ce genre grave à son plus beau moment. Mais aujourd'hui, quand on lit Bourdaloue (s'il faut être sincère), avec toutes ses qualités saines, solides, mais que ne relèvent en rien l'invention du détail et la fleur de l'expression, il ennuie. On a dit de Bourdaloue que c'est Nicole éloquent. Je dirai aussi : C'est le Despréaux de la chaire ; mais un Despréaux en prose, et dont les qualités essentielles et rassises, séparées de l'accent et de l'action, n'ont conservé aucune vivacité, aucune fraîcheur. Cependant, quand on prend la peine de l'étudier, on y retrouve les plus sérieux mérites. Ce qui manque à l'éloquence de l'abbé Lacordaire, c'est précisément ce que celle de Bourdaloue a de trop. Il n'y a pas du tout de Bourdaloue en lui, c'est-à-dire de cette suite égale, modérée, toujours satisfaisante à la réflexion, toute judicieuse (le dogme une fois admis). Mais j'ai dit que Bourdaloue aujourd'hui relu, ennuie ; et lui, il enlève, il étonne, il conquiert, ou du moins il porte des coups dont on se souvient. Il a du clairon dans la voix, et l'éclair du glaive brille dans sa parole. Il possède l'éloquence militante appropriée à des générations qui ont eu Chateaubriand pour catéchiste et qu'a évangélisées Jocelyn après René.

L'abbé Lacordaire réussissait depuis deux années à Notre-Dame, lorsqu'il prit un parti qui dut sembler singulier et extrême à ses amis, même les plus religieux : il quitta brusquement cette position toute faite et s'en alla à Rome pour y étudier, disait-on, mais en réalité pour s'y préparer à prendre l'habit de dominicain, et nous revenir de là avec la robe blanche du frère prêcheur. Que s'était-il passé en lui?

Dans sa conduite comme dans son éloquence, l'abbé Lacordaire a de ces tours imprévus, de ces hardis élans, de ce qu'on appellerait dans un général d'armée des illuminations soudaines. A le bien écouter, on en saurait pourtant les raisons. A peine établi dans cette chaire de Notre-Dame, il n'avait pas été sans se rendre compte de sa puissance d'action sur son public; il avait senti qu'il était en voie d'opérer une œuvre, et, selon qu'il l'espérait, une œuvre bénie. Il voulut davantage. Dans cette haute ambition morale qu'il avoue et qui est celle de conquérir le plus d'esprits et le plus de cœurs à ce qu'il croit la vérité, il s'était dit : « Ma parole est utile; pourquoi ne serait-elle pas perpétuelle? Mais pour cela il faut un corps, un Ordre; or, cet Ordre est tout trouvé, il existe ; il ne s'agit que de le ressusciter en France. » Toutefois, l'entreprise au premier abord était étrange. En se faisant dominicain, il se séparait nettement sans doute des jésuites, qui sont l'Ordre rival et adverse; mais il ne se rapprochait point pour cela du préjugé populaire. Quoi! s'en aller précisément choisir pour patron celui à qui l'on prêtait l'établissement de l'Inquisition, la croisade des Albigeois! Il faisait donc un acte très-périlleux, au point de vue de la prudence humaine ; et, à son propre point de vue, il ne fit jamais, dit-il, un plus grand acte de foi.

Cette sainte aventure lui a réussi. Chemin faisant, et tandis qu'il la menait à fin, il ne négligea point d'éclaircir la question historique, et commença par la dégager des déclamations que les échos du xviii° siècle avaient grossies. Il fit un *Mémoire* pour le rétablissement en France de l'Ordre des frères prêcheurs, qu'il dédia pour premier mot *A mon pays;* il écrivit une *Vie* de saint

Dominique, qui serait à discuter historiquement, mais où respire et reluit l'intelligence vive du moyen-âge. Dans l'intervalle, il était allé prêcher à Metz, cité guerrière et patriotique, et y avait enflammé l'enthousiasme de la jeunesse militaire. Il reparut dans la chaire de Notre-Dame le 14 février 1841, et y retrouva les mêmes sympathies, accrues de ce qu'y ajoutait une curiosité nouvelle. Je ne sais si sa tentative d'Ordre réussira; mais du moins, on put s'en apercevoir dès le premier jour, sa robe blanche de dominicain ne lui nuisait pas. Évidemment sa personne, son talent, l'intérêt qui s'y attachait, n'avaient rien perdu, et l'on était plutôt disposé à lui passer désormais quelque chose d'extraordinaire.

Ce n'est point sa vie que je retrace, et je m'en tiens aux applications de son éloquence. J'en ai signalé quelques défauts; je voudrais maintenant la saisir dans un des morceaux où elle me paraît le plus irréprochable, tout à fait simple, touchante et neuve à la fois; je voudrais pouvoir dire sans réserve : *C'est beau!* L'Oraison funèbre du général Drouot, prononcée dans la cathédrale de Nancy le 25 mai 1847, me donne cette joie. Cette Oraison funèbre me paraît un chef-d'œuvre dans l'ordre des productions modernes. Elle peut se lire après l'Oraison funèbre de Condé et après celle de Turenne; et si Bossuet, comme on peut croire, reste incomparable et grand de toute sa hauteur, combien l'œuvre de l'abbé Lacordaire nous paraît aujourd'hui préférable par certains côtés à celle de Fléchier! M. Lacordaire a eu jusqu'ici à prononcer trois Oraisons funèbres, celle d'O'Connell, celle de l'évêque de Nancy, Forbin-Janson, et celle enfin du général Drouot; je les range non par ordre de dates, mais selon le mérite. La première, celle d'O'Connell, me plaît peu; elle n'est pas exempte de la déclamation propre à ce temps-ci. Chaque siècle a ses idolâtries ; celle du siècle de Louis XIV était la royauté, celle du nôtre est la popularité. L'orateur sacré l'a trop respectée dans la personne du grand agitateur, qui n'épargna jamais, pour arriver à ses fins, le mensonge et l'invective. La seconde Oraison funèbre, celle de M. de Janson, est fort supérieure, elle est simple et vraie. En parlant de cet homme excellent, médiocre en tout, excepté par le cœur, qui fut un missionnaire zélé et un assez pauvre évêque, l'orateur a trouvé des accents touchants et des mouvements pathétiques. Sous la figure de l'abbé de Janson, il a peint lui-même, à son insu, quelques traits de sa propre nature, de sa propre ambition spirituelle d'apôtre : « L'apostolat, dit-il, qui était sa vraie, son unique vocation, le tourmentait et l'emportait dès les premiers jours de son sacerdoce. » On était à la fin de l'Empire : M. de Janson cherchait une carrière à son zèle, un champ pour y semer la parole, et n'osant songer à la France, alors muette, il errait en esprit de l'Amérique à la Chine, de la Chine aux bords du Gange :

« Tout à coup, au sein même de la patrie, poursuit l'orateur, un cri prodigieux s'élève : le descendant de Cyrus et de César, le maître du monde, avait fui devant ses ennemis ; les aigles de l'Empire, ramenées à plein vol des bords sanglants du Dniéper et de la Vistule, se repliaient sur leur terre natale pour la défendre, et s'étonnaient de ne plus ramasser dans leurs serres puissantes que des victoires blessées à mort. Dieu, mais Dieu seul, avait vaincu la France, commandée jusqu'à la fin par le génie, et triomphante encore au quart d'heure même qui signalait sa chute. Je ne dirai point les causes de cette catastrophe ; outre qu'elles ne sont pas de mon sujet, il répugne au fils de la patrie de creuser trop avant dans les douleurs nationales, et il laisse volontiers au temps tout seul le soin d'éclaircir les leçons renfermées par Dieu même au fond des revers. »

Ce sentiment de patriotisme est une des sources de

l'éloquence de l'abbé Lacordaire. Notez qu'il ne l'a pas seulement par accidents et pour l'effet; il en a en lui le foyer. A entendre ce dominicain de nos jours, on croirait parfois retrouver le poëte qui a dit de la patrie :

> J'ai des chants pour toutes ses gloires,
> Des larmes pour tous ses malheurs.

Ce n'est pas à nous de discuter ici ce sentiment, et de voir s'il n'introduit pas dans la parole sacrée, au milieu de beaucoup d'émotion et d'éclat, quelque prestige. Mais, assurément, si un tel sentiment avait quelque part sa place légitime, et si l'orateur a eu droit d'en user, ce dut être dans l'Éloge du général Drouot, ce lieutenant fidèle, homme rare et simple, tout patriotique, qui représentait la probité dans les camps, que Napoléon appelait *le Sage de la grande Armée*, et qui, au sortir des grandes batailles dont il avait dirigé les formidables batteries, ne demandait au Ciel d'autre faveur que de venir mourir sur la paroisse où il avait été baptisé. Les détails que l'orateur a donnés sur sa simple enfance, sont imprégnés d'un parfum de vertu domestique qui va au cœur. Drouot était fils d'un boulanger de Nancy, le troisième de douze enfants :

« Issu du peuple par des parents chrétiens, il vit de bonne heure, dans la maison paternelle, un spectacle qui ne lui permit de connaître ni l'envie d'un autre sort, ni le regret d'une plus haute naissance; il y vit l'ordre, la paix, le contentement, une bonté qui savait partager avec de plus pauvres, une foi qui, en rapportant tout à Dieu, élevait tout jusqu'à lui, la simplicité, la générosité, la noblesse de l'âme, et il apprit, de la joie qu'il goûta lui-même au sein d'une position estimée si vulgaire, que tout devient bon pour l'homme quand il demande sa vie au travail et sa grandeur à la religion. Jamais le souvenir de ces premiers temps de son âge ne s'effaça de la pensée du général Drouot; dans la glorieuse fumée des batailles, aux côtés mêmes de l'homme qui tenait toute l'Europe attentive, il revenait par une vue du cœur et un sentiment d'actions de grâce à l'humble maison qui avait abrité, avec les vertus de son père et de sa mère, la félicité de sa propre enfance. Peu avant de mourir, comparant ensemble toutes les phases de sa carrière, il écrivait : « J'ai connu le véritable bonheur dans « l'obscurité, l'innocence et la pauvreté de mes premières années. » Puisque tel était le charme qui rappelait le héros vers les commencements de lui-même, approchons-en de plus près, et cherchons dans quelques vestiges subsistants ce qu'il y avait donc de si aimable en cette enfance demeurée si chère. »

Et ici l'orateur entre dans des détails familiers auxquels l'Oraison funèbre classique (hormis parfois celle de Bossuet) ne nous avait guère accoutumés :

« Le jeune Drouot s'était senti poussé à l'étude des Lettres par un très-précoce instinct. Agé de trois ans, il allait frapper à la porte des frères des Écoles chrétiennes, et, comme on lui en refusait l'entrée parce qu'il était encore trop jeune, il pleurait beaucoup. On le reçut enfin. Ses parents, témoins de son application toute volontaire, lui permirent, avec l'âge, de fréquenter des leçons plus élevées, mais sans lui rien épargner des devoirs et des gênes de leur maison. Rentré de l'école ou du collége, il lui fallait porter le pain chez les clients, se tenir dans la chambre publique avec tous les siens, et subir dans ses oreilles et son esprit les inconvénients d'une perpétuelle distraction. Le soir, on éteignait la lumière de bonne heure par économie, et le pauvre écolier devenait ce qu'il pouvait, heureux lorsque la lune favorisait par un éclat plus vif la prolongation de sa veillée. On le voyait profiter ardemment de ces rares occasions. Dès les deux heures du matin, quelquefois plus tôt, il était debout ; c'était le temps où le travail domestique recommençait à la lueur d'une seule et mauvaise lampe. Il reprenait aussi le sien ; mais la lampe infidèle, éteinte avant le jour, ne tardait pas à lui manquer de nouveau ; alors il s'approchait du four ouvert et enflammé, et continuait, à ce rude soleil, la lecture de Tite-Live ou de César.

« Telle était cette enfance dont la mémoire poursuivait le général Drouot jusque dans les splendeurs des Tuileries. Vous vous en étonnerez peut-être ; vous vous demanderez quel charme il y avait à cela. Il vous l'a dit lui-même : c'était le charme de l'obscurité, de l'innocence et de la pauvreté. Il croissait sous la triple garde de ces fortes vertus ; il croissait comme un enfant de Sparte et de Rome, ou pour mieux dire encore, et pour dire plus vrai, il croissait comme un enfant chrétien, en qui la beauté du naturel et l'effusion de la Grâce divine forment une fête mystérieuse que le cœur qui l'a connue ne peut oublier jamais. »

J'indique là les parties simples, touchantes : les grands mouvements de l'éloquence s'y mêlent à propos. Tout y est dit d'une manière nette, charmante ; tout y est senti. J'ai le regret de ne pouvoir citer encore une page admirable et pénétrante sur l'amour des Lettres. On ne peut lire tout haut cette Oraison funèbre sans qu'une larme, pour ainsi dire perpétuelle, ne vienne mouiller la paupière et entrecouper la voix.

La Révolution de février 1848 porta le Père Lacordaire à l'Assemblée nationale ; il put croire un moment qu'au milieu d'une grande œuvre commune de reconstruction il y aurait lieu quelquefois à une parole religieuse extra-parlementaire. Mais, après l'invasion du 15 mai, il donna sa démission de représentant, comprenant sans doute que, sous le coup d'un tel attentat, on allait rentrer dans les voies de la politique ordinaire, de la défense sociale méthodique, et qu'il n'y avait plus jour à tenter d'aucun côté une infusion d'esprit nouveau. Il a repris son rôle indépendant, élevé, ses Conférences, et on l'a vu avec plaisir familiariser encore son éloquence dans l'homélie, dans le *prône* dont il s'est chargé à la petite église des Carmes. Ces humbles instructions ont du naturel, de la grâce, et avec lui elles ne manquent jamais d'élévation. Une de ces récentes homélies a paru exhaler contre la bourgeoisie des paroles imprudentes. J'en ai entendu une autre dans laquelle je n'ai retrouvé aucun de ces tons aigus, et bien plutôt un correctif où chacun avait sa part. Mais M. Lacordaire est trop expérimenté pour ne pas comprendre qu'il y a danger, même dans l'apparence, même dans les fausses interprétations auxquelles prêteraient ses paroles. Quand la paille sèche jonche les rues et tourbillonne au gré du vent, il y a à prendre garde aux moindres étincelles, même quand l'étincelle jaillirait d'un foyer sacré.

Je n'ai réussi que bien imparfaitement à rendre cette physionomie singulière, originale, attrayante, si peu gallicane et si française, qui plaît jusque dans ses hasards, où le naturel se dégage en jets heureux de quelques bizarreries de goût, où l'audace ne compromet pas de réelles beautés; cet orateur au vêtement blanc, à l'air jeune, à la parole vibrante, aux prunelles de feu, et dont les lèvres, faites pour s'ouvrir et laisser courir la parole, expriment à la fois l'ardeur et la bonté. Je veux pourtant lui faire une petite querelle en finissant. Le Père Lacordaire est généreux, il l'est avec ses adversaires de tout genre. Il l'est pour les protestants, par exemple, et dans son Oraison funèbre d'O'Connell, au sujet de l'émancipation des catholiques, il leur a rendu une solennelle action de grâces sous les voûtes un peu étonnées de Notre-Dame. Un jour, au collége Stanislas, il lui est arrivé de parler du Saint-Simonisme, alors tout récent; je me souviens d'une sorte de prière, qui était généreuse aussi. Il est généreux, en un mot, pour tous ceux qui croient à quelque degré. Il a parlé de Luther sans outrage, avec un sentiment respecteux pour cette riche et puissante nature; mais tout à coup, à propos de Luther même, citant un bon mot d'Érasme, il a ajouté :

« Vous connaissez tous Érasme, Messieurs. C'était, en ce temps-là, le premier académicien du monde. A la veille des tempêtes qui devaient ébranler l'Europe et l'Église, il faisait de la prose avec l'élasticité la plus consommée. On se disputait dans l'univers un de ses billets. Les princes lui écrivaient avec orgueil. Mais quand la foudre eut grondé, quand il fallut se dévouer à l'erreur ou à la vérité, donner à l'une ou à l'autre sa parole, sa gloire et son sang, ce bonhomme eut le courage de demeurer académicien, et s'éteignit dans Rotterdam, au bout d'une phrase élégante encore, mais méprisée. »

Ici, me permettra-t-il de lui représenter qu'il est injuste? Érasme, si élégant écrivain qu'il fût, n'était pas du tout un *académicien* dans le sens où l'entend l'orateur; il était de ceux qui aiment les Lettres, mais non la phrase. Vous en faites un Balzac ridicule; Érasme n'était qu'un Voltaire modéré, un Fontenelle au goût littéraire plus sain, le précurseur de Rabelais sans ivresse, un sage qui, venu trop tôt et placé entre des partis extrêmes dont il ne pouvait épouser aucun, demandait la permission de rester neutre. « Parce qu'Érasme, nous dit Bayle, n'embrassa point la réformation de Luther et qu'il condamna cependant beaucoup de choses qui se pratiquaient dans le papisme, il s'est attiré mille injures, tant de la part des catholiques que de la part des protestants. » Faut-il qu'il encoure aujourd'hui la même destinée? Je laisse à cette grande renommée d'Érasme la gloire de la science et de l'esprit, mais je ne cesserai jamais de revendiquer sous ce nom le droit du bon sens fin et mitigé, de la raison qui regarde, qui observe, qui choisit, qui ne veut point paraître croire plus qu'elle ne croit; en un mot, je ne cesserai jamais, en face des philosophies altières et devant la foi même armée du talent, de stipuler le droit, je ne dis pas des tièdes, mais des neutres.

Lundi 7 janvier 1850.

MÉMOIRES
DE
PHILIPPE DE COMMYNES,

NOUVELLE ÉDITION
PUBLIÉE PAR MADEMOISELLE DUPONT.

(3 vol. in-8º.)

Philippe de Commynes est, en date, le premier écrivain vraiment moderne. Les lecteurs même qui ne voudraient pas remonter bien haut, ni se jeter dans la curiosité érudite, ceux qui ne voudraient se composer qu'une petite bibliothèque française toute moderne ne sauraient se dispenser d'y admettre et Montaigne et Commynes. Ce sont des hommes qui ont nos idées et qui les ont dans la mesure et dans le sens où il nous serait bon de les avoir, qui entendent le monde, la société, particulièrement l'art d'y vivre et de s'y conduire, comme nous serions trop heureux de l'entendre encore aujourd'hui; des têtes saines, judicieuses, munies d'un sens fin et sûr, riches d'une expérience moins amère que profitable et consolante, et comme savoureuse. Ce sont des conseillers et des causeurs bons à écouter après trois ou quatre siècles comme au premier jour; Montaigne sur tous les sujets et à toutes les heures, Commynes sur les affaires d'État, sur le ressort et le secret des grandes choses, sur ce qu'on nommerait dès lors les intérêts politiques modernes, sur tant de mobiles qui menaient les hommes de son temps, et qui n'ont pas cessé de mener ceux du nôtre. Ce qui semble naïveté chez eux n'est qu'une grâce et une fleur de langage qui orne leur maturité, et d'où leur expérience, si consommée qu'elle soit, prend à nos yeux je ne sais quel air de nouveauté précoce, qui la rend agréable et piquante, et qui l'insinue. On se figure volontiers la sagesse en cheveux blancs et la prudence en cheveux gris; ici, elles se montrent plutôt avec un sourire, avec un parler jeune et plein de fraîcheur.

L'Édition que j'annonce est une occasion toute naturelle de relire Commynes. Cette Édition, publiée sous les auspices de la *Société de l'Histoire de France*, n'est pas seulement meilleure que celle qu'on possédait jusqu'ici, elle est la seule tout à fait bonne, digne d'être réputée classique et pour le texte que l'éditeur a restitué d'après une comparaison attentive des manuscrits, et pour les noms propres dont un grand nombre avaient été défigurés et qu'il a fallu rétablir, et pour les notes exactes et sobres qui éclaircissent les endroits essentiels, enfin pour la biographie de Commynes lui-même, laquelle se trouve pour la première fois complétée et éclaircie dans ses points les plus importants. La reconnaissance augmente quand on pense que tant de bons offices, dont l'éminent historien est l'objet, sont dus à une femme. L'Académie des Inscriptions a reconnu ce mérite solide et modeste en décernant à Mlle Dupont la première médaille dans la série des travaux concernant les antiquités de la France. Les lecteurs, qui liront désormais Commynes avec plus de plaisir et de facilité, y mêleront un sentiment d'estime pour l'excellent éditeur.

« *Au saillir de l'enfance*, dit Commynes (nous dirions

aujourd'hui moins gaiement : *au sortir* de l'enfance), et en l'âge de pouvoir monter à cheval, je fus amené à Lille devers le duc Charles de Bourgogne. » Voilà Commynes, âgé d'environ dix-sept ans, qui met le pied à l'étrier et qui entre d'emblée à l'école du monde. Il avait été jusque-là assez négligemment élevé par un tuteur, ne savait ni grec ni latin, ce qu'il regrettait plus tard; mais nous ne le regrettons ni pour lui ni pour nous : il eut moins à faire pour se débarrasser de la rhétorique pédantesque de son temps. Quand il écrivait ses Mémoires dans sa retraite, il les adressait à un de ses amis, archevêque de Vienne, et il a l'air d'espérer que cet ami, ancien aumônier de Louis XI, et, de plus, savant médecin et astrologue, ne les lui a demandés que pour les mettre ensuite en latin et en composer quelque œuvre considérable. Cet espoir de Commynes que son livre pourra être mis en langue latine, ressemble presque à une plaisanterie, et peut passer pour une simple politesse. Quoi qu'il en soit, son récit, d'autant moins ambitieux qu'il ne le donnait qu'à titre de matériaux, est resté l'histoire définitive de ce temps, un monument de naïveté, de vérité et de finesse; l'histoire politique en France date de là.

Avant de passer au service de Louis XI, Commynes était donc attaché à l'héritier de Bourgogne, au prince qui allait être Charles le Téméraire. Louis XI, en montant sur le trône, avait soulevé toutes les méfiances de la noblesse, qui sentait d'instinct qu'elle avait affaire à un prince non chevaleresque. Ces ambitions féodales se liguèrent et s'armèrent; on appelait cela *la Ligue du bien public;* et tous ces grands vassaux, ces seigneurs vinrent livrer bataille au nouveau roi à quelques lieues de sa capitale, au bas de la colline de Montlhéri (1465). C'est la première bataille à laquelle assista Commynes, et rien n'est piquant comme le récit qu'il en fait. Jamais homme ne fut moins dupe de l'apparence militaire, et ne se laissa moins prendre à la montre. Cette armée de Bourgogne dont il est alors, et qui se présente avec tant de faste, ne lui paraît, de près, se composer que de gens mal armés, maladroits, rouillés par une longue paix de trente ans. On devine que la décadence est très-avancée, et qu'au premier choc sérieux viendra la ruine. Environ un siècle auparavant, Froissart, le dernier des historiens du moyen-âge et le plus brillant, décrivait la bataille de Poitiers (1356) dans un récit tout à fait épique et grandiose. Rien n'est plus largement présenté, plus clair, plus circonstancié que cette bataille de Froissart, mieux suivi dans les moindres épisodes en même temps que nettement posé dans l'ensemble, et couronné par une scène tout héroïque. On suit à la fois distinctement le plan général comme dans une relation moderne, et chaque duel singulier comme dans un combat de *l'Iliade*. Si Commynes, en racontant la bataille de Montlhéri, avait voulu faire la parodie de celle de Poitiers, il ne s'y serait pas pris autrement. La bataille, ici, s'engage tout de travers, au rebours du plan projeté et du sens commun. Charles, posté à Longjumeau, place le connétable de Saint-Pol à Montlhéri, et veut combattre à Longjumeau; Louis XI veut éluder le combat : c'est le contraire qui arrive. Des deux côtés sont des traîtres, ou du moins des gens qui se ménagent à double fin, Saint-Pol du côté de Bourgogne, Brézé du côté du roi, et ces faux chevaliers figurent au premier plan. Au moment où le combat s'engage devant Montlhéri, les Bourguignons font précisément l'inverse de ce qu'on avait décidé dans le Conseil. Les gens du roi étaient retranchés au pied du château derrière une haie et un fossé; il s'agissait de les débusquer avec des archers. Les archers, selon Commynes (ce qui répond à l'infanterie de nos jours), sont « la souveraine chose aux batailles; » mais pour cela il faut qu'ils soient par milliers (car en petit nombre ils ne valent rien). Il faut de plus qu'ils soient mal montés pour qu'ils n'aient point de regret de perdre leurs chevaux, ou mieux il faut qu'ils n'aient pas de chevaux du tout, pour n'être pas tentés de s'en servir. Et enfin Commynes, qui démêle les vraies raisons, même dans l'héroïsme, remarque que les meilleurs archers sont ceux qui n'ont rien vu, qui n'ont pas vu encore le fer de l'ennemi (nous dirions le feu), parce qu'ils ne connaissent pas le péril. Mais les chevaliers bourguignons, qui se sont fait précéder de leurs archers, n'ont pas la patience d'attendre l'effet de cette manœuvre, et, emportés par un beau zèle, ils culbutent ces archers mêmes, « la fleur et l'espérance de leur armée, » et passent par-dessus sans leur donner loisir de tirer un seul coup de flèche. Tant il est vrai que « les choses ne tiennent pas aux champs comme elles sont ordonnées en chambre, » et que le sens d'un seul homme ne saurait prétendre donner ordre à un si grand nombre de gens! Commynes en conclut que s'estimer jusque-là, ce serait, pour un *homme qui eût raison naturelle*, se méprendre et empiéter à l'égard de Dieu, qui se réserve de montrer « que les batailles sont en sa main, et qu'il dispose de la victoire à son plaisir. » Commynes mêle fréquemment Dieu et le Ciel à ses considérations, et l'on peut se demander quelquefois s'il le fait avec une entière franchise, et si ce n'est pas pour mieux couvrir ses hardiesses et ses malices. Mais ici la pensée est élevée, naturelle, et la même réflexion s'applique à de bien plus grosses batailles et de plus savantes que celle-là. Le bon de l'affaire pour nos Bourguignons du XV° siècle, c'est que leur sottise, comme cela s'est vu souvent, leur réussit. L'aile droite, commandée par Charles, est victorieuse. Commynes se tint tout ce jour avec lui, « ayant moins de crainte, dit-il, qu'il n'en eut jamais en lieu où il se trouvât depuis; » et il en donne la raison, de peur qu'on ne s'y méprenne : c'est qu'il était jeune et n'avait nulle connaissance du péril. Tel il se montre à Montlhéri, tel il sera plus tard à Fornoue et ailleurs, ne s'en faisant point accroire. Plein de sang-froid, il se pique très-peu pourtant d'héroïsme militaire, et il est d'avis, comme son futur maître, que « qui a le profit de la guerre, en a l'honneur. »

L'ironie de Commynes se joue dans ce premier récit; c'est cette ironie que nous cherchons, et non l'affaire en elle-même, qui ne nous importe guère. Une aile, disions-nous, était victorieuse, une autre est enfoncée. A un certain moment, chaque parti se croit battu. Du côté du roi, il y eut un grand personnage qui s'enfuit au galop jusqu'à Lusignan (en Poitou) sans débrider; et du côté de Bourgogne, un autre grand personnage ne s'enfuit pas moins vite jusqu'au Quesnoi (en Hainaut). *Ces deux*, ajoute Commynes, *n'avoient garde de se mordre l'un l'autre.*

On couche sur le champ de bataille, qui reste à Charles; Commynes nous fait voir ce champ de bataille, tel qu'il était en réalité, tel qu'ils le sont tous (1), et le souper de Charles, assis sur une botte de paille, au milieu des morts et des mourants, dont l'un se réveille fort à propos pour demander un peu de tisane. On passe la nuit dans les transes, se croyant perdu si l'ennemi reparait au matin. Le *Te Deum* de l'historien ressemble assez à dire : *Nous l'avons échappé belle;* et il en con-

(1) Se rappeler la lettre du marquis d'Argenson à Voltaire, écrite du champ de bataille de Fontenoy (*Commentaire historique...* au tome I des Œuvres de Voltaire).

clut, somme toute, que l'on se comporta en cette affaire *comme hommes, et non point comme anges.*

Un des effets bizarres de cette plaisante victoire de Montlhéri, c'est qu'elle enfle tellement le cœur de Charles, que, depuis ce jour-là, se croyant un Alexandre, il ne rêve plus que guerre et conquête (lui qui n'y avait point songé auparavant), et qu'il n'use plus du conseil de personne. Jamais, durant sept années de suite qu'il fut à la guerre à côté de lui, Commynes ne le vit une seule fois depuis convenir d'une fatigue, ni témoigner une incertitude. Tel était le prince auprès duquel il se trouva placé, presque au retour de cette expédition, en qualité de chambellan et de conseiller. Il perdit sa peine et ses avis à tâcher de le modérer et à vouloir lui insinuer sa jeune prudence. Il dut avoir plus d'une fois à se plaindre de lui; on raconte l'histoire d'une botte armée d'éperon dont le duc lui donna un jour à travers le visage, sans doute en remercîment de quelque bon conseil. De semblables brutalités ne s'oublient pas. Commynes s'élève en maint endroit contre la *bestialité* des princes, et sans cesse il oppose les insensés aux sages. Il en a connu des uns et des autres; il a horreur des rois *bêtes*, incapables de conseil; de ces princes « qui n'ont jamais doute ni crainte de leurs ennemis, et qui le tiendroient à honte. » On voit bien à qui il pense en parlant ainsi. Non pas qu'il en veuille à Charles : en peut-on vouloir à ceux en qui le sens naturel fait défaut? Il en parle même toujours avec convenance et discrétion quand il le nomme ; mais il le juge : « Il étoit assez puissant, dit-il, de gens et d'argent, mais il n'avoit point assez de sens ni de malice pour conduire ses entreprises. » Ce mot de *malice* revient souvent chez Commynes, et toujours en bonne part. « C'étoit un *sage homme et malicieux*, » dit-il de l'un de ses personnages. Avec Commynes, cela se marque même dans la langue, le règne de la chevalerie est passé, celui de la bourgeoisie commence.

Tout éloignait Commynes de Charles le Téméraire, tout le rapprochait de Louis XI. Il est facile de voir, du premier moment qu'il parle de celui-ci, que ce sera le prince de son choix. Charles et les siens sont venus mettre le siége devant Paris, du côté de Charenton; Louis XI fait avorter l'entreprise sans rien livrer au hasard, et en travaillant à petit bruit, et à la faveur d'une trêve, à détacher un à un ses ennemis. Il appliquait sa maxime : *Diviser pour régner.* « Entre tous ceux que j'ai jamais connus, dit Commynes, le plus sage pour se tirer d'un mauvais pas en temps d'adversité, c'étoit le roi Louis XI, notre maître, et le plus humble en paroles et en habits. » Et il nous initie au procédé de Louis XI, à sa manière de gagner les gens, de les pratiquer, de ne se point rebuter d'un premier refus. Pour gagner un homme, la première chose à savoir est : *Qu'aime-t-il?* « Les passions des hommes, a dit Vauvenargues, sont autant de chemins ouverts pour aller à eux. » Louis XI savait ce principe, que tout homme qui aspire à gouverner doit savoir, et il le mettait doucement en usage. On a ici, chez Commynes, le portrait de Louis XI au naturel, sans charge aucune, sans rien de ces exagérations qu'on y a mêlées, un exact et fin portrait selon Holbein ou Albert Durer. « Il étoit naturellement ami des gens de moyen état et ennemi de tous grands qui se pouvoient passer de lui. Nul homme ne prêta jamais tant l'oreille aux gens, ni ne s'enquit de tant de choses... Il connoissoit toutes gens d'autorité et de valeur qui étoient en Angleterre, Espagne et Portugal, Italie, comme il faisoit ses sujets. » A tant de qualités faites pour capter, Louis XI joignait un défaut bien grave chez un roi. Il avait, comme le grand Frédéric, le propos méchant, caustique; il ne pouvait se tenir de lâcher un bon mot sur les gens, quand il ne les craignait pas. Mais, le bon mot lâché, il fallait voir comme il réparait, comme il se condamnait lui-même aux dépens; il guérissait de son mieux, avec sa libéralité, les blessures qu'il avait faites à l'amour-propre. Il disait avec une grâce parfaite, car son propos se retrouvait charmant dès qu'il le voulait : « Ma langue m'a porté grand dommage, aussi m'a-t-elle fait beaucoup de plaisir : c'est raison que je paie l'amende. » Si l'on ne se tenait sur ses gardes en lisant Commynes, on se prendrait par instants, non-seulement à excuser et à goûter Louis XI, mais à l'aimer pour tant de bonne grâce et de finesse. Ce serait tomber dans un autre excès et accorder assurément beaucoup plus que Louis XI lui-même ne désira jamais.

Commynes avait vingt et un ans lorsqu'eut lieu l'entrevue de Péronne (1468). Louis XI, on ne sait trop comment, et par excès de confiance en sa supériorité de finesse, s'était venu mettre au pouvoir de Charles; le renard s'était jeté sous les griffes du lion. Il y eut là un moment terrible pour le rusé pris au piége. Ce fut quand Charles eut la preuve qu'au même moment où le roi venait pour le leurrer de belles paroles et le faire revenir sur les conditions onéreuses du traité juré, il excitait sous main les Liégeois révoltés contre lui. En cette crise, Commynes et Louis XI s'entendirent de prime abord et d'un clin d'œil. Commynes couchait dans la chambre du duc; il l'avait vu toute la nuit debout et rôder troublé de colère. Il savait à point nommé ses projets et les limites d'où il ne se départirait pas. Il fit prévenir à temps le roi de l'excès du danger et de la nécessité d'en passer à tout prix par les conditions qu'on exigerait. La scène du matin entre le roi et le duc nous est rendue au vif. Le duc, en abordant le roi, tremble;

sa voix est âpre et émue, bien qu'il veuille paraître calme. Il pose les conditions extrêmes, humiliantes pour Louis XI. Celui-ci, d'un air doux et sans effort. répond *oui* à tout, et fait si bien qu'en un instant son brusque adversaire passe du courroux à la joie, presque à la tendresse. « La parole du roi, dit un contemporain de Commynes, étoit tant douce et *vertueuse*, qu'elle endormoit comme la Sirène tous ceux qui lui présentoient oreilles. » Homère nous vante les paroles *de miel* d'Ulysse. On a également vanté la douceur séduisante de M. de La Rochefoucauld, de M. de Talleyrand. Louis XI était de cette race et avait reçu en partage le même don, celui de manier les esprits par son accent et par les caresses de sa parole.

N'omettons pas un trait qui peint Commynes autant que Louis XI. Pendant cette captivité de Péronne, avant le dernier jour et dans les premières ouvertures que fit le roi, celui-ci offrait de signer un traité de paix tout à l'avantage de Charles, moyennant qu'il recouvrerait aussitôt sa liberté et qu'il pourrait s'en retourner à Compiègne. Il offrait en même temps, comme garants de son alliance sincère et de son prochain retour, des otages considérables, tels que le duc de Bourbon, le cardinal son frère et plusieurs autres. Ceux-ci s'offraient également et avaient l'air tout haut de réclamer cet honneur d'être pris pour otages. « Je ne sais s'ils disoient ainsi à part, ajoute Commynes, je me doute que non ; et à la vérité je crois qu'il les y eût laissés et qu'il ne fût pas revenu. » Commynes exprime ainsi sa conjecture, et il ne s'en indigne pas. Le génie italien de cet âge l'a gagné. Ce n'est pas un Tacite que Commynes, mais c'est en douceur, et sans en faire semblant, notre Machiavel. Louis XI apparaît chez lui dans tout son naturel à nu ; s'il est parfois odieux, c'est nous qui, à la réflexion, le voyons et le concluons tel : Commynes ne le dit pas, et peut-être il ne le sent pas. Il y a là dans sa morale un côté faible que je ne prétends pas dissimuler.

Si l'on avait le temps de s'égayer, après avoir vu Louis XI pris au piége et le renard en défaut, il faudrait le voir un peu sur son terrain, avec ses avantages, et jouant à son tour avec ses ennemis, comme fait le chat avec la souris. Pour juste pendant à la scène de Péronne, il y aurait à montrer une scène de *paravent* extrêmement comique, qui amène la perte du Connétable de Saint-Pol. Ce grand seigneur et officier de la Couronne, à force de vouloir se ménager et s'agrandir entre le roi de France, le roi d'Angleterre et le duc de Bourgogne, n'avait réussi qu'à offenser de tous côtés. Cependant le duc de Bourgogne hésitait encore à permettre sa ruine. Un jour que Louis XI reçoit un envoyé du Connétable, dans un temps où il a près de lui un seigneur de Contay, fidèle serviteur du duc, il avise de faire cacher ce sieur de Contay derrière un paravent avec Commynes, tandis qu'il ferait jaser l'envoyé du Connétable. L'envoyé, qui se croit en tête-à-tête avec le roi, s'égaie sur le compte du duc de Bourgogne, le contrefait dans ses fureurs, dans ses gestes et ses jurements. Louis XI, qui est venu s'asseoir sur un escabeau, tout contre le paravent, rit aux éclats et lui dit de répéter, de parler haut, et qu'il commence à devenir un peu sourd. On a là une scène de comédie qui rappelle celle du *Tartufe*, quand Elmire, pour convaincre son mari, l'a caché sous la table. Le serviteur du duc de Bourgogne, au sortir de là, impatient de colère, n'a de hâte que pour faire seller son cheval, et aller raconter à son maître la trahison du Connétable. Celui-ci, malgré tous les symptômes d'orage, ne sait pas se mettre à couvert, et périt d'une mort misérable. « J'ai peu vu de gens en ma vie, dit Commynes, qui sachent bien fuir à temps. »

Commynes était de ce petit nombre qui savent saisir l'heure et le moment. Dans la nuit du 7 au 8 août 1472, il avait quitté brusquement le duc de Bourgogne, et s'était retiré auprès du roi de France, qui, depuis longtemps, le désirait pour sien. Cet acte de Commynes a été jugé diversement. Il convient, pour rester au vrai point de vue, de ne pas oublier que l'idée de *patrie* n'était pas alors ce qu'elle est aujourd'hui : les liens qui obligeaient un gentilhomme envers son souverain étaient surtout personnels; et Charles, par ses fureurs, par ses mauvais procédés, par sa déraison croissante, avait tout fait pour délier un conseiller de la trempe de Commynes, de même que Louis XI, en belles paroles et en bons effets, n'avait rien négligé pour se l'attacher. Commynes n'avait que vingt-cinq ans alors, et il servit fidèlement Louis XI comme conseiller et chambellan jusqu'à la mort du roi (1483). C'est donc à l'âge de trente-six ans seulement que son ambition reçut le plus rude échec et que fut interceptée sa fortune. Sa carrière de conseiller se brisa à l'âge où elle commence à peine pour les autres. Il a raison de remarquer quelque part que presque tous ceux qui ont fait de grandes choses ont commencé fort jeunes; mais ce qui est bien rare, c'est de conseiller si sagement et de voir si juste, de tenir la balance si exacte, dès cette première moitié de la vie.

Commynes, dans ses Mémoires, n'est pas seulement un narrateur, c'est un philosophe politique, embrassant, comme Machiavel et comme Montesquieu, l'étendue des temps, les formes diverses de gouvernements, leurs principes et les conséquences éloignées qui en découlent.

Commynes a vu et sondé la plaie de ces temps rudes et violents du moyen-âge, la guerre. Il la prise peu dans sa gloire, il la déteste dans son *tous-les-jours;* il a en horreur les avanies, habituelles aux gens de guerre d'alors, même en pays ami, et il comprend déjà les intérêts positifs modernes en digne serviteur de son prudent maître. Point de bravade chez lui, point de fausse gloire ni de chevalerie prolongée : « C'est grand honneur de craindre ce que l'on doit, dit-il, et d'y bien pourvoir. » Il est plein de ces maximes-là, qui mènent au juste-milieu, comme nous l'entendons, et au gouvernement de la société sans choc, moyennant un sage équilibre des forces et des intérêts.

Il est partisan du gouvernement d'Angleterre, comme Montesquieu, et par des raisons du même ordre. Il est pour le *self-government,* ou du moins pour les taxes consenties, d'où le reste de la liberté moderne et de l'ordre constitutionnel dépend. Et ce ne sont pas des velléités ni des éclairs d'aperçus; il y insiste et embrasse l'idée moderne dans sa portée. Il faut lire là-dessus le chapitre xix° du livre V, intitulé *Caractère du peuple françois et du gouvernement de ses rois*, pour avoir de Commynes et de son esprit politique toute l'estime qu'il mérite. Il pose en principe qu'il n'y a ni roi ni seigneur qui ait pouvoir de mettre un denier sur ses sujets sans octroi et consentement de ceux qui doivent le payer. Il pense que le délai même que ce consentement entraîne en cas de guerre, est bon et profitable; que les rois et princes, quand ils n'entreprennent rien que du conseil de leurs sujets, en sont plus forts et plus craints de leurs ennemis. Il a remarqué que, de toutes les seigneuries du monde dont il a connaissance, celle où la chose publique est le mieux traitée, où règne le moins de violence sur le peuple. même en temps de guerre civile.

c'est l'Angleterre. Ainsi, dans les luttes sanglantes des deux Roses, les malheurs de la guerre frappaient sur les nobles bien plus que sur le peuple et les gens des Communes. Il attribue cette modération jusque dans les maux à la part de gouvernement et d'action publique que les Communes se sont réservée en Angleterre. Quant au roi de France, Commynes est d'avis qu'il n'est pas plus fondé qu'aucun roi à dire : « J'ai privilége de lever sur mes sujets ce qui me plaît. » Car ce privilége, *ni lui ni autre ne l'a.* Les courtisans qui, par flatterie, le lui concèdent, lui font plus de tort que d'honneur. On a là d'avance, dans Commynes, la critique de ce mot de Louis XIV : *L'État, c'est moi,* et de cet autre mot d'un courtisan à Louis XV enfant : *Tout cela est à vous.* Commynes pense qu'il serait bon de tenir des États réguliers ; que ceux qui s'y opposent en élevant ces grands mots de majesté et d'autorité royale, ne le font que par des motifs personnels, parce que, n'étant que gens frivoles et propres à conter *fleurette* dans l'oreille, ils n'auraient pas de quoi figurer dans une grande assemblée où il faudrait discuter avec sérieux, et qu'aussi ils ont peur que leurs œuvres ne soient connues et blâmées. Il entre à ce propos dans des détails de budget, dans des chiffres ; l'habile homme sait au fond que tout en politique dépend de là. Commynes, dans ce chapitre, devance les idées réformatrices des Vauban, des d'Argenson. Si j'osais, je dirais que j'aime encore mieux ce chapitre-là qu'un chapitre analogue de Montesquieu. C'est du Montesquieu pris à sa source, au naturel. Le malheur de la France est qu'un tel gouvernement n'ait pas été constitué régulièrement quand le peuple était bon, les Communes consistantes, les grands corps de l'État animés d'un esprit de tradition, et la vitalité du royaume en son entier. Après Louis XIV, après

Louis XV, 89 vint trop tard. La société était déjà gâtée.

Je n'irai pas jusqu'à croire que Commynes conseillât la tenue des États à Louis XI, si jaloux et si méfiant en matière d'autorité. Commynes loue fort son maître de l'unité qu'il voulait établir dans son royaume, de l'unité dans les poids et mesures, de l'unité dans les Coutumes et de l'espèce de *Code civil* qu'il projetait; ajoutez-y encore le projet d'abolir les péages à l'intérieur, et d'établir pour le commerce la libre circulation, en rejetant les douanes à la frontière. Mais la pensée de Louis XI n'allait pas au delà. Ces idées de Commynes purent ne lui venir à lui-même qu'après la mort de son maître, quand il eut connu à son tour l'adversité, l'oppression, et qu'il eut pu vérifier par expérience sa maxime : « Les plus grands maux viennent volontiers des plus forts; car les faibles ne cherchent que patience. » Mais, quelle que soit leur date dans la vie de Commynes, les idées qu'on vient de voir donnent la mesure de l'étendue de son horizon. C'est le côté le plus sérieux et le plus nouveau par où il a mérité d'être le *bréviaire* des hommes d'État qui ont suivi. En un mot, Commynes est tellement moderne par les idées et par les vues, qu'on pourrait assigner en le lisant (ce qui est bien rare pour les auteurs d'une autre époque) la place qu'il aurait tenue à coup sûr dans notre ordre social actuel, et sous les divers régimes que nous avons traversés depuis 89.

Cependant Louis XI tombe malade : il a plusieurs attaques d'apoplexie, qui altèrent de plus en plus son humeur et aggravent ses soupçons. Le tableau des dernières années de Louis XI est d'une vérité frappante et inimitable chez Commynes. Des poëtes, des romanciers en ont tiré des sujets; mais ni le roman de Walter Scott, ni la chanson de Béranger, ne rendent la réalité dans toute sa justesse, et avec la parfaite mesure qu'elle nous offre sous cette plume de Commynes, curieuse, attentive, fidèle, et si étrangère à un but littéraire, à un effet dramatique. La première attaque d'apoplexie frappa Louis XI aux Forges, près Chinon. Il était à table; il perdit subitement la parole; il voulait s'approcher de la fenêtre; mais, croyant bien faire, on l'en empêcha, et on le retint près du feu. Dès qu'il se trouve mieux quelques jours après, sa ruse, sa méfiance est la première chose qui se réveille en lui, et qui reprend connaissance. Il s'enquiert de ceux qui l'ont retenu par force dans le premier moment, et les chasse tous de sa maison, moins par colère réelle que par feinte, et pour servir d'exemple à ceux qui seraient tentés dans la suite d'user de sa faiblesse pour empiéter en quoi que ce soit : « Car il étoit maître, dit Commynes, avec lequel il falloit charrier droit. » Avant même d'avoir retrouvé toute sa tête, il fait semblant de comprendre les dépêches qu'on lui apporte et qu'on lui lit; il les prend en main, et fait mine de les lire à son tour, bien qu'il soit encore hors d'état d'y rien voir : c'est le roi qui se réveille en lui avant l'homme. Revenu à Tours, et enfermé dans son château du Plessis, Louis XI se livre à toutes les bizarreries qu'on sait, mais dont le but et l'intention étaient surtout politiques. Plus il se resserre dans la prison qu'il s'est faite, plus il cherche à se multiplier dans l'idée des autres et dans la sienne, à faire le vivant. Il envoyait acheter, par exemple, des chevaux, des chiens de race de tous côtés, aux pays étrangers, là où il voulait qu'on le crût bien portant et capable d'aller encore à la chasse. Tout cela pour faire illusion jusqu'au bout aux autres et à lui-même. Ces incomparables détails, donnés par Commynes, témoin assidu, et qui ne quittait pas sa chambre, font de cette partie de son histoire le plus éloquent tableau de misère royale et humaine. Le nom de Tacite se présente ici naturellement avec l'image de Tibère s'enfermant dans l'île de Caprée; mais le récit de Tacite est d'un caractère à la fois plus atroce et plus grand. L'île de Caprée a un autre aspect, un autre profil que le château du Plessis-lez-Tours. De même, les actes de Tibère, datés de là, cette *grande lettre* écrite au Sénat par laquelle il consomme la ruine de Séjan, l'appareil des ruses, et jusqu'aux oisivetés et aux débauches, tout est d'une autre portée et sent sa puissance romaine. Le vice ignoble lui-même y devient colossal. En tout la qualité dominante du talent de Tacite, ce composé de grave et d'auguste, y est éminemment applicable; elle serait de trop dans le tableau de Louis XI. La naïveté et malice gauloise de Commynes y va mieux. On aurait tort pourtant de croire que ce serait faire injure à Tacite que d'en rapprocher en cette occasion Commynes; celui-ci, dans les réflexions qu'il joint à son récit, sur la misère des hommes et spécialement des princes, a su atteindre aux considérations morales les plus vraies, les plus touchantes. Nul historien n'exprime aussi vivement que lui le sentiment profond de la misère des grands et des rois, des puissants et des heureux de la terre. On reconnaît là l'homme qui a couché de longues années, comme chambellan, dans leur chambre, qui a assisté à leurs insomnies et à leurs mauvais songes, et qui, depuis la fleur de leur âge jusqu'à leur mort, n'a pas surpris dans ces destinées si enviées un seul *bon jour:* « Ne lui eût-il pas mieux valu, dit-il de Louis XI, à lui et à tous autres princes, et hommes de moyen état qui ont vécu sous ces grands et vivront sous ceux qui règnent, élire le moyen chemin... : c'est à savoir moins se soucier et moins se travailler, et entreprendre moins de choses; plus craindre à offenser Dieu et à persécuter le peuple et leurs voisins par tant de voies cruelles, et prendre des aises et plaisirs honnêtes? Leurs vies en seroient plus longues; les maladies en viendroient plus tard; et leur mort en seroit plus regrettée et de plus de gens, et moins désirée... » L'équivalent de Tacite ne se trouve-t-il point dans ces passages, et dans tels autres où Commynes a des accents qui parfois rappellent ceux de Bossuet? Après avoir mis en regard, par exemple, les malheurs qui frappèrent, vers le même temps, la maison de France et celle de Castille : « Et semble, dit-il, que Notre-Seigneur ait regardé ces deux maisons de son visage rigoureux, et *qu'il ne veut point qu'un royaume se moque de l'autre.* »

A partir de la mort de Louis XI, les Mémoires de Commynes perdent sensiblement en intérêt. Le récit de la conquête d'Italie, sous Charles VIII, et de la marche jusqu'à Naples, est obscur, diffus, sans ordre; on a pu douter jusqu'à un certain point que cette partie des Mémoires fût, en effet, de lui. On voit bien que l'habile homme n'était pas là partout d'aussi près qu'ailleurs. Il reprend sa supériorité d'historien là où il assiste en personne, dans le détail des négociations de Venise et dans le récit de la bataille de Fornoue.

Je ne fais pas la biographie de Commynes. Elle était incomplète jusqu'à ce jour; c'est le présent éditeur, Mlle Dupont, qui a le mérite d'en avoir éclairci les endroits obscurs. Un seul fait important est ici à noter: comme Bacon, Commynes, sur un point délicat, fut coupable et faible; tous deux ont eu dans leur vie des taches du même genre, pour avoir trop aimé les biens. Mal enrichi par Louis XI, qui le combla des confiscations injustes faites sur la maison de La Trémouille, Commynes eut, après la mort de son maître, à purger ses comptes, et il ne rendit qu'à la dernière extrémité les dépouilles de l'innocent. Sa fortune politique ne se releva jamais depuis, et elle n'eut plus que d'infidèles retours. Au reste, ç'a été un bonheur pour lui et pour nous qu'il ait eu, sur la fin de sa vie, des années de disgrâce : nous y avons gagné un grand historien, et lui un nom immortel. Ce qu'il regardait également comme un malheur de sa première éducation, de n'avoir pas été instruit dès sa jeunesse aux Lettres anciennes, n'a pas moins tourné à son avantage et à la gloire de son originalité d'écrivain. Il n'avait pas eu plus d'éducation que M. de La Rochefoucauld, pas d'autre que celle des hommes et des choses; aux esprits bien faits c'est la meilleure, et elle suffit.

Commynes justifie tout à fait pour moi le mot de Vauvenargues : « Les vrais politiques connaissent mieux les hommes que ceux qui font métier de philosophie : je veux dire qu'ils sont plus vrais philosophes. » Mais, pour cela, il faut que ce soient de vrais politiques en effet, et il en est peu qui justifient ce titre à l'égal de Commynes. Dans un temps où tout le monde se croit propre à la politique, il ne serait pas mal d'aller regarder en lui quelles sont les qualités requises chez ceux que la nature a destinés à cette rare science.

Lundi 14 janvier 1850.

JOURNAL DE LA CAMPAGNE DE RUSSIE EN 1812

PAR

M. DE FEZENSAC,

LIEUTENANT-GÉNÉRAL.

(1849.)

Voilà un court récit, très-simple, très-intéressant, qui n'a nullement la prétention d'être une histoire de l'expédition de Russie, de cette expédition éloquemment présentée par M. de Ségur, sévèrement discutée par M. de Chambray, et que d'autres écrivains embrasseront encore dans son ensemble. M. de Fezensac, à l'époque de cette campagne, était âgé de vingt-six ans. Successivement aide-de-camp du prince Berthier, puis colonel, il a écrit pour lui-même un journal de ce qu'il a vu et de ce qu'il a fait, ou plutôt de ce qu'a fait et souffert son régiment, qui, dans la retraite, combattait à l'extrême arrière-garde, sous les ordres de Ney. C'est ce journal sincère, véridique, et d'abord destiné uniquement à un cercle intime, qu'il se décide à publier aujourd'hui.

Les réflexions que fait naître cette simple relation sont de plus d'un genre; l'impression qu'elle laisse après elle dans l'esprit est ineffaçable. En la lisant, on se rend un compte exact de ce qu'a été ce grand désastre dès l'origine et dans ses dernières conséquences, bien mieux encore qu'en lisant des récits plus généraux et plus étendus. Ici on n'est pas en plusieurs lieux à la fois, on est en un seul point déterminé; on marche jour par jour, on se traîne; on fait partie d'un seul groupe que chaque heure meurtrière détruit. Rien ne se perd du détail et de la continuité des souffrances. L'héroïsme, jusqu'à la fin, a beau jeter d'admirables éclairs, on peut trop voir à quoi tient cette flamme elle-même, et qu'elle va périr faute d'aliment. Il en résulte un bien triste jour ouvert sur la nature morale de l'homme, toute une étude à fond, une fois faite, inexorable, involontaire. Mais, en même temps que le cœur saigne et que l'imagination se flétrit, on est consolé pourtant de se sentir pour compagnon et pour guide un guerrier modeste, ferme et humain, en qui les sentiments délicats dans leur fleur ont su résister aux plus cruelles épreuves. M. de Fezensac, nourri de souvenirs littéraires, a eu le droit de mettre en tête de son écrit ces vers touchants du plus pieux des poëtes antiques, de Virgile faisant parler son héros : *Iliaci cineres, et flamma extrema meorum...*, ce qu'il traduit ainsi, en l'appropriant à la situation : « O cendres d'Ilion! et vous, mânes de mes compagnons! je vous prends à témoin que, dans votre désastre, je n'ai reculé ni devant les traits des ennemis, ni devant aucun genre de danger, et que, si ma destinée l'eût voulu, j'étais digne de mourir avec vous. »

Dans la première partie du récit, qui va jusqu'à la bataille de la Moskowa, et qui n'est qu'une sorte d'introduction, M. de Fezensac, alors chef d'escadron et aide-de-camp du maréchal Berthier, se borne à bien saisir les faits d'un coup d'œil rapide et précis, selon que le lui permet sa position au centre. Si sobre qu'il soit de considérations générales, il est aisé avec lui de sentir, dès le début de cette expédition gigantesque, que les bornes de la puissance humaine sont dépassées, et que le génie d'un homme, cet homme fût-il le plus grand, ne saurait prétendre à contenir et à diriger dans son cadre une organisation aussi exorbitante. L'administration civile de l'armée, les divers corps de service qui dépendaient de l'Intendance générale, passés en revue à Wilna par le maréchal Berthier, formaient déjà toute une armée qui, chargée de pourvoir à l'autre, ne savait où se pourvoir elle-même. Malgré le zèle des chefs, dans un pays qui prêtait si peu aux ressources, « cette immense administration fut presque inutile dès le commencement de la campagne, et devint nuisible à la fin. » Les troupes mêmes, si brillantes et si aguerries, ont des parties faibles qui se trahissent dès les premiers pas. Dans la marche, à quelques lieues en avant de Wilna, « nous rencontrâmes, dit M. de Fezensac, plusieurs régiments de la Jeune Garde; je remarquai entre autres le régiment des flanqueurs, composé de très-jeunes gens. Ce régiment était parti de Saint-Denis, et n'avait eu de repos qu'un jour à Mayence et un à Marienwerder, sur la Vistule; encore faisait-on faire l'exercice aux soldats les jours de marche, après leur arrivée, parce que l'Empereur ne les avait pas trouvés assez instruits. Aussi ce régiment fut-il le premier détruit; déjà les soldats mouraient d'épuisement sur les routes. »

Malgré les succès extraordinaires qui signalent l'entrée en campagne, malgré la conquête de la Lithuanie en un mois, presque sans combattre, et quoique la vaillante jeunesse se laisse aller aux espérances, ceux qui réfléchissent voient l'avenir beaucoup moins en beau. On n'était encore qu'à Witepsk, et déjà « les gens d'un esprit sage et les officiers expérimentés n'étaient pas sans inquiétude. » Ils voyaient l'armée diminuée *d'un tiers* depuis le passage du Niémen, et non par les combats, mais par l'impossibilité de subsister dans un pays pauvre et que l'ennemi ravageait en le quittant. Ils remarquaient la mortalité effrayante des chevaux, qui n'avaient à manger le plus souvent que la paille des toits; une partie de la cavalerie mise à pied, la conduite de l'artillerie rendue plus difficile, les convois d'ambulance forcés de rester en arrière, et par suite les malades presque sans secours dans les hôpitaux. « Ils se demandaient non-seulement ce que deviendrait cette armée si elle était battue, mais même comment elle supporterait les pertes qu'allaient causer de nouvelles marches et des combats plus sérieux. » Toutefois ces prévisions sombres, qui ont été trop éclairées par l'événement, pouvaient encore alors se perdre et se dissiper dans quelqu'une de ces solutions imprévues et glorieuses dont l'histoire des guerres est remplie.

Après la bataille de la Moskowa, M. de Fezensac d'aide-de-camp devint colonel du 4e régiment de ligne. Depuis lors son récit n'est plus que l'histoire de ce régiment et du 3e corps, dont il fait partie. L'unité dans l'intérêt commence.

Dès le premier jour qu'il prend en main son commandement, le nouveau colonel est frappé de l'épuisement des troupes et de leur faiblesse numérique. « Au grand quartier-général, dit-il, on ne jugeait que les résultats, sans penser à ce qu'ils coûtaient, et l'on n'avait aucune idée de la situation de l'armée; mais en prenant le commandement d'un régiment, il fallut entrer dans tous les détails que j'ignorais, et connaître la profondeur du mal. » Le 4e régiment était réduit à 900 hommes, de 2,800 qui avaient passé le Rhin. Toutes les parties de l'habillement, et surtout la chaussure, étaient en mauvais état. Le moral des troupes avait déjà éprouvé de profondes atteintes; on ne retrouvait plus l'ancienne gaieté des soldats, ces chants du bivouac, qui consolaient des fatigues : c'était une disposition toute nouvelle dans une armée française, et après une victoire.

Un régiment est une famille, et le rôle de colonel, conçu dans son véritable esprit, est l'un des plus beaux à remplir. On commande à un groupe d'hommes déjà considérable, mais jouissant encore d'une parfaite unité, qu'on tient tout entier dans sa main et sous son regard, dont on peut connaître chacun par son nom, en le suivant jour par jour dans ses actes. Dans les grades plus élevés, on voit de plus loin, plus en grand; le génie de la guerre, si on l'a, trouve mieux à se déployer. Mais, au point de vue de la moralité militaire, dans cette vaste confrérie qu'on appelle l'armée, il n'y a nulle part autant de bien à faire, un bien aussi direct, aussi continu que dans le grade de colonel.

M. de Fezensac, jeune, doué de toutes les qualités qui humanisent et civilisent la guerre, comprit ce rôle dans son plus noble sens et, l'on peut dire, dans sa beauté morale; il ne s'attacha plus qu'à le bien remplir. Le spectacle de l'incendie de Moscou et des scènes de désolation qui s'y mêlèrent l'avait affecté douloureusement : détournant la vue des malheurs qu'il ne pouvait soulager, il eut à cœur de corriger du moins ceux qui étaient à sa portée, et de s'acquitter de tous les devoirs utiles. Pendant le mois de séjour à Moscou et aux environs, il ne s'était appliqué qu'à remonter le matériel de son régiment et à y entretenir le moral. La veille de la retraite, 18 octobre, l'Empereur passa au Kremlin la revue du 3ᵉ corps, qui était celui de Ney. « Cette revue fut aussi belle que les circonstances le permettaient. Les colonels rivalisèrent de zèle pour présenter leurs régiments en bon état. Personne, en les voyant, n'aurait pu s'imaginer combien les soldats avaient souffert et combien ils souffraient encore. Je suis persuadé, ajoute M. de Fezensac, que la belle tenue de notre armée au milieu des plus grandes misères a contribué à l'obstination de l'Empereur, en lui persuadant qu'avec de pareils hommes rien n'était impossible. »

La revue finissait à peine, que les colonels reçurent l'ordre du départ pour le lendemain. On emporta sur des charrettes tout ce qui restait de vivres : « Je laissai dans ma maison, dit M. de Fezensac, la farine que je ne pus emporter; on m'avait conseillé de la détruire; mais je ne pus me résoudre à en priver les malheureux habitants, et je la leur donnai de bon cœur, en dédommagement du mal que nous avions été forcés de leur faire. Je reçus leurs bénédictions avec attendrissement et reconnaissance. Peut-être m'ont-elles porté bonheur. »

La retraite commence. L'armée traîne après elle tout ce qui a échappé à l'incendie de Moscou. Les voitures de toutes sortes, et quelques-unes de la plus grande élégance, chargées d'objets précieux, vont pêle-mêle avec les fourgons et les charrettes qui portent les vivres. « Ces voitures, marchant sur plusieurs rangs dans les larges routes de la Russie, présentaient l'aspect d'une immense caravane. Parvenu au haut d'une colline, je contemplai longtemps, dit le narrateur, ce spectacle qui rappelait les guerres des conquérants de l'Asie; la plaine était couverte de ces immenses bagages, et les clochers de Moscou, à l'horizon, terminaient le tableau. »

Même dans ces premiers instants de la retraite, c'était une tâche difficile de faire observer l'ordre et la discipline. M. de Fezensac ne négligea rien pour la maintenir dans son régiment. A mesure que l'armée se retirait, on incendiait tous les villages. Davoust, qui commandait d'abord à l'arrière-garde, était chargé de mettre le feu partout, « et jamais ordre ne fut exécuté avec plus d'exactitude et même de scrupule. » M. de Fezensac, en racontant, a de ces mots qui n'ont l'air de rien, qui sont discrets comme des mots de bonne compagnie, et qui disent beaucoup.

Après le premier mouvement de retraite manqué sur Kalouga, l'armée dut se rabattre sur la grande route de Smolensk toute désolée et dévastée, et repasser par les traces sanglantes qu'elle s'était faites. Dès ces premiers jours, la retraite ressemblait à une déroute. A Viasma, le 3e corps, celui de Ney, eut ordre de relever celui de Davoust à l'arrière-garde; et, de ce moment, la tâche pénible et glorieuse de ralentir la poursuite de l'ennemi et de couvrir la marche de l'armée, fut confiée à l'homme le plus capable en cette conjoncture critique. M. de Fezensac, à la tête du 4e régiment, eut sa part dans cet honneur. On va suivre l'épisode mémorable dont il est le narrateur fidèle.

De Viasma à Smolensk on disputa le terrain pied à pied, et partout où l'on put, à Dorogobuz, à Slobpnévo, à tous les ponts du Dniéper. Ney trouvait toujours qu'on n'en faisait pas assez; il arrivait quelquefois en tête, et prenait le fusil, comme on le voit représenté dans les estampes populaires. Aux objections que lui faisaient quelquefois les généraux de brigade, un peu mous et un peu indécis, ce semble, il répondait vivement « qu'il ne s'agissait que de se faire tuer, après tout, et que l'occasion était trop belle pour la manquer. » A Smolensk, on croyait du moins trouver un peu de repos et du pain; mais la désorganisation et le pillage étaient partout. L'arrière-garde, arrivant la dernière parce qu'elle se battait pour tout le monde, ne trouva rien. Elle continua de lutter avec abnégation. Le colonel du 4e régiment fut des derniers à défendre un des faubourgs de la ville qu'on évacuait; il en chassa une dernière fois l'ennemi, qui se pressait trop de l'occuper : « Le maréchal Ney me fit dire alors, ajoute le narrateur, de ne point trop m'avancer, recommandation bien rare de sa part. » Les éloges du maréchal, le soir même de cette action, furent rapportés aux officiers par le colonel et leur réjouirent le cœur. Le colonel avait su jusque-là conserver intacte parmi ses hommes la religion du drapeau. Aucun officier n'avait été dangereusement blessé; 500 soldats du régiment restaient encore, « et combien ce petit nombre d'hommes était éprouvé ! J'étais fier, nous dit leur chef, de la gloire qu'ils avaient acquise; je jouissais d'avance du repos dont j'espérais les voir bientôt jouir. Cette illusion fut promptement détruite; mais j'aime encore à en conserver le souvenir, et c'est le dernier sentiment doux que j'aie éprouvé dans le cours de cette campagne. »

Au sortir de Smolensk, on se dirigeait assez tranquillement vers Orcha, lorsque tout à coup le 3ᵉ corps, sur le point d'arriver à Krasnoi, se trouve inopinément arrêté par le canon russe. On n'y pouvait rien comprendre. Aucun avis n'avait été donné par le corps qui précédait; et il ne s'agissait pas d'un simple détachement ennemi qui interceptait la route, c'était toute une armée de 80,000 hommes sous les ordres de Miloradowitsch, qui s'interposait entre Ney et le reste de l'armée française. Un parlementaire envoyé par le général russe vint sommer le maréchal de mettre bas les armes; on y joignait toutes sortes de compliments pour sa personne. Le tout fut accueilli comme on pouvait l'attendre d'un homme tel que Ney. « Le 3ᵉ corps, dit M. de Fezensac, avec les renforts reçus à Smolensk, ne s'élevait pas à 6,000 combattants; l'artillerie était réduite à six pièces de canon, la cavalerie à un seul peloton d'escorte. Cependant le maréchal, pour toute réponse, fit le parlementaire prisonnier : quelques coups de canon tirés pendant cette espèce de négociation servirent de prétexte; et, sans considérer les masses des ennemis et le petit nombre des siens, il ordonna l'attaque. » Cette attaque fut ce qu'elle pouvait être, désespérée, héroïque, mais on s'y brisa. Il fallut se replier et rétrograder. Qu'allait faire le maréchal? Après une retraite d'une demi-lieue, il dirige sa troupe à gauche à travers champs. Laissons dire le témoin narrateur :

« Le jour baissait; le 3ᵉ corps marchait en silence; aucun de nous ne pouvait comprendre ce que nous allions devenir. Mais la présence du maréchal Ney suffisait pour nous rassurer. Sans savoir ce qu'il voulait ni ce qu'il pourrait faire, nous savions qu'il ferait quelque chose. Sa confiance en lui-même égalait son courage. Plus le danger était grand, plus sa détermination était prompte; et, quand il avait pris son parti, jamais il ne doutait du succès. Aussi, dans un pareil moment, sa figure n'exprimait ni indécision ni inquiétude; tous les regards se portaient sur lui, personne n'osait l'interroger. Enfin, voyant près de lui un officier de son État-major, il lui dit à demi-voix : *Nous ne sommes pas bien.* — — *Qu'allez-vous faire?* répondit l'officier. — *Passer le Dniéper.* — *Où est le chemin? — Nous le trouverons. — Et s'il n'est pas gelé? — Il le sera. — A la bonne heure!* dit l'officier. Ce singulier dialogue, que je rapporte textuellement, révéla le projet du maréchal de gagner Orcha par la rive droite du fleuve, et assez rapidement pour y trouver encore l'armée qui faisait son mouvement par la rive gauche. »

Tout s'exécuta de point en point, ainsi que le maréchal l'avait soudainement résolu. Dans cette marche du soir à travers champs, comment se diriger? comment atteindre au plus vite le Dniéper? Le maréchal, « doué de ce talent d'homme de guerre qui apprend à tirer parti des moindres circonstances, » remarqua dans la plaine une ligne de glace et la fit casser pour voir le sens du courant, pensant bien que ce devait être un ruisseau qui allait au Dniéper. On suivit le ruisseau; on arriva à un village abandonné. Un paysan boiteux, qui était en retard de fuir, fut pris pour guide. De grands feux allumés firent croire à l'ennemi qu'on allait camper en ce lieu. Pendant qu'on s'occupait à trouver un point où le Dniéper serait assez gelé pour donner passage, dans ce court intervalle de temps « le maréchal Ney seul, oubliant à la fois les dangers du jour et ceux du lendemain, dormait d'un profond sommeil. »

Vers le milieu de la nuit, le Dniéper est franchi, mais seulement par les fantassins; à peine quelques chevaux ont pu passer sur la glace trop peu solide. Il a fallu abandonner à l'ennemi l'artillerie, le bagage, et (triste nécessité de la guerre!) les blessés. Une partie du plan a réussi. On est sur l'autre rive, mais dans un pays inconnu, et l'on a encore plus de quinze lieues à faire pour arriver à Orcha, où l'on espère rejoindre l'armée française. On n'est pas au bout de cette marche toute de péril et d'aventure; on n'a échappé à un danger que pour tomber dans un autre. Le corps principal des Cosaques, commandé par Platow en personne, se rencontre à l'improviste; il compte avoir bon marché d'une poignée de fantassins harassés, sans cavalerie ni artillerie. Les moindres incidents de cette seconde moitié de la marche sont à suivre dans le récit de M. de Fezensac. A un moment, les restes de son régiment, à l'arrière-garde de Ney, se trouvent coupés et perdus de nuit dans un bois de sapins. Il se trouve ainsi, par rapport à Ney, dans le même isolement où ils sont tous par rapport à l'armée elle-même.

« Nous avions parcouru le bois dans des directions si diverses, que nous ne pouvions plus reconnaître notre chemin; les feux que l'on voyait allumés de différents côtés servaient encore à nous egarer. Les officiers de mon régiment furent consultés, et l'on suivit la direction que le plus grand nombre d'entre eux indiqua. Je n'entreprendrai point de peindre tout ce que nous eûmes à souffrir pendant cette nuit cruelle. Je n'avais pas plus de cent hommes, et nous nous trouvions à plus d'une lieue en arrière de notre colonne. Il fallait la rejoindre au milieu des ennemis qui nous entouraient. Il fallait marcher assez rapidement pour réparer le temps perdu, et assez en ordre pour résister aux attaques des Cosaques. L'obscurité de la nuit, l'incertitude de la direction que nous suivions la difficulté de marcher à travers bois, tout augmentait notre embarras. Les Cosaques nous criaient de nous rendre, et tiraient à bout portant au milieu de nous ; ceux qui étaient frappés restaient abandonnés. Un sergent eut la jambe fracassée d'un coup de carabine. Il tomba à côté de moi, en disant froidement à ses camarades : *Voilà un homme perdu; prenez mon sac, vous en profiterez.* On prit son sac, et nous l'abandonnâmes en silence. Deux officiers blessés eurent le même sort. J'observais cependant avec inquiétude l'impression que cette situation causait aux soldats, et même aux officiers de mon régiment. Tel qui avait été un héros sur le champ de bataille paraissait alors inquiet et troublé, tant il est vrai que les circonstances du danger effraient souvent plus que le danger lui-même. Un très-petit nombre conservaient la présence d'esprit qui nous était si nécessaire. J'eus besoin de toute mon autorité pour maintenir l'ordre dans la marche et pour empêcher chacun de quitter son rang. Un officier osa même faire entendre que nous serions peut-être forcés de nous rendre. Je le réprimandai à haute voix, et d'autant plus sévèrement que c'était un officier de mérite, ce qui rendait la leçon plus frappante. Enfin, après plus d'une heure, nous sortîmes du bois et nous trouvâmes le Dniéper à notre gauche. La direction était donc assurée, et cette découverte donna aux soldats un moment de joie dont je profitai pour les encourager et leur recommander le sang-froid qui seul pouvait nous sauver. »

C'est ainsi qu'avec des prodiges de vigueur et de constance, qu'il fallait renouveler à chaque pas, on rejoignit Ney, et qu'avec Ney on rejoignit enfin l'armée, au moment même où, désespérant de le revoir, elle allait quitter Orcha. A partir de cet instant, le 3ᵉ corps partage le sort du reste de l'armée. Mais le récit de M. de Fezensac, en devenant un peu moins particulier, ne perd pas pour cela en intérêt. On y suit à chaque pas la désorganisation, la destruction de cette force immense, destruction qui semble toujours être arrivée à son extrême limite, et qui a toujours un degré de plus à franchir. En étant ramené à l'étudier sur un point précis, on en prend une plus exacte et plus terrible mesure. Ainsi le corps de Ney, qui était de 10 à 11,000 hommes en quittant Moscou, qui était encore de 6,000 au combat de Krasnoi, n'est plus que de 8 ou 900 hommes en arrivant à Orcha. Après le passage de la Bérésina, on ne parvient avec ces débris à réunir au plus que 100 hommes en état de combattre, et qui font escorte au maréchal. Le 4e régiment, celui de M. de Fezensac, en sortant de Wilna, et au moment de franchir le Niémen, ne se compose plus que d'une vingtaine d'officiers malades, et d'un pareil nombre de soldats, dont la moitié sans armes. Ce sont pourtant les restes de ce corps, joints à quelques autres débris, qui reçoivent l'ordre de faire l'arrière-garde jusqu'à la fin, et de défendre tant qu'ils le pourront le pont de Kowno, pour donner au gros de la déroute le temps de s'écouler. Il faut voir comme Ney retrouve et inspire un dernier élan pour s'acquitter de cet ordre avec honneur. Même après avoir franchi le Niémen, et lorsqu'on a lieu enfin de se croire en sûreté, cette extrême arrière-garde se retrouve tout à coup en danger d'être enlevée par un parti de Cosaques, et l'on se voit obligé de renouveler à travers champs une marche de nuit, conduite encore par Ney, et qui rappelle, mais plus tristement, l'aventure du Dniéper. « Un cheval blanc, dit M. de Fezensac, que nous montions à poil les uns après les autres, nous fut d'un grand secours. » Ce cheval blanc que chacun monte *à poil* à son tour est le dernier trait du tableau, et il le faut opposer à cet autre spectacle de 500,000 hommes franchissant orgueilleusement le Niémen six mois auparavant.

Les réflexions morales se pressent durant ce récit, dont j'ai encore omis bien des particularités saisissantes. Dans ces grandes épreuves qui demandent à l'homme plus qu'il ne peut donner, la nature humaine, épuisée à la longue et usée qu'elle est, laisse voir, pour ainsi dire, sa trame à nu. Tout ce qui est acquis, tout ce qui est appris disparaît; il ne reste que la fibre fondamentale. Tous ces sentiments élevés et délicats, ces belles qualités, ces vertus sociales inculquées dès l'enfance, transmises par les générations, et qui semblent le noble apanage de l'homme civilisé, l'amour de la patrie, de la gloire, l'honneur, le dévouement aux siens, l'amitié, tout cela peu à peu s'obscurcit et s'affaiblit jusqu'à s'abolir. Chez la plupart, le sentiment physique prend le dessus irrésistiblement sur le moral; l'instinct de conservation, l'égoïsme de vivre se prononce. On voit bien des braves et de ceux qui semblaient des héros devant les balles, aux prises désormais avec la faim et le froid, s'écrier comme le pauvre homme de la fable : *Pourvu qu'en somme je vive, je suis content!* Et c'est encore une preuve d'énergie que de dire ainsi; car il est un degré de démoralisation où ce dernier ressort se brise, où l'on ne veut plus même vivre, et où, pour échapper à la douleur et à la fatigue, tout devient indifférent. Combien ils sont peu nombreux ceux en qui un sentiment élevé d'honneur, de sympathie, de dévouement, une religion quelconque est inséparable jusqu'au bout du besoin de vivre inhérent à toute nature, et que cette religion n'abandonne qu'avec le dernier soupir! On sent, en lisant M. de Fezensac, que, jusque dans les moments les plus désespérés de l'épouvantable épreuve, il y eut encore quelques âmes de cette trempe énergique et exquise, et c'est ce qui console :

« Au milieu de si horribles calamités, dit le colonel du 4e, la destruction de mon régiment me causait une douleur bien vive. C'était là ma véritable souffrance, ou, pour mieux dire, la seule; car je n'appelle pas de ce nom la faim, le froid et la fatigue. Quand la santé résiste aux souffrances physiques, le courage apprend bientôt à les mépriser, surtout quand il est soutenu par l'idée de Dieu, par l'espérance d'une autre vie; mais j'avoue que le courage m'abandonnait en voyant succomber sous mes yeux des amis, des compagnons d'armes, qu'on appelle, à si juste titre, la famille du colonel, et qu'il semblait ici n'avoir été appelé à commander que pour présider à leur destruction. »

Rien dans l'histoire des peuples civilisés ne saurait se comparer à ce désastre de 1812. On a quelquefois rappelé à cette occasion la retraite des *Dix mille;* mais il n'y a nul rapport ni dans les proportions, ni pour les circonstances et les résultats, entre l'héroïque et ingénieuse retraite conduite et consacrée par le génie de Xénophon, et l'immense catastrophe où s'engloutit la plus grande armée moderne. Il faudrait plutôt chercher un précédent affaibli du malheur de 1812 dans la retraite meurtrière de Prague, en 1742. Voltaire et Vauvenargues en ont parlé, mais trop oratoirement, et l'on aimerait mieux des faits précis. Pourquoi Vauvenargues n'a-t-il pas eu simplement l'idée de faire le Journal de son régiment? Il est aisé pourtant de conclure de quelques-unes de ses paroles que ce fut, dans de moindres proportions qu'après Moscou, une retraite également fatale et marquée par des extrémités du même genre :
« Est-ce là, a-t-il pu dire, cette armée qui semait l'effroi devant elle? Vous voyez! la fortune change : elle craint à son tour; elle presse sa fuite à travers les bois et les neiges. Elle marche sans s'arrêter. Les maladies, la

faim, la fatigue excessive, accablent nos jeunes soldats. Misérables! on les voit étendus sur la neige, inhumainement délaissés. Des feux allumés sur la glace éclairent leurs derniers moments. La terre est leur lit redoutable. » Là aussi, pour consoler des scènes contristantes, on vit chez quelques-uns le courage et l'honneur briller d'un plus vif éclat au plus fort de la détresse; on vit de ces jeunes officiers humains, généreux, compatissants autant que braves, et à la fois dignes de l'éloge qui a été accordé à l'un d'eux, à ce jeune Hippolyte de Seytres, dont une amitié éloquente a consacré le nom : « Modéré jusque dans la guerre, ton esprit ne perdit jamais sa douceur et son agrément! » De semblables souvenirs peuvent naturellement se rappeler au sujet de l'auteur de la narration présente : il est de ceux qu'un Xénophon lui-même n'aurait pas désavoués pour le ton, et il se souvient de Virgile. Xavier de Maistre, j'imagine, en présence de semblables scènes, ne les aurait pas senties autrement. Quant à ce qui est des services réels en cette campagne, le maréchal Ney écrivait de Berlin, le 23 janvier 1813, au ministre de la guerre, beau-père de M. de Fezensac : « Ce jeune homme s'est trouvé dans des circonstances fort critiques, et s'y est toujours montré supérieur. Je vous le donne pour un véritable chevalier français, et vous pouvez désormais le regarder comme un vieux colonel. » L'héroïque figure de Ney n'a cessé de remplir et de dominer la relation qu'on vient de parcourir; c'est par une telle parole de lui qu'il y avait convenance et gloire, en effet, à la couronner.

Lundi 21 janvier 1850.

DES LECTURES PUBLIQUES DU SOIR,

DE CE QU'ELLES SONT

ET DE CE QU'ELLES POURRAIENT ÊTRE.

On a eu l'idée, dans un moment où il venait des idées de bien des sortes et qui toutes n'étaient pas aussi louables, d'établir dans les divers quartiers de Paris des Lectures du soir publiques, à l'usage des classes laborieuses, de ceux qui, occupés tout le jour, n'ont qu'une heure ou deux dont ils puissent disposer après leur travail. Ces Lectures, dans lesquelles devait entrer le moins de critique possible, le strict nécessaire seulement en fait de commentaires, et où l'on devait surtout éviter de paraître professer, avaient pour objet de répandre le goût des choses de l'esprit, de faire connaître par extraits les chefs-d'œuvre de notre littérature, et d'instruire insensiblement les auditeurs en les amusant. Une lecture bien faite d'un beau morceau d'éloquence ou d'une pièce de théâtre est une sorte de représentation au petit pied, une réduction, à la portée de tous, de l'action oratoire ou de la déclamation dramatique, et qui, tout en les rapprochant du ton habituel, en laisse encore subsister l'effet. C'est un peu ce qu'est le dessin, la lithographie par rapport au tableau. Ces Lectures du soir ont eu déjà de l'effet et un certain succès; elles sont loin pourtant d'avoir atteint tout le développement dont elles seraient susceptibles et qu'elles méritent. Elles ont eu à passer jusqu'ici par plusieurs régimes de ministères, qui peut-être ne leur étaient pas tous également favorables. Il leur était resté, de la date de leur naissance, je ne sais quelle tache originelle. On avait eu tant d'horreur et de dégoût des clubs, que la prévention d'abord a pu s'étendre, par une association injuste, sur ce qui y ressemblait le moins, et qui était bien plutôt propre à en guérir. Il serait temps, aujourd'hui que l'expérience a suffisamment parlé, et que les hommes de mérite qui se sont chargés par pur zèle de ces humbles Lectures ont assez montré dans quel sens utile et désintéressé ils les conçoivent, que de son côté aussi le public a montré dans quel esprit de bienséance et d'attention il les vient chercher, il serait temps, je crois, de donner à cette forme d'enseignement la consistance, l'ensemble, l'organisation enfin qui peut, seule, en assurer le plein effet et la durée. Une telle institution bien comprise est plus qu'aucune autre selon l'esprit de la société actuelle, aux yeux de quiconque accepte franchement celle-ci et la veut dans sa marche modérée et régulière.

J'ai donc passé mes soirées de cette semaine à entendre quelques-unes de ces Lectures qui ont recommencé à l'entrée de l'hiver. J'ai entendu au lycée Charlemagne M. Just Olivier lire quelques pages de J.-J. Rousseau, deux actes de *l'École des Maris* de Molière, et mettre en goût son auditoire; au Palais-Royal (vestibule de Nemours), le docteur Lemaout faire sentir et presque applaudir la comédie des *Deux Gendres* d'Étienne; au Conservatoire de musique, M. Émile Souvestre, dans un cadre plus élargi, donner en une même soirée, en les environnant des explications à la fois utiles et fines, la *Bataille des Franks*, tirée des *Martyrs* de Chateaubriand, et, par contraste, la gaie comédie du

Grondeur de Brueys et Palaprat. Il y a deux autres lecteurs encore, M. Dubois d'Avesnes et M. Henri Trianon, que j'ai le regret de n'avoir pu aller écouter. Ce que j'ai entendu a suffi toutefois pour m'édifier sur l'état présent des choses. J'ai causé d'ailleurs avec quelques-uns de ces hommes distingués qui s'honorent du simple titre de lecteurs, et, à mon tour, je me permettrai de discourir un peu sur ce sujet, en soumettant mes idées aux leurs et en me hâtant de reconnaître que je leur emprunte beaucoup à eux-mêmes dans ce que je vais exprimer.

Ce qu'il y a de particulier à ce genre d'enseignement indirect, c'est d'être une *lecture* et non une *leçon;* c'est que le maître ne paraisse point, qu'il n'y ait point de maître à proprement parler, mais un guide qui devance à peine et fasse avec vous les mêmes pas. « Il ne s'agit point, disait le Programme primitif, de faire un Cours de littérature ni une rhétorique française, ni des leçons d'esthétique, mais simplement une série de lectures. Une lecture bien faite porte son commentaire avec soi. » Cette dernière observation est vraie, moyennant quelque amendement toutefois. J'admets très-bien la limite établie entre la lecture et la leçon; je crois pourtant qu'on peut aller assez loin en explications, en commentaires, sans que la lecture cesse d'en être une. Le commentaire est dans le ton sans doute, mais pourquoi ne serait-il pas aussi dans une parenthèse rapide, jetée en courant, qui n'interrompt rien et qui accélère l'intelligence?

J'irai plus loin, et, d'après ma très-courte expérience de professeur, voici ce qui m'a semblé. Suivant moi, à part les Cours tout à fait supérieurs et savants, tels que je me figure ceux du Collége de France ou des Facultés, les leçons de littérature, pour être utiles et remplir leur véritable objet, doivent se composer en grande partie de lectures, d'extraits abondants, faits avec choix, et plus ou moins commentés. Quand vous avez à parler d'un auteur, commencez par le lire vous-même attentivement, notez les endroits caractéristiques, prenez bien vos points, et venez ensuite lire et dérouler des pages habilement rapprochées de cet auteur, qui va ainsi, moyennant une très-légère intervention de votre part, se traduire et se peindre lui-même dans l'esprit de vos auditeurs. L'accent qui insiste, qui souligne, pour ainsi dire, en lisant; quelques remarques courantes, et comme marginales, qui se glissent dans la lecture, et s'en distinguent par un autre ton; quelques rapprochements indiqués comme du doigt, suffiront pour mettre l'auditeur à même de bien saisir la veine principale et de se former une impression. C'est ainsi qu'il vous suivra avec une honnête liberté, et qu'il tirera la conclusion en même temps que vous, sans croire accepter l'autorité d'un maître, sans l'accepter en effet, et en se faisant par lui-même une idée distincte de l'auteur en question. On ne peut tout lire, sans doute, de chaque auteur; il n'est besoin que d'en lire assez pour bien marquer le sens de sa manière et donner, à l'auditeur qui sort de là, l'envie d'en savoir plus en recourant à l'original : mais il faut, à la rigueur, lui en avoir déjà offert et servi un assez ample choix, pour que, même sans aller s'informer au delà, il en garde un souvenir propre, et qu'il attache à chaque nom connu une idée précise. L'art de la critique, en un mot, dans son sens le plus pratique et le plus vulgaire, consiste à savoir lire judicieusement les auteurs, et à apprendre aux autres à les lire de même, en leur épargnant les tâtonnements et en leur dégageant le chemin.

Cela étant vrai, même des leçons, je ne pense pas qu'il y ait à établir au fond une différence si essentielle entre la leçon et la lecture. Seulement, il convient que celle-ci, tout en revenant finalement au même, n'ait jamais l'air d'être une leçon. Voilà le point délicat où il faut se tenir.

Dans le cas présent, on a affaire à des intelligences neuves, non pas molles et tendres comme celles des enfants, à des intelligences en général droites, saines, bien qu'en partie atteintes déjà par les courants déclamatoires qui sont dans l'air du siècle, à des intelligences mâles et un peu rudes, peu maniables de prime-abord, et qui deviendraient aisément méfiantes, ombrageuses, qui se cabreraient certainement si on voulait leur imposer. Le grand art est de les ménager, de ne point prétendre leur dicter à l'avance les impressions qui doivent résulter simplement de ce qu'on leur présente. Il faut d'abord les *tâter*, comme dirait Montaigne, les essayer longtemps, les laisser courir devant soi dans la liberté de leur allure. Un lecteur qui a fait ses preuves, qui leur a bien montré qu'il n'a aucun parti pris, aucune arrière-pensée autre que celle de leur amélioration intellectuelle, et qui a su par là s'acquérir du crédit sur son auditoire, un tel lecteur pourra naturellement beaucoup plus que celui qui est au début. S'il est une fois tout à fait établi et ancré dans la confiance, en étroite et complète sympathie avec son public, il pourra beaucoup sans effaroucher jamais et sans paraître empiéter en rien.

Pour les explications, en tout cas, et même en les réduisant à ce qu'elles ont de moindre, le lecteur ne saurait se dispenser, par un préambule, de mettre l'auditoire au point de vue, de faire connaître en peu de mots l'auteur dont il va lire quelque chose, de montrer cet auteur *en place* dans son siècle, et d'amener tellement, pour ainsi dire, les deux parties en présence, que l'effet, à un certain degré du moins, soit immanquable. C'est ainsi qu'un guide en Suisse, pour l'ascension du Righi ou de toute autre montagne, vous conduit au meilleur endroit, un peu avant l'aurore, s'y place à côté de vous : et l'on voit tout à coup le soleil se lever à l'horizon et sa vive lumière elle-même développer par degrés l'immense paysage, dont le guide alors vous indique les hauts sommets et vous dénombre tous les noms. Ce mode de démonstration appliqué à la littérature suppose tout un art qui se dérobe, et qui n'est au-dessous d'aucune science ni d'aucune supériorité critique, si élevée et si distinguée qu'elle soit; car il ne s'agit pas ici simplement de se faire petit avec les petits, il faut se faire souple avec les rudes, insinuant avec les robustes, en restant sincère toujours, de cette sincérité qui ne veut que le beau et le bien; il faut arriver à inoculer une sorte de délicatesse dans le bon sens, en fortifier les parties simples, en rabattre doucement les tendances déclamatoires, plus innées en France qu'on ne le croirait, dégager enfin dans chacun ce je ne sais quoi qui ne demande pas mieux que d'admirer, mais qui n'a jamais trouvé son objet. Fournir matière et jour à admiration, voilà la tâche en elle-même; et quelle autre est plus enviable et plus belle?

Tout cela dit, et cette noble inspiration agissant, il restera toujours dans la pratique une difficulté très-grande, celle d'aborder ainsi sur une foule de sujets, et sans avoir l'air de professer, des intelligences peu préparées et qui n'ont pas reçu une première couche régulière de connaissances. Chaque fois, par exemple, qu'on introduit un livre, un auteur nouveau, à chaque cadre de lecture nouvelle qu'on a, en quelque sorte, à suspendre dans l'esprit des auditeurs, on se voit obligé de dresser un appareil tout exprès. Et avec toutes ces lectures nécessairement très-variées et disparates, on ne parvient à former qu'une suite d'accidents, d'anecdotes littéraires, sans rapport et sans lien. Pour reprendre ma comparaison, ce qui manque à tous ces cadres, c'est un fond solide et continu auquel ils viennent s'attacher. Aussi, comme auxiliaire et complément indispensable de ces Lectures publiques, pour qu'elles atteignent tout leur résultat et produisent tout leur fruit, il semblerait nécessaire d'établir deux petits Cours parallèles, que j'indiquerai en deux mots.

1° Un Cours d'histoire générale et nationale. Dans un tel Cours, l'histoire universelle, comme on peut penser, serait traitée d'une façon très-sommaire, très-rapide : l'histoire de France seule devrait être développée. J'en demande bien pardon, je désire ici tout simplement qu'on fasse désormais pour tout le monde ce que Bossuet, en son temps, faisait pour M. le Dauphin dans cet admirable *Discours* qui, par malheur, s'arrête à Charlemagne, là où le développement moderne allait commencer. M. le Dauphin, alors, était l'héritier présomptif de la monarchie. Aujourd'hui c'est tout le monde qui est M. le Dauphin, et à qui appartient, bon gré mal gré, l'avenir; c'est donc tout le monde qu'il faut se hâter d'élever.

2° Il conviendrait, indépendamment du Cours d'histoire proprement dit, d'établir un Cours très-simple, très-clair, de littérature générale moderne et de littérature française en particulier, celle-ci, comme dans le cas précédent, ayant droit au principal développement. On expliquerait rapidement ainsi comment la langue s'est formée, comment elle compte déjà plusieurs siècles de chefs-d'œuvre. On passerait en revue tous les grands noms d'écrivains dans leur succession et leur génération naturelle. A l'occasion de chacun de ces écrivains célèbres, la partie biographique, anecdotique, viendrait très à propos, à la condition qu'on choisirait non pas l'anecdote futile, mais celle qui caractérise. Pour rendre ces simples Cours intéressants, pour savoir être à la fois clair et agréable sur de tels sujets, en s'adressant à des auditeurs qui ne sont pas de tout jeunes esprits, mais des adultes déjà faits et plus exigeants, ce ne serait pas trop d'un talent capable d'emplois en apparence très-supérieurs et qui ne le sont point.

Dans ces deux Cours je voudrais que, tout en insistant sur les beautés et sur les grandeurs de la littérature française et de l'histoire nationale, on se gardât bien de dire ce qui se dit et se répète partout, dans les Colléges et même dans les Académies, aux jours de solennité, que le peuple français est le plus grand et le plus sensé de tous les peuples, et notre littérature la première de toutes les littératures. Je voudrais qu'on se contentât de dire que c'est une des plus belles, et qu'on laissât entrevoir que le monde n'a pas commencé et ne finit pas à nous.

Je voudrais qu'en disant nos belles qualités comme peuple, à des hommes qui en sont déjà assez pénétrés, on ajoutât, en le prouvant quelquefois par des exemples, que nous avons aussi quelques défauts; qu'en France ce qu'on a le plus, c'est l'essor et l'élan, que ce qui manque, c'est la consistance et le caractère; que cela a manqué à la noblesse autrefois et pourrait bien manquer au peuple aujourd'hui, et qu'il faut se prémunir de ce côté et se tenir sur ses gardes. En un mot, échauffer et entretenir le sentiment patriotique en l'éclairant, sans tomber dans le lieu commun national, qui est une autre sorte d'ignorance qui s'infatue et qui s'enivre, ce serait là l'esprit dont je voudrais voir animé cet humble et capital enseignement.

Ces deux Cours parallèles une fois faits, et tout en se faisant, permettraient beaucoup plus de variété dans les lectures, et une variété utile. Dans l'état actuel, beaucoup de bonnes choses, notez-le, et même d'excellentes, ne se peuvent pas lire, parce qu'elles ne seraient pas suffisamment goûtées et senties : par exemple, d'excellentes pages de Voltaire en histoire. Elles ne mordent pas assez directement et ne trouvent pas d'avance dans l'auditoire un fond de connaissances générales qui les porte. Ce fond général une fois posé, il serait possible d'y rattacher les morceaux qui sont d'une manière plus sobre, modérée et légère, et l'on ne serait pas forcé de se tenir, dans les citations d'histoire, aux auteurs plus tranchés qui ont le relief un peu gros, et qui, avec du feu et de la séve, ne sont pas exempts de déclamation. On aurait toujours de temps en temps recours à du Michelet pour de bons endroits (car il en a), mais là même on le corrigerait par du Voltaire. Rien n'est plus rare que le bon goût, à le prendre en son sens exquis, et je crois que, dans le cas actuel, il ne faudrait viser qu'au suffisant, mais aussi ne jamais perdre une occasion de favoriser l'amour du simple, du sensé, de l'élevé, de ce qui est grand sans phrase. On arriverait quelquefois à faire sentir en quoi le simple peut être supérieur à ce qui frappe plus d'abord. A tel chapitre vanté d'un roman moderne, on opposerait un récit de Xavier de Maistre. Les auditeurs se trouveraient avoir pleuré à l'un, tandis qu'ils auraient applaudi à l'autre. On ne le leur dirait pas (c'est en quoi on ne ferait point un Cours à proprement parler), mais ils se le diraient à eux-mêmes.

Tantôt, dans une même séance, on associerait ce qui a le plus d'analogie ; tantôt on userait du contraste, et ce contraste serait souvent un correctif. Un jour qu'on aurait lu une page de Voltaire où quelque trait peu religieux se serait glissé, on lirait cet Éloge du général Drouot dont nous parlions dernièrement, et qui prouverait que la religion et le patriotisme se concilient très-bien, et dans le guerrier qu'on loue et à la fois dans l'orateur qui le célèbre.

Après une lecture qui aurait un peu trop exalté l'orgueil militaire des auditeurs, on leur lirait cette belle lettre de M. d'Argenson à Voltaire, écrite du champ de bataille de Fontenoy, et qui se termine par ces mots : « Mais le plancher de tout cela est du sang humain, des lambeaux de chair humaine! » Ils y verraient qu'on n'était pas seulement brave sous l'ancienne monarchie, et qu'on y était humain. On y pourrait joindre tout de suite *l'Enlèvement d'une redoute*, de Mérimée, qui montre aussi la gloire militaire par son revers sombre. C'est ainsi que, par le simple choix des morceaux et avec deux mots d'indication à peine jetés dans l'intervalle, on ferait un Cours de littérature pratique et en action.

Mais je ne sais pourquoi j'ai l'air d'inventer et de supposer, quand presque tout cela se fait dès à présent, et quand j'ai sous les yeux une liste de lectures déjà anciennes, que M. Just Olivier et M. Émile Souvestre ont eu l'obligeance d'écrire pour moi. M. Souvestre a pris, de plus, le soin d'y noter l'effet que les divers morceaux ont paru produire sur l'auditoire; on a là une sorte d'échelle dans les impressions populaires, qui ne laisse pas d'être instructive et curieuse. On me permettra de m'y arrêter.

L'auditoire de M. Souvestre (1) est un des plus complets et des plus homogènes; c'est un auditoire déjà

---

(1) M. Souvestre est mort depuis, prématurément enlevé à la littérature et à ses amis, le 6 juillet 1854, d'une maladie du cœur.

formé et habitué à son lecteur. J'ai dit que c'est au Conservatoire de musique, dans le faubourg Poissonnière, que M. Souvestre lit le plus ordinairement. Ces lectures ont commencé bien peu après les événements de juin 1848, et l'on sait que le Conservatoire n'est pas loin du clos Saint-Lazare. Il y avait donc parmi les auditeurs bien des figures qui pouvaient être celles des combattants de la veille. C'est sur ce public, dont les huit neuvièmes se composaient d'ouvriers, que le lecteur a eu à exercer son action insensible, morale, affectueuse, et il y a complétement réussi. Pour une des premières lectures il choisit quelques extraits des *Mémoires de madame de La Rochejaquelein*, croyant qu'il était bon, pour dégoûter des guerres civiles, de montrer, dans un exemple à distance, les calamités affreuses où elles conduisent. L'émotion, à cette lecture, fut grande, et telle qu'il l'avait souhaitée. D'autres extraits dans lesquels il présenta successivement les batailles d'Azincourt, de Poitiers et de Crécy, d'après les anciens historiens et chroniqueurs, parurent un moment choquer le patriotisme de l'auditoire, et il lui en vint des plaintes dans une lettre, d'ailleurs respectueuse. Le lecteur, à la séance prochaine, répondit que tout désastre avait sa cause, qu'il fallait oser la chercher et sonder les blessures de la patrie; que les malheurs d'une mère, après tout, n'étaient pas une honte, et que lui n'était pas venu là pour flatter le patriotisme, mais pour l'éclairer. Ces paroles excitèrent, chez ceux mêmes qui s'étaient choqués d'abord, un sentiment de cordialité et de confiance qui, depuis, ne s'est plus démenti.

Il faut beaucoup d'art pour tirer de ces lectures tout le parti moral possible, un art honnête et loyal, qui porte dans les esprits la conviction de son entière impartialité. Un jour que M. Souvestre, dans les commencements, avait risqué le joli conte d'Andrieux, *le Procès du Sénat de Capoue,* où il est question

> D'impertinents bavards, soi-disant orateurs,
> Des meilleurs citoyens ardents persécuteurs,

et qui se termine par ce vers :

> Français, ce trait s'appelle un avis aux lecteurs!

ce jour-là, pour montrer qu'il n'avait pas d'intention systématique, il lut, comme contre-partie, une pièce de Victor Hugo sur l'aumône, où le pauvre a sa belle et large part.

Pour un curieux qui vient assister à ces Lectures, le spectacle, on le conçoit, est plutôt encore du côté de l'auditoire que du côté du lecteur. A cette époque si rude de la saison, dans une salle de spectacle non chauffée comme celle du Conservatoire, il serait difficile de prendre une juste idée de ce que sont les réunions en temps ordinaire; l'auditoire se trouve nécessairement très-réduit. Quand le temps est convenable, le nombre des auditeurs va jusqu'à 300 environ; ce nombre descend, par les soirées rigoureuses, à 80 ou 100; on flotte entre ces deux extrêmes. Parmi les ouvriers (qu'on me passe ces détails), ce sont les bijoutiers, les dessinateurs pour étoffes, les mécaniciens, les charpentiers et les menuisiers qui fournissent le plus grand nombre. Il y a très-peu d'ouvriers imprimeurs, soit parce qu'ils sont occupés le soir, soit que la profession les ait déjà rassasiés de lecture tout le jour. Au printemps, quelques ouvriers viennent de très-loin, et quelques-uns avec leur famille.

On ne se douterait pas, à la première vue, qu'il y ait autant d'ouvriers dans l'auditoire; la plupart, en effet, ont quitté la blouse par un sentiment d'amour-propre pour eux-mêmes, et aussi d'égard et de respect pour les choses qu'ils viennent entendre et pour celui qui les lit.

Une parfaite bienséance règne dans la salle avant l'arrivée du lecteur : dès qu'il est arrivé, le plus profond silence s'établit, et les moindres impressions se peignent, soit par un silence encore plus attentif, soit par un frémissement très-sensible, comme dans les auditoires les plus exercés. Quand on lit des comédies, la gaieté brille sur les visages, et, aux bons endroits, le rire ne se fait pas attendre. Voici, au reste, quelques notes que je donne telles que je les reçois de M. Souvestre sur l'effet des diverses lectures :

« Poésies de Casimir Delavigne. — Goûtées.
« Jeanne d'Arc, récit de Michelet. — Très-grand effet.
« Molière. — Je n'ai jamais lu de pièces complètes (si ce n'est *le Dépit amoureux* et *les Précieuses*). J'analysais et je donnais les principales scènes, de manière à pouvoir faire connaître, chaque fois, toute une pièce. — L'effet a toujours été très-grand.
« Corneille. — J'ai agi pour lui comme pour Molière ; effet très-grand.
« Racine. — Même méthode ; effet moins grand. »

On pouvait le prévoir ; il faut plus d'éducation et de culture pour goûter Racine ; la force n'y est pas tout en dehors comme chez Corneille, elle y est vêtue et voilée. Les personnes qui ont le mieux connu Napoléon ont remarqué que, dans cette éducation littéraire rapide qu'il dut s'improviser à lui-même quand il eut pris possession de la puissance, il commença par préférer hautement Corneille ; il n'en vint que plus tard à goûter Racine, mais il y vint. Il avait commencé comme le peuple commence ; il finit comme aiment à finir les esprits cultivés et avertis. Je continue de donner les simples notes qui suggèrent, chemin faisant, plus d'une réflexion littéraire :

« Fables de La Fontaine. — Elles amusent; mais la morale qu'elles expriment déroute parfois les ouvriers; ils cherchent où est la leçon. Les Fables de Florian, plus directes de marche et d'intention, plaisent peut-être davantage. »

Et en effet encore, la fable pour La Fontaine n'a été le plus souvent qu'un prétexte au récit, au conte, à la rêverie; la moralité s'y ajuste à la fin comme elle peut. Les esprits droits et logiques (et tout esprit simple l'est aisément), qui comptent trop sur une vraie fable, peuvent être parfois un peu déconcertés. Je poursuis :

« Chateaubriand. — Grand effet. J'ai analysé *les Martyrs* et lu plusieurs épisodes. J'ai lu en partie *Atala*.

« Bernardin de Saint-Pierre. — *La Chaumière indienne* a fait grand plaisir.

« Xavier de Maistre. — J'ai lu *le Lépreux* avec succès.

« Malherbe. — Le Brun (Ode sur le vaisseau *le Vengeur*); grand plaisir.

« Boileau. — Deux épîtres, deux ou trois satires; peu d'effet.

« Contes en vers d'Andrieux. — Très-applaudis.

« Paul-Louis Courier. — Quoique j'eusse choisi dans ses œuvres ce qu'il y a de plus général et ce qui sent le moins son œuvre de circonstance, l'effet a été médiocre. Les allusions fines ne portaient pas; cette politique de la Restauration est oubliée, puis le style travaillé et artificiel gênait les auditeurs.

« Béranger. — Quelques chansons (*Escousse et Lebras, les Souvenirs du Peuple, le Juif errant*, etc.); de l'effet, mais moins que je ne l'aurais cru : le *refrain*, heureux quand on chante, gêne quand on lit.

« Ségur. — Fragments de l'*Histoire de la Grande Armée*; grand effet.

« Voltaire. — *Histoire de Charles XII*, par extraits; assez d'effet. »

Je ne pousserai pas plus loin cette échelle comparative d'impressions. Dans de telles lectures, notons-le bien, l'épreuve est réciproque : on éprouve dans une certaine mesure l'ouvrage qu'on soumet; on n'éprouve pas moins les esprits à qui on le soumet. Trop d'artifice, trop d'art nuit auprès des esprits neufs : trop de simplicité nuit aussi; ils ne s'en étonnent pas, et ils ont, jusqu'à un certain point, besoin d'être étonnés. Paul-Louis Courier manque son effet, parce qu'il est trop artificiel; Voltaire manque en partie le sien, parce qu'il est trop simple.

Comme moyen d'action, rien de plus souverain que l'exemple. La vie des hommes célèbres, de ceux qui ont percé et qui sont fils de leurs œuvres, de ces hommes dont Franklin offre le type, serait une des lectures les plus profitables. Dans l'histoire des savants, dans celle des artistes, on trouverait amplement à puiser. On n'oublierait pas, à côté des gens de talent sortis du peuple, ceux qui y sont restés, qui, tout en ayant un génie et un don, n'ont pas cessé de pratiquer un métier. La difficulté, en de tels sujets, est de trouver une biographie déjà faite, écrite avec assez d'intérêt pour être lue de suite sans froideur. On est, dans ce cas, presque toujours obligé de citer le trait saillant et d'abréger le reste, c'est-à-dire qu'on est ramené insensiblement à y mettre du sien comme dans un Cours; et, une fois les conditions bien posées, je ne vois pas grand mal à cela.

La biographie bien comprise et bien maniée est un instrument sûr pour initier à l'histoire des hommes et des temps, même les plus éloignés de nous. La Vie de Bayard, extraite par M. Souvestre de la chronique originale du XVIe siècle, a produit sur les auditeurs une vive émotion et leur a fait admirer l'esprit de la chevalerie dans la personne de son dernier rejeton. Les Vies de Plutarque fourniraient également un moyen de faire connaître de l'antiquité ce qui est indispensable. On dirait à ce peuple de Paris, par exemple : « Il y a eu autrefois un peuple à qui on vous a souvent comparé, mais à qui vous ne ressemblez encore qu'à demi. Les Grecs aimaient l'instruction, ils l'aimaient comme vous, et bien plus encore que vous. Un jour, dans une traversée à bord d'un vaisseau, un Grec, homme du peuple, écoutait depuis longtemps des gens instruits, des sages, causer des choses de l'esprit : tout à coup il se précipita dans la mer. On parvint à le sauver, et on lui demanda pourquoi il avait voulu se noyer; il répondit que c'était de désespoir d'avoir entrevu de si belles choses, et de sentir qu'il en était exclu par son ignorance.» On leur dirait : « Tout Grec libre savait écrire. Après la prise de Corinthe, le général romain, pour distinguer les enfants de condition libre d'avec les autres, ordonna à chacun d'eux de tracer quelques mots. L'un de ces enfants écrivit aussitôt ces vers d'Homère, dans lesquels Ulysse regrette de n'être point mort sur le champ de bataille et de survivre aux héros ses compatriotes : *Trois et quatre fois heureux ceux qui sont morts en combattant dans les champs d'Ilion !*... Cet enfant, le jour de la ruine de sa patrie, écrivit ces vers sous les yeux du vainqueur, et le fier Romain ne put retenir une larme.» On leur dirait : « Les Grecs aimaient tant la poésie, qu'elle adoucissait même les guerres, chez eux si cruelles. Les Athéniens, vaincus en Sicile, rachetaient leur vie, leur liberté, ou ils obtenaient des vivres dans les campagnes, en récitant des vers du grand poëte Euripide, dont les Siciliens étaient, avant tout, épris. Revenus à Athènes, ces soldats délivrés allaient trouver le poëte et le remerciaient avec transport de leur avoir sauvé la vie. Ce même Euripide sauva sa patrie en un jour de malheur. Athènes était prise par Lysandre, et les plus terribles résolutions allaient prévaloir dans le Conseil des alliés; il s'agissait de raser la cité de Minerve. Mais voilà que, dans un banquet, quelqu'un des convives s'avise de chanter un des plus beaux chœurs d'Euripide, et aussitôt tous ces vainqueurs farouches se sentent le cœur brisé, et il leur parut que ce serait un crime d'exterminer une cité qui avait produit de tels hommes. » Voilà ce qu'on trouverait à chaque page dans Plutarque, et il fournirait, à lui seul, de quoi rendre vivante et sensible par des exemples toute l'antiquité dont on aurait besoin. On arriverait même, j'en suis sûr, en sachant s'y prendre, à faire pleurer avec le Priam d'Homère, et à faire applaudir Démosthène.

Pour nous borner et en revenir au fait présent, les Lectures publiques existent à Paris; elles ont commencé dans des circonstances, ce semble, défavorables; elles en ont triomphé. Elles n'ont eu jusqu'ici aucun inconvénient, et elles présentent déjà de bons résultats, qui ne sont qu'une promesse de ce qu'on pourrait en attendre. C'est un germe qui, évidemment, ne demande qu'à vivre. On me dit que les hommes éclairés du ressort de qui elles dépendent à l'Instruction publique songent à les développer et à les perfectionner. On ne serait pas éloigné, ajoute-t-on, de l'idée de les concentrer en un seul lieu, afin d'obtenir un résultat plus saillant. Si tel était le projet en effet, je crois que ce serait une faute. On aurait ainsi plus de façade et moins de fond. N'imitons pas les Gouvernements qui ont précédé et qui trop souvent, ayant bâti une façade spécieuse, s'en tenaient là, la montraient aux Chambres et croyaient avoir tout fait. Les lieux assignés aux Lectures sont un point très-important, et qui peut influer non-seulement sur leur succès, mais sur leur caractère. Il convient de ne pas trop aller chercher les ouvriers chez eux, dans leur quartier (ils n'aiment pas cela), et aussi de ne pas trop les en éloigner. Le Palais-Royal est un lieu commode; mais il ne saurait être unique sans inconvénient. Il offre dans son public trop de hasard, trop de mélange et de rencontre. Quatre ou cinq autres lieux sont absolument nécessaires. Le Conservatoire de musique est très-bien choisi. L'École de médecine est un bon centre également. Je n'ai pas à discuter ces détails, mais le choix des lieux est de toute importance. Les directeurs des établissements publics mettent souvent peu de bonne volonté à accueillir les Lectures; c'est au Gouvernement, de qui ils dépendent, de vaincre ces résistances peu libérales (1).

Il y a un symptôme général à constater, et dont on serait coupable de ne pas tenir compte : l'esprit de la classe ouvrière à Paris *s'améliore*. Si l'on me demande ce que j'entends par ce mot, je répondrai que j'entends cette amélioration dans un sens qui ne saurait être contesté par les honnêtes gens d'aucun parti et d'aucune nuance d'opinion. S'améliorer, pour la classe laborieuse, ce n'est pas, selon moi, avoir telle ou telle idée politique, incliner vers tel ou tel point de vue social (j'admets à cet égard bien des dissidences), c'est tout simplement comprendre qu'on s'est trompé en comptant sur d'autres voies que celle du travail régulier; c'est rentrer dans cette voie en désirant tout ce qui peut la raffermir et la féconder. Quand la majeure partie d'une population en est là, et que les violents sont avertis peu à peu de s'isoler de la masse et de s'en séparer, je dis que la masse s'améliore, et c'est le moment pour les politiques prévoyants d'agir sur elle par des moyens honnêtes, moraux, sympathiques. Les Lectures du soir, dans leur cadre modeste, sont tout cela. Les hommes

---

(1) La convenance des heures n'est pas moins importante que le choix des lieux. Ainsi, il est regrettable qu'au lycée Charlemagne M. Just Olivier soit réduit à commencer à sept heures du soir, c'est-à-dire à une heure où les ouvriers ont à peine fini leur journée La meilleure heure est le soir, de huit à neuf heures un quart.

distingués qui se sont dévoués jusqu'ici, par goût et par zèle, à ces fonctions tout à fait gratuites, font certainement une œuvre bien estimable; mais il y a quelque chose qui l'est encore plus (ils m'excuseront de le penser, et ils l'ont pensé avant moi), c'est de voir, comme cela a lieu au Conservatoire, des ouvriers, leur journée finie, s'en venir de Passy ou de Neuilly pour assister, à huit heures du soir, à une lecture littéraire. Il y a là une disposition morale digne d'estime et presque de respect, et qu'on serait coupable de ne pas favoriser et servir, quand elle vient s'offrir d'elle-même.

J'ai vu un temps où nous étions loin de songer à ces choses; c'était le beau temps des *Athénées*, des *Cénacles*, des réunions littéraires choisies, entre soi, à huis clos. On lisait pour inscription sur la porte du sanctuaire : *Odi profanum vulgus! Loin d'ici les profanes!* Le règne de ces théories délicieuses, de ces jouissances raffinées de l'esprit et de l'amour-propre, est passé. Il faut aborder franchement l'œuvre nouvelle, pénible, compter dorénavant avec tous, tirer du bon sens de tous ce qu'il renferme de mieux, de plus applicable aux nobles sujets, vulgariser les belles choses, sembler même les rabaisser un peu, pour mieux élever jusqu'à elles le niveau commun. C'est à ce prix seulement qu'on se montrera tout à fait digne de les aimer en elles-mêmes et de les comprendre; car c'est le seul moyen de les sauver désormais et d'en assurer à quelque degré la tradition, que d'y faire entrer plus ou moins chacun et de les placer sous la sauvegarde universelle.

Lundi 28 janvier 1850.

POÉSIES NOUVELLES

DE

M. ALFRED DE MUSSET.

(Bibliothèque Charpentier, 1850.)

Il doit paraître dans très-peu de jours un Recueil des poésies nouvelles que M. Alfred de Musset a écrites depuis 1840 jusqu'en 1849; son précédent Recueil, si charmant, ne comprenait que les poésies faites jusqu'en 1840. Bon nombre de pièces lyriques ou autres (chansons, sonnets, épîtres) ont été publiées depuis dans la *Revue des Deux Mondes* et ailleurs : ce sont celles qu'on vient de recueillir, en y ajoutant quelques morceaux inédits. J'y trouve un prétexte dont, après tout, je n'aurais pas besoin pour venir parler de M. Alfred de Musset, et pour apprécier, non plus en détail, mais dans son ensemble et dans ses traits généraux, le caractère de son talent, le rang qu'il tient dans notre poésie, et l'influence qu'il y a exercée.

Il y a dix ans environ, M. de Musset adressait à M. de Lamartine une *Lettre* en vers, dans laquelle il se tournait pour la première fois vers ce prince des poëtes du temps, et lui faisait, à son tour, cette sorte de déclaration publique et directe que le chantre d'Elvire était accoutumé dès longtemps à recevoir de quiconque entrait dans la carrière, mais que M. de Musset, narguant l'étiquette, avait tardé plus qu'un autre à lui apporter. Le poëte de *Namouna* et de *Rolla* lui disait donc en fort beaux vers qu'après avoir cru douter, après avoir nié et blasphémé, un éclair soudain s'était fait en lui :

> Poëte, je t'écris pour te dire que j'aime,
> Qu'un rayon du soleil est tombé jusqu'à moi,
> Et qu'en un jour de deuil et de douleur suprême,
> Les pleurs que je versais m'ont fait penser à toi.

Au milieu de sa flamme et de sa souffrance, un sentiment d'élévation céleste, une idée d'immortalité, disait-il, s'était éveillée en son âme; les *anges de douleur* lui avaient parlé, et il avait naturellement songé à celui qui, le premier, avait ouvert ces sources sacrées d'inspiration en notre poésie. M. de Musset rappelait, à ce propos, les vers que M. de Lamartine, jeune, avait adressés à lord Byron prêt à partir pour la Grèce ; et, sans aspirer à une comparaison ambitieuse, il lui demandait de l'accueillir aujourd'hui avec son offrande comme lui-même avait été reçu autrefois du *grand Byron*.

Un journal vient de publier la réponse en vers que fit M. de Lamartine à M. de Musset, réponse qui date de 1840, et qui, en paraissant aujourd'hui, a presque un air d'injustice; car M. de Musset n'est plus, il y a beau jour, sur ce pied de débutant en poésie où l'a voulu voir M. de Lamartine. Évidemment, ce dernier a pris M. de Musset trop au mot dans sa modestie; il avait oublié qu'à cette date de 1840, cet *enfant aux blonds cheveux*, ce *jeune homme au cœur de cire*, comme il l'appelle, avait écrit la *Nuit de Mai* et la *Nuit d'Octobre*, ces pièces qui resteront autant que *le Lac*, qui sont plus ardentes, et qui sont presque aussi pures. M. de Lamartine a le premier jugement superficiel en poésie ; je me rappelle ses premiers jugements sur Pétrarque, sur André Chénier. Dans la pièce à M. de Musset, il en est resté au Musset des chansons de la *Marquise* et de l'*Andalouse*. Il lui dit de ces choses qui sont assez peu agréables à entendre, quand c'est un autre que soi qui les dit. Dans la *Confession d'un Enfant du siècle*, et ailleurs en maint endroit, M. de Musset avait fait de ces aveux que la poésie en notre siècle autorise et dont elle se pare. M. de Lamartine les lui tourne en leçon; il se cite lui-même pour exemple, et il finit, selon l'usage, par se proposer insensiblement pour modèle. Voilà à quoi l'on s'expose dans ces hommages adressés aux illustres dont on presse les traces. M. de Lamartine lui-même n'avait pas été si bien accueilli de lord Byron que M. de Musset semble le croire : Byron, dans ses *Mémoires*, ne parle de cette belle épître *sur l'Homme*, des premières *Méditations*, que très à la légère et comme de l'œuvre d'un *quidam* qui a jugé à propos de le comparer au démon et de l'appeler *chantre d'enfer*. En somme, ce n'est point à ces illustres devanciers qu'il faut demander d'être tout à fait justes et attentifs quand on est soi-même de leur race; ils sont trop pleins d'eux-mêmes. Comment lord Byron eût-il accueilli, je vous prie, une avance du poëte Keats, de ce jeune aigle blessé qui tomba sitôt, et qu'il traite partout si cavalièrement, du haut de son dédain ou de sa pitié? Comment M. de Chateaubriand lui-même, qui garda si bien les dehors, jugeait-il dans le principe M. de Lamartine poëte, sinon comme un homme de grand talent et de mélodie, qui avait eu un succès de femmes et de salons? Poëtes, allez donc tout droit au public pour avoir votre brevet, et dans ce public à ceux qui sentent, dont l'esprit et le cœur sont disponibles, à la jeunesse, ou aux hommes qui étaient jeunes hier et qui sont mûrs aujourd'hui, à ceux qui vous lisent et qui vous chantent, à ceux aussi qui vous relisent. C'est parmi eux qu'il s'agit pour vous de se créer des amis fidèles, sincères, qui vous aiment pour vos belles qualités, non pour vos défauts; qui ne vous admirent point par mode, et qui sauront vous défendre contre la mode un jour, quand elle tournera.

M. de Musset a débuté à l'âge de moins de vingt ans, et dès le début il a voulu marquer avec éclat sa séparation d'avec les autres poëtes en renom alors. Pour qu'on ne pût s'y méprendre, il se donna du premier jour un masque, un costume de fantaisie, une manière; il se déguisa à l'espagnole et à l'italienne sans avoir vu encore l'Espagne et l'Italie : de là des inconvénients qui se sont prolongés. Je suis certain que, doué comme il l'était d'une force originale et d'un génie propre, même en débutant plus simplement et sans viser tant à se singulariser, il fût bientôt arrivé à se distinguer manifestement des poëtes dont il repoussait le voisinage, et dont le caractère sentimental et mélancolique, solennel et grave, était si différent du sien. Lui, il avait le sentiment de la raillerie que les autres n'avaient pas, et un besoin de vraie flamme qu'ils n'ont eu que rarement.

> Mes premiers vers sont d'un enfant,
> Les seconds, d'un adolescent,

a-t-il dit en se jugeant lui-même. M. de Musset fit donc ses enfances, mais il les fit avec un éclat, une insolence de verve (comme dit Regnier), avec une audace plus que virile, avec une grâce et une effronterie de page : c'était Chérubin au bal masqué jouant au don Juan. Cette première manière, dans laquelle on suivrait à la piste la veine des affectations et la trace des réminiscences, se couronne par deux poëmes (si l'on peut appeler poëmes ce qui n'est nullement composé), par deux divagations merveilleuses, *Namouna* et *Rolla*, dans lesquelles, sous prétexte d'avoir à conter une histoire qu'il oublie sans cesse, le poëte exhale tous ses rêves, ses fantaisies, et se livre à tous ses essors. De l'esprit, des nudités et des crudités, du lyrisme, une grâce et une finesse par moments adorable, de la plus haute poésie à propos de botte, la débauche étalée en face de l'idéal, tout à coup des bouffées de lilas qui ramènent la fraîcheur, par-ci par-là un reste de *chic* (pour parler comme dans l'atelier), tout cela se mêle et compose en soi la plus étrange chose, et la plus inouïe assurément, qu'eût encore produite jusqu'alors la poésie française, cette honnête fille qui avait jadis épousé M. de Malherbe, étant elle-même déjà sur le retour. On peut dire qu'Alfred de Musset poëte est tout entier dans *Namouna*, avec ses défauts et ses qualités. Mais celles-ci sont grandes, et d'un tel ordre, qu'elles rachètent tout.

Lord Byron écrivait à son éditeur Murray : « Vous dites qu'il y a une *moitié* du *Don Juan* très-belle : vous vous trompez, car s'il était vrai, ce serait le plus beau poëme qui existât. Où est la poésie dont une moitié vaille quelque chose ? » Byron a raison de parler ainsi pour lui et les siens; mais il y a en regard et au-dessus l'école de Virgile, de celui qui voulait brûler son poëme, parce qu'il ne le trouvait pas de tout point assez parfait. C'est le même Byron qui disait : « Je suis comme le tigre (en poésie) : si je manque le premier bond, je m'en retourne grommelant dans mon antre. » En général, nos poëtes français modernes, Béranger à part, n'ont visé qu'à la poésie de premier bond, et ce qu'ils n'ont pas atteint d'abord, ils l'ont manqué.

Je suis donc à l'aise pour dire qu'il y a dans les poëmes de *Rolla* et de *Namouna* une bonne moitié qui ne répond pas à l'autre. La très-belle partie de *Namouna*, celle où le poëte se déclare avec une pleine puissance, est au chant deuxième. C'est là que M. de Musset déroule sa théorie du *Don Juan* et oppose les deux espèces de *roués* qui se partagent, selon lui, la scène du monde : le roué sans cœur, sans idéal, tout égoïsme et vanité, cueillant le plaisir à peine, ne visant qu'à inspirer l'amour sans le ressentir, *Lovelace;* et l'autre type de roué, aimable et aimant, presque candide, passant à travers toutes les inconstances pour atteindre un idéal qui le fuit, croyant aimer, dupe de lui-même quand il séduit, et ne changeant que parce qu'il n'aime plus. C'est là, suivant M. de Musset, le *Don Juan* véritable, tout poétique,

> Que personne n'a fait, que Mozart a rêvé,
> Qu'Hoffmann a vu passer, au son de la musique,
> Sous un éclair divin de sa nuit fantastique,
> Admirable portrait qu'il n'a point achevé,
> Et que de notre temps Shakspeare aurait trouvé.

Et M. de Musset va essayer de le peindre avec les couleurs les plus fraîches, les plus enchantées, avec des couleurs qui me rappellent (Dieu me pardonne!) celles de Milton peignant son couple heureux dans Éden. Il nous le montre beau, à vingt ans, assis au bord d'une prairie, à côté de sa maîtresse endormie, et protégeant, comme l'ange, son sommeil :

> Le voilà, jeune et beau, sous le ciel de la France...
> Portant sur la nature un cœur plein d'espérance,
> Aimant, aimé de tous, ouvert comme une fleur;
> Si candide et si frais que l'Ange d'innocence
> Baiserait sur son front la beauté de son cœur.
> Le voilà, regardez, devinez-lui sa vie.

> Quel sort peut-on prédire à cet enfant du ciel?
> L'amour, en l'approchant, jure d'être éternel!
> Le hasard pense à lui. . . . .

Et tout ce qui suit. Au point de vue poétique, rien de plus charmant, de mieux trouvé et de mieux enlevé. Pourtant le poëte a beau faire, il a beau vouloir nous composer un don Juan unique, contradictoire et vivant, presque innocent dans ses crimes; ce *candide corrupteur* n'existe pas. Le poëte n'est parvenu qu'à évoquer, à revêtir un moment par sa magie une abstraction impossible. Les mots ne se battent pas sur le papier, on l'a dit. De telles vertus et de tels vices ainsi combinés et contrastés dans un même être, c'est bon à écrire et surtout à chanter, mais ce n'est pas vrai humainement ni naturellement. Et puis, pourquoi nous mettre dans cette alternative absolue d'avoir à choisir entre les deux espèces de roués? Est-ce que la poésie existerait moins, ô poëte, s'il n'y avait pas de roués du tout? Dans le groupe sacré des Champs Élysées de Virgile, où les plus grands des mortels figurent, il y a place au premier rang pour les poëtes pieux, c'est-à-dire pleinement humains, et qui ont rendu avec émotion et tendresse les larges accents de la nature :

> Quique pii vates et Phœbo digna locuti.

Combien de tels raffinements étaient loin d'approcher de ces hautes et saines pensées!

Voilà bien des réserves, et cependant il y a là de suite, dans *Namouna*, deux ou trois cents vers tout à fait hors de ligne. Faites l'incrédule, retournez-les en tous sens, mettez-y le scalpel, cherchez chicane à votre plaisir, il peut s'y rencontrer quelques taches, des tons qui crient; mais, si vous avez le sentiment poétique vrai et si vous êtes sincère, vous reconnaîtrez que le souffle est fort et puissant; le dieu, dites si vous voulez le démon, a passé par là.

La jeunesse, qui en telle matière ne se trompe guère, l'a senti tout d'abord. Quand ces poëmes de *Namouna* et de *Rolla* n'avaient encore paru que dans les *Revues*, et n'avaient pas été recueillis en volume, des étudiants en droit, en médecine, les savaient par cœur d'un bout à l'autre, et les récitaient à leurs amis, nouveaux arrivants. Plus d'un sait encore ce splendide début de *Rolla*, cette apostrophe au Christ, cette autre apostrophe à Voltaire (car il y a beaucoup d'apostrophes), surtout ce ravissant sommeil de la fille de quinze ans:

> Oh! la fleur de l'Éden, pourquoi l'as-tu fanée,
> Insouciante enfant, belle Ève aux blonds cheveux?...

Je parle de la jeunesse d'il y a plus de dix ans. Alors on récitait tout de ces jeunes poëmes, maintenant on commence peut-être déjà à faire le choix.

Après *Namouna* et *Rolla*, il restait à M. de Musset un progrès à faire. Il était allé dans l'effort et dans le pressentiment de la passion aussi loin qu'on peut aller sans avoir été touché de la passion même. Mais, à force d'en parler, de s'en donner le désir et le tourment, patience! elle allait venir. Malgré ses outrages et ses blasphèmes, son cœur en était digne. Celui qui avait flétri dans des stances brûlantes cet odieux et personnel Lovelace, celui-là avait pu afficher des prétentions au roué; mais au fond il avait le cœur d'un poëte honnête homme. Car, remarquez-le bien, même chez l'auteur de *Namouna*, la fatuité (si j'ose dire) n'est qu'à la surface: il s'en débarrasse dès que sa poésie s'allume.

Un jour donc, M. de Musset aima. Il l'a trop dit et redit en vers, et cette passion a trop éclaté, a trop été proclamée des deux parts, et sur tous les tons, pour qu'on n'ait pas le droit de la constater ici en simple prose. Ce n'est d'ailleurs jamais un déshonneur pour une femme d'avoir été aimée et chantée par un vrai poëte, même quand elle semble ensuite en être maudite. Cette malédiction elle-même est un dernier hommage. Un confident clairvoyant pourrait dire : « Prenez garde, vous l'aimez encore ! »

Cet amour fut le grand événement de la vie de M. de Musset, je ne parle que de sa vie poétique. Son talent tout à coup s'y épura, s'y ennoblit ; à un moment la flamme sacrée parut rejeter tout alliage impur. Dans les poésies qu'il produisit sous cet astre puissant, presque tous ses défauts disparaissent ; ses qualités, jusque-là éparses et comme en lambeaux, se rejoignent, s'assemblent, se groupent dans une mâle et douloureuse harmonie. Les quatre pièces que M. de Musset a intitulées *Nuits*, sont de petits poëmes composés et médités, qui marquent la plus haute élévation de son talent lyrique. La *Nuit de Mai* et celle *d'Octobre* sont les premières pour le jet et l'intarissable veine de la poésie, pour l'expression de la passion âpre et nue. Mais les deux *Nuits de Décembre* et *d'Août* sont délicieuses encore, cette dernière par le mouvement et le sentiment, l'autre par la grâce et la souplesse du tour. Toutes les quatre, elles forment dans leur ensemble une œuvre qu'un même sentiment anime et qui a ses harmonies, ses correspondances habilement ménagées.

J'ai voulu relire à côté les deux célèbres pièces de la jeunesse de Milton, l'*Allegro*, et surtout le *Penseroso*. Mais, dans ces compositions de suprême et un peu froide beauté, le poëte n'a pas la passion en lui ; il attend le mouvement du dehors, il reçoit successivement ses impressions de la nature ; il se contente d'y porter une disposition grave, noble, sensible, mais calme, comme un miroir légèrement ému. Le *Penseroso* est le chef-d'œuvre du poëme méditatif et contemplatif; il ressemble à un magnifique oratorio, où la prière par degrés monte lentement vers l'Éternel. Les différences avec le sujet présent se marquent d'elles-mêmes. Ce n'est point une comparaison que j'établis. Ne déplaçons point de leur sphère les noms augustes. Tout ce qui est beau de Milton est hors de pair; on y sent l'habitude tranquille des hautes régions et la continuité dans la puissance. Pourtant, dans les *Nuits* plus terrestres, mais aussi plus humaines, de M. de Musset, c'est du dedans que jaillit l'inspiration, la flamme qui colore, le souffle qui embaume la nature; ou plutôt le charme consiste dans le mélange, dans l'alliance des deux sources d'impressions, c'est-à-dire d'une douleur si profonde et d'une âme si ouverte encore aux impressions vives. Ce poëte blessé au cœur, et qui crie avec de si vrais sanglots, a des retours de jeunesse et comme des ivresses de printemps. Il se retrouve plus sensible qu'auparavant aux innombrables beautés de l'univers, à la verdure, aux fleurs, aux rayons du matin, aux chants des oiseaux, et il porte aussi frais qu'à quinze ans son bouquet de muguet et d'églantine. La muse de M. de Musset aura toujours de ces retours, même à ses moins bons moments, mais nulle part cette fraîcheur naturelle ne se marie heureusement comme ici avec la passion saignante et la douleur sincère. La poésie, cette chaste consolatrice, y est traitée aussi presque avec culte, avec tendresse.

Que restera-t-il des poëtes de ce temps-ci? Téméraire serait celui qui prétendrait assigner les lots et faire aujourd'hui le partage. Mais le temps marche si vite de nos jours, qu'on peut, dès à présent, apercevoir ses effets divers sur des œuvres qui à leur naissance, paraissaient également vivantes. Prenez, de ces œuvres, les plus saluées d'abord et les plus applaudies : combien de places déjà mortes, combien de couleurs déjà pâlies et passées! Un des poëtes dont il restera le plus, Béranger, me disait un jour : « Vous autres, vous avez tous commencé trop jeunes et avant la maturité. » Il en parlait à son aise. Tout le monde n'a pas le bonheur de rencontrer des obstacles qui vous retardent et vous contiennent jusqu'au moment juste où l'on peut montrer le fruit déjà et encore la fleur. Béranger a eu l'esprit (lui ou sa Fée) de laisser passer la poésie de l'Empire avant d'éclore; il aurait calculé sa vie, qu'il n'aurait pas mieux réussi. Les autres, un peu plus tôt, un peu plus tard, tous très-jeunes, quelques-uns encore enfants, sont donc entrés en lice pêle-mêle, à l'aventure. Ce qu'on peut dire sans se hasarder, c'est qu'il est résulté de ce concours de talents, pendant plusieurs saisons, une très-riche poésie lyrique, plus riche que la France n'en avait soupçonné jusqu'alors, mais une poésie très-inégale et très-mêlée. La plupart des poëtes se sont livrés sans contrôle et sans frein à tous les instincts de leur nature, et aussi à toutes les prétentions de leur orgueil, ou même aux sottises de leur vanité. Les défauts et les qualités sont sortis en toute licence, et la postérité aura à faire le départ. On sent qu'elle le fait déjà. Quelles sont, dans les pièces de poésie composées depuis 1819 jusqu'en 1830, celles qui se peuvent relire aujourd'hui avec émotion, avec plaisir? Je pose la question seulement et n'ai garde de la trancher, ni de suivre de près cette ligne légère, sensible pourtant, qui, chez les illustres les plus sûrs d'eux-mêmes, sépare déjà le mort du vif. Poëtes de ce temps-ci, vous êtes trois ou quatre qui vous disputez le sceptre, qui vous croyez chacun le premier! Qui sait celui qui aura le dernier mot auprès de nos neveux indifférents? Certains accents de vous, à coup sûr, atteindront jusqu'à la postérité : voilà votre honneur; elle couvrira le reste d'un bienveillant oubli. Rien ne subsistera de complet des poëtes de ce temps. M. de Musset n'échappera point à ce destin, dont il n'aura peut-être pas tant à se plaindre; car il y a de lui des accents qui iront d'autant plus loin, on peut le croire, et qui perceront d'autant mieux les temps, qu'ils y arriveront sans accompagnement et sans mélange. Ces accents sont ceux de la passion pure, et c'est dans ses *Nuits de Mai* et *d'Octobre* qu'il les a surtout exhalés.

Il existe toute une petite école qui s'est mise à imiter M. de Musset. Qu'a-t-elle imité de lui? Ce que les imitateurs prennent toujours, la forme, la superficie, le ton leste, le geste cavalier, les défauts fringants, toutes choses qui, au moins chez lui, sont portées avec une certaine grâce et *désinvolture*, et qu'eux ils se sont mis à copier religieusement. Ils ont copié son vocabulaire de noms galants, *Manon*, *Ninon*, *Marion*, son cliquetis de lorettes et de marquises. Ils ont copié jusqu'à ses faibles rimes et ses affectations de négligence. Ils ont pris le genre et le *tic;* mais la flamme, la passion, l'élévation et le lyrisme, ils se sont bien gardés, et pour de bonnes raisons, de les lui emprunter.

Le public français ne laisse pas d'être singulier quelquefois dans ses jugements sur la poésie. J'ai parlé tout à l'heure, dans les jeunes générations, de ceux qui, les premiers, ont admiré M. de Musset avec sincérité, avec franchise. On ferait un piquant chapitre de mœurs sur les personnes de bel air, les enthousiastes à la suite, qui l'ont adopté avec engouement, les mêmes qui auraient admiré, il y a vingt-cinq ans, des vers alexandrins, parce qu'ils les auraient crus jetés dans le moule de ceux de

Racine, et qui exaltent aujourd'hui les moindres bagatelles du brillant poëte, à l'égal de ce qu'il a fait de mieux et de réellement bon. Ce n'est pas au moment où M. de Musset s'élevait le plus haut que cette vogue mondaine s'est déclarée; elle n'est venue qu'après, comme il arrive d'ordinaire, mais elle existe. Il est le poëte favori du jour; le boudoir a renchéri sur l'École de droit. Quand on est d'un âge très-jeune, d'une certaine date très-récente, c'est par Musset qu'on aborde volontiers la poésie moderne. La mère n'en conseille pas encore la lecture à sa fille; le mari le fait lire à sa jeune femme dès la première année de mariage. Je crois, un jour, avoir vu un volume de ses Poésies se glisser jusque dans une corbeille de noces. C'est là un côté amusant pour l'observateur, et qui n'est pas du tout désagréable pour le poëte. Seulement, qu'il se hâte en ceci de jouir, et qu'il ne s'y fie pas.

Les vers lyriques que M. de Musset a laissé échapper depuis ses *Nuits* et qu'on vient de recueillir offrent quelques pièces remarquables. J'en distingue une intitulée *Soirée perdue*, où il a entre-croisé assez gracieusement un motif d'André Chénier avec une pensée de Molière, une satire *sur la Paresse*, où le poëte s'est excité d'une lecture de Regnier; un joli conte, *Simone*, où il s'est souvenu de Boccace et de La Fontaine; mais surtout un *Souvenir* plein de charme et de passion encore, où il ne s'est inspiré que de lui-même. Le poëte est allé revoir des lieux qui lui furent chers, quelque forêt, celle de Fontainebleau peut-être, où il avait passé des jours heureux. Ses amis craignaient pour lui ce pèlerinage et le réveil des souvenirs. Il n'est pire douleur, a dit Dante, que de se rappeler les jours heureux quand on est dans le malheur. Mais M. de Musset éprouva le contraire, et ce réveil du passé qu'on craignait pour lui et qu'il craignait lui-même, il nous dit comment il l'a trouvé plutôt consolant et doux. Je demande à citer ici quelques stances de cette pièce, pour reposer l'esprit, à la fin de cette étude un peu disparate, sur quelques tons tout à fait purs :

> J'espérais bien pleurer, mais je croyais souffrir,
> En osant te revoir, place à jamais sacrée,
> O la plus chère tombe et la plus ignorée
>   Où dorme un souvenir !
>
> Que redoutiez-vous donc de cette solitude ?
> Et pourquoi, mes amis, me preniez-vous la main,
> Alors qu'une si douce et si vieille habitude
>   Me montrait ce chemin ?
>
> Les voilà ces coteaux, ces bruyères fleuries,
> Et ces pas *argentins* sur le sable muet,
> Ces sentiers amoureux, remplis de causeries,
>   Où son bras m'enlaçait.
>
> Les voilà ces sapins à la sombre verdure,
> Cette gorge profonde aux nonchalants détours,
> Ces sauvages amis dont l'antique murmure
>   A bercé mes beaux jours.
>
> Les voilà, ces buissons où toute ma jeunesse,
> Comme un essaim d'oiseaux, chante au bruit de mes pas;
> Lieux charmants, beau désert où passa ma maîtresse,
>   Ne m'attendiez-vous pas ?
>
> Ah! laissez-les couler, elles me sont bien chères,
> Ces larmes que soulève un cœur encor blessé !
> Ne les essuyez pas, laissez sur mes paupières
>   Ce voile du passé !
>
> Je ne viens point jeter un regret inutile
> Dans l'écho de ces bois témoins de mon bonheur :
> Fière est cette forêt dans sa beauté tranquille,
>   Et fier aussi mon cœur.
>
> Que celui-là se livre à des plaintes amères
> Qui s'agenouille et prie au tombeau d'un ami.

Tout respire en ces lieux; les fleurs des cimetières
  Ne poussent point ici.

Voyez! la lune monte à travers ces ombrages.
Ton regard tremble encor, belle reine des nuits;
Mais du sombre horizon déjà tu te dégages,
  Et tu t'épanouis.

Ainsi de cette terre, humide encor de pluie,
Sortent, sous tes rayons, tous les parfums du jour :
Aussi calme, aussi pur, de mon âme attendrie
  Sort mon ancien amour.

Que sont-ils devenus, les chagrins de ma vie?
Tout ce qui m'a fait vieux est bien loin maintenant;
Et rien qu'en regardant cette vallée amie,
  Je redeviens enfant.

O puissance du temps! ô légères années!
Vous emportez nos pleurs, nos cris et nos regrets;
Mais la pitié vous prend, et sur nos fleurs fanées
  Vous ne marchez jamais.

Tout mon cœur te bénit, bonté consolatrice!
Je n'aurais jamais cru que l'on pût tant souffrir
D'une telle blessure, et que sa cicatrice
  Fût si douce à sentir.

Loin de moi les vains mots, les frivoles pensées,
Des vulgaires douleurs linceul accoutumé,
Que viennent étaler sur leurs amours passées
  Ceux qui n'ont point aimé!

Dante, pourquoi dis-tu qu'il n'est pire misère
Qu'un souvenir heureux dans les jours de douleur?
Quel chagrin t'a dicté cette parole amère,
  Cette offense au malheur?

En est-il donc moins vrai que la lumière existe,
Et faut-il l'oublier du moment qu'il fait nuit?
Est-ce bien toi, grande âme immortellement triste,
  Est-ce toi qui l'as dit?

Non, par ce pur flambeau dont la splendeur m'éclaire,

Ce blasphème vanté ne vient pas de ton cœur.
Un souvenir heureux est peut-être sur terre
　　Plus vrai que le bonheur.

Voilà, pour être franc, ce que j'aime en M. de Musset, et non pas du tout les petits vers *Sur trois marches de marbre rose*, et autres colifichets qui sentent leur Régence.

Le goût de M. de Musset est arrivé à la maturité, et il serait beau à son talent de servir désormais son goût et de ne plus se permettre de faiblesses. Après tant d'essais et d'expériences en tous sens, après avoir tenté d'aimer tant de choses pour savoir quelle est la seule et suprême qui mérite d'être aimée, c'est-à-dire la vérité simple et à la fois revêtue de beauté, il n'est pas étonnant qu'au moment où l'on revient à celle-ci et où on la reconnaît, on se trouve en sa présence moins vif et plus lassé qu'on ne l'était en présence des idoles. Pourtant le génie a en lui des renaissances et des sources de jeunesse dont M. de Musset a connu plus d'une fois le secret, et qu'il n'a pas épuisées encore. Depuis quelques années, son talent s'est produit sous une forme nouvelle aux yeux du public, et il a triomphé d'une épreuve assez hasardeuse. Ces fines esquisses, ces gracieux Proverbes qu'il n'avait pas écrits pour la scène, sont devenus tout à coup de charmantes petites comédies qui se sont levées et ont marché devant nous. Le succès de son *Caprice* a fait honneur, je ne crains pas de le dire, au public, et a montré qu'il y a encore de l'émotion littéraire délicate pour qui sait la réveiller. Il a vu s'étendre comme par magie le cercle de ses appréciateurs. Bien des esprits qui n'auraient pas eu l'idée de l'aller chercher pour son talent lyrique ont appris à le goûter sous cette forme facile et légère. Il a eu plus que jamais le suffrage des gens du monde, des jeunes femmes; il a mis en colère des critiques grotesques et grossiers : rien n'a manqué à sa faveur. Je ne veux pas dire pour cela que je sois fou de *Louison ;* ce n'est qu'une bluette. M. de Musset, poëte dramatique, a encore beaucoup à faire. Au théâtre, une situation heureuse, un dialogue fin, ne suffisent pas; il faut de l'invention, de la fertilité, du développement, de l'action surtout, pour consommer, comme on l'a dit, cette *œuvre du démon.* Mais il est temps de finir, et sans trop en demander, sans y mettre plus de façons que M. de Musset lui-même, je finirai par un vers de lui qui coupe court à bien des raisons :

Que dis-je? tel qu'il est, le monde l'aime encore.

Lundi 4 février 1850.

DISCOURS
SUR
L'HISTOIRE DE LA RÉVOLUTION D'ANGLETERRE,
PAR M. GUIZOT.
(1850.)

M. Guizot a pris deux fois la parole, comme écrivain, depuis février 1848 : la première fois, en janvier 1849, par sa brochure, *De la Démocratie en France;* la seconde fois, ces jours derniers, par le *Discours* dont il s'agit, et qui est à double fin. Ce *Discours*, en effet, est destiné à servir d'introduction à une édition nouvelle de l'*Histoire de la Révolution d'Angleterre*, qui paraît en ce moment; mais aussi il a une intention non douteuse, et comme une réflexion directe sur la politique actuelle. En traitant expressément cette question : *Pourquoi la Révolution d'Angleterre a-t-elle réussi?* l'éminent historien provoque évidemment tout lecteur qui pense, à se faire lui-même cette autre question : « Pourquoi la Révolution de France a-t-elle échoué jusqu'ici? Pourquoi, du moins, n'a-t-elle pas réussi dans le même sens que celle d'Angleterre, et en est-elle encore à chercher son établissement? »

Si le *Discours* de M. Guizot était purement politique, je le laisserais passer sans le croire de mon ressort, fidèle à mon rôle et à mon goût, qui sont d'accord pour s'en tenir à la littérature; mais ce *Discours* n'est politique que par le sens et par le but; il est purement historique de forme et d'apparence, et, comme tel, je ne saurais le négliger sans paraître manquer à une occasion et presque à une opportunité. Il est impossible au critique journaliste, qui se met le plus souvent en quête pour se créer des sujets susceptibles d'intérêt, d'en éluder d'aussi importants quand ils se présentent de front. Si je venais à passer sous silence ce *Discours* pour parler d'un livre de poésie, d'un roman ancien ou nouveau, on aurait droit de penser que la critique littéraire se récuse, qu'elle se reconnaît jusqu'à un certain point frivole, qu'il est des sujets qu'elle s'interdit comme trop imposants ou trop épineux pour elle; et ce n'est jamais ainsi que j'ai compris cette critique, légère sans doute et agréable tant qu'elle le peut, mais ferme et sérieuse quand il le faut, et autant qu'il le faut.

Pourtant (et je le confesserai tout d'abord avec franchise, pour en être ensuite d'autant plus à mon aise), j'ai éprouvé un moment d'embarras en me voyant en demeure d'exprimer un avis direct sur un travail dont la portée est si actuelle, et, par suite, sur un homme considérable dont il y a tant à dire, et à qui on ne saurait se prendre à demi. Les écrits de M. Guizot forment tout un enchaînement; on ne peut toucher à un anneau sans remuer, sans ébranler tout le reste. Et puis, il s'agit bien ici d'un écrivain vraiment! M. Guizot n'est pas de ces hommes qui se scindent, et desquels on puisse dire : Je parlerai de l'historien, du littérateur, sans toucher au politique. Non, il faut le reconnaître à son honneur, et ç'a été là une des causes de son importance personnelle, il est un; la littérature, l'histoire elle-même, n'ont jamais été pour lui qu'un moyen, un instrument d'action.

d'enseignement, d'influence. Il a adopté de bonne heure certaines idées, certains systèmes, et par toutes les voies, par la plume, par la parole, dans la chaire, à la tribune, au pouvoir et hors du pouvoir, il n'a rien négligé pour les faire prévaloir et pour les naturaliser dans notre pays. Et en ce moment que fait-il encore? Tombé hier, il relève aujourd'hui son drapeau; seulement, il le relève sous la forme historique. Il range encore une fois ses idées et ses raisons en bataille, comme s'il n'avait pas été atteint. Pour en finir donc avec ces précautions qui étaient d'ailleurs indispensables, je ne ferai pas semblant d'oublier que M. Guizot a compté pour beaucoup dans nos destinées, qu'il y a pesé d'un grand poids. L'accident de février, cette catastrophe immense dont nous faisons tous partie et dont nous sommes tous les naufragés, sera présent à ma mémoire. Je mentirais si je disais que cette dernière leçon d'histoire ne se joint pas pour moi à toutes les autres que nous devions à M. Guizot, pour les compléter, les corriger, et pour me confirmer dans certains jugements que j'essaierai ici d'exprimer en toute convenance.

M. Guizot est un des hommes de ce temps-ci qui, de bonne heure et en toute rencontre, ont le plus travaillé, le plus écrit, et sur toutes sortes de sujets, un de ceux dont l'instruction est le plus diverse et le plus vaste, qui savent le plus de langues anciennes et modernes, le plus de Belles-Lettres, et pourtant ce n'est pas un *littérateur* proprement dit, dans le sens exact où se définit pour moi ce mot. Napoléon écrivait à son frère Joseph, alors roi de Naples, qui aimait fort les gens de lettres : « Vous vivez trop avec des lettrés et des savants. Ce sont des coquettes avec lesquelles il faut entretenir un commerce de galanterie, et dont il ne faut jamais songer à faire ni sa femme ni son ministre. » Cela est vrai de bien des gens de lettres, de quelques-uns même de ceux que nous avons vus, de nos jours, ministres. Mais ce n'est vrai ni de M. Guizot ni de M. Thiers. Tous les deux sont des politiques qui ont commencé par être écrivains; ils ont passé par la littérature, ils y reviennent au besoin, ils l'honorent par leurs œuvres; mais ils n'appartiennent pas à la famille des littérateurs proprement dits, à cette race qui a ses qualités et ses défauts à part. M. Guizot, peut-être, y appartient moins que personne. Il n'est pas d'esprit à qui l'on puisse moins appliquer ce mot de *coquette* dont usait Napoléon; c'est l'esprit qui, en tout, s'arrête le moins à la forme, à la façon. La littérature n'a jamais été son but, mais son moyen. Il n'a pas l'ambition littéraire, en ce que celle-ci a de curieux, de distrayant, de chatouilleux, d'aisément irrité, de facilement amusé et consolé. Il ne fait rien de futile, rien d'inutile. Il va en toute chose au fait, au but, au principal. S'il écrit, il ne se soucie pas d'une perfection chimérique; il vise à bien dire ce qu'il veut, comme il le veut; il ne recherche pas un mieux qui retarde et qui consume. Il n'est pas épris d'un idéal qu'il veuille réaliser. Esprit d'exécution, il rassemble avec vigueur, avec ardeur, ses forces, ses idées, et se met résolûment à l'œuvre, peu soucieux de la forme, l'atteignant souvent par le nerf et la décision de sa pensée. Quand un ouvrage est fait, il n'y revient guère; il ne le reprend pas pour le revoir à loisir, pour le retoucher et le caresser, pour y réparer les parties inexactes ou faibles, les imperfections d'une rédaction première; il passe à un autre. Il pense au présent et au lendemain.

Tel il était à ses débuts, avant le pouvoir, tel dans les intervalles de sa vie politique. Dès l'avénement de la Restauration, il sentit que, sous un gouvernement non militaire qui admettait le droit de discussion et la parole, il était de ceux que leur vocation naturelle et leur mérite appelaient à compter dans les affaires et dans les délibérations du pays. Tout en écrivant beaucoup, tant par goût que par une nécessité honorable, il se dit qu'il était de ceux qui deviennent ministres et qui gouvernent. Dès le premier jour, il marqua haut sa place du regard, et il s'y prépara avec énergie. »

En attendant toutefois que vînt l'heure d'être orateur et ministre, il enseigna à la Sorbonne; il fut le plus grand professeur d'histoire que nous ayons eu. Il a fondé une école; cette école règne, elle règne en partie chez ceux mêmes qui croient la combattre. Dans ses *Essais sur l'Histoire de France,* dans son *Histoire de la Civilisation en Europe* et *en France,* M. Guizot a développé ses principes et ses points de vue. Plus précis que les Allemands, plus généralisateur que les Anglais, il est devenu européen par ses écrits avant de l'être par son rôle d'homme public. Dès le premier jour qu'il mit le pied dans l'histoire, M. Guizot y porta son instinct et ses habitudes d'esprit : il prétendit à la régler, à l'organiser. Son premier dessein, à travers ce vaste océan des choses passées, fut de saisir et de tracer une direction déterminée sans être pour cela étroit, et sans rien retrancher à la diversité de l'ensemble. Faire acte d'impartialité, admettre tous les éléments constitutifs de l'histoire, l'élément royal, aristocratique, communal, ecclésiastique, n'en exclure aucun désormais, à condition de les ranger tous et de les faire marcher sous une loi, voilà son ambition. Elle était vaste, et si l'on en jugeait par l'effet obtenu, M. Guizot a réussi. Il a été loué comme il le méritait. Il n'a pas été combattu comme il aurait pu l'être. Daunou seul lui fit quelques observations judicieuses, mais timides. Aucun esprit ferme, au nom de l'école de Hume et de Voltaire, au nom de celle de l'expérience et du bon sens, au nom de l'humilité humaine, n'est venu lui dérouler les objections qui n'auraient rien diminué de ses mérites vigoureux de penseur et d'ordonnateur, qui auraient laissé subsister ien des portions positives de son œuvre, mais qui auraient fait naître quelques doutes sur le fond de sa prétention exorbitante.

Je suis de ceux qui doutent, en effet, qu'il soit donné à l'homme d'embrasser avec cette ampleur, avec cette certitude, les causes et les sources de sa propre histoire dans le passé : il a tant à faire pour la comprendre bien imparfaitement dans le présent, et pour ne pas s'y tromper à toute heure ! Saint Augustin a fait cette comparaison très-spirituelle. Supposez que, dans le poëme de *l'Iliade*, une syllabe soit douée, un moment, d'âme et de vie : cette syllabe, placée comme elle l'est, pourrait-elle comprendre le sens et le plan général du poëme ? C'est tout au plus si elle pourrait comprendre le sens du vers où elle est placée, et le sens des trois ou quatre vers précédents. Cette syllabe animée un moment, voilà l'homme ; et vous venez lui dire qu'il n'a qu'à le vouloir pour saisir l'ensemble des choses écoulées sur cette terre, dont la plupart se sont évanouies sans laisser de monuments ni de traces d'elles-mêmes, et dont les autres n'ont laissé que des monuments si incomplets et si tronqués !

Cette objection ne s'adresse pas à M. Guizot seul, mais à toute l'école doctrinaire dont il a été l'organe et le metteur en œuvre le plus actif, le plus influent. Elle s'adresse à bien d'autres écoles encore, qui se croient distinctes de celle-là et qui ont donné sur le même écueil. Le danger surtout est très-réel pour quiconque veut passer de l'histoire à la politique. L'histoire, remarquez-le, ainsi vue à distance, subit une singulière métamorphose, et produit une illusion, la pire de toutes, celle qu'on la croie raisonnable. Dans cet arrangement plus ou moins philosophique qu'on lui prête, les déviations, les folies, les ambitions personnelles, les mille accidents bizarres qui la composent et dont ceux qui ont observé leur propre temps savent qu'elle est faite, tout cela disparaît, se néglige, et n'est jugé que peu digne d'entrer en ligne de compte. Le tout acquiert, après coup, un semblant de raison qui abuse. Le fait devient une vue de l'esprit. On ne juge plus que de haut. On se met insensiblement en lieu et place de la Providence. On trouve à tout accident particulier des enchaînements inévitables, des *nécessités*, comme on dit. Que si l'on passe ensuite de l'étude à la pratique, on est tenté d'oublier dans le présent qu'on a sans cesse à compter avec les passions et les sottises, avec l'inconséquence humaine. On veut dans ce présent, et dès le jour même, des produits nets comme on se figure qu'ils ont eu lieu dans le passé. On met le marché à la main à l'expérience. Dans cet âge de sophistes où nous sommes, c'est au nom de la philosophie de l'histoire que chaque école (car chaque école a la sienne) vient réclamer impérieusement l'innovation qui, à ses yeux, n'est plus qu'une conclusion rigoureuse et légitime. Il faut voir comme, au nom de cette prétendue expérience historique qui n'est plus que de la logique, chacun s'arroge avec présomption le présent et revendique comme sien l'avenir.

M. Guizot sait mieux que nous ces inconvénients, et il les combattrait au besoin avec sa supériorité. Mais il n'en a pas été exempt pour son compte, et il a autorisé ces manières générales de voir, par son ascendant. Sa philosophie de l'histoire, pour être plus spécieuse et plus à hauteur d'appui, n'en est pas moins beaucoup trop logique pour être vraie. Je n'y puis voir qu'une méthode artificielle et commode pour régler les comptes du passé. On supprime toutes les forces qui n'ont pas produit leur effet et qui auraient pu cependant le produire. On range dans le meilleur ordre, sous des noms complexes, toutes celles qu'on peut rassembler et ressaisir. Toutes les causes perdues, qui n'ont pas eu leur représentant ou qui ont été vaincues en définitive, sont déclarées impossibles, nées caduques, et de tout temps vouées à la défaite. Et souvent à combien peu il a tenu qu'elles ne triomphassent! Les faits très-anciens sont ceux qui se prêtent le mieux à ce genre d'histoire systématique. Ils ne vivent plus, ils nous arrivent épars, morcelés ; ils se laissent régenter et discipliner à volonté, quand une main capable s'étend pour les dresser et les reconstruire. Mais l'histoire moderne offre plus de résistance. M. Guizot le sait bien. Dans son *Histoire de la Civilisation en Europe,* quand il arrive au xvie siècle, c'est alors seulement qu'il se fait quelques objections sur les inconvénients des généralisations précipitées : c'est qu'alors aussi ces objections s'élèvent d'elles-mêmes de toutes parts, et nous rentrons dans l'atmosphère orageuse et variable des temps modernes et présents. La généralisation qui semble de la profondeur pour les siècles déjà lointains, semblerait de la légèreté et de la témérité en deçà. Entendons-nous bien : j'admire cette force d'esprit étendue et ingénieuse qui refait, qui restaure du passé tout ce qui peut se refaire, qui y donne un sens, sinon le vrai, du moins un sens plausible et vraisemblable, qui maîtrise le désordre dans l'histoire, et qui procure à l'étude des points d'appui utiles et des directions. Mais ce que je relève comme danger, ce serait l'habitude de vouloir conclure d'un passé ainsi refait et reconstruit, d'un passé artificiellement simplifié, au présent mobile, divers et changeant. Pour moi, quand j'ai lu quelques-unes de ces hautes leçons si nettes et si tranchées sur l'*Histoire de la Civilisation,* je rouvre bien vite un volume des *Mémoires* de Retz, pour rentrer dans le vrai de l'intrigue et de la mascarade humaine.

Nous touchons ici à l'une des raisons essentielles qui font que l'historien, même le grand historien, n'est pas nécessairement un grand politique ni un homme d'État. Ce sont là des talents qui se rapprochent, qui se ressemblent, et qu'on est tenté de confondre, mais qui diffèrent par des conditions intimes. L'historien est chargé de raconter et de décrire la maladie quand le malade est mort. L'homme d'État se charge de traiter le malade encore vivant. L'historien opère sur des faits accomplis et des résultats simples (au moins d'une simplicité relative) : le politique est en présence d'une certaine quantité de résultats, dont plus d'un a chance de sortir à tout moment.

Des faits récents ont mis cette dernière vérité en lumière. Je fais ici appel au bon sens de tout le monde, et je dis : En politique, il y a plusieurs manières différentes dont une chose qui est en train de se faire peut tourner. Quand la chose est faite, on ne voit plus que l'événement. Ce qui s'est passé sous nos yeux en février est un grand exemple. La chose pouvait tourner de bien des manières différentes. Dans cinquante ans on soutiendra peut-être (selon la méthode des doctrinaires) que c'était une nécessité. En un mot, il y a bien des défilés possibles dans la marche des choses humaines. Le philosophe absolu a beau vous dire : « En histoire, j'aime les grandes routes, je ne crois qu'aux grandes routes. » Le bon sens répond : « Ces grandes routes, c'est l'historien le plus souvent qui les fait. On fait la grande route en élargissant le défilé où l'on a passé, et aux dépens des autres défilés où l'on aurait pu passer. »

Esprit positif, et qui savait combiner le but pratique et la vue abstraite, M. Guizot n'avait garde de s'embarrasser trop longtemps dans ces formules historiques où serait à jamais demeuré un professeur allemand. Lui, il les posait, mais il ne s'y enfermait pas. En 1826, il sut choisir comme matière d'histoire un sujet qui était alors le plus heureux par les analogies avec notre situation politique, et qui s'appropriait, de plus, à son talent par toutes les sortes de convenances : il entreprit l'*Histoire de la Révolution d'Angleterre*. Deux volumes seulement de cette Histoire ont paru jusqu'ici, et le récit ne va que jusqu'à la mort de Charles Ier. M. Guizot, après une longue interruption, s'y remet aujourd'hui, et il signale cette rentrée par le remarquable *Discours* qu'on peut lire. A travers les interruptions et les intervalles, il y a ceci de commun entre le début de 1826 et la reprise de 1850, qu'il publiait alors cette Histoire comme une leçon donnée au temps présent, et que c'est encore à titre de leçon donnée à notre temps qu'il y revient aujourd'hui. En 1826, la leçon s'adressait à la royauté qui voulait être absolue, et aux *ultra*. En 1850, elle s'adresse à la démocratie. Mais pourquoi donc une leçon toujours? L'histoire ainsi offerte ne court-elle pas risque de se détourner, de se composer un peu?

Quoi qu'il en soit, les deux volumes publiés de cette *Histoire de la Révolution anglaise* sont d'un sérieux intérêt et présentent un récit mâle et grave, une suite d'un tissu ferme et dense, avec de grandes et hautes parties. Les scènes de la mort de Strafford et du procès de Charles Ier sont traitées simplement, et d'un grand effet dramatique. Ce qui était plus difficile et ce que M. Guizot excelle à exposer, ce sont les débats, les discussions, les tiraillements des partis, le côté parlementaire de l'histoire, la situation des idées dans les divers groupes à un moment donné : il entend supérieurement cette manœuvre des idées. Sorti de race calviniste, il en a conservé un certain tour austère, l'affinité pour comprendre et rendre ces naturels tenaces, ces inspirations énergiques et sombres. Les habitudes de race et d'éducation première se marquent encore dans le talent et se retrouvent dans la parole, même lorsqu'elles ont disparu des habitudes de notre vie : on en garde la fibre et le ton. Les hommes, les caractères sont exprimés, à la rencontre, par des traits vigoureux ; mais le tout manque d'un certain éclat, ou plutôt d'une certaine animation intime et continue. Les personnages ne vivent pas d'une vie à eux ; l'historien les prend, les saisit, il en détache le profil en cuivre. Son dessin accuse une main d'une grande fermeté, d'une grande assurance. Il sait ce qu'il veut dire et où il veut aller : il n'hésite jamais. Le côté ridicule et ironique des choses, le côté sceptique dont d'autres historiens ont abusé, n'a chez lui aucune place. Il fait très-bien sentir une sorte de gravité morale subsistante chez les mêmes hommes au milieu des manœuvres et des intrigues ; mais il ne met pas la contradiction assez à jour. Il a, chemin faisant, mainte maxime d'État, mais aucune de ces réflexions morales qui éclairent et réjouissent, qui détendent, qui remettent à sa place l'humanité même, et comme il en échappe sans cesse à Voltaire. Son style, à lui, est triste et ne rit jamais. Je me suis donné le plaisir de lire en même temps des pages correspondantes de Hume : on ne croirait pas qu'il s'agisse de la même histoire, tant le ton est différent ! Ce que je remarque surtout, c'est qu'il m'est possible, en lisant Hume, de le contrôler, de le contredire quelquefois : il m'en procure le moyen par les détails mêmes qu'il donne, par la balance qu'il établit. En lisant M. Guizot, c'est presque impossible, tant le tissu est serré et tant le tout s'enchaîne. Il vous tient et vous mène jusqu'au bout, combinant avec force le fait, la réflexion et le but.

Jusqu'à quel point, même après ces deux volumes, et à le considérer dans son ensemble, M. Guizot est-il peintre en histoire? Jusqu'à quel point et dans quelle mesure est-il proprement narrateur? Ce seraient des questions très-intéressantes à discuter littérairement, sans complaisance, sans prévention : et même dans ce qu'on refuserait à M. Guizot, il entrerait toute une reconnaissance et une définition d'une originalité de manière à part et qui n'est qu'à lui. Même lorsqu'il raconte, comme dans sa *Vie de Washington*, c'est d'une certaine beauté abstraite qu'il donne l'idée, non d'une beauté extérieure et faite pour le plaisir des yeux. Il a l'expression forte, ingénieuse; il ne l'a pas naturellement pittoresque. Il a parfois du burin, jamais de pinceau. Son style, aux beaux endroits, a des reflets de cuivre et comme d'acier, mais des reflets sous un ciel gris, jamais au soleil. On a dit du bon Joinville, le naïf chroniqueur, que son style *sent encore son enfance*, et que « les choses du monde sont nées pour lui seulement du jour où il les voit. » A l'autre extrémité de la chaîne historique, c'est tout le contraire pour M. Guizot. Sa pensée, son récit même, revêtent volontiers quelque chose d'abstrait, de demi-philosophique. Il communique à tout ce qu'il touche comme une teinte d'une réflexion antérieure. Il ne s'étonne de rien, il explique ce qui s'offre, il en donne le pourquoi. Une personne qui le connaissait bien disait de lui : « Ce qu'il sait de ce matin, il a l'air de le savoir de toute éternité. » En effet, l'idée, en entrant dans ce haut esprit, laisse sa fraîcheur;

elle est à l'instant fanée et devient comme ancienne. Elle contracte de la préméditation, de la fermeté, du poids, de la trempe, et parfois un éclat sombre.

Tout cela dit, il est juste de reconnaître que dans le second volume surtout de l'*Histoire de la Révolution d'Angleterre*, il y a des parties irréprochables d'un récit continu. C'est quand M. Guizot se livre à sa manière favorite, comme dans le *Discours* récent, que tout alors se tourne naturellement chez lui en considérations. La description elle-même du fait est déjà un résultat.

Mais on ne jugerait pas bien l'écrivain chez M. Guizot, si l'on ne parlait de l'orateur. L'un tient étroitement à l'autre, et a réagi sur l'autre. Le plus habituellement, c'est l'écrivain (Cicéron l'a remarqué) qui contribue à former l'orateur. Chez M. Guizot, c'est plutôt l'orateur qui a contribué à perfectionner l'écrivain, et quelqu'un a pu dire que c'est sur le marbre de la tribune qu'il a achevé de polir son style. M. Guizot, à ses premiers débuts, n'a pas toujours bien écrit, il écrivait du moins très-inégalement. Dès que sa passion pourtant était en jeu, dans ses articles de polémique, dans ses brochures, il avait bien du trait et de l'acéré. Longtemps j'ai entendu dire que M. Guizot n'écrivait pas bien. Il faut y regarder à deux fois avant de lui refuser une qualité; car, avec cette volonté tenace et ardente qui est en lui, il peut bien ne pas tarder à conquérir cette qualité qu'on lui refuse et à dire : La voilà! Comme professeur, M. Guizot parlait bien, mais sans rien d'extraordinaire; il avait de la netteté, une lucidité parfaite d'exposition, mais des répétitions de termes abstraits, assez peu d'élégance, peu de chaleur. On a toujours la chaleur de son ambition. L'ambition de M. Guizot ne devait se sentir à l'aise et comme chez elle que sur la scène parlementaire, au cœur des luttes politiques : c'est là qu'il devint tout entier lui-même et qu'il grandit. Il lui fallut quelque apprentissage encore; mais, à partir de 1837, il déploya tout son talent. Il n'eut pas seulement ce que j'appelle la chaleur de son ambition, il en eut par instants la flamme dans sa parole. Pourtant cette flamme éclatait plutôt encore dans son regard, dans son geste, dans son action. Sa parole, à l'isoler en elle-même, a plutôt de la force et du nerf. Je m'arrête en le louant. On ne saurait ici, quand on a un sentiment de citoyen, s'en tenir au simple point de vue littéraire; car, est-il donc possible de l'oublier? cette parole s'est traduite en actes, elle a eu des effets trop réels. Cette faculté merveilleuse d'autorité et de sérénité (pour prendre un mot qu'il affectionne), cet art souverain de conférer aux choses une apparente simplicité, une évidence décevante, et qui n'était que dans l'idée, a été l'une des principales causes de l'illusion qui a perdu le dernier régime. L'éloquence, à ce degré, est une grande puissance; mais n'est-ce pas aussi une de ces *puissances trompeuses* dont a parlé Pascal? Il existait, dans les dernières années du précédent régime, deux atmosphères très-distinctes, celle de l'intérieur de la Chambre et celle du dehors. Quand l'éloquence de M. Guizot avait régné à l'intérieur, quand elle avait rempli et refait cette atmosphère artificielle, on croyait avoir conjuré les orages. Mais l'atmosphère du dehors en était d'autant plus chargée et sans équilibre avec l'air du dedans. De là finalement l'explosion.

Le style de M. Guizot est sorti de ces épreuves de tribune plus ferme et mieux trempé qu'auparavant; sa pensée en est sortie non modifiée. Le présent *Discours*, qu'il vient de publier, l'atteste. Ce *Discours* est écrit de main de maître, mais aussi d'un ton de maître. Il y envisage la Révolution d'Angleterre dans tout son ensemble, depuis l'origine des troubles sous Charles Ier jusqu'après Guillaume III, et jusqu'à l'entière consolidation de l'Établissement de 1688. A voir l'intention directe qui ressort du tableau et qui se traduit formellement dans les conclusions, il est clair qu'aux yeux de l'éminent historien, toutes les leçons que peut nous fournir cette Révolution d'Angleterre, déjà si fertile en analogies réelles ou fausses, ne sont pas épuisées. Cette préoccupation du régime anglais et du remède anglais appliqué à notre maladie, pour être une erreur plus spécieuse et plus prochaine de nous, ne m'en semble pas moins une erreur grave et qui nous a déjà été assez funeste. Par exemple, on a beaucoup parlé, sous le précédent régime constitutionnel, du *pays légal :* « Le *pays légal* est pour nous, nous avons le *pays légal.* » Où cela a-t-il mené? En Angleterre, un tel mot est significatif; car on y a, avant tout, le respect de la loi. En France, c'est à d'autres instincts encore qu'il faut s'adresser, c'est à d'autres fibres qu'il faut se prendre pour tenir même le pays légal. Ce peuple gaulois est rapide, tumultueux, inflammable. Est-il besoin de rappeler à l'éminent historien, qui a connu et manié les deux pays, ces différences essentielles de génie et de caractère? Et c'est avec le caractère plutôt qu'avec les idées qu'on se gouverne. Un étranger, homme d'esprit, a coutume de partager la nature humaine en deux, *la nature humaine en général* et *la nature française,* voulant dire que celle-ci résume et combine tellement en elle les inconstances, les contradictions et les mobilités de l'autre, qu'elle fait une variété et comme une espèce distincte. M. de La Rochefoucauld, qui avait vu la Fronde et toutes ses versatilités, disait un jour au cardinal Mazarin : « Tout arrive en France! » C'est le même moraliste, contemporain de Cromwell, qui a dit cet autre mot si vrai et qu'oublient trop les historiens systématiques : « La fortune et l'humeur gouvernent le monde. » Entendez par *humeur* le tempérament et le caractère des hommes, l'entêtement des princes, la complaisance et la présomption des ministres, l'irritation et le dépit des chefs de parti, la disposition turbulente des populations, et dites, vous qui avez passé par les affaires, et qui ne parlez plus sur le devant de la scène, si ce n'est pas là en très-grande partie la vérité.

Ce n'est donc qu'avec une discrétion extrême qu'on devrait, ce me semble, proposer les remèdes généraux dans lesquels il n'entre que des idées. M. Guizot, après avoir embrassé avec sa supériorité de vues la Révolution d'Angleterre et celle d'Amérique, y reconnaît trois grands hommes, Cromwell, Guillaume III et Washington, qui restent dans l'histoire comme les chefs et les représentants de ces crises souveraines qui ont fait le sort de deux puissantes nations. Il les caractérise, l'un après l'autre, à grands traits. Tous les trois ont réussi, les deux derniers plus complétement, Cromwell moins : il n'a réussi qu'à se maintenir et n'a rien fondé. M. Guizot attribue cette différence à ce que Guillaume III et Washington, « même au milieu d'une révolution, n'ont jamais accepté ni pratiqué la politique révolutionnaire. » Il croit que le malheur de Cromwell fut d'avoir eu d'abord, par la nécessité de sa position, à embrasser et à pratiquer cette politique dont l'alliage rendit son pouvoir toujours précaire. M. Guizot en conclut que, sous toutes les formes de gouvernement, « qu'il s'agisse d'une monarchie ou d'une république, d'une société aristocratique ou démocratique, la même lumière brille dans les faits; le succès définitif ne s'obtient, dit-il, qu'au nom des mêmes principes et par les mêmes voies. L'esprit révolutionnaire est fatal aux grandeurs qu'il élève comme à celles qu'il renverse. »

M. Guizot me permettra ici de trouver que cette conclusion, en la tenant pour vraie dans sa généralité, est parfaitement vague et stérile. Dire en général aux gouvernants qu'il ne faut être à aucun degré révolutionnaire, ce n'est nullement leur indiquer les voies et moyens, les inventions nécessaires pour conserver ; car c'est dans le détail de chaque situation que gît la difficulté et qu'il y a lieu à l'art. Si vous venez dire à un général d'armée : « N'adoptez que la méthode défensive, jamais l'offensive, » en sera-t-il beaucoup plus avancé pour gagner une bataille? Comme s'il n'y avait pas des moments d'ailleurs où, pour défendre Rome, il faut aller attaquer Carthage !

En ce qui est des hommes en particulier, la conclusion de M. Guizot me paraît beaucoup trop absolue. Cromwell, dites-vous, n'a réussi qu'à moitié parce qu'il avait été révolutionnaire. J'ajouterai que Robespierre depuis a échoué par la même cause et par d'autres raisons encore. Mais Auguste avait réussi dans les deux rôles. Il a été tour à tour Octave et Auguste; il a proscrit et il a fondé. Et comme ce même Auguste nous le dit si éloquemment par la bouche du grand Corneille :

> Mais l'exemple souvent n'est qu'un miroir trompeur;
> Et l'ordre du Destin, qui gêne nos pensées,
> N'est pas toujours écrit dans les choses passées.
> Quelquefois l'un se brise où l'autre s'est sauvé,
> Et par où l'un périt un autre est conservé.

Voilà la seule philosophie pratique de l'histoire : rien d'absolu, une expérience toujours remise en question, et l'imprévu se cachant dans les ressemblances.

Bossuet a l'habitude, dans ses vues, d'introduire la Providence, ou plutôt il ne l'introduit pas : elle règne chez lui d'une manière continue et souveraine. J'admire cette inspiration religieuse chez le grand évêque; mais, en pratique, elle l'a mené au droit divin et à la politique sacrée. Chez les historiens modernes, qui se sont élevés à des considérations générales et toutes raisonnées, la Providence intervient seulement par endroits et, si l'on peut dire, dans les grands moments. Plus cette intervention, sous leur plume, est discrète et rare, plus elle atteste de véritable respect. Car, dans bien des cas, lorsqu'on la prodigue, elle peut sembler un instrument du discours, un effet oratoire et social, bien plutôt encore qu'une élévation intime et toute sincère. Ce n'est point le cas pour M. Guizot. Il a gardé de ses origines le sentiment religieux, le tour d'esprit et comme le geste habituel vers la Providence. Pour un homme toutefois qui en a, à ce degré, le respect et la religion, il se sert trop fréquemment selon moi, trop familièrement, de cette intervention mystérieuse :

« On a attribué, dit-il, la chute de Clarendon aux défauts de son caractère, et à quelques fautes ou à quelques échecs de sa politique, au dedans et au dehors. *C'est méconnaître la grandeur des causes qui décident du sort des hommes éminents. La Providence, qui leur impose une tâche si rude, ne les traite pas avec tant de rigueur qu'elle ne leur passe point de faiblesses, et qu'elle les renverse légèrement,* pour quelques torts ou quelques échecs particuliers. D'autres grands ministres, Richelieu, Mazarin, Walpole, ont eu des défauts, et commis des fautes, et essuyé des échecs aussi graves que ceux de Clarendon. Mais ils comprenaient leur temps; les vues et les efforts de leur politique étaient en harmonie avec ses besoins, avec l'état et le mouvement général des esprits. Clarendon se trompa sur son époque; il méconnut le sens des grands événements auxquels il avait assisté... »

Ainsi, vous paraissez croire que la Providence s'y prend avec plus de façons quand il s'agit de ces *hommes éminents* qu'on appelle Mazarin ou Walpole, que quand il s'agit des simples honnêtes gens privés! Vous laissez à ceux-ci les petites causes et les chétifs accidents qui décident de leur destinée. Quant aux autres, aux hommes d'État véritables, aux ambitieux de haute volée, vous croyez qu'ils ne succombent jamais que pour des motifs dignes d'eux, dignes du sacrifice pénible qu'ils s'imposent en nous gouvernant. En un mot, vous croyez que la Providence y regarde à deux fois avant de les faire choir. Pour moi, je crois que, du moment qu'elle y regarde, il lui suffit d'un seul regard et d'une seule mesure pour tous. Mais cette mesure nous est profondément inconnue.

Je pourrais choisir encore quelques autres assertions aussi absolues, aussi gratuites, et qui me font douter de la raison intérieure de cette philosophie imposante. Que si l'on examine le *Discours* par rapport au sujet même qui y est traité, c'est-à-dire à la Révolution d'Angleterre, il y a beaucoup à louer. Quand je conteste la possibilité pour l'homme d'atteindre aux mille causes lointaines et diverses, je suis loin de nier cet ordre de considérations et de conjectures par lesquelles, dans un cadre déterminé, on essaie de rattacher les effets aux causes. C'est la noble science de Machiavel et de Montesquieu, quand ils ont traité, tous les deux, des Romains. La Révolution d'Angleterre, considérée dans ses propres éléments et dans ses limites, cette Révolution qui s'offre comme enfermée en champ clos, se prête mieux qu'aucune autre peut-être à une telle étude, et M. Guizot, plus que personne, est fait pour en traiter pertinemment, sans y mêler de ces conclusions disputées que chacun tire à soi. On relèverait dans son *Discours* des portraits tracés avec vigueur et relief, notamment celui de Monk, celui de Cromwell. Le talent, enfin, qui nous montre tout cela, est supérieur, est-il besoin de le dire? Mais, même en ne considérant que les jugements relatifs à la Révolution anglaise, l'enchaînement des causes et des effets y paraîtra trop tendu. L'auteur, à chaque crise décisive, ne se contente pas de l'expliquer, il déclare qu'elle n'aurait pu se passer autrement. Il lui est habituel de dire : « Il était trop tôt... il était trop tard... Dieu commençait seulement à exercer ses justices et à donner ses leçons (page 31). » Qu'en savez-vous?

Restons hommes dans l'histoire. Montaigne, qui en aimait avant tout la lecture, nous a donné les raisons de sa prédilection, et ce sont les nôtres. Il n'aimait, nous dit-il, que les historiens tout simples et naïfs, qui racontent les faits sans choix et sans triage, *à la bonne foi;* ou, parmi les autres plus savants et plus relevés, il n'aimait que les excellents, ceux qui savent choisir et dire ce qui est digne d'être su. « Mais ceux d'*entre-deux* (comme il les appelle) nous gâtent tout; ils veulent nous mâcher les morceaux : ils se donnent loi de juger, et par conséquent d'incliner l'histoire à leur fantaisie; car depuis que le jugement pend d'un côté, on ne se peut garder de contourner et tordre la narration à ce biais. » Voilà l'écueil, et un talent, même du premier ordre, n'en garantit pas. Du moins une expérience tout à fait consommée devrait en garantir, ce semble. Les hommes supérieurs qui ont passé par les affaires, et qui en sont sortis, ont un grand rôle encore à remplir, mais à condition que ce rôle soit tout différent du premier et que même ce ne soit plus un rôle. Initiés comme ils l'ont été au secret des choses, à la vanité des bons conseils, à l'illusion des meilleurs esprits, à la corruption humaine, qu'ils nous en disent quelquefois quelque chose; qu'ils ne dédaignent pas de nous faire toucher du doigt les petits ressorts qui ont souvent joué dans les grands moments. Qu'ils ne guindent pas toujours l'humanité. La leçon qui sort de l'histoire ne doit pas être directe et roide ; elle ne doit pas se tirer à bout portant, pour ainsi dire, mais s'exhaler doucement et s'insinuer. Elle doit être savoureuse, comme nous le disions dernièrement à propos de Commynes; c'est une leçon toute morale. Ne craignez pas de montrer ces misères à travers vos grands tableaux; l'élévation ensuite s'y retrouvera. Le néant de l'homme, la petitesse de sa raison la plus haute, l'inanité de ce qui avait semblé sage, tout ce qu'il faut de travail, d'étude, de talent, de mérite et de méditation, pour composer même une erreur, tout cela ramène aussi à une pensée plus sévère, à la pensée d'une force suprême ; mais alors, au lieu de parler au nom de cette force qui nous déjoue, on s'incline, et l'histoire a tout son fruit.

Lundi 11 février 1850.

LE LIVRE DES ROIS,

PAR LE POËTE PERSAN

FIRDOUSI,

PUBLIÉ ET TRADUIT PAR M. JULES MOHL.

(2 vol. in-folio.)

Rassurez-vous : ce titre de *Livre des Rois* n'a rien de séditieux. Il s'agit d'un immense poëme composé, il y a plus de huit cents ans, par un grand poëte, l'Homère de son pays, et dont le nom frappe sans doute ici bien des lecteurs pour la première fois. J'avouerai que moi-même qui en parle, il n'y a pas bien longtemps que je le connais d'un peu près. Ce poëte, pas plus qu'Homère, n'a inventé les sujets qu'il célèbre ; il les a puisés dans la tradition, dans les légendes et ballades populaires, et il en a fait un corps de poëme qui, pour ces temps reculés, supplée en quelque manière à l'histoire. Ce poëme, où il a appliqué son génie (et ce génie est manifeste), a paru digne, il y a quelques années, d'être publié avec luxe à Paris, aux frais du Gouvernement, dans la Collection orientale des manuscrits inédits. Trois volumes (texte et traduction) ont déjà paru, et le savant traducteur, M. Mohl, est en mesure d'en donner la suite et la fin. Mais, depuis février 1848, les vicissitudes qu'a subies dans sa direction la *ci-devant* Imprimerie royale ont réagi sur les destinées du livre magnifique, qui se trouve arrêté sans cause. Il serait temps que cette impression reprît et continuât. C'est un grand signe qu'une civilisation est remise à flot quand aucun ralentissement ne se fait sentir dans ces hautes études, qui sont le luxe et comme la couronne de l'intelligence.

Je voudrais ici, par manière de variété, donner quelque aperçu et du poëte et de l'œuvre. Il est bon de voyager quelquefois; cela étend les idées et rabat l'amour-propre. On mesure plus au juste ce que c'est que la gloire, et à quoi se réduit ce grand mot. Les jours où l'on est trop entêté de soi-même et de son importance, je ne sais rien de plus calmant que de lire un voyage en Perse ou en Chine. Voilà des millions d'hommes qui n'ont jamais entendu parler de vous, qui n'en entendront jamais parler, et qui s'en passent. « Combien de royaumes nous ignorent! » a dit Pascal. Ce Firdousi ou Ferdousi, par exemple, ce grand poëte qui, à première vue, nous étonne, et dont nous ne savons pas même très-bien comment prononcer le nom, est populaire dans sa patrie. Si jamais vous allez en Perse, dans ce pays de vieille civilisation, qui a subi bien des conquêtes, bien des révolutions religieuses, mais qui n'a pas eu, à proprement parler, de moyen-âge, et dans lequel certaines traditions se sont toujours conservées, prenez un homme d'une classe quelconque, et dites-lui quelques vers de Ferdousi : il y a chance, m'assure-t-on, pour qu'il vous récite de lui-même les vers suivants; car les musiciens et chanteurs vont en redisant à plein chant des épisodes entiers dans les réunions, dans les festins. Le tempérament de ce peuple est tout poétique. Ce qu'on a dit un peu complaisamment des gondoliers de Venise chantant les octaves du Tasse serait plus vrai des gens du peuple, en Perse, récitant les vers de Ferdousi. On a vu, de nos jours, des troupes persanes marcher au combat contre des Turcomans en chantant des tirades de son épopée. On trouverait peu de poëtes, dans notre Occident, qui jouissent d'une pareille fortune. Cela n'empêche pas qu'il ne nous semble fort singulier qu'on soit si célèbre quelque part et si inconnu chez nous, et nous serions tenté de dire à ce génie étranger, comme les Parisiens du temps de Montesquieu disaient à Usbek et à Rica dans les *Lettres Persanes :* « Ah! ah! monsieur est Persan! c'est une chose bien extraordinaire. Comment peut-on être Persan? »

Ferdousi était donc né en Perse vers l'année 940, et il ne mourut qu'en 1020, âgé de quatre-vingts ans. C'était le temps où, en France, nous étions en plein âge de fer, en pleine barbarie, et où, après l'agonie des derniers Carlovingiens, une monarchie rude s'ébauchait sous Hugues Capet et le roi Robert. La Perse conquise par les Arabes se revêtait subitement d'une civilisation nouvelle, mais elle ne dépouillait pas tout à fait l'ancienne. Après les premiers temps de la conquête musulmane, il arriva en effet que les chefs et gouverneurs des provinces orientales, les feudataires les plus éloignés de Bagdad, siége du Califat, tendirent à s'émanciper, et, pour se donner de la force, ils cherchèrent à s'appuyer sur le fond des populations, et particulièrement sur la classe des propriétaires ruraux, qui, dans tout pays, sont naturellement attachés aux vieilles mœurs. Or, pour se concilier cette classe composée des plus anciennes familles de Perse, les princes de nouvelle formation ne trouvèrent rien de mieux que de réchauffer et de favoriser le culte des vieilles traditions historiques et nationales, les souvenirs des dynasties antérieures et des héros. Bien que musulmans de religion, ils ne reculèrent pas devant ce réveil d'un antique passé où la religion régnante était celle de Zoroastre. Leurs petites Cours se remplirent de poëtes persans qui reprirent et remanièrent avec émulation ces sujets de ballades populaires. Le sultan Mahmoud, de race turque, qui régnait dans le Caboul, et dont les conquêtes s'étendirent jusqu'à l'Inde, fut un des plus ardents à se signaler en cette voie de renaissance littéraire qui venait en aide à ses projets politiques, ou qui du moins pouvait illustrer son règne. Cependant, vers le temps où ce Turc, violent d'ailleurs et ambitieux, s'intéressait si fort à ces choses de l'esprit, et avant qu'il fût encore monté sur le trône, un homme, doué de génie par la nature, s'était senti poussé de lui-même à ces hautes pensées par une vocation puissante. Dans sa ville natale de Thous, Ferdousi enfant, fils d'un jardinier, assis au bord du canal d'irrigation qui coulait devant la maison de son père, s'était dit souvent qu'il serait beau de laisser un souvenir de lui dans ce monde qui passe. Il voyait que le monde s'était repris d'amour pour les histoires des anciens héros. Tous les hommes intelligents et tous les hommes de cœur s'y attachaient. C'était l'œuvre indiquée alors pour le génie; c'était le rameau d'or à cueillir en cette saison. Déjà un jeune homme doué d'une langue facile, d'une grande éloquence et d'un esprit brillant, avait annoncé le dessein de mettre en vers ces histoires, et le cœur de tous s'en était réjoui. Mais ce poëte, nommé Dakiki, n'avait pas en lui tout ce qu'il faut de sagesse pour accomplir les pensées graves; il se laissa aller aux mauvaises compagnies, il leur abandonna son âme faible et douce, et périt assassiné dans une débauche. Son dessein resta vacant, et Ferdousi s'en empara avec ardeur. Il a raconté lui-même comment, dans les premiers temps de cette entreprise, occupé de rechercher les traditions déjà en partie recueillies, il se tourmentait d'une tristesse jalouse, craignant que sa vie ne fût trop courte pour une telle œuvre et que son trésor ne lui échappât. Il avait dans sa ville natale un ami qui ne faisait qu'un avec lui, et ils étaient comme deux âmes dans un même corps. Cet ami le soutint, l'encouragea : « C'est un beau plan, lui disait-il, et ton pied te conduira au bonheur. Ne t'endors pas! tu as le don de la parole, tu as de la jeunesse, tu sais conter un récit héroïque : raconte de nouveau ce livre royal, et cherche par là la gloire auprès des grands. » Cet ami lui abrégea les recherches, lui procura un certain recueil déjà fait, et le poëte, voyant la matière en sa puissance, sentit sa tristesse se convertir en joie. Mais le monde alors était rempli de guerres, et le temps semblait peu favorable aux récompenses. Tout poëte, en tout pays, cherche son Auguste et son Mécène; appelez ce Mécène du nom que vous voudrez : Ferdousi cherchait le sien. Il crut le trouver d'abord dans le gouverneur de sa province, Abou-Manzour, jeune prince rempli de générosité et de clémence, qui lui dit : « Que faut-il que je fasse pour que ton âme se tourne vers ce poëme? » Ferdousi espérait déjà que son fruit allait mûrir à l'abri de l'orage; mais le jeune gouverneur périt assassiné, et le poëte se trouva de nouveau à la merci du sort. C'est alors qu'il ouït parler du sultan Mahmoud, qui, dans sa Cour de Ghaznin, s'entourait d'une pléiade de poëtes, mettait au concours les histoires des anciens rois, et désirait un homme capable de les orner et de les embellir sans les altérer. Ce que désirait Mahmoud, Ferdousi était en voie de l'exécuter. Ferdousi n'était plus jeune, il avait cinquante-sept ans environ; il y avait plus de vingt ans qu'il travaillait à son poëme. A cette première nouvelle qu'il eut de l'appel du sultan Mahmoud, il tressaillit : « Mon étoile endormie, dit-il, s'éveilla ; une foule de pensées surgirent dans ma tête. Je reconnus que le moment de parler était arrivé, et que les vieux temps allaient revenir. » Il se rendit donc à la cour de Ghaznin, où il eut quelque peine encore à se faire remarquer du sultan ; il y parvint enfin et réussit à le charmer. Il triompha, dans un défi, de tous les poëtes de Cour, et le sultan, dans un moment d'enthousiasme, lui donna ce surnom de Ferdousi (car ce n'était pas son premier nom) ; *Ferdousi* veut dire l'homme du *paradis*, celui qui fait de la terre un paradis par l'enchantement de sa parole.

Pendant les premières années, le poëte vit se réaliser son rêve. Sa vie était comme une ivresse continuelle de poésie. « Il avait un appartement attenant au palais, avec une porte de communication dans le jardin privé du roi. Les murs de son appartement furent couverts de peintures représentant des armes de toute espèce, des chevaux, des éléphants, des dromadaires et des tigres, des portraits de ces rois et de ces héros de l'Iran, qu'il était chargé de célébrer. Mahmoud pourvut à ce que personne ne pût l'interrompre dans son travail, en défendant la porte à tout le monde, à l'exception d'un seul ami et d'un esclave chargé du service domestique. Le sultan professait pour lui une admiration passionnée, et se plaisait à dire qu'il avait souvent entendu ces mêmes histoires, mais que la poésie de Ferdousi les rendait comme neuves, et qu'elle inspirait aux auditeurs de l'éloquence, de la bravoure et de la pitié. » A mesure qu'un épisode était composé, le poëte le récitait au roi ; il s'asseyait devant lui sur un coussin, et, derrière, des musiciens et des danseuses l'accompagnaient en cadence.

Mais la faveur des princes est trompeuse. Le Tasse,

au milieu des délices de Ferrare, en sut quelque chose : Ferdousi, à la cour de Ghaznin, va également l'éprouver. Mahmoud insensiblement se refroidit; ses ministres s'en aperçurent et exécutèrent plus négligemment ses ordres; ils payaient mal le poëte, qui se trouvait ainsi dans la gêne au milieu de l'or. Les poëtes de Cour, les rivaux et ennemis littéraires de Ferdousi prétendirent que le succès de son ouvrage tenait à l'intérêt des sujets bien plutôt qu'au talent de l'auteur. Enfin, un jour on l'accusa d'être hérétique, accusation qui est la plus grave en tout pays. Après douze années de séjour à Ghaznin, et quand son poëme, composé de près de soixante mille distiques (cent vingt mille vers!), s'achevait, Ferdousi vit s'écrouler le rêve de sa fortune. La somme finale, qui devait lui être payée en or, ne lui fut payée qu'en pièces d'argent. Cette somme d'or qu'il avait tant désirée, et dont il n'avait rien voulu distraire à l'avance, il la destinait à un emploi touchant. Dans sa ville natale, j'ai dit qu'enfant il s'était assis souvent au bord du canal qui coulait devant la maison du jardinier son père, et que c'était là qu'il avait nourri ses premiers rêves. Mais ce canal, grossi par les eaux, débordait souvent et produisait des ravages. Ferdousi avait toujours eu le projet, avec la somme d'or qu'il recevrait, de bâtir une digue qui contînt les eaux, et d'être ainsi le bienfaiteur de sa contrée. Ce noble poëte avait l'âme royale. Il était au bain quand on lui apporta la somme dérisoire en pièces d'argent; il en fit trois parts : il en donna un tiers au baigneur, un tiers à l'ami qui la lui avait apportée, et, avec l'autre tiers, il paya un seul verre de *fouka* (espèce de bière) qu'il demanda. Il ne garda rien pour lui. Cela fait, il résolut de quitter sans retard la Cour du sultan, et il partit secrètement, un bâton à la main, en habit de derviche. Il était âgé d'environ soixante-dix ans. En partant, il laissa aux mains d'un ami un papier scellé, recommandant qu'on le remît au sultan vingt jours après son départ. Quand le sultan ouvrit ce papier à son adresse, il y trouva une satire sanglante. C'était la vengeance du poëte, la flèche de Parthe qu'il lui lançait en fuyant, et cette vengeance subsiste encore. On y lit :

« O Roi, je t'ai adressé un hommage qui sera le souvenir que tu laisseras dans le monde. Les édifices que l'on bâtit tombent en ruine par l'effet de la pluie et de l'ardeur du soleil ; mais j'ai élevé, dans mon poëme, un édifice immense auquel la pluie et le vent ne peuvent nuire. »

Ferdousi n'a pas besoin d'avoir lu Horace ni Ovide pour dire les mêmes choses qu'eux, avec la haute conscience de sa force, et dans un sentiment plus poignant. Il continue de se rendre justice, et de la faire sur ce roi ingrat :

« Des siècles, dit-il, passeront sur ce livre, et quiconque aura de l'intelligence le lira. J'ai vécu trente-cinq années dans la pauvreté, dans la misère et les fatigues, et pourtant tu m'avais fait espérer une autre récompense, et je m'attendais à autre chose de la part du maître du monde!... Mais le fils d'un esclave ne peut valoir grand'chose, quand même son père serait devenu roi... Quand tu planterais dans le jardin du Paradis un arbre dont l'espèce est amère, quand tu en arroserais les racines, au temps où elles ont besoin d'eau, avec du miel pur puisé dans le ruisseau du Paradis, à la fin il montrera sa nature et portera un fruit amer. »

Au reste, ce n'est point par un désir égoïste de vengeance qu'il écrit cette satire, c'est dans une pensée plus haute :

« Voici pourquoi j'écris ces vers puissants : c'est pour que le roi y prenne un conseil, qu'il connaisse dorénavant la puissance de la parole, qu'il réfléchisse sur l'avis que lui donne un vieillard, qu'il n'afflige plus d'autres poëtes, et qu'il ait soin de son honneur ; car un poëte blessé compose une satire, et elle reste jusqu'au jour de la Résurrection. »

Cette fière prédiction se trouve vraie de Ferdousi comme de Dante.

Après ce coup d'éclat, Ferdousi erra durant des années, cherchant une Cour où ne pût l'atteindre la colère du sultan. Enfin, croyant les choses apaisées et oubliées, il était revenu dans sa ville natale, lorsqu'un jour, passant par le bazar, il entendit un enfant réciter un vers sanglant de cette même satire qui avait couru le monde. Le vieillard en fut saisi brusquement et s'évanouit; on le rapporta dans sa maison, où il mourut à l'âge de quatre-vingts ans. On l'enterra dans un jardin. Dans les premiers instants, le chef religieux de la ville refusa de lire les prières d'usage sur sa tombe, sous prétexte de cet ancien soupçon d'hérésie, et par crainte sans doute de déplaire au sultan. Mais bientôt se ravisant, et averti par la voix publique, il prétendit avoir vu en songe Ferdousi au ciel, revêtu d'une robe verte et portant au front une couronne d'émeraudes, et il se crut autorisé à lui payer le tribut qu'on accorde aux fidèles. Cependant le sultan Mahmoud avait reconnu son injustice, et il envoyait au poëte les cent mille pièces d'or qu'il lui devait, avec une robe d'honneur et des paroles d'excuse. Mais, comme pour le Tasse, ce tardif hommage arriva trop tard pour Ferdousi et ne rencontra qu'une tombe. Au moment où les chameaux chargés d'or arrivaient à l'une des portes de Thous, le convoi funèbre sortait par une autre. On porta les présents du sultan chez la fille de Ferdousi, qui, d'un cœur digne de son père, les refusa en disant : « J'ai ce qui suffit à mes besoins, et ne désire point ces richesses. » Mais le poëte avait une sœur qui se rappela le désir que celui-ci avait nourri dès l'enfance de bâtir un jour, en pierre, la digue de la rivière de Thous, pour laisser dans un bienfait public le souvenir de sa vie. Elle accepta la somme; la digue tant désirée fut construite, mais quand le poëte n'était plus : quatre siècles après, on en voyait encore les restes. Telle est, en abrégé, la vie de Ferdousi, comme je l'emprunte au travail de M. Mohl.

On devine déjà que le poëme sorti d'une telle main et couvé d'un tel cœur ne saurait être une œuvre vulgaire. Il faudrait bien de l'espace pour en donner une idée un peu générale. Le livre se compose d'une suite d'épisodes sans lien étroit. Le poëte raconte toute l'histoire des premiers rois de Perse, des fondateurs de dynasties, telle qu'elle s'est transmise et transfigurée dans la mémoire, pleine d'imagination et de féerie, de ces peuples orientaux. Les fables y abondent, recouvrant des symboles qu'il n'est pas aisé de pénétrer. La véritable poésie épique, pour être vivante, a besoin de reposer sur des racines populaires et d'y puiser sa séve, sans quoi elle ne produit que des œuvres de cabinet, belles peut-être, mais toujours un peu froides. Virgile n'a réussi qu'à produire une épopée de cette dernière espèce : Homère nous offre le modèle accompli de la première. A le lire naïvement, on y saisit à la fois le fond des choses qui ont dû être transmises, et le génie individuel qui les a prises en main et rehaussées. Mais, en passant dans le monde oriental où tout nous est étranger, il est difficile de se prêter à ces traditions merveilleuses, gigantesques, qui ne nous concernent plus à aucun degré, et l'on est embarrassé, à travers ces flots de couleur nouvelle, de faire la part de ce qui revient en propre au talent du poëte. Toutefois, grâce à la méthode fidèle et religieuse de traduction qu'a adoptée M. Mohl, on peut se former jusqu'à un certain point une idée du génie personnel de Ferdousi. Ce génie, tel qu'il se prononce dans les parties ordinaires et comme dans le récitatif du poëme, est tout moral et grave. En voyant se succéder tant de dynasties et tant de siècles qui, de loin, semblent ramassés en un jour, le poëte a conçu le sentiment profond de l'instabilité des choses humaines, de la fuite de la vie et des années brillantes, du néant de tout, excepté d'une bonne renommée; car il croit à la poésie et à la gloire. Hors de là, il se complaît à ce détachement tranquille, universel, à cette espèce d'épicuréisme transcendant, le même qu'on retrouve et qui s'exhale dans les livres de *la Sagesse* de Salomon. Ce thème éternel est rajeuni ici par une imagination charmante. Ferdousi y joint une douceur particulière, une disposition de clémence et de compassion qui sent le voisinage de l'Inde. Par exemple, un des meilleurs rois qu'il nous montre dans les premières dynasties, Féridoun, a trois fils. Ces trois frères, dont le dernier n'est pas de la même mère que les deux autres, ont un caractère bien différent. Les deux premiers, dévorés d'ambition, jaloux de la préférence que leur père montre à leur puîné, décident de s'en défaire. C'est la conjuration des fils de Jacob contre leur frère Joseph. Le jeune homme, le vertueux Iredji, est averti par son père même du mauvais dessein de ses aînés, mais il ne veut employer avec eux d'autres armes que la persuasion, et, regardant son vieux père avec tendresse, il lui dit ces belles paroles :

« O Roi ! pense à l'instabilité de la vie qui doit passer sur nous comme le vent. Pourquoi l'homme de sens s'affligerait-il ? Le temps fanera la joue de rose et obscurcira l'œil de l'âme brillante. Au commencement la vie est un trésor, à sa fin est la peine, et puis il faut quitter cette demeure passagère. Puisque notre lit sera la terre et que notre couche sera une brique, pourquoi planter aujourd'hui un arbre dont la racine se nourrirait de sang, dont le fruit serait la vengeance ?... La couronne, le trône et le diadème ne m'importent pas ; j'irai au-devant de mes frères sans armée, et je leur dirai : O mes frères illustres, qui m'êtes chers comme mon corps et mon âme, ne me prenez pas en haine, ne méditez pas vengeance contre moi ! la haine ne convient pas aux croyants. »

Cette démarche que projette Iredji, il l'exécute; il va trouver ses frères avec un esprit de paix, et au moment où l'un d'eux, dans un accès de fureur brutale, le frappe et s'apprête à le tuer, il lui dit :

« N'as-tu aucune crainte de Dieu, aucune pitié de ton père? Est-ce ainsi qu'est ta volonté? Ne me tue pas, car, à la fin, Dieu te livrera à la torture pour prix de mon sang. Ne te fais pas assassin, car, de ce jour, tu ne verras plus trace de moi. Approuves-tu donc et peux-tu concilier ces deux choses, que tu aies reçu la vie et que tu l'enlèves à un autre? Ne fais pas de mal à une fourmi qui traine un grain de blé, car elle a une vie, et la douce vie est un bien... »

C'est cet esprit de sagesse, d'élévation, de justice et de douceur qui circule à travers l'immense poëme de Ferdousi, et qu'on y respire dans les intervalles où pénètre la lumière. Le poëte a eu raison de dire, au début de son livre, en le comparant à un haut cyprès : « Celui qui se tient sous un arbre puissant, sera garanti du mal par son ombre. » Ce sentiment de moralité profonde est égayé, chemin faisant, par des parties brillantes et légères, comme il convenait à un poëte nourri dans le pays du pêcher et de la rose.

Le plus célèbre épisode du poëme, et qui est de nature à nous intéresser encore, a pour sujet la rencontre du héros Roustem et de son fils Sohrab. C'est une belle et touchante histoire qui a couru le monde, qui a refleuri dans mainte ballade en tout pays, et que bien des poëtes ont remaniée ou réinventée à leur manière, jusqu'à Ossian dans son poëme de *Carthon* et jusqu'à Voltaire dans sa *Henriade*. Voltaire n'avait pas lu assurément Ferdousi, mais il a eu la même idée, celle d'un père, dans un combat, aux prises avec son fils, et le tuant avant de le reconnaitre. La pensée de Voltaire est toute philosophique et humaine; il veut inspirer l'horreur des guerres civiles. Ferdousi, dans son récit puisé à la tradition, est loin d'avoir eu une intention aussi expresse; mais on ne craint pas de dire qu'après avoir lu cet épisode dramatique et touchant, cette aventure toute pleine de couleurs d'abord et de parfums, et finalement de larmes, si l'on vient à ouvrir ensuite le chant VIII° de *la Henriade,* on sent toute la hauteur d'où la poésie épique chez les modernes est déchue, et l'on éprouve la même impression que si l'on passait du fleuve du Gange à un bassin de Versailles.

Je demande à donner en peu de mots une idée de ce qu'est cet épisode chez Ferdousi. Roustem nous représente assez bien l'Hercule ou le Roland des traditions orientales : ce n'est pas précisément un roi, c'est plus qu'un roi, et il peut dire, lui aussi, dans son orgueil :

J'ai fait des souverains, et n'ai point voulu l'être.

Roustem appartient à cet âge héroïque où la force physique est encore considérée comme la première des vertus. Un jour, il était allé seul à la chasse de l'onagre, du côté du pays des Turcs, monté sur son bon cheval Raksch, aussi rapide que le feu. Après avoir tué bon nombre de bêtes sauvages, accablé de fatigue, il s'endormit, laissant Raksch paître à son gré dans la plaine. Quelques Turcs passèrent, qui enlevèrent le cheval, non sans que celui-ci fît belle résistance et tuât plus d'un de ses ravisseurs. Roustem, au réveil, se trouva au dépourvu, un peu honteux de sa mésaventure. Il s'achemina lentement vers la ville voisine, appelée Sémengan. Son renom était tel, que le roi de la ville, bien que sujet des Turcs, sachant qu'il approchait, vint au-devant de lui, lui promit de faire chercher Raksch, et lui offrit une splendide hospitalité. Roustem s'assit au banquet et s'enivra, ce qui n'était point une honte. La nuit était presque écoulée, lorsque la porte de la chambre où il reposait s'ouvrit doucement, et il vit s'approcher une beauté merveilleuse, guidée par une esclave. « Quel est ton nom? lui dit le héros tout étonné. Que cherches-tu dans la nuit sombre? Quel est ton désir? » La femme voilée n'était autre que la belle Tehmimeh, la fille unique du roi de Sémengan, et elle confessa ingénument au héros son désir. Elle avait entendu faire de lui maint récit fabuleux, comme Médée de Jason, Ariane de Thésée, comme Desdémone d'Othello. Elle lui répète quelques-uns de ces discours qui ont égaré sa raison : « Tels sont les récits qu'on m'a faits, lui dit-elle, et je me suis souvent mordu la lèvre à cause de toi. » Il y a une belle parole du Sage : « Ne parle pas d'hommes devant les femmes, car le cœur de la femme est la demeure du malin, et ces discours font naître en elles des ruses. » Bref, la belle Tehmimeh s'offre ici au héros, sans trop de ruses pourtant et sans détour, ne souhaitant rien tant que d'avoir un fils d'un homme tel que Roustem. Elle n'oublie pas, en finissant, d'ajouter, comme raison déterminante, qu'elle s'engage à lui ramener son bon cheval Raksch. Roustem, entendant ces promesses, et surtout celle qui concerne son bon cheval, se décide sans trop de peine. Mais, pour ne pas violer l'hospitalité, il envoie un homme grave demander la fille à son père. Le père n'a garde de refuser; il accorde sa fille selon les rites du pays, qui paraissent avoir été assez faciles, et la belle Tehmimeh est au comble de son vœu. Au premier rayon de l'aurore, Roustem prit un onyx qu'il portait au bras, et qui était célèbre dans le monde entier; il le donna à Tehmimeh en disant : « Garde ce joyau, et si le Ciel veut que tu mettes au monde une fille, prends cet onyx et attache-le aux boucles de ses cheveux sous une bonne étoile et sous d'heureux auspices; mais si les astres t'accordent un fils, attache-le à son bras, comme l'a porté son père... »

Là-dessus Roustem part au matin, monté sur son cheval Raksch; il s'en retourne vers l'Iran, et, durant des années, il n'a plus que de vagues nouvelles de la belle Tehmimeh et du fils qui lui est né; car c'est un fils et non une fille. Ce fils est beau et au visage brillant; on l'appelle Sohrab. « Quand il eut un mois, il était comme un enfant d'un an; quand il eut trois ans, il s'exerçait au jeu des armes, et à cinq ans il avait le cœur d'un lion. Quand il eut atteint l'âge de dix ans, personne dans son pays n'osait lutter contre lui. » Il se distinguait, à première vue, de tous les Turcs d'alentour; il devenait manifeste qu'il était issu d'une autre race. L'enfant, sentant sa force, alla fièrement demander à sa mère le nom de son père, et quand il le sut, il n'eut plus de cesse qu'il n'eût assemblé une armée pour aller combattre les Iraniens et se faire reconnaître du glorieux Roustem à ses exploits et sa bravoure.

Sohrab choisit un cheval assez fort pour le porter, un cheval fort comme un éléphant; il assemble une armée et se met en marche, non pour combattre son père, mais pour combattre et détrôner le souverain dont Roustem est le feudataire, et afin de mettre la race vaillante de Roustem à la place de ce roi déjà fainéant. C'est ici que l'action commence à se nouer avec un art et une habileté qui appartiennent au poëte. La solution fatale est à la fois entrevue et retardée moyennant des gradations qui vont la rendre plus dramatique. Roustem, mandé en toute hâte par le roi effrayé, ne s'empresse point d'accourir. A cette nouvelle d'une armée de Turcs commandée par un jeune homme si vaillant et si héroïque, il a l'idée d'abord que ce pourrait bien être son fils;

mais non : ce rejeton de sa race est trop enfant, se dit-il, « et ses lèvres sentent encore le lait. » Roustem arrive pourtant; mais, mal accueilli par le roi, il entre dans une colère d'Achille, et il est tout prêt à s'en retourner dans sa tente. On ne le fléchit qu'en lui représentant que s'abstenir en une telle rencontre ce serait paraître reculer devant le jeune héros. Cependant les armées sont en présence. Roustem, déguisé en Turc, s'introduit dans un château qu'occupe l'ennemi, pour juger de tout par lui-même. Il voit son fils assis à un festin : il l'admire, il le compare, pour la force et la beauté, à sa propre race; on dirait, à un moment, que le sang au-dedans va parler et lui crier : *C'est lui!* Le jeune Sohrab, de son côté, quand vient le matin, en présence de cette armée dont le camp se déploie devant lui, est avide de savoir si son noble père n'en est pas. Monté sur un lieu élevé, il se fait nommer par un prisonnier tous les chefs illustres dont il voit se dérouler les étendards. Le prisonnier les énumère avec complaisance et les lui nomme tous, tous excepté un seul, excepté celui, précisément, qui l'intéresse. Le prisonnier fait semblant de croire que Roustem n'est pas venu, car il craint que ce jeune orgueilleux, dans sa force indomptable, ne veuille se signaler en s'attaquant de préférence à ce chef illustre, et qu'il ne cause un grand malheur. Sohrab insiste et trouve étonnant qu'entre tant de chefs, le vaillant Roustem, le premier de tous, ait manqué cette fois à l'appel; il presse de questions le prisonnier, qui lutte de ruse, et qui s'obstine, sur ce point, à lui cacher la vérité : « Sans doute, réplique celui-ci, le héros sera allé dans le Zaboulistan, car c'est le temps des fêtes dans les jardins de roses. » A quoi Sohrab, sentant bouillonner son sang, répond : « Ne parle pas ainsi, car le front de Roustem se tourne toujours vers le combat. » Mais Sohrab a beau vouloir forcer le secret, la fatalité l'emporte : « Comment veux-tu gouverner ce monde que gouverne Dieu? s'écrie le poëte. C'est le Créateur qui a déterminé d'avance toutes choses. Le sort a écrit autrement que tu n'aurais voulu, et, comme il te mène, il faut que tu suives. »

Sohrab engage le combat; tout plie devant lui. Jamais nos vieux romans de chevalerie n'ont retenti de pareils coups d'épée. Les plus vaillants chefs reculent. Roustem est appelé; il arrive, il se trouve seul en présence de son fils, et le duel va s'entamer. La pitié, tout à coup, saisit le vieux chef, en voyant ce jeune guerrier si fier et si beau :

« O jeune homme si tendre ! lui dit-il, la terre est sèche et froide, l'air est doux et chaud. Je suis vieux; j'ai vu maint champ de bataille, j'ai détruit mainte armée, et je n'ai jamais été battu... Mais j'ai pitié de toi et ne voudrais pas t'arracher la vie. Ne reste pas avec les Turcs; je ne connais personne dans l'Iran qui ait des épaules et des bras comme toi. »

En entendant ces paroles qui semblent sortir d'une âme amie, le cœur de Sohrab s'élance, il a un pressentiment soudain; il demande ingénument au guerrier s'il n'est pas celui qu'il cherche, s'il n'est pas l'illustre Roustem. Mais le vieux chef, qui ne veut pas donner à ce jouvenceau trop d'orgueil, répond avec ruse qu'il n'est pas Roustem, et le cœur de Sohrab se resserre aussitôt; le nuage qui venait de s'entr'ouvrir se referme, et la destinée se poursuit.

Le duel commence : il n'est pas sans vicissitudes et sans péripéties singulières; il dure deux jours. Dès le premier choc, les épées des combattants se brisent en éclats sous leurs coups : « Quels coups! on eût dit qu'ils amenaient la Résurrection! » Le combat continue à coups de massue; nous sommes en plein âge héroïque.

Le premier jour, le duel n'a pas de résultat. Après une lutte acharnée, les deux chefs s'éloignent, se donnant rendez-vous pour le lendemain. Roustem s'étonne d'avoir rencontré pour la première fois son égal, presque son maître, et de sentir son cœur défaillir sans savoir pourquoi. Le second jour, au moment de reprendre la lutte, Sohrab a un mouvement de tendresse, et la nature, près de succomber, fait en lui comme un suprême effort. En abordant le vieux chef, il s'adresse à lui le sourire sur les lèvres, et comme s'ils avaient passé la nuit amicalement ensemble :

« Comment as-tu dormi? lui demande-t-il; comment t'es-tu levé ce matin? Pourquoi as-tu préparé ton cœur pour la lutte? Jette cette massue et cette épée de la vengeance, jette tout cet appareil d'un combat impie. Asseyons-nous tous deux à terre, et adoucissons avec du vin nos regards courroucés. Faisons un traité en invoquant Dieu, et repentons-nous dans notre cœur de cette inimitié. Attends qu'un autre se présente pour le combat, et apprête avec moi une fête. Mon cœur te communiquera son amour, et je ferai couler de tes yeux des larmes de honte. Puisque tu es né d'une noble race, fais-moi connaître ton origine; ne me cache pas ton nom, puisque tu vas me combattre : ne serais-tu pas Roustem?... »

Roustem, par sentiment d'orgueil, et soupçonnant toujours une feinte de la part d'un jeune homme avide de gloire, dissimule une dernière fois, et, dès ce moment, le sort n'a plus de trêve. Toutes ces ruses de Roustem (et j'en supprime encore) tournent contre lui; il finit par plonger un poignard dans la poitrine de son fils, et ne le reconnaît que dans l'instant suprême. Le jeune homme meurt avec résignation, avec douceur, en pensant à sa mère, à ses amis, en recommandant qu'on épargne après lui cette armée qu'il a engagée dans une entreprise téméraire :

« Pendant bien des jours je leur ai donné de belles paroles, je leur ai donné l'espoir de tout obtenir; car comment pouvais-je savoir, ô héros illustre, que je périrais de la main de mon père?... Je voyais les signes que ma mère m'avait indiqués, mais je n'en croyais pas mes yeux. Mon sort était écrit au-dessus de ma tête, et je devais mourir de la main de mon père. Je suis venu comme la foudre, je m'en vais comme le vent; peut-être que je te retrouverai heureux dans le ciel! »

Ainsi parle en expirant cet autre Hippolyte, immolé ici de la main de Thésée.

La moralité que tire le poëte de cette histoire pleine de larmes est tout antique, tout orientale. Malgré la colère que ce récit inspire involontairement contre Roustem, le poëte n'accuse personne :

« Le souffle de la mort, dit-il, est comme un feu dévorant : il n'épargne ni la jeunesse ni la vieillesse. Pourquoi donc les jeunes gens se réjouiraient-ils, puisque la vieillesse n'est pas la seule cause de la mort? Il faut partir, et sans tarder, quand la mort pousse le cheval de la destinée! »

Pour moi, la moralité que je déduirai ici sera à la moderne, tout étroite et toute positive : c'est qu'il convient que l'impression de ce grand livre où se trouve ce bel épisode, et d'autres épisodes encore, se remette en train au plus vite et s'achève, et que les contrariétés, les ennuis qui, il y a huit cents ans, sous le régime du sultan Mahmoud, ont traversé la vie et l'œuvre du poëte Ferdousi, ne continuent pas aujourd'hui de le poursuivre dans la personne de son savant éditeur et traducteur, qui mérite à la fois si bien et de lui et de nous

Lundi 18 février 1850.

LA MARE-AU-DIABLE, LA PETITE FADETTE, FRANÇOIS LE CHAMPI,

PAR

GEORGE SAND.

(1846-1850.)

J'étais en retard depuis quelque temps avec Mme Sand; je ne sais pourquoi j'avais mis de la négligence à lire ses derniers romans; non pas que je n'en eusse entendu dire beaucoup de bien, mais il y a si longtemps que je sais que Mme Sand est un auteur du plus grand talent, que tous ses romans ont des parties supérieures de description, de situation et d'analyse, qu'il y a dans tous, même dans ceux qui tournent le moins agréablement, des caractères neufs, des peintures ravissantes, des entrées en matière pleines d'attrait; il y a si longtemps que je sais tout cela, que je me disais : Il en est toujours de même, et, dans ce qu'elle fait aujourd'hui, elle poursuit sa voie d'invention, de hardiesse et d'aventure. Mais je suis allé voir *le Champi* à l'Odéon comme tout Paris y est allé; cela m'a remis au roman du même titre et à cette veine pastorale que l'auteur a trouvée depuis quelque temps; et, reprenant alors ses trois ou quatre romans les derniers en date, j'ai été frappé d'un dessein suivi, d'une composition toute nouvelle, d'une perfection véritable. J'étais entré à l'improviste dans une oasis de verdure, de pureté et de fraîcheur. Je me suis écrié, et j'ai compris alors seulement cette phrase d'une lettre qu'elle écrivait l'an dernier, du fond de son Berry, à une personne de ses amies qui la poussait sur la politique: « Vous pensiez donc que je buvais du sang dans des crânes d'aristocrates; eh! non, j'étudie Virgile et j'apprends le latin. »

Nous ferons ici comme elle, nous laisserons la politique de côté avec tous ses méchants propos et ses sots contes : ce sont légendes qui ne sont pas à notre usage. Oh! la maussade légende que celle du Gouvernement provisoire! Nous voilà tout de bon revenus aux champs; George Sand, homme politique, est une fable qui n'a jamais existé : nous possédons plus que jamais dans Mme Sand le peintre du cœur, le romancier et la bergère.

Mme Sand faisait mieux l'an dernier, en son Berry, que de lire les *Géorgiques* de Virgile; elle nous rendait sous sa plume les géorgiques de cette France du centre, dans une série de tableaux d'une richesse et d'une délicatesse incomparables. De tout temps, elle avait aimé à nous peindre sa contrée natale; elle nous l'avait montrée dans *Valentine,* dans *André,* en cent endroits; mais ce n'est plus ici par intervalles et par échappées, comme pour faire décoration à d'autres scènes, qu'elle nous découpe le paysage; c'est la vie rustique en elle-même qu'elle embrasse; comme nos bons aïeux, nous dit-elle, elle en a subi l'*ivresse,* et elle nous la rend avec plénitude. Le roman de *Jeanne* est celui dans lequel elle a commencé de marquer son dessein pastoral. Pourtant ce personnage de Jeanne, la bergère d'Ep-Nell, est bien poétique, bien romanesque encore; les souvenirs druidiques interviennent dès les premières pages pour agrandir et idéaliser la réalité. On flotte en idée entre Velléda et Jeanne d'Arc; car Jeanne ici, remarquez-le bien, n'est autre qu'une Jeanne d'Arc au repos et à qui l'occasion seule a manqué pour éclater. La placidité et la simplicité merveilleuse de la belle bergère en restent le plus souvent à la simplesse. Les scènes de la *Fenaison* offrent un tableau plein de charme et de grâce assurément, mais on y voit tout à côté cet éternel plaidoyer entre la société et la nature, entre les gens de loisir et les gens du peuple ou de labeur, ceux-ci ayant invariablement l'avantage. *Jeanne* présente de l'intérêt, un intérêt élevé, mais qui se complique de roman. C'est à *la Mare-au-Diable* seulement que commencent nos vraies géorgiques; elles se continuent dans *François le Champi*, dans *la Petite Fadette*. Voilà la veine heureuse, voilà le thème où nous nous renfermerons ici.

La Mare-au-Diable est tout simplement un petit chef-d'œuvre. La préface m'avait donné quelques craintes. L'auteur met en avant une idée philosophique, et je tremble toujours quand je vois une idée philosophique servir d'affiche à un roman. L'auteur a voulu faire la contre-partie d'une composition mélancolique d'Holbein, dans laquelle on voit un misérable attelage de chevaux traînant la charrue dans un champ maigre; le vieux paysan suit en haillons; la Mort domine le tout sous forme d'un squelette armé du fouet. « Nous, s'écrie l'auteur, nous n'avons plus affaire à la mort, mais à la vie; nous ne croyons plus ni au néant de la tombe, ni au salut acheté par un renoncement forcé; nous voulons que la vie soit bonne, parce que nous voulons qu'elle soit féconde. Il faut que Lazare quitte son fumier, afin que le pauvre ne se réjouisse plus de la mort du riche. Il faut que tous soient heureux... » Je supprime la série de ces *Il faut*, qui seraient mieux placés dans un de ces petits sermons philosophiques où ceux qui cherchent à imposer aux autres une foi qu'ils ne sont pas bien sûrs d'avoir eux-mêmes, s'échauffent en parlant, affirment sur tous les tons. et se font prophètes afin de tâcher d'être croyants. Le véritable artiste est digne de ne pas procéder ainsi ; et pour tous ceux qui ont de bonne heure connu et admiré Mme Sand, ç'a toujours été un sujet d'étonnement et une énigme inexplicable, que de la trouver si aisément crédule et, je lui en demande bien pardon, si femme sur un point : elle croit volontiers à l'idée des autres. Avec un talent du premier ordre et tel qu'on n'en trouverait pas de supérieur en notre littérature dès l'origine, elle semble craindre que ce talent, dans son activité et dans sa puissance, ne manque de sujet, ne manque de pâture. A cette fin elle reçoit et prend le mot et l'idée de gens qui, en vérité, lui sont inférieurs par maint endroit. Elle les croit supérieurs parce qu'ils concluent carrément, comme si un grand peintre, un grand poëte avait besoin absolument de conclure. « C'est un écho qui double la voix, » a-t-on pu dire d'elle à cet égard, et en songeant à ceux dont elle prétendait s'inspirer. Et elle fait mieux que de doubler leur voix, elle la rend méconnaissable. Combien de fois n'a-t-elle pas fait passer leurs ennuyeux paradoxes à l'état de magnifiques lieux-communs! Et c'est ainsi que, dans ces charmants volumes de *la Mare-au-Diable*, je trouve en tête la page que j'ai citée, et, tout à la fin, je ne sais quelle brochure socialiste qui vient s'ajouter là, on ne sait pourquoi. Imaginez un peu de Raynal (du meilleur) cousu par mégarde avec un exemplaire de *Paul et Virginie*.

J'avais à dire ceci pour l'acquit de ma conscience; c'est le côté faible et le travers d'un grand talent. Je n'ai plus maintenant qu'à louer et à m'émerveiller en toute franchise. La scène un peu idéale de labour, que l'auteur oppose à l'allégorie d'Holbein, est d'une magnificence à faire envie à Jean-Jacques et à Buffon; c'est là que le souvenir de Virgile et du labourage romain revient manifestement : l'artiste qui peint ici l'attelage d'une charrue du Berry se souvient encore des bœufs du Clitumne. Mais ce premier chapitre grandiose, entremêlé çà et là d'apostrophes et d'allusions aux *oisifs*, de ce que j'appelle le *Raynal* ou la déclamation d'aujourd'hui, me plaît moins que l'histoire toute simple et tout agreste de Germain *le fin laboureur*. Ce récit commence avec le troisième chapitre et compose, à proprement parler, cette charmante idylle de *la Mare-au-Diable*.

Il s'agit pour le beau laboureur Germain, veuf à vingt-huit ans avec trois enfants, et qui pleure encore sa première femme, de se remarier par nécessité, par raison. Son beau-père lui-même, le père Maurice, l'y engage par toutes sortes de paroles sensées et positives, et Germain s'y rend, bien qu'à regret. Le père Maurice, en entamant ce propos, avait déjà quelqu'un en vue : c'est une veuve, assez riche, qui demeure à quelques lieues de là, et qu'on dit être un bon parti. Comme il ne s'agit point ici d'un mariage d'amour, mais d'un arrangement entre personnes mûres et sérieuses, une entrevue, selon le père Maurice, suffira pour tout éclaircir : « C'est demain samedi, dit-il à Germain; tu feras ta journée de labour un peu courte, tu partiras vers les deux heures après-dîner, tu seras là-bas à la nuit; la lune est grande dans ce moment-ci, les chemins sont bons, et il n'y a pas plus de trois lieues de pays. »

Tout l'intérêt et toute l'action du roman se passent dans ce voyage. Germain d'abord devait faire la route seul, monté sur la bonne jument *la Grise*. Mais une vieille voisine, *la Guillette*, à qui le père Maurice a fait part du projet, profite de l'occasion de Germain pour lui confier sa fille, la petite Marie, qui vient de s'engager comme bergère tout près de l'endroit où va Germain. Marie ne paraît qu'une enfant, elle va pourtant sur ses seize ans. Germain, grave et honnête, semblerait comme son père ou son oncle. On la lui confie; elle monte en croupe sur *la Grise*, et tous deux partent, Germain rêvant à sa défunte plus qu'à sa future, et Marie pleurant de quitter sa mère et le pays.

Les détails du départ, le premier trot de *la Grise*, la mère de celle-ci, *la Vieille Grise*, qui, paissant près de là, reconnaît sa fille au passage, et qui essaie de galoper sur la marge du pré pour la suivre, tout est peint au naturel, avec une observation parfaite et une expression vivante. On n'a pas affaire ici à un peintre amateur qui a traversé les champs pour y prendre des points de vue : le peintre y a vécu, y a habité des années; il en connaît toute chose et en sait l'âme; il sait le vol des grues dans le nuage, le babil de la grive sur le buisson, et l'attitude de la jument au bord de la haie, « pensive, inquiète, le nez au vent, la bouche pleine d'herbes qu'elle ne songeait plus à manger. »

Germain, après les premiers moments de silence, commence à deviser avec la petite Marie. Elle est au fait du motif de son voyage. Il lui parle de ses enfants, du petit Pierre, son gentil aîné, qu'il n'a pas embrassé au moment de partir, et qui s'est sauvé en boudant parce que son père n'a pas voulu l'emmener. Il laisse échapper son inquiétude qu'une épouse nouvelle ne soit pas, pour ces enfants d'un autre lit, telle qu'il faudrait. La petite Marie répond à tout avec modestie et raison, avec ce tact du cœur qui chez les femmes enseigne toutes les délicatesses : « Moi, à votre place, dit-elle, j'aurais emmené l'aîné Bien sûr, ça vous aurait fait aimer tout de suite, d'avoir un enfant si beau. »

« — Oui, si la femme aime les enfants ; mais si elle ne les aime pas ? »

« — Est-ce qu'il y a des femmes qui n'aiment pas les enfants ? »

Mais voilà qu'au tournant d'un buisson la jument fait un écart. Qu'est-ce donc qu'on aperçoit dans le fossé ? Ce n'est autre chose que le petit Pierre, qui, voyant que son père ne voulait pas l'emmener, a pris les devants et qui, en l'attendant au passage, s'est endormi. La gronderie du père, la câlinerie de l'enfant, sa ferme volonté de ne plus lâcher prise et d'être du voyage, tous ces riens sont retracés au vif et relevés de mille grâces. Chaque trait naïf est pris sur le fait. La petite Marie sert de médiatrice ; elle arrange tout, elle montre les facilités. *La Grise* est solide et peut très-bien, à la rigueur, porter trois personnes, dont deux surtout pèsent si peu. Le petit Pierre sera devant, comme Marie est derrière. Cependant un cantonnier qui travaille là-bas, au haut de la route, ira avertir à la métairie pour qu'on ne soit pas inquiet du marmot. C'est Marie qui a pensé à ce cantonnier. Marie pense à tout, s'avise de tout. On sent que cette simple enfant porte en elle toutes les qualités de nature qui font que la femme prudente est la providence du foyer.

On devine déjà l'intention qui va présider à cette chaste aventure. Il faut que, sans le vouloir, sans que personne y vise, peu à peu, Germain soit amené à se dire : « Eh quoi ? je vais chercher bien loin une femme que je ne connais pas, qu'on dit riche, qui est fière sans doute, qui croira me faire grand honneur en m'épousant avec mes trois enfants ; et voilà que j'ai tout près de moi une enfant simple, pauvre, mais riche des dons de Dieu, des qualités et des vertus naturelles, et qui serait un trésor dans ma maison et dans mon cœur. » Il faut que Germain, insensiblement, et avant la fin de ce court voyage, devienne amoureux de cette petite Marie qu'il n'avait jamais considérée jusque-là que comme une enfant.

De petits incidents surviennent. Petit Pierre a faim : il faut s'arrêter, et tous les trois en profitent pour prendre un léger repas. « Les paysans ne mangent pas vite. » On perd une heure ; on est en retard, et il reste encore à traverser les grands bois. Un épais brouillard s'élève avec la nuit. *La Grise,* avec son fardeau, a fort à faire. On se trompe de route, et l'on est en pleine forêt. Force est de descendre de cheval et de cheminer à tout hasard, Germain tenant la bête par la bride, tandis que Marie porte le petit Pierre endormi, qu'elle enveloppe dans sa cape du mieux qu'elle peut. L'embarras de s'orienter redouble : « Le brouillard rampait et semblait se coller à la terre humide. » On rôde autour de cette maudite *mare-au-diable* (c'est ainsi que l'appellent les gens du pays), et, après maint effort pour s'en éloigner, on y est toujours ramené comme par un sort. Bref, il faut bien prendre le parti de s'arrêter et de bivouaquer, d'autant plus que *la Grise,* dans un moment d'impatience, a cassé ses sangles et s'est sauvée seule, au galop, à travers la forêt. Ici, dans deux chapitres intitulés *Sous les grands Chênes* et *Prière du Soir,* on a une suite de scènes délicieuses, délicates, et qui n'ont leur pendant ni leur modèle dans aucune idylle antique ou moderne.

Germain, comme tous les hommes, même les plus robustes et les plus vaillants, est impatient de nature : la petite Marie, comme les femmes quand elles sont excellentes, est la patience même. Dans sa vie de pauvre bergère aux champs, n'a-t-elle pas appris à se suffire avec rien, à tirer parti de tout? Au milieu du désarroi où l'on est, elle trouve moyen de tenir l'enfant chaudement et de lui faire un lit, d'allumer du feu avec des branches sèches, et d'opposer encore la bonne humeur au guignon. Germain, en présence de ce mérite qu'il n'avait jamais soupçonné, s'étonne. Ses idées, sans qu'il s'en aperçoive trop d'abord, commencent à prendre une certaine tournure. Cependant la nature parle, l'estomac crie; il a faim. On peut bien, sans offense, détacher une perdrix d'un certain cadeau de gibier qu'il portait à sa future. C'est Marie qui est encore l'ordonnatrice et l'intendante de ce festin improvisé. « Petite Marie, l'homme qui t'épousera ne sera pas un sot ! » telle est l'idée qui naît irrésistiblement dans l'esprit de Germain, en la voyant si avisée, si industrieuse. Il commençait nonseulement à le penser, mais à le dire tout haut et à s'embrouiller un peu : « Dites donc, laboureur ! voilà votre enfant qui se réveille, » dit la petite Marie.

L'enfant s'éveille en effet : il entre aussitôt en appétit, à son tour, et en babil. Tout ce joli parler est déduit ici au long avec une vérité de nature qui, poussée à ce degré, est plus que la science des mères, et qui est le don unique du génie. Marie continue de s'occuper de petit Pierre, elle le rassure dans ses terreurs, elle l'amuse, et Germain ne peut s'empêcher de remarquer : « Il n'y a personne comme toi pour parler aux enfants, et pour leur faire entendre raison. » Au milieu de cela il reparle toujours de sa première femme, de sa pauvre défunte, et maudit ce voyage entrepris pour la remplacer. Cependant l'enfant fait sa prière, que lui souffle mot à mot la petite Marie, et, comme il est arrivé à un certain endroit de l'oraison où il s'endort régulièrement chaque soir, il ferme les yeux déjà; mais ses idées à lui-même s'embrouillent un peu à ce moment de s'endormir, et, mêlant vaguement tout ce qu'il a vu et entendu durant cette soirée : « Mon petit père, dit-il, si tu veux me donner une autre mère, je veux que ce soit la petite Marie. » — Et sans attendre de réponse, il ferma les yeux et s'endormit.

Touchante délicatesse que ce soit le petit Pierre, l'ange d'innocence, qui, le premier, exprime, en s'endormant, cette idée qui n'a été que vague et flottante jusque-là! Germain, à partir de ce moment, ne se fait plus faute de la bercer et de la retourner en cent façons. Il s'aperçoit que cette petite Marie, à laquelle il n'avait jamais songé pour sa beauté, est plus fraîche qu'une rose de buisson, et il se détaille le gracieux portrait en concluant : « C'est gai, c'est sage, c'est laborieux, c'est aimant, et c'est drôle... Je ne vois pas ce qu'on pourrait souhaiter de mieux. » Dans le chapitre qui suit la *Prière du Soir* et qui a pour titre *Malgré le froid,* il y a un moment où j'ai craint qu'une brusquerie fâcheuse ne vînt gâter la pureté de l'ensemble : mais que voulez-vous? nous sommes dans la réalité, nous sommes aux champs, et on a beau vouloir se tenir dans le sentiment pur, il y a, comme dit Mme de Sévigné, de certaines *grossièretés* sensibles dont on ne se passe pas si aisément. Germain en triomphe du moins, il respecte cette pureté de la jeune fille qu'il a étonnée un moment; il achève son voyage, et n'arrive qu'au matin chez la veuve, *la lionne de village,* dont il est dégoûté, même avant de l'avoir vue. Je n'ai pas à continuer ici cette analyse; je n'ai voulu insister que sur les parties tout à fait rares et neuves de l'idylle, sur la première partie du voyage. La petite Marie, en arrivant chez le fermier qui l'a louée comme bergère, court un danger sérieux de la part de cet homme brutal. Elle se sauve effrayée, emmenant le petit Pierre, et retrouve à temps Germain pour la protéger et la venger. Il est bien encore que ce soit le petit Pierre qui raconte à Germain la mésaventure de Marie avec le fermier : en passant par la bouche de l'enfant, ce récit s'épure. En général, le petit Pierre reparaît dans toutes les situations décisives et vient clore les choses; c'est l'ange, je l'ai dit, c'est le médiateur et comme le lien entre la première femme et celle qui sera la seconde. Quand l'expression manque, le petit Pierre arrive, et il est l'expression vivante.

Une fois le mariage de Germain et de Marie décidé, le peintre les oublie un peu pour nous décrire la cérémonie des noces, les rites et coutumes du pays qui ont cessé en partie à l'heure qu'il est, et qu'on ne peut s'empêcher de regretter : « Car, hélas! s'écrie Mme Sand, tout s'en va. Depuis seulement que j'existe, il s'est fait plus de mouvement dans les idées et les coutumes de mon village, qu'il ne s'en était vu durant des siècles avant la Révolution... » O poëte, je vous arrête ici et je vous prends sur le fait. Pardonnez-moi donc de m'emparer de cet *hélas!* involontaire qui vous a échappé, et de vous dire : « Tout s'en va, et, dans ces choses qui s'en vont, il en est que vous regrettez vous-même. Donc tout n'était pas mal dans le passé. Tout n'était pas bien non plus, je vous l'accorde. Mais, moralement, non moins que poétiquement, il y avait des qualités et des vertus que l'âge nouveau, avec ses inventions et ses recettes industrielles ou philosophiques, n'a pas su remplacer encore. Eh bien! puisque cela est, ô poëte, convient-il donc, sur la foi de certains systèmes non éprouvés et que rien ne garantit, de pousser si fort et si violemment ces restes d'un passé déjà si ébranlé? Il s'en va bien assez vite de lui-même. »

Cette fin de *la Mare-au-Diable*, dans la description des noces, semble peut-être un peu longue; mais on n'est pas fâché, malgré tout, de s'arrêter sur ces images d'abondance rurale et de copieux bonheur, qui rappellent, à leur manière, le tableau de Théocrite dans *les Fêtes de Cérès*, et celui de Virgile célébrant les vertus des vieux Sabins : *Castu pudicitiam servat domus.* Mme Sand, même quand elle se complaît à des images douces, a en elle le puissant et le plantureux. Quoi qu'elle fasse, même dans les touches gracieuses, on sent une nature riche et *drue*, comme on dirait en ce vieux langage.

La Mare-au-Diable n'était que le premier pas dans la voie pastorale qu'elle s'est ouverte ; *le Champi* et *la Petite Fadette* marquent le second pas, qui diffère déjà du premier. Je m'arrêterai surtout, comme exemple, à *la Petite Fadette*. Dans *la Mare-au-Diable*, l'auteur remarque en un endroit qu'il est obligé de *traduire* le langage antique et naïf des paysans de la contrée : « Ces gens-là, dit-il, parlent trop français pour nous, et, depuis Rabelais et Montaigne, les progrès de la langue nous ont fait perdre bien des vieilles richesses. Il en est ainsi de tous les progrès, il faut en prendre son parti. » Mme Sand ici ne le prend pas. Elle regrette ces richesses ; elle regrette, comme Fénelon, ce je ne sais quoi de *court*, de *naïf*, de *hardi*, de *vif* et de *passionné*, qui animait notre vieux langage et que la langue rustique a conservé par endroits. Dans *la Petite Fadette* elle essaie de ressaisir ce je ne sais quoi et de le raviver. Sous prétexte que c'est le *Chanvreur* qui lui a raconté l'histoire à la veillée, elle garde le plus qu'elle peut des mots et des locutions qu'il employait. Elle adopte un genre mixte, comme si elle contait « ayant à sa droite un Parisien parlant la langue moderne, et à sa gauche un paysan devant lequel elle ne voudrait pas dire une phrase, un mot où il ne pourrait pas pénétrer. Ainsi elle a à parler clairement pour le Parisien, naïvement pour le paysan. » Le problème est délicat à résoudre, et elle s'en tire aussi merveilleusement qu'il est possible.

Courier n'a jamais si bien réussi. Voyons un peu.

Le père Barbeau, cultivateur de la Cosse, avait du bien et en bonne terre. Il avait une maison bien bâtie, couverte en tuiles, avec jardin, vigne et verger; il avait deux champs. Il cueillait dans ses prés du foin à pleins charrois, et c'était du foin de première qualité, « sauf celui qui était au bord du ruisseau, et qui était un peu *ennuyé* par le jonc. » Il avait déjà trois enfants, quand sa femme, voyant sans doute qu'il avait du bien pour cinq, et qu'il fallait se dépêcher parce qu'elle tirait sur l'âge, s'avisa de lui donner d'un coup deux jumeaux, deux *bessons*, comme on dit dans le pays. Ces deux bessons, dont l'un, venu une heure avant l'autre, s'appela Sylvain ou Sylvinet, et l'autre Landry, étaient pareils de tout point, et, tant qu'ils furent enfants, on eut peine à les distinguer l'un de l'autre. Ils étaient blonds; ils avaient tout à fait bonne mine, de grands yeux bleus, les épaules bien *avalées*, le corps droit et bien planté. Tous ceux qui les voyaient s'arrêtaient émerveillés de leur *retirance* (ressemblance), et chacun s'en allait disant : « C'est tout de même une jolie paire de gars. » Ces deux jumeaux ou bessons sont les héros du roman qui a pour titre *la Petite Fadette.*

On fera tout d'abord une remarque sur ce style demi-rustique demi-vieilli, que l'auteur, dans tout ce roman, a employé et distribué avec beaucoup d'art et de bonheur. c'est que, pour vouloir être ici plus naturel que dans *la Mare-au-Diable*, l'artificiel commence. Il y a des moments où le Chanvreur, qui est censé parler, oublie que c'est lui qui parle, et il s'exprime comme ferait directement Mme Sand; puis il s'en aperçoit tout à coup, il remet des mots de campagne, des locutions vieillies, et cela fait un léger cahotement. Je me hâte d'ajouter que ce cahotement ici, et pour cette fois du moins, n'est pas du tout désagréable. *La Petite Fadette* est une étude des plus piquantes et des plus heureuses. On y rencontre des scènes dignes, pour la finesse et la gaieté d'expression, du joli roman de *Daphnis et Chloé*. J'ai dit que Mme Sand applique le procédé de Paul-Louis Courier; mais, en s'en souvenant, elle moins savante; par une grâce de génie, elle fait mieux d'emblée, c'est-à-dire avec plus de verve, plus d'entrain facile. Là même où il y a quelque pastiche, c'est plus vif et comme de source, c'est de l'Amyot à plein courant. Organisation singulière, qui a le don et la puissance d'absorber ainsi tout d'un trait et de s'assimiler d'abord ce qui lui convient! Elle aura tenu durant une huitaine de jours Amyot entr'ouvert, elle l'aura lu à bâtons rompus, et elle se l'est infusé plus abondamment et plus au naturel que le docte et l'exquis Courier durant des années de dégustation et d'étude de cabinet.

L'enfance des deux jumeaux est retracée d'une adorable façon : celui qui est censé l'aîné, Sylvinet, s'annonce de bonne heure comme le plus touchant, le plus sensible; il a plus d'*attache*, Landry a plus de *courage*. « Il est écrit dans la loi de nature, remarque l'auteur, que de deux personnes qui s'aiment, soit d'amour, soit d'amitié, il y en a toujours une qui doit donner de son cœur plus que l'autre, qui doit y mettre plus du sien. » Les sympathies mystérieuses qui continuent, après la naissance, d'enchaîner ces deux êtres appartiennent à une physiologie obscure que l'auteur a sentie et devinée sans s'y trop enfoncer; les superstitions populaires s'y mêlent sans invraisemblance. Le moment où, des deux jumeaux, celui qui passe pour le cadet, Landry, se détache, prend le dessus, et se met décidément à devenir l'aîné, à voler de ses propres ailes et à se faire homme, est admirablement saisi. L'autre, le gentil Sylvinet, reste enfant, plus faible, plus susceptible, âme toute sensible et maladive, toute douloureuse : il y a là des nuances d'analyse et une anatomie du cœur humain où l'auteur a excellé. La petite Fadette, ou petite fée, n'est autre qu'une petite fille de l'endroit dont la famille a une réputation assez équivoque, et qui passe pour un peu sorcière. Cette petite fille, qui se montre d'abord toute laide, qui ne se soigne pas plus qu'un méchant garçon, et qui est la bête noire du village, mais qui, au fond, se trouve avoir toutes les qualités de l'esprit, de l'imagination et du cœur, et qui finit même, sous l'éclair de l'amour, par se métamorphoser en beauté, cette petite Fanchon Fadet qui, sous sa verve de lutinerie, cache des trésors de sagesse, remplit ici le rôle qui est volontiers réparti aux femmes dans les romans de Mme Sand; car elles y ont toujours le beau rôle, le rôle supérieur et initiateur. Mme Sand, même quand elle se mêle d'idylle, n'y porte pas naturellement la douceur et la suavité tendre d'un Virgile ou d'un Tibulle : elle y fait encore entrer de la fierté. La petite Fadette est fière avant tout. On y peut voir aussi, à quelques-unes de ses paroles, une protestation contre la société au nom des êtres disgraciés et intelligents; mais, ici, toutes ces idées sont arrêtées à point et revêtues de formes si vivantes, si gracieuses et si peu philosophiques, qu'on n'a le temps ni l'envie de les discuter. A côté de cette création poétique il y a l'observation de la nature vulgaire, la belle Madelon à côté de la petite Fadette, de même que dans *Jeanne* il y avait la coquette Claudie à côté de la belle et chaste bergère. Tous ces jeunes cœurs, les naturels autant que les poétiques, ceux des filles comme ceux des garçons, sont connus, maniés, montrés à jour par Mme Sand, comme si elle les avait faits. Oh! qu'un poëte sait donc de choses, surtout quand il lui a été donné d'être tour à tour homme et femme, comme à feu le devin Tirésias !

J'oubliais la suite de mon analyse, et je la finis en deux mots. Landry, le plus mâle des jumeaux, est induit à aimer la petite Fadette, et par là il désole sa famille, surtout son frère le pauvre Sylvinet, dont la fantaisie est d'être aimé à lui tout seul et de posséder sans partage tout un cœur. Mais on n'est malheureux dans un roman qu'autant qu'il plaît au romancier. Tout se répare : la petite Fadette, devenue une belle, sage et riche personne, épouse Landry et guérit presque le souffreteux Sylvinet par ses secrets de magnétisme naturel. Elle réussit même trop bien ; le pauvre Sylvinet, un jour, se croit dans l'obligation de s'éloigner de sa belle-sœur sans dire son motif à personne. Il va s'exposer à la guerre et devient un brave. Ce Sylvinet, d'un bout à l'autre, est touchant; c'est un être sacrifié, nature distinguée et fine, pas assez forte pour le bonheur, demandant beaucoup, voulant tout donner ; avec ces éléments-là se composent les âmes passionnées et sensibles. Mme Sand le sait bien ; elle excelle à peindre ces natures qu'elle domine et pénètre si bien du regard. Dans ses romans, depuis *Lélia* jusqu'à *la Petite Fadette*, que de Sténio ! que de Sylvinet !

J'aurai peu à dire du *Champi*, que tout le monde a vu et a lu. Ici du moins le rôle de l'homme n'est pas subordonné ni sacrifié; mais c'est à titre de revanche pour le pauvre enfant trouvé, et parce que la société l'avait sacrifié déjà. Le roman est d'un intérêt plus pathétique, mais d'une étude moins savante et moins curieuse que *la Petite Fadette*, et c'est pourquoi j'ai insisté sur cette dernière. En allant voir *le Champi* transporté à la scène, j'avais une crainte; je craignais l'invraisemblance, une certaine indélicatesse à cet amour filial converti en amour, même conjugal et légitime. L'idée de Jean-Jacques, appelant Mme de Warens *maman*, m'avait toujours dégoûté. Ici la chose est sauvée, autant que possible, avec une simplicité que les acteurs, pour leur part, ont aidée d'un parfait bon goût. La femme, Madeleine Blanchet, ne se doute pas de cet amour, et la seule idée qu'elle puisse être aimée ainsi n'approche pas d'elle, sinon tout à la fin. Le Champi lui-même ne s'avoue cette pensée et ne l'ose exprimer que quand la malveillance a déjà parlé par la bouche de la Sévère. Les personnages se font à eux-mêmes les objections, ce qui soulage et désarme le spectateur. Finalement la femme, qui n'a pas eu un éclair de coquetterie, et qui, jusque dans sa mise, a soin de se montrer plutôt fanée avant l'âge, ne fait que se résigner et ne semble consentir que parce que tout le monde le veut. En un mot, le mariage qui couronne le dévouement du Champi n'est pas un mariage d'amour, c'est un mariage à la fois de devoir, d'honneur et de tendresse. Rien ne gâte, selon moi, l'impression saine de cette pièce touchante, et, si l'imagination n'est pas tout à fait flattée sur un point, le cœur du moins n'y est pas offensé. Je dis cela, sachant toutefois qu'il est resté comme un froissement dans quelques âmes scrupuleuses, tant cette idée de mère, même de mère adoptive, est une idée sacrée! On ne serait pas juste envers cette pièce du *Champi*, si l'on ne signalait, au moins en passant, l'excellent rôle de Jean Bonnin, l'idéal du paysan berrichon.

Voilà donc, grâce à Mme Sand, notre littérature moderne en possession de quelques tableaux de pastorales et de géorgiques bien françaises. Et, à ce propos, je songeais à la marche singulière que ce genre pittoresque a suivie chez nous. Au xviie siècle, le sentiment du pittoresque naturel est né à peine, il n'est pas détaché ni développé, et, si l'on excepte le bon et grand La Fontaine (1), nous n'avons alors à admirer aucun tableau vif et parlant. La marquise de Rambouillet avait coutume de dire : « Les esprits doux et amateurs des Belles-Lettres ne trouvent jamais leur compte à la campagne. » Cette impression a duré longtemps; tout le xviie siècle et une partie du xviiie en sont restés plus ou moins sur cette idée de Mme de Rambouillet, qui est celle de toute société polie et, avant tout, spirituelle. Mme de Sévigné, dans son parc, ne voyait guère que les grandes allées, et ne les voyait encore qu'à travers la mythologie et les devises. Plus tard, Mme de Staël elle-même ne trouvait-elle pas que « l'agriculture sentait le fumier? » Ce fut Jean-Jacques qui le premier eut la gloire de découvrir la nature en elle-même et de la peindre; la nature de Suisse, celle des montagnes, des lacs, des libres forêts, il fit aimer ces beautés toutes nouvelles. Bernardin de Saint-Pierre, peu après, découvre à son tour et décrit la nature de l'Inde. Chateaubriand découvre plus tard les savanes d'Amérique, les grands bois canadiens et la beauté des campagnes romaines. Voilà bien des découvertes, les déserts, les montagnes, les grands horizons italiens; que restait-il à découvrir? Ce qui était le plus près de nous, au cœur même de notre France. Comme il arrive toujours, on a fini par le plus simple. On avait commencé par la Suisse, par l'Amérique, par l'Italie et la

(1) Ce bon et *grand* La Fontaine venait là non sans dessein, et parce que dans le même temps il avait paru une petite diatribe de M. de Lamartine contre La Fontaine (voir *le Conseiller du Peuple*, premier numéro de janvier 1850).

Grèce : il fallait Mme Sand pour nous découvrir le Berry et la Creuse.

En insistant sur l'admiration qui est due à ces dernières productions de Mme Sand, je n'ai pas, au reste, la pensée de lui adresser un conseil : c'est un succès que j'ai voulu constater. Loin de moi l'idée de prétendre circonscrire désormais dans le cercle pastoral un talent si riche, si divers et si impétueux! Mon seul conseil, mon seul vœu, c'est qu'un tel talent s'ouvre des voies et crée des genres tant qu'il lui plaira, mais qu'il ne serve jamais un parti. Hors de là, qu'il aille à son gré, qu'il se développe, qu'il s'égare parfois; il est sûr de se retrouver, car il vient de source. Je dirai du talent vrai, comme on l'a dit de l'amour, que c'est un grand *recommenceur*. Ce qu'il a manqué une fois, il le ressaisit une autre. Il n'est jamais à bout de lui-même, et il récidive souvent. Le moment, pour la critique, d'embrasser ce puissant talent dans son cours, et de le pénétrer dans sa nature, n'est pas venu, selon moi; il faut le laisser courir encore. On peut préférer de lui telle ou telle manière, mais il est curieux de les lui voir essayer toutes. Pour moi, je préfère, je l'avoue, chez Mme Sand les productions simples, naturelles, ou doucement idéales; c'est ce que j'ai aimé d'elle tout d'abord. Lavinia, Geneviève, Madeleine Blanchet, la petite Marie de *la Mare-au-Diable*, voilà mes chefs-d'œuvre. Mais il y a aussi des parties supérieures et peut-être plus fortes, plus poétiques en elle, et que je suis loin de méconnaître. C'est Jeanne, c'est Consuelo; au fond, tout au fond, c'est toujours cette nature de Lélia, fière et triste, qui se métamorphose, qui prend plaisir à se déguiser et à se faire agréer, sous ces déguisements, de ceux mêmes qui ont cru la maudire en face. Et qu'est-ce que Consuelo, par exemple, sinon Lélia éclairée et meilleure? Enfin, chacun aura ses préférences, mais il ne faut rien interdire en fait d'art à un talent qui est en plein cours, en plein torrent. Un talent fier comme celui-là a été mis au monde pour oser, tenter, se tromper souvent, pour se perdre comme le Rhône, et pour se retrouver aussi.

Lundi 25 février 1850.

M. DE FELETZ,

ET

DE LA CRITIQUE LITTÉRAIRE

SOUS L'EMPIRE.

Le 11 de ce mois est mort, à l'âge de quatre-vingt-trois ans accomplis, un vieillard aimable, spirituel, qui recouvrait, sous les formes d'une politesse exquise et d'une parfaite urbanité mondaine, un caractère ferme, des opinions nettes et constantes, bien de la philosophie pratique; un sage et un heureux qui avait conservé à travers les habitudes du critique, et avec un esprit volontiers piquant, un cœur bienveillant et chaud, une extrême délicatesse dans l'amitié. M. de Feletz me représentait en perfection le galant homme littéraire. Resté le dernier survivant de la génération d'écrivains à laquelle il appartenait, il lui faisait honneur à nos yeux; il la personnifiait par les meilleurs côtés; c'est en la jugeant par lui qu'on s'en pouvait former l'idée la plus favorable. Le nom de M. de Feletz s'associe naturellement à ceux de Dussault, d'Hoffman, ses anciens collaborateurs au *Journal des Débats*, alors *Journal de l'Empire*. Parler un moment d'eux tous, c'est encore lui rendre hommage à lui-même.

La tradition nous a entretenus mainte fois des beaux jours de la critique littéraire à cette époque du Consulat et de l'Empire; on regrette ce règne brillant de la critique, on voudrait le voir renaître sous une forme qui convînt à nos temps. Nous serions bien un peu étonnés si, un matin, nous trouvions au bas de nos journaux les mêmes articles de variétés, les mêmes feuilletons, et sur les mêmes questions littéraires, prises du point de vue où elles intéressaient si fort alors. Notez que je ne parle ici que de ces questions et de ces sujets qui semblent éternellement à l'ordre du jour, Racine, Corneille, Voltaire, La Bruyère, Le Sage. Nous serions, dis-je, étonnés de la manière dont ces sujets étaient traités; elle nous paraîtrait beaucoup trop aisée, beaucoup trop simple. Et en général, quand on revient, après quelques années d'intervalle, sur d'anciens articles de critique et de polémique, on est frappé de la disproportion qui paraît entre ces articles mêmes et l'effet qu'ils ont produit ou le souvenir qu'ils ont laissé. Ce que nous disons là des autres, nous pouvons déjà le vérifier pour nous-mêmes. Qu'on se rappelle *le Globe*, ce journal si sérieux, si distingué, qui croyait ressembler si peu à un autre, et qui a eu de l'influence sur la jeunesse lettrée, dans les dernières années de la Restauration. Reprenez-le aujourd'hui : les articles semblent tout petits, tout incomplets; ils nous font l'effet d'habits devenus trop courts pour notre taille. Je ne sais si nous avons grandi, nous avons grossi du moins. Bien des doctrines qui semblaient toutes neuves alors ont eu depuis cause gagnée et sembleraient triviales aujourd'hui. La première condition pour bien apprécier les anciens critiques et leurs productions de circonstance, c'est donc de se remettre en situation et de se replacer en idée dans l'esprit d'un temps. L'essentiel pour la critique, pour celle dont nous parlons, tout active et pratique, est bien moins encore d'avoir une science profonde des choses que d'en ressentir vivement, d'en inspirer le goût, et de le retrouver autour de soi. Il se peut que, de 1800 à 1814, on fût sur bien des points moins savant, moins érudit qu'aujourd'hui ; mais quant à l'ensemble des questions littéraires, chacun y prêtait plus d'attention, on s'y intéressait davantage.

Le critique, à lui seul, ne fait rien et ne peut rien. La bonne critique elle-même n'a son action que de concert avec le public et presque en collaboration avec lui. J'oserai dire que le critique n'est que le *secrétaire* du public, mais un secrétaire qui n'attend pas qu'on lui dicte, et qui devine, qui démêle et rédige chaque matin la pensée de tout le monde. Et même, lorsque le critique a exprimé cette pensée que chacun a ou que chacun désire, une grande part des allusions, des conclusions et conséquences, une part toute vive reste encore dans l'esprit des lecteurs. Je prétends qu'en relisant les anciens journaux et les articles de critique qui y ont eu le plus de succès, nous n'y trouvons jamais que la moitié de l'article imprimée : l'autre moitié n'était écrite que dans l'esprit des lecteurs. Imaginez une feuille d'impression dont nous ne lirions qu'un côté ; le *verso* a disparu, il est en blanc, et ce *verso* qui la compléterait, c'est la disposition du public d'alors, la part de rédaction qu'il y apportait, et qui souvent n'était pas la moins intelligente et la moins active. C'est cette disposition même qu'il s'agit, pour être juste, de restituer aujourd'hui, quand nous jugeons les anciens critiques, nos devanciers.

En 1800, on était à l'une de ces époques où l'esprit public tend à se reformer. Il y avait lutte encore, mais aussi, déjà, ensemble et concert ; il y avait lieu à direction. On sortait d'une affreuse et longue période de licence, de dévergondage et de confusion. Un homme puissant replaçait sur ses bases l'ordre social et politique. Toutes les fois qu'après un long bouleversement l'ordre politique se répare et reprend sa marche régulière, l'ordre littéraire tend à se mettre en accord et à suivre de son mieux. La critique (quand critique il y a), à l'abri d'un pouvoir tutélaire, accomplit son œuvre et sert la restauration commune. Sous Henri IV, après la Ligue, on eut Malherbe; sous Louis XIV, après la Fronde, on eut Boileau. En 1800, après le Directoire et sous le premier Consul, on eut en critique littéraire la monnaie de Malherbe et de Boileau, c'est-à-dire des gens d'esprit et de sens, judicieux, instruits, plus ou moins mordants, qui se groupèrent et s'entendirent, qui remirent le bon ordre dans les choses de l'esprit et firent la police des Lettres. Quelques-uns firent cette police fort honnêtement, d'autres moins; la plupart y apportèrent une certaine passion, mais presque tous, à les prendre au point de départ, agirent utilement.

A ces époques qui suivent un grand danger et où l'on vient d'échapper à de grands malheurs, on sent très-distinctement le bien et le mal en toutes choses; on est disposé à exclure, à interdire ce qui a nui, et c'est le moment où le critique trouve le plus d'appui et de *collaboration* dans le public. Le public des honnêtes gens (entendez ce mot aussi largement que vous voudrez) est disposé à lui prêter main-forte. Le critique peut être un brave, mais en général ce n'est pas un héros, et, comme bien des braves, pour avoir toute sa bravoure, il a besoin de se sentir appuyé. En 1800, il y avait encore assez de lutte pour qu'il fallût du courage au critique qui voulait combattre les doctrines et les déclamations en vogue ou détrônées à peine; il y avait déjà assez d'appui pour que le critique n'eût pas besoin d'héroïsme. Il aurait eu besoin plutôt de se modérer parfois et de se contenir; car, au milieu d'un retour général louable et d'un désabusement salutaire, le vent poussait à la réaction, et le danger était, comme toujours, qu'on ne sortît d'un faux courant que pour se jeter aussitôt dans un autre.

Quoi qu'il en soit, un peu d'exclusion en critique ne nuit pas au succès, quand ce côté tranchant tombe juste et porte dans le sens de l'opinion. C'est ce qui se vérifia pour les écrivains distingués dont nous avons à parler; il s'agit des écrivains littéraires du *Journal des Débots* d'alors. Vers 1801, cette feuille, sous l'habile direction de MM. Bertin, comptait parmi ses rédacteurs Geoffroy, Dussault, Feletz, Delalot, Saint-Victor, l'abbé de Boulogne. Vers le même temps, au *Mercure*, et dans une alliance étroite avec le *Journal des Débats*, écrivaient La Harpe, l'abbé de Vauxcelles, Fiévée, Michaud, Gueneau de Mussy, Fontanes, Bonald, Chateaubriand. Dans les rangs opposés, on comptait Rœderer au *Journal de Paris*; M. Suard et un jeune talent viril, Mlle de Meulan (depuis Mme Guizot), au *Publiciste;* Ginguené et ses amis les philosophes, dans la *Décade*. Enfin, *le Moniteur* trahissait quelquefois, dans certains articles impétueux, un journaliste d'une nature extraordinaire, qui n'était autre que le premier Consul lui-même. Tel était, à n'y jeter qu'un coup d'œil très-sommaire, le personnel des journaux sous le Consulat. Il s'engagea alors des querelles de plume acharnées, et il se livra de furieux combats : la politique, la philosophie étaient en jeu dans les moindres questions littéraires. Mais, aux abords de l'Empire, toute cette ardeur s'amortit par degrés, et cette mêlée s'éclaircit beaucoup. Quelques-uns des écrivains que nous avons cités, devenus grands personnages et grands fonctionnaires, laissèrent la plume. Quelques journaux eurent ordre de se taire ou de baisser le ton. *Le Mercure*, selon son inclination naturelle, ne tarda pas à s'affadir, et, sauf de rares instants, à retomber dans l'insipidité. La *Décade*, avant d'expirer, avait changé de nom et d'esprit. Le *Journal des Débats*, sous le titre de *Journal de l'Empire*, fut le seul à prospérer et à gagner chaque jour dans l'opinion. A mesure qu'il était contraint de resserrer le cadre, je ne dis pas des discussions, mais des plus simples réflexions politiques, il développa sa partie littéraire, qui devint désormais le principal ou plutôt l'unique instrument de son succès. En 1807, il eut à subir une révolution intérieure, un vrai coup d'État. MM. Bertin, propriétaires du journal, furent évincés; ils devaient être totalement dépossédés quelques années plus tard. Mais le journal qu'ils avaient créé subsista. M. Étienne, établi rédacteur en chef par ordre supérieur, conserva à leur poste les habiles rédacteurs littéraires, et leur adjoignit Hoffman. C'était un auxiliaire destiné à corriger en partie l'esprit antivoltairien des autres. De ces divers écrivains, ainsi agrégés, qui avaient commencé ou qui continuèrent alors de concert la fortune du journal, quatre noms sont restés de loin associés dans le souvenir comme représentant la critique littéraire sous l'Empire : Geoffroy, Dussault, Hoffman et M. de Feletz, qui vient de mourir le dernier. Geoffroy mourut dès 1814, Dussault en 1824, et Hoffman en 1828. Geoffroy, né en 1743, était de beaucoup leur aîné à tous.

Malgré ses défauts et même ses vices, Geoffroy était un critique d'une valeur réelle, d'une grande force de sens, d'une fermeté un peu lourde, mais qui frappait bien quand elle tombait juste, d'une solidité de jugement remarquable quand la passion ou le calcul ne venait pas à la traverse. Pour bien connaître un critique, pour se retracer au vrai sa physionomie et sa personne, il ne suffit pas de lire ses écrits. Un poëte se peint dans ses écrits ; à la rigueur, un critique s'y peint aussi, mais le plus souvent c'est en traits affaiblis ou trop brisés ; son âme y est trop éparse. Il faut que la tradition nous aide à rassembler ses traits et nous mette sur la voie, si nous voulons recomposer avec quelque certitude sa figure et son caractère. Je voulais depuis longtemps savoir à quoi m'en tenir sur les quatre critiques célèbres du *Journal de l'Empire,* desquels je ne connaissais qu'un seul : je m'adressai à celui-ci, à M. de Feletz lui-même ; je lui demandai, un jour, son propre jugement sur ses anciens collaborateurs, et il me l'exposa en termes pleins de justesse et avec le sentiment des nuances. Il se peignait lui-même, critique sincère et fin, en me dépeignant les autres. Je redirai, à peu de chose près, son jugement, dans lequel les lectures que je viens de faire m'ont pleinement confirmé.

Geoffroy était surtout un *humaniste*, et des plus instruits. Sorti du noviciat des Jésuites, il avait concouru pour un prix que décernait alors l'Université, et, trois années de suite, il avait remporté ce prix. Successivement professeur au Collége de Navarre et au Collége Mazarin, il travaillait de plus dans *l'Année littéraire.* Il y rendit compte du *Voyage d'Anacharsis,* et avec assez de sévérité. Il connaissait bien l'antiquité, bien le xviie siècle, et moins le xviiie. Le *Voyage d'Anacharsis,* me disait M. de Feletz, est peut-être le dernier livre moderne qu'il ait lu. En général, dans ses articles de *l'Année littéraire*, il visait plus à la justesse qu'au piquant. Il était solide jusqu'à paraître un peu lourd. Il avait pris le goût du théâtre dans une maison où il avait été quelque temps précepteur. Pendant le fort de la Révolution, il se déroba et se fit recevoir instituteur primaire dans une campagne. La Terreur passée, il revint à Paris; il entra dans l'institution Hix. C'est là que M. Bertin, en homme d'esprit qu'il était, s'avisa de l'aller prendre lorsqu'ayant fondé le *Journal des Débats*, il sentit que le feuilleton des théâtres faisait défaut. Geoffroy y réussit singulièrement. Il eut assez de flexibilité pour changer sa manière. On sentait bien que sa légèreté n'était pas toujours naturelle, et que le poignet était pesant : pourtant il sut animer et féconder ce genre de critique en y introduisant les questions à l'ordre du jour, et en y mêlant à tout propos une polémique qui flattait alors les passions. Il eut de gros appointements, une loge au théâtre, une voiture pour s'y rendre, sans compter le reste. Ses articles, relus aujourd'hui, ont fort perdu. Les gens du métier, cependant, en font cas toujours, et y trouvent encore d'utiles remarques. Mais leur vogue, dans le temps, fut prodigieuse.

Dussault avait une instruction bien moins étendue qu celle de Geoffroy; il savait bien le latin, pas le grec ou très-peu; il n'avait pas un très-grand nombre d'idées, mais il les exprimait avec soin, il les redoublait avec complaisance. Il avait fort étudié le style de Jean-Jacques Rousseau, et il lui empruntait volontiers l'apostrophe.

Hoffman avait une bien autre étendue de connaissances et d'idées que Dussault; il savait toutes choses, assez bien l'antiquité, très-bien la géographie, de la médecine, sans compter qu'Hoffman était un *auteur* dans le vrai sens du mot; il a fait preuve de cette faculté à la scène dans d'agréables inventions, dans le joli *Roman d'une heure*, dans l'excellente bouffonnerie des *Rendez-vous bourgeois.* Enfin il était érudit avec variété, sans pédantisme, facile de plume, un peu prolixe, caustique, ce que n'était pas Dussault, qui, dans deux ou trois circonstances, fit preuve pourtant de sarcasme. Pour Hoffman, il emportait la pièce. Ayant une fois pris à partie Mme de Genlis, il dit qu'on serait embarrassé de prononcer sur son sexe, qu'elle n'avait plus de sexe, ou quelque chose d'approchant. Ayant reçu cette bordée d'Hoffman, et une autre d'Auger, Mme de Genlis revint à demander pour juge M. de Feletz, qui du moins la piquait plus agréablement.

A part ce dernier mot, c'est à peu près là l'exact jugement que portait M. de Feletz sur des critiques qu'il avait si bien connus, et parmi lesquels lui-même il ne tenait pas la place la moins distinguée. Tout en rendant justice à Geoffroy, on sent que c'était celui dont il s'éloignait le plus par ses habitudes polies et par le ton. Hoffman était celui des trois auquel, évidemment, il accordait le plus, et c'est sur la même ligne qu'il aurait aimé sans doute à être rangé, au-dessus de Dussault, à qui, sans le dire expressément, il reconnaissait plus de forme que de fond, et plus d'acquis que d'esprit. Tout ceci, bien examiné, me paraît la justesse même.

Ce Geoffroy pourtant (j'y reviens) était une forte et vigoureuse nature. Il y a, pour la critique moderne des journaux, deux filiations, deux lignées distinctes : l'une honnête, scrupuleuse, impartiale, née de Bayle ; l'autre, née de Fréron. Geoffroy sortait de cette dernière, mais il l'a singulièrement relevée, au moins à ses débuts, par l'audace énergique, fût-elle même un peu grossière, de son bon sens. C'est lui qui est, à proprement parler, le créateur du feuilleton des théâtres ; mais il abordait aussi toutes sortes de sujets. Je distingue, à l'origine, un article de lui sur *Gil Blas*. Il prend plaisir, en regard des romans exaltés et des inventions systématiques du jour, à rappeler ce livre tout naturel, qui résume la morale de l'expérience. A ces philosophes charlatans ou crédules, qui retraçaient à tout propos le tableau des progrès de l'esprit humain « depuis le Déluge jusqu'au Directoire, » il oppose exprès ce roman, qui n'en est pas un, qui n'est que l'histoire de la vie humaine, vrai miroir qui nous montre les hommes « tels qu'ils sont, tels qu'ils ont été, tels qu'ils seront toujours. » A la veille des révolutions, quand on est en train de déclamation et de systèmes, *Gil Blas* semble un peu arriéré et vieilli : le lendemain des révolutions, et quand la folle ivresse est cuvée, il reparaît vif et vrai comme devant. Jean-Jacques Rousseau dit quelque part que, dans sa jeunesse, une femme de sa connaissance lui prêta *Gil Blas*, et qu'il le lut avec plaisir; mais il ajoute qu'il n'était pas mûr encore pour ces sortes de lectures, et qu'il lui fallait alors des *romans à grands sentiments*. Sur quoi Geoffroy dit crûment : « Rousseau s'est trompé lui-même... Il a dû lire avec plaisir *Gil Blas*, puisqu'il est impossible qu'un homme d'esprit ne trouve pas cette lecture agréable; mais il a raison de dire qu'il n'était pas encore mûr pour un tel ouvrage, et il ne l'a jamais été. Pendant toute sa vie, il n'a vu le monde qu'à travers le nuage de ses préjugés; à vingt ans, il ne goûtait pas les romans à grands sentiments; à cinquante, il n'a composé que des romans à grands sentiments... » Et si Geoffroy ne le dit pas, il nous aide à conclure que la politique de Rousseau n'était elle-même qu'un roman de ce genre. On n'est jamais entré dans le monde littéraire avec moins de respect pour les grands noms de la veille que Geoffroy. Cet homme de collége et de théâtre, ce vieux professeur qui avait près de soixante ans quand le XVIIIe siècle expira, n'avait, à aucun moment, été ébloui par les lumières de ce siècle brillant. Au théâtre, il considérait Voltaire comme un usurpateur, comme une sorte de *maire du palais* qui avait fait violence aux souverains légitimes de la scène, Corneille et Racine, qui les avait tenus tant qu'il avait pu ensevelis au fond de leur palais. Il s'agissait de les restaurer et de les remettre en lumière, à leur place, au-dessus de l'auteur de *Mérope* et de *Zaïre*. Sur Corneille, sur Racine, sur Molière, Geoffroy a des remarques excellentes; il marque en plein les traits vrais de leur génie. Il aime Molière, sa franchise, son naturel, sa gaieté; à défaut d'autres, ce sont là les vertus de Geoffroy. De ce qu'un homme a des défauts et pis encore, ce n'est jamais une raison de mépriser son talent ni son esprit. L'abbé Maury et l'abbé Geoffroy, chacun dans son genre et toute proportion gardée, sont deux exemples de natures très-grossières, mais qui avaient puissance et talent. Si Geoffroy se contraignait si peu sur Voltaire et Rousseau, les deux idoles du siècle, on peut penser qu'il se gênait encore moins quand il rencontrait sur son chemin l'abbé Morellet, Suard, Rœderer, Chénier. Il a engagé avec eux tous des querelles où il s'est porté à d'incroyables injures. Il me semble entendre un de ces personnages du troisième ordre dans Molière, un de ces bons bourgeois qui s'en donnent à gorge chaude, et à qui la *gueule*, comme on disait alors, ne fait pas faute. « C'est énerver, prétend Geoffroy, la critique littéraire que d'aller chercher des circonlocutions pour exprimer des défauts qu'on peut très-clairement spécifier d'un seul mot : appliqué à la personne, ce mot serait une injure ; appliqué à l'ouvrage, c'est le mot propre. » Et ce mot, il le lâche aussitôt sans plus songer à sa distinction entre la personne et l'ouvrage : « Quelques-unes de mes expressions, dit-il encore, leur paraissent ignobles et triviales : je voudrais pouvoir trouver des mots encore plus capables de peindre la bassesse de certaines choses dont je suis obligé de parler. Mes phrases ne sont pas le résultat d'un calcul, d'une froide combinaison d'esprit; elles suivent les mouvements de mon âme ; c'est le sentiment que j'éprouve qui me donne le ton : j'écris comme je suis affecté, et voilà pourquoi on me lit. » Il faut convenir que celui qui sent de la sorte, quand il vient à porter un coup juste, doit l'asséner vigoureusement.

Geoffroy manquait essentiellement de distinction, mais il ne manquait ni d'esprit, ni d'un certain sel. Il a volontiers le style gros, l'expression grasse, mais en général juste, saine. Quand il ne se laisse point détourner par la passion ni déranger par certains calculs, il dit des choses qui se retrouvent vraies en définitive ; il a raison d'une manière peu gracieuse, mais il a raison. Apprécions bien ce côté essentiel de la critique d'autrefois. Aujourd'hui il n'est pas rare de trouver, dans ceux qui s'intitulent critiques, du savoir, de la plume, de l'érudition, de la fantaisie. Donnez-leur un ouvrage nouveau, ils vont discourir à merveille sur le sujet ou à côté du sujet, développer leur esprit, se mettre en scène, vous conter leur humeur ou vous débiter leur science ; ils vous diront tout, excepté un jugement. Ils ont tout du critique, excepté le judicieux. Ils n'oseront se commettre jusqu'à dire : Ceci est bon, ceci est mauvais. Ceux mêmes qui seraient le plus faits pour être les oracles du goût, ont je ne sais quelle lâcheté dans le jugement. On s'ingénie, on se met en quatre pour ne pas avoir un avis franc. Or, c'est cet élément du judicieux que je trouve davantage (si je me reporte aux circonstances) dans les critiques de l'époque impériale.

On verra assez les défauts de Geoffroy, et j'ai surtout tenu ici à indiquer quelques-unes de ses qualités sans dissimuler le mélange. Il savait l'antiquité, ai-je dit ; il la savait sans finesse, sans mollesse ; et, en fait d'atticisme, il aurait eu à prendre leçon de son jeune collaborateur d'alors, M. Boissonade, si l'atticisme s'apprenait. Il a traduit Théocrite en le travestissant, en lui prêtant des fleurs de rhétorique et en l'affublant d'une fausse élégance. Pourtant il l'entendait. Il sentait surtout certaines beautés mâles des anciens, du Sophocle, du Démosthène; et quelquefois, à la fin d'un dîner, se mettant à parler de ces dieux de sa jeunesse, il trouvait je ne sais quels accents émus qui se faisaient jour à travers la gourmandise, même avec des larmes.

Tout judicieux et sensé qu'il se montrait d'ordinaire, il n'était pas sans aimer le paradoxe; c'est le faible des gens qui sont oracles et qui ont l'habitude d'être écoutés. On résiste difficilement à l'envie d'étonner son auditoire. Un jour, sur la vertu de Mme de Maintenon il pérora longtemps; il la maintint pure à toutes les époques de sa vie comme une Jeanne d'Arc; c'était un paradoxe alors. Mme de Maintenon eut, ce jour-là, un étrange chevalier dans Geoffroy.

Dans les dernières années il se gâta, ou du moins il parut plus gâté qu'il ne l'avait été jusque-là. D'étranges bruits circulèrent. Il fallut que ce fût bien fort pour que dans le *Journal de l'Empire* même on insérât, le 15 mars 1812, une lettre signée de plusieurs initiales, dans laquelle un soi-disant *vieil amateur* se plaignait de la décadence du théâtre, du relâchement des acteurs et de celui de la critique. Il en recherchait les causes, et il entrait à ce sujet dans des allusions qui étaient on ne saurait plus transparentes. Ce soi-disant vieil amateur, qui faisait cette levée de boucliers à deux pas du dictateur, n'était autre que Dussault, qui, cette fois, ne manqua ni de vigueur ni de piquant. Geoffroy répondit, le 20 mars, par un article intitulé *Mon retour et ma rentrée*. Il avait reconnu Dussault sous le masque, mais il répondit mal; au lieu de se disculper sur les articles essentiels, il s'exalta lui-même, il parla avec emphase de ses ennemis : « Jusqu'ici, s'écriait-il, j'avais aisément repoussé les traits lancés du dehors; mais, pour la première fois, j'ai eu affaire à des ennemis maîtres de la place, ils m'attaquaient dans l'intérieur même du journal, au sein de mes foyers; ma propre maison était devenue leur arsenal et leur citadelle. » Il s'appliquait aussi, à propos de ces attaques qu'on insérait contre lui dans son propre journal, ce que disait Louis XIV d'un courtisan qui critiquait Versailles ou Marly : « Il est étonnant que Villiers ait choisi ma maison pour en dire du mal. » Geoffroy commençait à s'entêter de lui-même et de son importance, ce qui est un signe de faiblesse. Il avait la tête moins saine le dernier jour que le premier : c'est l'histoire de tous les potentats et dictateurs. Au reste, sa position, ver 1812, semblait entamée de toutes parts et fort compromise; il était temps qu'il mourût, sans quoi le sceptre ou la férule lui serait échappée.

Dussault, qui venait de lui porter ce coup, était un bon humaniste aussi, mais moins foncièrement que Geoffroy. Il avait vingt-cinq ans de moins. Il était sorti de Sainte-Barbe, et se ressouvint toujours de sa rhétorique. Ses articles, recueillis sous le titre d'*Annales littéraires*, se laissent encore parcourir agréablement, ou du moins avec estime. Toutefois son élégance étudiée, compassée, est un peu commune; son jugement ne ressort pas nettement. Il se livre souvent à des réflexions vagues, banales, un peu à côté de son sujet; il ne va pas au fait ni au fond. Il n'ose pas tracer avec vigueur les démarcations et les *étages* entre les talents. Il n'est ni pour ni contre Chateaubriand. Il ne dit pas trop de mal de Mme de Staël, mais il dit encore plus de bien de Mme de Genlis. Il est un peu de ceux dont parle Vauvenargues (dans le portrait de *Lacon ou le petit homme*), de ces connaisseurs qui mettent dans une même classe Bossuet et Fléchier, qui trouvent que Pascal a bien du talent, et que Nicole n'en manque pas. Il parlera bien de Rollin ; mais qui est-ce qui parlera mal de Rollin ? Dussault n'entre presque jamais dans le vif. M. Joubert a très-bien dit de lui et de son style qui affecte le nombre oratoire : « Le style de Dussault est un agréable ramage, où l'on ne peut démêler aucun air déterminé. »

Des quatre critiques mentionnés ici, et sous son extérieur orné, Dussault, quand on y regarde, paraît le plus faible.

Hoffman, comme me l'indiquait M. de Feletz, est en réalité bien supérieur. Il a bien des qualités du vrai critique, conscience, indépendance, des idées, un avis à lui. Né à Nanci, de race un peu allemande, mais comme un Allemand du temps de Wieland, il se lança de bonne heure dans la littérature, dans la poésie légère, dans le genre lyrique et les opéras. Ces couplets que tout le monde chantait dans notre enfance : *Femmes, voulez-vous éprouver...* sont de lui. Il y avait loin de là au critique futur. Cependant, à travers ces jeux d'une imagination agréable, il se nourrissait de tout temps de lectures solides, et il aiguisait en silence son jugement. Dans une querelle qu'il eut, en 1802, avec Geoffroy, sur l'opéra d'*Adrien* (car quel est l'auteur alors qui n'eut point maille à partir avec Geoffroy ?), celui-ci lui avait dit, en concluant d'un ton de maître : « Croyez-moi, c'est un conseil d'ami que je vous donne : renoncez aux dissertations, vous êtes né pour les opéras. » Quand Hoffman fut entré, en 1807, au *Journal de l'Empire*, Geoffroy put voir s'il avait prédit juste. Hoffman y débuta par des *Lettres champenoises*. Un soi-disant provincial, membre de l'Académie de Châlons, rend compte, par la voie du journal, à un sien cousin dont il ne sait l'adresse, de tout ce qu'il voit de curieux à Paris. Il commence par les séances de l'Athénée, qui étaient alors en possession de défrayer les fins railleurs. On le sent tout d'abord chez Hoffman, le journaliste se souvient de l'auteur dramatique; il introduit dans la critique un peu de comédie, de la mise en scène, des dialogues : ce critique sait manier et faire jouer les personnages. Dans un de ses piquants articles sur M. de Pradt, il traduisit un jour le badin archevêque en personne, et la visite qu'il avait reçue de lui à son quatrième étage, et les injures, les injonctions, les gesticulations et les anathèmes du très-peu édifiant prélat; c'est une excellente petite pièce. « La leçon fut longue, disait Hoffman, elle fut sévère; mais cependant elle commença par une exposition pleine de modération et même de douceur. Plusieurs fois je voulus placer quelques mots dans les courts intervalles de l'homélie, mais, d'un léger signe de la main, M. de Pradt me forçait au silence, et ce signe était encore si paternel, que je crus recevoir la bénédiction. » Ce qui ajoutait au plaisant du récit, c'était de savoir qu'Hoffman était un peu bègue, tandis que l'abbé de Pradt était la volubilité même. Ce léger bégaiement d'Hoffman ne lui nuisait pas en causant; cela lui donnait le temps de balancer sa réponse, et sa malice en prenait souvent un air de naïveté. Hoffman, dans la critique, aimait d'ailleurs les sujets sérieux et suivis : il a écrit des séries d'articles sur le magnétisme, sur la crânologie, sur la géographie, et finalement sur les Jésuites. Il lisait tout ce dont il avait à parler, condition essentielle et pourtant rare dans le métier de critique, et que Dussault lui-même ne remplissait pas toujours. Tourmenté la nuit par l'insomnie, il lisait sans cesse, et, doué d'une vaste mémoire, il n'oubliait rien de ce qu'il avait lu une fois. Esprit exact, sincère et scrupuleux, possédant l'art d'une ironie fine, il manquait du sentiment élevé de la poésie. Il laissa voir ce défaut quand il eut à parler des *Martyrs* de M. de Chateaubriand, du Shakspeare de M. Guizot, et des premières odes de M. Victor Hugo. On trouverait pourtant de justes remarques de lui dans ce qu'il dit des romans de Walter Scott, pour lesquels on était alors fort monté sans vouloir entendre à aucune restriction. Il analyse et démêle très-bien les vraies causes de l'intérêt qu'ils excitent; il montre à quoi se réduit cette prétendue fidélité historique dont on parlait tant. La partie positive chez Hoffman mérite toujours d'être lue. Il était l'ennemi des engouements et de tous les charlatanismes, ce qui est un caractère véritable et un signe du critique.

Sa vie, vers la fin, était celle d'un original et d'un sage qui veut pourvoir, avant tout, à son indépendance. Il se défendait des dîners où il aurait pu rencontrer un seul auteur de ses justiciables. Il prenait son rôle de critique très au sérieux, craignant les visites, se refusant à l'honneur d'appartenir aux Académies; il s'en exagérait les charges, qui peut-être alors étaient plus pesantes, en effet, qu'aujourd'hui. Placé entre une convenance et une vérité, il eût craint également de manquer à l'une ou à l'autre. C'est ainsi qu'il vieillissait dans sa retraite de Passy, solitaire, au milieu de ses livres, ne causant guère avec les vivants que plume en main, critique intègre, instruit, digne d'estime, même quand il s'est trompé.

M. de Feletz, qui appréciait si bien Hoffman, avait des qualités par lesquelles il se rapprochait de lui, et d'autres par lesquelles il était bien lui-même. Homme du monde, du commerce le plus aimable et le plus sûr, il ne considéra jamais la société comme un obstacle à son genre d'esprit et de travail : il y aurait vu plutôt une inspiration. Quand j'ai dit *travail*, j'ai employé un terme impropre. M. de Feletz, en écrivant, ne faisait encore que causer et converser. Né en Périgord, sorti d'une famille noble, après d'excellentes études à Sainte-Barbe, où il enseigna même, pendant quelques années, la philosophie et la théologie, il avait traversé la Révolution avec dignité, avec constance, subissant toutes les persécutions qui honoraient les victimes. En 1801, jeune encore et déjà mûr, il se retrouva tout prêt pour les Lettres et la société renaissante. Il en jouit beaucoup. Il vivait dans le meilleur monde, qui le recherchait extrêmement. Les matins, il relisait ces auteurs qu'on réimprimait alors et qui sont les maîtres de la vie, La Bruyère, Montesquieu, *Don Quichotte*, Hamilton, l'abbé Prévost. Il écrivait d'un ton aisé, sans parti pris, ce qu'un esprit juste et fin trouve là-dessus à une première lecture. Ses connaissances classiques lui permettaient de parler des auteurs latins, des traductions alors à la mode, d'une manière à satisfaire les gens instruits, et il y mettait l'amorce pour les gens du monde. Ses connaissances théologiques et philosophiques le rendaient capable aussi d'aborder, à l'occasion, des sujets sérieux. Il touchait à tout; ce qu'il n'approfondissait pas, il l'effleurait non sans malice. Sa politesse extrême, que ses nombreuses relations entouraient de mille liens, n'empêchait pas la raillerie, quand elle avait à sortir, de se glisser dans ses articles je ne sais comment, dans le tour, dans la réticence; il savait faire entendre ce qu'il ne disait pas. Le grain de sel venait à la fin, dans une citation, dans une anecdote. Il avait dans la manière de finir, dans le jet de la phrase, certain geste de tête que nous lui avons bien connu; il avait de l'abbé Delille en prose. Les sujets qui convenaient le plus à ses habitudes et à ses goûts, et dans lesquels il réussissait le mieux, étaient ceux qui avaient trait à la société du xviiie siècle.

Sur les Lettres de Mme Du Deffand, de Mlle de Lespinasse, sur les Mémoires de Mme d'Épinay et la Correspondance de l'abbé Galiani, il a écrit des pages justes qu'on relit avec plaisir. Il a surtout bien jugé Mme Du Deffand, *l'aveugle clairvoyante,* comme on l'appelait, cet esprit beaucoup trop pénétrant pour être indulgent. A propos des exactes et sévères critiques qu'elle fait de ses contemporains : « Mme Du Deffand, disait M. de Feletz, eût été, sans contredit, un excellent journaliste, quoiqu'un peu amer... Le tableau qu'elle présente de sa société décèle un esprit qui ne voit pas en beau, mais qui voit juste; un pinceau qui ne flatte pas, mais qui est fidèle; ses traits malins vous peignent un homme depuis les pieds jusqu'à la tête. » Lui, le journaliste malin, mais sans amertume, il savait bien qu'on ne peut faire ainsi. C'est déjà trop du buste dans bien des cas. Deux ou trois traits au plus et qu'on affaiblit encore, voilà tout ce qu'autorisent les convenances. Au plus vif du jeu, il les observa toujours. M. de Feletz, à son heure, était, à proprement parler, le critique de la bonne société.

Dans cette vie doucement occupée et où le travail lui-même ne semblait qu'un ornement du loisir, sans autre ambition que celle de cultiver ses goûts et ses amitiés, M. de Feletz, en vieillissant, arriva tout naturellement aux honneurs littéraires. Le genre de critique qu'il représentait fut, pour la première fois, couronné en lui. La personne, non moins que l'écrivain, méritait ce choix. J'ai eu, pour mon compte, le bonheur de le connaître au sein de l'Académie et à la Bibliothèque Mazarine, dont il était alors administrateur. C'est en l'approchant de plus près qu'il m'a été donné d'apprécier tout à fait cet esprit resté jeune, nourri d'anecdotes, d'agréables propos, rempli des souvenirs de son temps, nullement fermé aux choses du nôtre. Il ne se pouvait voir de vieillesse moins morose et moins chagrine, et qui fût plus de bonne compagnie, dans le sens où on le disait autrefois. Presque aveugle depuis des années, il n'allait plus dans le monde, mais on venait à lui. Il était aveugle comme Mme Du Deffand, comme Delille, comme celui-ci surtout, en se prêtant aux derniers agréments de la vie. Il fallait voir comme il jouissait de tout, de lui-même et des autres, comme son visage aussitôt s'éclairait d'un souvenir, d'un trait heureux, que ce fût lui ou un autre qui l'eût dit. Ces dehors aimables cachaient une fermeté qui est le propre de cette race des hommes du xviii° siècle. Menacé dans sa position d'administrateur au lendemain de la Révolution de février, et finalement frappé par M. de Falloux, de qui, moins que de tout autre, il devait attendre une telle mesure [1], il a écrit à ce sujet, il a dicté plusieurs lettres pleines de dignité, de vigueur, de malice, qui n'annonçaient certes pas une pensée défaillante. Il ne permit point qu'on enveloppât sous des formes plus ou moins gracieuses un acte au fond inique. Le coup pourtant lui fut pénible et sensible, surtout à titre de procédé : ce fut la seule douleur de ses dernières années, si consolées d'ailleurs et si heureuses. La

---

(1) M. de Falloux, ministre de l'Instruction publique et ancien légitimiste, auteur de l'*Histoire de saint Pie V*, conservait à la tête de la division des Lettres M. Génin, l'un des rédacteurs du *National*, et l'écrivain anti-jésuitique et anti-ecclésiastique le plus passionné, dont on redoutait la plume ; celui-ci, homme d'esprit et d'étude, mais aussi de prévention et d'âcreté, haïssait M. de Feletz et avait déjà essayé de le faire destituer sous le ministère de M. Carnot. On affectait de dire que M. de Feletz lui-même désirait se décharger de sa place d'administrateur : c'était l'obliger que de la lui ôter. M. Carnot le crut un instant ; mais bientôt, mieux éclairé sur les véritables intentions de M. de Feletz, il n'avait pas hésité à revenir sur une première décision. M. de Falloux a fait contre M. de Feletz ce que M. Carnot avait refusé de faire.

vérité seule nous a obligé de noter ce point douloureux
que tout le monde taira.

Il sera mieux loué bientôt par d'autres. Je n'ai voulu
ici que rappeler, à son sujet, quelques souvenirs d'une
génération désormais disparue. Ces critiques distingués
qui signalèrent l'ouverture du siècle furent utiles ; ils
eurent leur originalité dans le bon sens net et vigoureux
avec lequel ils résistèrent à des admirations prolongées,
et qui allaient s'égarant sur des écrivains de second ou
de troisième ordre : ils coupèrent court à la suite du
XVIII° siècle. Les suites en littérature ne valent jamais
rien. Sans doute ils montrèrent en général plus de résistance que d'inspiration, plus de *veto* que d'initiative.
A mesure qu'ils s'éloignèrent de leur point de départ
de 1800, ils perdirent de leur utilité d'action et de leur
netteté de vue ; ils avaient eu besoin d'une crise décisive
qui les éclairât, et ils tâtonnèrent un peu quand sur-
vinrent des complications nouvelles. Pourtant, une juste
reconnaissance doit s'attacher à leurs noms. Nous aussi,
nous sommes revenus à une de ces époques où l'on sent
très-bien que la critique, celle même qui se bornerait à
résister au faux et au déclamatoire, aurait son prix.

Lundi 4 mars 1850.

ÉLOGES ACADÉMIQUES

DE

M. PARISET,

PUBLIÉS PAR M. DUBOIS (D'AMIENS).

(2 vol. — 1850.)

En sa qualité de Secrétaire perpétuel de l'Académie de médecine, M. Pariset eut à prononcer, soit dans les séances publiques, soit dans les cérémonies funèbres, les Éloges des principaux médecins qui étaient membres de cette Académie et qui moururent de 1820 à 1847. C'est le recueil de ces divers Discours ou Éloges que publie en ce moment son honorable successeur, M. Dubois (d'Amiens), et il y a joint comme introduction un remarquable Éloge de M. Pariset lui-même. Je dirai, à cette occasion, quelques mots et du genre et de ceux qui l'ont mis en honneur parmi nous. J'entends ici le genre de l'Éloge académique en tant qu'il s'applique uniquement aux sciences et aux savants.

C'est Fontenelle qui en donna le premier l'exemple et le modèle, un modèle inimitable. Les soixante-dix Éloges qu'il prononça dans l'espace de quarante ans forment le recueil le plus riche et le plus piquant qui se puisse imaginer. La manière n'est qu'à lui, et ce serait manquer de goût que de prétendre lui en rien dérober. Cette manière est aussi académique par la politesse, qu'elle l'est peu par le reste des qualités ou même des légers défauts qui la composent. L'Éloge ne s'y monte jamais au ton oratoire, et y affecte constamment celui d'une Notice nette et simple. Mais la simplicité de Fontenelle, dans sa rare distinction, ne ressemble à nulle autre : c'est une simplicité tout exquise, à laquelle on revient à force d'esprit et presque de raffinement. L'expression, chez lui, est juste, d'une propriété extrême, toujours exacte à la réflexion, spirituelle, quelquefois jolie, volontiers épigrammatique, même dans le sérieux. Ce qui frappe surtout, c'est le contraste de cette expression, bien souvent un peu mince, avec la grandeur de l'esprit qui embrasse et parcourt les plus hauts sujets. Il en résulte une sorte de disproportion qui déconcerte bien un peu, mais avec laquelle on se raccommode quand on est fait à l'air et aux façons de ce guide supérieur. Fontenelle voulut et sut préserver tout d'abord les Éloges des savants de l'inconvénient presque inhérent au panégyrique littéraire, je veux dire l'emphase et l'exagération. Il avait pour principe qu'il ne faut donner dans le sublime qu'à la dernière extrémité et à son corps défendant.

Condorcet, dans ses Éloges, se préserva également de la pompe littéraire, mais pas toujours de la déclamation philosophique. Esprit supérieur lui-même et ami de la vérité, mais ami ambitieux, et bien moins à l'abri que Fontenelle des intempéries et des contagions de son temps, Condorcet a ses propres idées qu'il ramène trop complaisamment à travers l'exposé qu'il fait de celles des autres. Il traite ses sujets plus à fond, c'est là son mérite; mais aussi il intervient, il raisonne, il discute trop souvent. Tandis que Fontenelle donnait l'explication naturelle de bien des choses insensiblement et sans en avoir l'air, Condorcet ne perd pas une occasion de poser, en passant, ses principes, ses solutions, et il en a sur tout sujet. Il se flatte d'avoir fait un pas en progrès au delà de Fontenelle et même de d'Alembert : là où ceux-ci croyaient sage de douter, Condorcet ne doute plus, et il nous en fait part. Même quand cela ne nuit pas à l'impartialité, ce n'est pas la marque d'un goût sévère, chez un biographe, que de faire de ces sorties fréquentes. Sans refuser enfin à son style toute espèce de qualité littéraire, il est impossible de n'y pas sentir des longueurs et des pesanteurs de phrases, des portions qui y sont comme opaques, et qui empêchent d'y pénétrer la lumière et l'agrément.

Un contemporain de Condorcet, Vicq-d'Azyr, est le premier qui ait eu à traiter plus particulièrement les Éloges des médecins, et il l'a fait avec beaucoup d'éclat à son moment. Vicq-d'Azyr était Secrétaire perpétuel de la Société de médecine fondée en 1776, et il mérita d'être reçu à l'Académie française en 1788, à la place de Buffon. On a dit de lui qu'il était le Buffon de la médecine, et cet éloge, en le réduisant comme il convient, exprime assez bien ses qualités et ses défauts. Savant médecin et anatomiste, Vicq-d'Azyr possédait, de plus, un riche et flexible talent d'écrivain et de peintre, qu'il appliquait non-seulement aux sujets à proprement parler littéraires et académiques, mais même aux descriptions purement scientifiques; c'est dire que, de sa part, il y avait quelque abus. Ses Éloges durent plaire singulièrement en leur temps; car, à les lire sans prévention, ils nous paraissent encore aujourd'hui très-remarquables, et les parties qui nous choquent ou nous font sourire sont précisément celles qu'alors sans doute on applaudissait le plus. Par exemple, dans l'Éloge du grand physicien Duhamel, en annonçant qu'il va le considérer d'abord comme agriculteur, l'orateur biographe nous dira que « les premières *fleurs* qu'il jettera sur le tombeau de M. Duhamel doivent être *cueillies dans les champs qu'il a cultivés.* » A propos des expériences de ce savant sur la greffe : « On apprend dans son ouvrage, dit-il, que deux sèves destinées à circuler ensemble doivent avoir entre elles une analogie déterminée, et que l'on rapprocherait en vain des rameaux que la nature n'a pas formés l'un pour l'autre. *Ainsi, deux personnes que l'on a la barbarie de joindre malgré la disproportion de leur âge ou de leur penchant, ne sont jamais véritablement unies, et il s'établit entre elles un combat qui ne finit qu'avec leurs jours.* » N'entendez-vous pas d'ici les murmures flatteurs qui durent accueillir ce passage contre les unions mal assorties? Ne voyez-vous pas les plus jolies mains se hâter, par leurs applaudissements, de protester contre les chaînes dont elles se croyaient chargées? Plus loin, si Duhamel découvre qu'une certaine maladie des grains provient d'un tout petit insecte qui s'y cache, Vicq-d'Azyr nous montrera l'homme de bien ainsi en proie à des ennemis obscurs comme à un insecte caché. Si Duhamel invente un appareil pour le desséchement des grains, et s'il place cet appareil dans une tour qu'il surmonte d'ailes toutes semblables à celles d'un moulin à vent, Vicq-d'Azyr y verra « un monument élevé par le patriotisme, vraiment digne de décorer la maison d'un philosophe, et bien différent de ces tours antiques... » Suit une petite sortie contre les tours gothiques et féodales. C'est là une veine de mauvais goût chez Vicq-d'Azyr, et qui compromet l'intérêt très-réel, le mérite solide et orné de l'ensemble. On retrouverait plus ou moins de cette veine dans tous ses Éloges. Dans celui qu'il fit de Haller, un des morceaux les plus admirés était l'endroit où il montrait Haller et son ami le poëte Gessner herborisant ensemble dans les hautes montagnes, et Gessner, épuisé de fatigue, se couchant à terre et succombant au sommeil au milieu d'une atmosphère glacée : « M. de Haller, disait-il, vit avec inquiétude son ami livré à un sommeil que le froid aurait pu rendre funeste. Il chercha comment il pourrait le dérober à ce danger; bientôt ce moyen se présenta à sa pensée ou plutôt à son cœur. Il se dépouilla de ses vêtements, il en couvrit Gessner; et, *le regardant avec complaisance, il jouit de ce spectacle* sans se permettre aucun mouvement, dans la crainte d'en interrompre la durée. Que ceux qui connaissent les charmes de l'amitié se peignent le réveil de Gessner, sa surprise, et leurs embrassements; que l'on se représente enfin, au milieu d'un désert, cette scène touchante et si digne d'avoir des admirateurs! » Et moi je demande comment il est possible de savoir si bien ce qui se passa sur le visage de Haller *regardant son ami avec complaisance*, dans une scène qui n'eut pas de témoin, puisque Gessner d'abord n'y figurait qu'endormi; et Haller était sans doute trop occupé de son ami pour songer à sa propre attitude. Nous surprenons là chez Vicq-d'Azyr ce que j'appellerai le goût ou le genre Louis XVI en littérature, et qui n'est déjà plus celui de Louis XV. Le genre Louis XVI, qui régna jusqu'en 94, est essentiellement honnête, fleuri et riant; il s'inspire d'un sentimentalisme vertueux. Bienfaisance, réforme, espérance, l'amour du bien, un optimisme brillant et assez aimable, ce sont les caractères moraux qui le distinguent, et le tout se traduit volontiers dans un style élégant, un peu mou et trop adouci. Bernardin de Saint-Pierre, en certains tableaux, nous en offre l'idéal. Plus ordinairement il s'y glisse du Florian, du Gessner, et même du Berquin. Il y en a un peu dans cette scène des Alpes entre les deux amis, telle que nous l'a montrée Vicq-d'Azyr.

Ce n'est jamais dans ce goût amolli que devraient être traités les Éloges consacrés aux savants, et une grande sobriété en est la première élégance. Si j'ai parlé de Vicq-d'Azyr à l'occasion de M. Pariset, c'est que ce dernier, malgré l'intervalle des temps, peut être considéré véritablement comme son successeur. L'ancienne Société de médecine ayant été détruite en 1793 et la nouvelle Académie de médecine n'ayant été établie qu'en 1820, il n'y eut point place, entre Vicq-d'Azyr et M. Pariset, pour un autre Secrétaire perpétuel. Indépendamment de la Société de médecine, n'oublions pas qu'on avait encore, sous l'ancien régime, l'Académie de chirurgie, plus anciennement fondée (1733) et très-illustre par les noms et les travaux de ses membres. Cette Académie eut son principal Secrétaire perpétuel dans la personne du fameux chirurgien Louis, dont les Éloges sont encore inédits pour la plupart. Le profond divorce qui existait alors entre la chirurgie et la médecine empêcha les deux Sociétés de se fondre à aucun moment ou même de se rapprocher, comme il eût été si naturel. Mais aujourd'hui l'Académie de médecine les représente et les continue toutes les deux également.

M. Pariset est donc, après Vicq-d'Azyr, le premier biographe académique qui ait eu à prononcer un aussi grand nombre d'Éloges de médecins. Il était doué de plusieurs des qualités indispensables pour cette fonction délicate, et il ne s'est pas toujours montré exempt des défauts qu'il y faudrait éviter. Je tâcherai de faire en lui les deux parts avec sincérité et avec la circonspection qui convient dans ces matières mixtes, où le critique littérateur n'est juge qu'à demi.

Étienne Pariset, né en 1770 dans les Vosges, fut élevé à Nantes chez les Oratoriens, et s'y distingua de bonne heure par une facilité brillante. La Révolution, qui le surprit quand il avait vingt ans, coupa sa carrière : il était élève en médecine, il devint soldat; il redevint élève après la Terreur, et suivit à Paris les Cours de toute espèce qui signalèrent la renaissance confuse de cette époque de l'an III. Il s'était fort lié avec Riouffe, que son livre sur les prisons et ses relations avec les Girondins avaient mis très en vue, et qui était le Silvio Pellico du moment. Pariset, pauvre, inconnu, protégé par Riouffe, qui lui procura une place de précepteur dans une maison riche, fut si reconnaissant de ces marques d'affection, qu'il épousa la mère de Mme Riouffe, ne voulant plus avoir d'autre famille que celle de son ami. Ce qui caractérisait dès lors l'homme excellent et aimable qui nous occupe, c'était beaucoup d'expansion, un cœur qui débordait autour de lui, une imagination vive qui se répandait aussi, plutôt que de s'employer et de se fixer dans quelque sujet fécond. Il avait rêvé, un instant, la gloire des Lettres, celle du théâtre. Il avait composé une tragédie imitée de Sophocle, une *Electre*, sur laquelle il fondait toutes sortes d'espérances comme la Perrette du *Pot-au-Lait*. Ce pot-au-lait d'*Électre* ne tarda pas à se renverser comme tous les pot-au-lait. Pariset avait aussi entrepris une traduction de la *Retraite des dix mille* de Xénophon; et cela, nous dit-il, pour plaire au père de sa femme, lequel aimait le grec ou la guerre apparemment. Il était très-initié, à cette époque, dans la petite société philosophique d'Auteuil, dans l'intimité de Cabanis, de Mme de Condorcet, de Fauriel. J'ai sous les yeux d'intéressantes lettres de lui adressées à Fauriel et qu'il lui écrivait pendant un voyage aux Pyrénées dans l'été de 1803. Elles me peignent bien la diversité de cet esprit mobile, qui se croit revenu de tout, et qui porte encore en lui toutes les illusions. Les événements politiques qui remplissaient alors la France de joie et d'enthousiasme avaient jeté beaucoup de sombre sur la petite société d'Auteuil, qui représentait les hommes de la veille, les républicains probes et mécontents. Fauriel était triste et désespéré comme un homme jeune, qui voit pour la première fois se briser son rêve. Pariset prend le ton d'un sage, d'un philosophe profondément aguerri et consommé; il lui dit : « Eh quoi! votre chagrin n'est pas encore usé? vos regrets sont toujours aussi vifs? et vous ne pouvez vous faire aux choses de ce monde? vous n'êtes pas encore à ce calme que produit le désespoir? Imitez-moi, mon ami; vous m'avez vu dans les mêmes sollicitudes que vous; mais, en y songeant bien, j'ai substitué le droit au fait, et je me suis convaincu que les événements actuels tiennent comme effets nécessaires à des causes nécessaires, et que, s'ils ont lieu, c'est qu'ils devaient arriver comme cela et non autrement. Tout est lié parmi les hommes, ainsi que dans les lois de la nature; et lorsque de grandes injustices se font impunément dans notre misérable espèce, je vous défie de dire lequel est le plus à condamner, du coupable ou du témoin. Partant de là, j'ai pris le parti du silence et de la soumission. Ce n'est pas que je n'aie conservé les mêmes principes; mais il faut les tenir sous le boisseau. Pourvu que ma conduite ne les démente point absolument, je me croirai sans reproche. » Il continue de développer cette idée d'une doctrine secrète qu'il faut réserver pour soi et pour le petit nombre : « En ce qui vous regarde, mon ami, croyez-moi, vous êtes né, pour votre bonheur, trop tôt de quelques siècles. Dès ce moment, faites-vous à l'idée que vous ne verrez jamais rien de ce que vous entendez devoir le réaliser parmi nous. Réservez votre doctrine secrète pour un petit nombre d'amis sûrs, dans le sein de qui votre âme puisse s'épancher sans contrainte, et qui soient dignes de cultiver avec vous la philosophie et de rendre honneur à la vérité. Pour le reste des hommes, ne leur ouvrez jamais votre cœur..» Notez que celui qui donne ce conseil était le plus expansif des hommes, le cœur qui, jusqu'à la fin, devait être le moins fermé. Il semblait croire pourtant que l'avenir, un avenir très-lointain, réparerait pour l'humanité tous les maux du présent; il combinait dans une certaine mesure le désabusement et la chimère. Il continuait pour lui-même de former je ne sais quels projets dont il croyait le succès infaillible, et dont il se réservait de confier le secret à son ami. « Jusque-là, ajoutait-il, je n'ai qu'un vœu, c'est de passer une bonne huitaine dans la retraite avec vous, et de m'enivrer des délices de l'amitié et des Lettres. Je compte que votre écrit sur La Rochefoucauld (Fauriel faisait alors une Étude sur ce moraliste) sera terminé. Me mettrez-vous dans la confidence avant le public? Allez, allez, cet homme a tout vu dans le cœur de l'homme. On y a peut-être fait jouer d'autres ressorts autrefois, il y a bien longtemps; mais les peuples modernes seront plus longtemps encore comme il les a peints. C'est un vilain tableau d'un vilain modèle, mais il y a de la vérité. » Ainsi parlait de La Rochefoucauld, l'homme qui devait composer tant d'Éloges et se montrer le plus abondant des panégyristes.

Pourtant Pariset, à cette date, n'était point encore médecin. Ce ne fut que deux ans après, vers 1805, qu'il se fit recevoir docteur à l'âge de trente-cinq ans. On comprend déjà qu'il ne sera jamais un grand praticien. Il appartenait à cette école de médecins gens d'esprit et littérateurs, qui peuvent disserter des choses avec plus ou moins d'éloquence et d'agrément, qui obtiennent de la faveur auprès des gens du monde, mais qui n'acquièrent jamais beaucoup d'autorité parmi leurs pairs. Je ne dirai point que Cabanis était le maître de cette école ; Cabanis était trop consciencieux, trop réellement savant pour mériter d'être classé ainsi, et il ne saurait figurer en tête de ce groupe que par son talent d'écrivain et de peintre physiologiste. Le médecin Roussel, qui a écrit sur *la Femme*, serait plutôt le type de cette classe d'écrivains mixtes. Alibert lui-même, malgré l'appareil spécieux de ses ouvrages, aurait pu s'y rapporter. Richerand, bien que chirurgien (ce qui semble impliquer l'obligation d'être positif), y tenait essentiellement. Ils eurent tous plus ou moins la prétention d'avoir un pinceau dans des sujets qui exigent avant tout exactitude et observation.

Le meilleur moment de débuter pour Pariset eût été ce moment même où débutaient Alibert et Richerand, mais il n'était pas tout à fait prêt encore, et ce ne fut que sous la Restauration qu'il commença à percer. Dès les premiers jours de la Restauration, en mai 1814, M. Roger (celui qui fut de l'Académie française) dit un jour à M. Beugnot, dans le très-court passage de ce dernier au ministère de l'intérieur : « Il y a une place de médecin vacante à Bicêtre ; pour traiter des fous, il vous faut un homme d'esprit : prenez Pariset. » Pariset fut nommé. Son biographe nous le représente, « au milieu de cette triste population d'aliénés, comme un philosophe ou plutôt comme un poëte égaré. » Le spectacle des maladies mentales lui fournissait surtout un vaste champ de réflexions pour cette étude de l'entendement humain dont il avait puisé le goût et, à ce qu'il croyait, la méthode, dans la société de Cabanis. Les Cours publics qu'il fit sur ces sujets à l'Athénée, et plus tard à la Société des Bonnes-Lettres, n'ont pas été recueillis ; ils ont laissé un vif souvenir chez ceux qui les ont entendus. Il est à croire qu'aux diverses époques, et dans ces lieux différents, Pariset ne professa point tout à fait, dans la même rigueur, les mêmes idées dont la source première remontait à la société d'Auteuil et à Cabanis. Il dut être plus hardi à l'Athénée, plus circonspect aux Bonnes-Lettres; les fluctuations se ressentirent des temps et des rivages. Il appliquait plus ou moins cette doctrine du *secret* dont nous l'avons vu chercher à se pénétrer de bonne heure. Mais ce qu'il savait être surtout dans ces Leçons, c'était un improvisateur animé, intéressant, pittoresque, anatomiste avec feu devant les gens du monde, décrivant les appareils des sens d'une manière visible, les développant de l'expression et du geste, poursuivant du doigt dans l'espace les moindres filets nerveux, les fibres les plus ténues, déroulant à n'en pas finir des considérations peu précises, peu concluantes, mais ingénieuses souvent et déliées comme leurs objets. Ses Leçons, en tout, étaient un agréable spectacle, et Pariset, dans ses chaires d'Athénée, semblait la définition vivante de l'homme disert.

Ce n'est pas tout à fait la même chose que d'être éloquent. Mais Pariset avait assurément une faculté rare, à laquelle il n'a manqué que d'être plus contenue à temps pour acquérir toute sa force et tout son ressort. En 1819, il désira de faire partie du Conseil des prisons: « Vous savez mes desseins relativement aux prisonniers, écrivait-il à un de ses amis; j'ai dans la tête un *Petit Carême* à leur usage, et une voix intérieure me dit que je ferai en ce genre ce qu'on n'a jamais fait, de vraies conversions au bien. » Ce *Petit Carême* qu'il avait dans la tête resta, comme tant d'autres de ses idées, à l'état de projet. Il y avait bien dans la phrase de Pariset quelque chose, en effet, de l'abondance de Massillon. Mais, prenez garde! ce sont les défauts de Massillon qui deviennent ici les qualités de Pariset. Il y a quelqu'un à qui il ressemble bien plus qu'à Massillon, c'est Garat, le beau diseur en toute matière, Garat, l'orateur académique et le professeur d'idéologie à l'Athénée. Ce qui était du Massillon à la fin du xviie siècle est du Garat au commencement du xixe.

Le 26 octobre 1819, pendant la séance que le Conseil général des prisons tenait au ministère de l'intérieur, M. Decazes fit passer à Pariset un petit billet où il avait écrit : « Vous serait-il *agréable* d'aller à Cadix observer la fièvre jaune ? » Après un très-court instant de réflexion, Pariset répondit : « Oui, certainement, monseigneur. » Et c'est ainsi qu'il se trouva lancé dans ses divers voyages, d'abord à Cadix, puis à Barcelone, puis finalement en Orient, et engagé, par suite, dans cette polémique qui fit tant de bruit, sur la question de contagion. Il avait son parti pris avant de quitter Paris, il croyait à la contagion ; et, dans le récit qu'il a publié de son premier voyage, il a naïvement raconté comment, à peine arrivé à Madrid, il en était déjà à rêver tout un vaste système de lazarets, qui aurait embrassé de son réseau toute l'Europe. Ce premier voyage à Cadix eut cela de piquant, que Pariset et son compagnon de route n'arrivèrent dans cette ville que le jour même où expirait le fléau, et presque au bruit des cloches qui sonnaient le *Te Deum* de délivrance. Pariset ne put voir qu'un petit nombre de cas affaiblis et qui tendaient à la convalescence. Il n'assista qu'à deux ouvertures de corps : « Jamais, dit-il, l'impression que fit sur moi la vue des deux cadavres ne s'effacera de mon esprit. De loin, sur les épaules des infirmiers qui les apportaient à l'amphithéâtre, ils montraient le *squallentem barbam* et le *concretos sanguine crines* de Virgile ; mais ce qu'on ne saurait peindre, ce sont ces visages gonflés comme après la strangulation... » Et il continue de décrire les deux cadavres en style poétique. Son compagnon dressa les deux observations en style médical. Le tout revêtu de considérations et d'hypothèses, et augmenté des impressions de voyage, a fourni matière à un grand *in-quarto*.

Mais c'est aux Éloges académiques de Pariset que j'ai hâte de venir. Sa manière est large, facile, heureuse; son talent comme son cœur a de l'effusion. Que ce soit Corvisart, Pinel, Dupuytren qu'il aborde, il les prend avec ampleur, il les pose dans leur cadre avec aisance, mais il ne les dessine pas assez rigoureusement. La distinction des physionomies n'est pas assez tranchée sous sa plume. Même sous les plis flottants d'une draperie, il faut qu'on sente toujours les lignes du nu. Chez Pariset, l'anatomie trop souvent fait défaut, même l'anatomie au moral : en peignant ses personnages, il n'a pas et ne rend pas assez le sentiment de la réalité. Il y a cependant des parties fines, des anecdotes très-bien contées, de petites scènes d'un effet dramatique. A propos de Pinel, par exemple, l'un de ceux qu'il a le mieux connus, et qui était tout l'opposé de lui, qui manquait essentiellement d'élocution et de faconde, Pariset caractérise en termes excellents « ce style coupé, sans liaisons, sans cohérence, dépourvu de grâce et de souplesse. Pinel voulait, nous dit Pariset, qu'à l'exemple de la botanique et de l'histoire naturelle, la médecine se fît un langage tout en substantifs, sans verbes, sans conjonctions. Il se flattait par là d'atteindre à l'énergique concision des aphorismes. Mais la concision n'exclut pas les liens communs de la parole; et, faute de ces liens nécessaires, la phrase de Pinel, sèche et maigre, a quelquefois un mouvement heurté qui la rend fatigante. » Pariset nous montre Pinel qui, en professant, « disposait malaisément de ses idées, qui les détachait péniblement et par efforts saccadés, *comme pour en vaincre la cohérence et les déprendre l'une de l'autre.* » On ne saurait mieux dire ; et, certes, ce n'est pas là le défaut qu'on reprochera à Pariset. Ce n'est pas de lui qu'on dira qu'il avait le style étranglé, comme l'appelait Voltaire. Il a le nombre, il a le déploiement indéfini de la phrase. Dès qu'il ouvre la bouche, la parole abonde et afflue sur ses lèvres, mais il ne la ménage pas assez. Le genre tempéré a aussi ses écueils et comme ses excès. Cicéron l'a remarqué très-bien, ceux qui n'y prennent pas garde et qui s'abandonnent à la facilité de ce genre « courent risque de tomber dans un style lâche et flottant, qu'on appelle ainsi parce qu'il flotte en effet çà et là, comme un membre désarticulé et qui n'a plus ni nerf ni ressort. » C'est tout le contraire de ce parler sec, bref et nerveux qu'affectionne Montaigne, et qui, au besoin, a le coup de jarret du Basque.

L'idée qu'il s'était formée du style académique a contribué à égarer Pariset et à le faire abonder dans les exagérations de sa nature. Il est évident que, pour les simples Éloges des savants, il songeait trop à l'Oraison funèbre ; il relisait bien plus volontiers Bossuet ou Fléchier qu'il ne relisait Fontenelle. Cela est surtout sensible dans les exordes de ses éloges de Larrey et de Desgenettes, où il le prend, peu s'en faut, sur le ton de l'hymne ou du moins sur celui de l'épopée. On sent tout d'abord une imagination qui s'est montée elle-même par toutes sortes de souvenirs oratoires ou pindariques. Je voudrais bien plutôt qu'avant de se mettre à écrire l'Éloge d'un médecin, on relût auparavant les Notices sur Dodart et sur Boerhaave, de Fontenelle, non pas pour les imiter, mais pour se donner la note et s'empêcher de forcer le ton

Ce n'est pas tant à Pariset que je fais le procès en ce

moment qu'au genre académique lui-même, qu'il est temps, surtout dans l'ordre des sciences, de rapprocher de la vérité et de baisser d'un cran. Au reste, cette demi-révolution, cette réforme que j'appelle est déjà en partie faite, et la cause peut sembler gagnée auprès des bons esprits. Je laisse de côté les vivants, pour ne paraître flatter personne; mais écoutons Cuvier en tête de son recueil d'Éloges : « Les petites biographies écrites avec bienveillance, dit-il, auxquelles on a donné le nom d'Éloges historiques, ne sont pas seulement des témoignages d'affection que les Corporations savantes croient devoir aux membres que la mort leur enlève; elles offrent aussi à la jeunesse des exemples et des avertissements utiles, et à l'histoire littéraire des documents précieux. » Voilà l'idée vraie du genre exprimée avec modestie par un homme supérieur qui s'y est lui-même exercé. Aussi je souffre toujours quand je vois une chose simple qu'on n'a pas osé dire dans un Éloge historique par je ne sais quel scrupule de noblesse ou de fausse convenance. Veut-on un tout petit exemple? Corvisart dans sa jeunesse est informé qu'une place de médecin est vacante à l'hôpital Necker : il se présente chez la respectable fondatrice, Mme Necker; mais il ne porte point perruque, nonobstant l'usage. Or, cette perruque ici paraîtrait d'autant plus nécessaire, que le médecin est plus jeune et aurait plus besoin de ce qui impose auprès des malades. La place lui est offerte, mais à condition de prendre la perruque consacrée. Corvisart a grand besoin de la place, mais il refuse et aime mieux garder ses cheveux. L'anecdote est assez agréablement racontée chez Pariset; pourtant, au lieu de dire l'hôpital *Necker* et de nommer la fondatrice, il nous parle d'un établissement « qu'une dame célèbre avait fondé du côté de Vaugirard; » il tourne autour de cette dame comme s'il voulait et n'osait la définir : « La simplicité, dit-il, n'est pas toujours compagne de la bienfaisance. Il paraît qu'entre les deux interlocuteurs les paroles furent vives et singulières ; et ce qui prouverait que l'esprit de la dame se fourvoya dans le dialogue, c'est l'étrange condition qu'elle voulait imposer... » Le lecteur, à travers ces vagues allusions, est dans un certain embarras et peut bien se fourvoyer lui-même. Je n'ai été tout à fait sûr que c'était de Mme Necker qu'il s'agissait, que lorsqu'ayant lu l'Éloge de Corvisart dans Cuvier, j'ai trouvé cette dame désignée clairement d'après son mari, car Cuvier lui-même ne va pas jusqu'à la nommer. O périphrase académique, que me veux-tu ? Au moment même où vous vous moquez des perruques, n'en mettez pas du moins à votre style.

« Il y en a, dit Pascal, qui masquent toute la nature ; il n'y a point de roi parmi eux, mais un *auguste monarque;* point de Paris, mais une *capitale du royaume.* Il y a des endroits où il faut appeler Paris Paris, et d'autres où il faut l'appeler capitale du royaume. » Cette remarque de Pascal, bien entendue et bien appliquée, renferme toute la réforme de l'Éloge académique comme je l'entends, au point de vue du style. Ne masquons jamais la nature ni l'homme.

Quand je dis de ne pas masquer l'homme, ce n'est pas que j'aie la grossièreté de vouloir qu'on exprime tout. Il y a des coins de vérité qu'on présentera plus agréablement sous un léger voile. Dans l'Éloge de Portal, voulant faire allusion au charlatanisme si connu dont ce médecin avait usé d'abord pour se mettre en renom, Pariset, après l'avoir couronné de tous les éloges, ajoute à la fin que « son seul tort, peut-être, a été, dans ses premières années, de prendre l'avenir en défiance, de ne pas croire à l'effet naturel de ses talents, et d'avoir voulu attacher des ailes à sa fortune. » Ces *ailes de la fortune* sont assez heureusement trouvées. C'est le cas, pour un auditoire bien appris, de sourire et d'applaudir. Pourtant, de telles grâces ressemblent trop à ces fausses beautés poétiques par lesquelles d'habiles versificateurs se piquaient d'éluder élégamment le mot propre ; elles ont l'air d'un jeu et ne survivent pas au petit succès du moment.

Je me suis donné un plaisir sérieux. Pariset a fait les Éloges de Corvisart et de Pinel, et, sauf les défauts de détail que j'ai indiqués, il y a réussi avec distinction. Cuvier a fait également ces deux Éloges, et il y a joint celui de Hallé, réunissant ainsi dans un même cadre les trois figures. En achevant de lire Pariset sur Pinel et Corvisart, j'ai pris aussitôt Cuvier sur les mêmes sujets, et j'ai senti toute la différence qu'il y a entre un homme instruit, disert, comme Pariset, qui a du feu, du coloris, de la sensibilité, mais qui déborde et divague souvent, et un esprit du premier ordre, toujours maître de lui et de son sujet, qui, en se hâtant, touche à tous les points essentiels, ne néglige aucun des caractères de l'homme, retrace le trait principal des doctrines sans se détourner jamais, marque en passant les rapports, les dépendances des diverses branches, signale les influences positives, soulève ou écarte les objections. Il y a un endroit de l'Éloge de Pinel où, sans nommer Broussais, Cuvier venge contre lui Pinel, que son adversaire accusait d'avoir créé des *êtres occultes*, des *affections métaphysiques* en médecine. A ce moment, Cuvier se place et passe en quelque sorte entre Broussais et Pinel, sans entrer dans le démêlé, mais comme un arbitre paisible et juste. Un tel rôle n'est pas donné à tout le monde. Les Éloges de Cuvier, en regard de ceux de Pariset sur les mêmes sujets, font l'effet d'un dessin net, sévère, un peu maigre peut-être, mais qui repose de la diffusion des couleurs et qui satisfait l'œil de l'esprit (1).

Pariset eut à louer Cuvier lui-même après la mort du grand naturaliste, et cet Éloge offre d'intéressantes, de belles parties. Mais, si immense que fût le sujet, Pariset n'a pas eu la force de s'y renfermer. A un certain moment sa propre imagination s'échappe; il ne voit dans le vaste spectacle des révolutions du globe qu'un thème à variations. Son lyrisme l'emporte : il essaie lui-même à tout hasard son hypothèse, il nous trace un tableau de la dernière grande catastrophe dont le globe a été le théâtre. Puis, tout à coup, il s'écrie presque comme le poëte classique éperdu : *Qui suis-je ? où vais-je ?* car il sent bien qu'il est allé trop loin : « Je viens, dit-il, de parler sans mon guide, et d'exposer des idées qui, bien que liées au sujet que je traite, n'étaient peut-être pas dans le sage esprit de Cuvier. » Et c'est précisément parce que rien ne ressemble moins au procédé de Cuvier, que, dans un Éloge de ce dernier, il eût été du plus simple bon goût de s'en abstenir.

Mais c'est assez insister sur les défauts d'un talent distingué, dont les Éloges, après tout ce qu'on en peut dire, gardent de leur utilité et même de leur charme. En les recueillant avec ce soin et cette correction dans une édition à la fois compacte et élégante, M. Dubois (d'Amiens) a rendu un service à la littérature, en même temps qu'il croyait n'accomplir qu'un devoir envers sa Compagnie. Il nous promet de recueillir dans deux publications prochaines les Éloges, jusqu'ici incomplets, de Vicq-d'Azyr, et les Éloges, inédits presque tous, du

(1) Sur les Éloges de Cuvier et sur ceux des autres Secrétaires perpétuels de l'Académie des Sciences, on peut lire les premières pages d'un très-bon article de M. Biot dans le *Journal des Savants* (novembre 1842).

célèbre Louis, Secrétaire de l'ancienne Académie de chirurgie. On aurait ainsi une histoire à peu près complète de la médecine et de la chirurgie en France pendant la seconde moitié du dernier siècle. Depuis qu'il a succédé à M. Pariset dans les fonctions de Secrétaire perpétuel, M. Dubois (d'Amiens) a déjà lui-même prononcé trois Éloges : celui de Pariset, celui de Broussais et celui du grand chirurgien Antoine Dubois. On a fort apprécié surtout, dans ce dernier Éloge, le talent consciencieux avec lequel le biographe a su rendre le caractère, non-seulement du maître et du praticien, mais de l'homme, et ce soin curieux de recomposer par une foule de traits une figure originale.

C'est ce sentiment de réalité et de vérité qu'il s'agit d'introduire de plus en plus, bien qu'avec discrétion toujours et avec goût, dans l'Éloge historique. Je voudrais qu'on en vînt là, même à l'égard des gens de Lettres qu'on célèbre au sein des Académies : à plus forte raison, quand il s'agit des hommes qui ont cultivé des sciences ou des arts sévères. La Notice académique bien traitée, avec tact, avec sobriété et justesse, est un genre délicat, susceptible d'agrément, mais d'un agrément léger et peu saillant à distance. La grandeur, pour peu qu'elle y entre naturellement, n'y a place que dans de rares occasions. Si l'on ne composait ces Notices que pour les lire devant des confrères et des connaisseurs, gens du métier, on pourrait s'en tenir aux traits simples et rester dans un parfait accord avec le sujet ; mais les séances publiques amènent le désir et le besoin des applaudissements, et les applaudissements s'obtiennent rarement par des traits fins et justes, par des nuances bien saisies, ou même par des vues simplement élevées. L'écueil de tout temps, depuis qu'il y a eu lecture publique d'Éloges, a donc été, pour celui qui les prononce, de chercher son succès dans des ornements étrangers et dans des digressions à l'ordre du jour. Pour s'en guérir, il devrait suffire de relire dans les anciens Éloges ces parties si applaudies autrefois : ce sont celles qui font tache aujourd'hui. — Mlle Mars disait un mot d'un grand sens, et qui a son application dans plus d'un art : « Comme nous jouerions mieux la comédie, si nous ne tenions pas tant à être applaudis! » Otez ce mot de *comédie* qui aurait l'air désobligeant, cela n'est-il pas vrai de tous ceux qui ont un rôle et qui sont en scène, et qui devraient sembler y être le moins possible, des professeurs, des orateurs politiques, des orateurs littéraires, et même des savants? Non pas que je conseille à ceux-ci de ne pas plaire, les jours où ils se produisent; mais ils ne doivent chercher à plaire qu'en restant eux-mêmes, et tout l'art est dans la mesure (1).

(1) Je dois à un compatriote de Pariset, à M. l'abbé Mourot, quelques renseignements précis sur ses premières années. Il était né, le 5 août 1770, à Grand, bourg de l'arrondissement de Neufchâteau; son père était un simple garde-forestier. Agé de huit ans, on l'envoya sur une voiture de roulier à Nantes, chez un oncle perruquier; il suivit les écoles primaires. A onze ans, on lui fit apprendre l'état de parfumeur. Tout en broyant ses cosmétiques, l'enfant lisait et réfléchissait; un jour, un Molière lui tomba entre les mains. Un de ses camarades lui prêta Massillon, Fénelon, Bossuet, etc. La parfumerie se remplissait de livres; il resta toujours un peu de cette parfumerie aux écrits de Pariset. Voyant ses dispositions et sa passion pour la lecture, on lui fit faire ses études chez les Oratoriens de la ville. Au bout de deux ans, il était le premier des rhétoriciens. etc.

Lundi 11 mars 1850.

LETTRES
DE LA
MARQUISE DU DEFFAND.

On a réimprimé dans ces derniers temps bien des classiques, et même de ceux qui ne le sont pas. Les Lettres de Mme Du Deffand, je ne sais pourquoi, n'ont pas eu cet honneur. Le recueil le plus considérable de ces Lettres a été publié pour la première fois en 1810 à Londres, d'après les manuscrits trouvés dans les papiers d'Horace Walpole. Cette édition a été reproduite à Paris en 1811, en 1812, en 1824, avec quelques corrections et aussi quelques *suppressions*. On ne s'est pas donné la peine, depuis, de réimprimer le texte en l'épurant, en le comparant avec l'édition de Londres pour rétablir les quelques endroits retranchés ou altérés. Et pourtant Mme Du Deffand méritait bien ce soin, car elle est un de nos classiques par la langue et par la pensée, et l'un des plus excellents. C'est ce caractère que je voudrais essayer de déterminer en elle aujourd'hui.

J'ai parlé une fois ici de Mme de Sévigné, et tout récemment de Mme Sand. Entre ces deux femmes si éloignées et si distantes, quels sont les noms qui comptent véritablement, qui méritent de figurer en première ligne dans la série des femmes célèbres par leur talent d'écrivain ? Tout à côté de Mme de Sévigné, avec moins d'imagination dans le style et de génie de détail, mais avec une invention poétique et romanesque pleine de tendresse, et une légèreté, une justesse d'expression incomparable, on trouve Mme de La Fayette. Puis on a Mme de Maintenon, esprit juste, tête saine, parole agréable et parfaite dans un cercle tracé. A l'autre extrémité de la chaîne, nous rencontrons Mme de Staël. Mais entre Mme de Staël et Mme de Maintenon, quelle lacune! On trouverait bien encore, au commencement du xviiie siècle, cette autre Mme de Staal (Mlle de Launay), auteur des charmants Mémoires, esprit élevé et ferme autant que fin; mais elle n'a pas assez longtemps vécu, et, par les circonstances de sa condition première, elle n'a jamais été assez avant mêlée dans le plein milieu de la société, pour la personnifier de loin à nos yeux. Tout le xviiie siècle, on peut le dire, ferait donc défaut et n'aurait, pour le représenter littérairement, que des femmes d'un mérite inégal et d'un goût mélangé, s'il n'avait à offrir Mme Du Deffand. Celle-ci se rattache par ses origines à l'époque de Louis XIV, à cette langue excellente qui en est sortie. Née en 1697, morte en 1780, elle a traversé presque tout le xviiie siècle, dont, encore enfant, elle avait devancé d'elle-même les opinions hardies, et, à aucun moment, elle ne s'est laissé gagner par ses engouements de doctrine, par son jargon métaphysique ou sentimental. Elle est avec Voltaire, dans la prose, le classique le plus pur de cette époque, sans même en excepter aucun des grands écrivains.

Née d'une famille noble de Bourgogne, Mlle de Chamrond avait reçu une éducation très-irrégulière, très-incomplète, et ce fut son esprit seul qui en fit tous les frais. On raconte que dans un couvent de la rue de Charonne, où elle était élevée, elle avait de bonne heure conçu des doutes sur les matières de foi, et elle s'en expliquait assez librement. Ses parents ne lui envoyèrent pas moins que Massillon en personne pour la réduire. Le grand prédicateur l'écouta, et dit pour toute parole en se retirant : « Elle est charmante. » L'abbesse insistant pour savoir quel livre il fallait donner à lire à cette enfant, Massillon répondit, après un moment de silence : « Donnez-lui un catéchisme de cinq sous. » Et l'on n'en put tirer autre chose. Il semblait désespérer d'elle dès le premier jour. Mme Du Deffand eut cela de particulier du moins, entre les esprits-forts de son siècle, de n'y point mettre de bravade, de sentir que la philosophie qu'on affiche cesse d'être de la philosophie, et elle se contenta de rester en parfaite sincérité avec elle-même. Quand Mlle Aïssé mourante désira un confesseur, ce fut Mme Du Deffand qui, avec Mme de Parabère, aida à le lui procurer.

Mme Du Deffand regrettait souvent de n'avoir pas eu une autre éducation, et maudissait celle qu'elle avait reçue : « On se fait quelquefois, disait-elle, la question si l'on voudrait revenir à tel âge? Oh! je ne voudrais pas redevenir jeune, à la condition d'être élevée comme je l'ai été, de ne vivre qu'avec les gens avec lesquels j'ai vécu, et d'avoir le genre d'esprit et de caractère que j'ai; j'aurais tous les mêmes malheurs que j'ai eus : mais j'accepterais avec grand plaisir de revenir à quatre ans, d'avoir pour gouverneur un Horace... » Et là-dessus elle se traçait l'idéal de tout un plan d'éducation sous un homme éclairé, instruit, tel que l'était son ami Horace Walpole. Le plan qu'elle imaginait était sérieux et beau, mais l'éducation qu'elle se donna, ou plutôt qu'elle ne dut qu'à la nature et à l'expérience, fit d'elle une personne plus originale et plus à part. On n'aurait pas su tout ce qu'elle était ni tout ce qu'elle valait comme esprit, comme droiture et lumière de jugement, si elle n'avait pas tout tiré d'elle-même. De tout temps, elle fut la personne qui demanda le moins à son voisin ce qu'il fallait penser.

On la maria, selon le bel usage, à un homme qui ne lui convenait que par la naissance. Elle le jugea du premier coup d'œil, le prit en dégoût, le quitta, essaya par moments de se remettre avec lui, en trouva l'ennui trop grand, et finit par se passer avec franchise toutes les fautes et les inconséquences qui pouvaient nuire à la considération, même en ce monde de mœurs relâchées et faciles. Dans sa fleur de beauté sous la Régence, elle en respira l'esprit; elle fut la maîtresse du Régent et de bien d'autres. Allant de mécompte en mécompte, elle cherchait toujours à réparer sa dernière faute par quelque expérience nouvelle. Plus tard, dans sa vieillesse, on la voit, jusqu'à la fin, faire tant qu'elle peut de nouvelles connaissances pour combler les vides ou diversifier le goût des anciennes : elle dut faire à plus forte raison la même chose en amour durant la première moitié de sa vie. Pourtant, à partir d'un certain moment, on la trouve établie sur un pied assez honorable de liaison régulière avec le président Hénault, homme d'esprit, mais incomparablement inférieur à elle. Elle s'accommodait finalement de lui, comme l'eût fait une personne sensée dans un mariage de raison. Vers ce temps (1740), Mme Du Deffand a un salon qui est devenu un centre; elle est liée avec tout ce qu'il y a d'illustre dans les Lettres et dans le grand monde. De tout temps amie de Voltaire, elle l'est aussi de Montesquieu, de d'Alembert. Elle les connaît et les juge dans leur personne, dans leur caractère, plus volontiers encore que dans leurs écrits; elle apprécie leur esprit à sa source, sans dévotion à aucun, avec indépendance. Si elle les lit, son jugement s'échappe aussitôt et ne se laisse arrêter à aucune considération du dehors. Les mots les plus vifs et les plus justes qu'on ait retenus sur les hommes célèbres de son temps, c'est elle qui les a dits.

Le trait distinctif de son esprit était de saisir la vérité, la réalité des choses et des personnes, sans illusion d'aucun genre. « N'est-il pas insupportable, disait-elle de son monde factice, de n'entendre jamais la vérité? » Et comme si elle avait cherché pourtant quelque chose au delà, quand elle avait découvert cette réalité, elle n'était pas satisfaite, et le dégoût, l'ennui commençait. L'*ennui* était son grand effroi, son redoutable ennemi. Nature ardente sous ses airs de sécheresse, elle voulait repousser ce mortel ennui à tout prix; il semblait qu'elle portât en elle je ne sais quel instinct qui cherchait vainement son objet. Une des personnes de sa société qu'elle appréciait le plus était la duchesse de Choiseul, femme du ministre de Louis XV, personne bonne, vertueuse, régulière à la fois et charmante, et qui n'avait d'autre défaut à ses yeux que d'être trop parfaite; elle lui écrivait un jour : « Vous ne vous ennuyez donc point, chère grand'maman (c'était un sobriquet de société qu'elle lui donnait), et je le crois, puisque vous le dites. *Votre vie n'est point occupée, mais elle est remplie.* Permettez-moi de vous dire ce que je pense, c'est que si elle n'était pas occupée, elle ne serait pas remplie. Vous avez bien de l'expérience; mais il vous en manque une que, j'espère, vous n'aurez jamais : c'est *la privation du sentiment, avec la douleur de ne s'en pouvoir passer.* » Nous touchons là le point profondément douloureux de cette nature qu'on a crue sèche et qui ne l'était pas. C'est par ce sentiment à la fois d'impuissance et de désir que Mme Du Deffand fait, en quelque sorte, le lien entre le xviiie siècle et le nôtre. Mme de Maintenon aussi s'ennuyait, mais ce n'était pas de même ; c'était plus raisonnablement. Si je ne craignais de commettre un anachronisme de langage, je ne croirais pas en commettre un au moral, en disant qu'il y avait déjà en Mme Du Deffand de ce qui sera *Lélia,* mais Lélia sans aucune phrase.

Elle cherchait donc autour d'elle cette ressource qu'une femme trouve bien rarement en elle-même et en elle seule. Elle cherchait un *autre* ou plutôt elle ne le cherchait plus. Elle l'aurait vainement espéré dans la société où son regard inexorable ne voyait guère qu'une collection de ridicules, de prétentions et de sottises. Les hommes de Lettres de son temps, quand ils s'appelaient Voltaire, Montesquieu ou d'Alembert, l'amusaient assez, mais il n'y avait dans aucun d'eux de quoi pleinement la satisfaire ; leurs atomes et les siens ne s'étaient jamais accrochés qu'à demi. Elle avait eu un vif attrait d'esprit pour l'aimable Mme de Staal (de Launay) qu'elle perdit de bonne heure. Elle avait pourtant un ami vrai, Formont ; un ami d'habitude, le président Hénault, et assez de liaisons du monde pour combler une autre existence moins exigeante ; mais le tout ensemble ne suffisait au plus qu'à distraire la sienne. Dans un voyage de santé qu'elle fit aux eaux de Forges pendant l'été de 1742, elle écrivit plusieurs lettres au président Hénault et en reçut bon nombre de lui. On a cette Correspondance, qui est curieuse par le ton. Mme Du Deffand, à peine arrivée, attend les lettres du président avec une impatience qui ne se peut imaginer, et elle lui déduit les preuves de ce goût qu'elle a pour lui, de peur qu'il n'en ignore : « J'ai vu avec douleur que j'étais aussi susceptible d'ennui que je l'étais jadis ; j'ai seulement compris que la vie que je mène à Paris est encore plus agréable que je ne le pouvais croire, et que je serais infiniment malheureuse s'il m'y fallait renoncer. Concluez de là que vous m'êtes aussi nécessaire que ma propre existence, puisque, tous les jours, je préfère d'être avec vous à être avec tous les gens que je vois : ce n'est pas une douceur que je prétends vous dire, c'est une démonstration géométrique que je prétends vous donner. » A ces douceurs d'un ordre si raisonné, le président répond par des galanteries de sa façon, et qui ne sont pas toutes très-délicates. Il lui donne les nouvelles de la Cour et de ses propres soupers : « Notre souper fut excellent, et, ce qui vous surprendra, nous nous divertîmes. Je vous avoue qu'au sortir de là, si j'avais su où vous trouver, j'aurais été vous chercher; il faisait le plus beau temps du monde, la lune était belle... » On peut juger si M⁰ᵉ Du Deffand le plaisante sur cette *lune;* elle réduit cet éclair de sentiment à sa juste valeur, et, tout en essayant de lui dire quelques paroles aimables, elle livre la clef de sa propre nature au physique et au moral. Ici j'affaiblirai un peu son aveu, et je le traduirai : au physique indifférence, et au moral point de roman (1).

Ajoutez-y une activité dévorante qui ne savait comment se donner le change, et vous commencerez à la comprendre.

Telle elle était à l'âge où expirent les derniers rayons de la jeunesse. C'est une dizaine d'années après, qu'elle sentit graduellement sa vue s'affaiblir, et qu'elle entrevit dans un avenir prochain l'horrible cécité. Poursuivie de cette idée de solitude et d'éternel ennui, elle essaya alors de se donner une compagne dans M¹¹ᵉ de Lespinasse. On sait l'histoire : la jeune demoiselle de compagnie, après quelques années, se brouilla avec sa patronne, et lui enleva toute une partie de sa société

---

(1) J'oserai plus dans une note; elle disait tout net : « *Ni tempérament, ni roman.* »

d'Alembert en tête. La défection fit éclat et partagea la société en deux camps. On prit fait et cause pour ou contre Mlle de Lespinasse; en général, le jeune monde et la littérature, les Encyclopédistes en masse furent pour elle. Ce qu'on peut dire, c'est que l'union ne pouvait guère subsister entre ces deux femmes, y eussent-elles chacune beaucoup mis du leur. Elles avaient l'une et l'autre trop d'esprit, un esprit trop exigeant, et elles étaient de générations trop différentes. Mme Du Deffand représentait le siècle avant Jean-Jacques, avant l'exaltation romanesque; elle avait pour maxime que « le ton de roman est à la passion ce que le cuivre est à l'or. » Et Mlle de Lespinasse était de cette seconde moitié du siècle dans laquelle entrait à toute force le roman. Le divorce, tôt ou tard, devait éclater.

Mme Du Deffand en était là, aveugle, ayant un appartement dans le couvent de Saint-Joseph, rue Saint-Dominique (quelques chambres du même appartement qu'avait occupé autrefois Mme de Montespan, la fondatrice); elle avait soixante-huit ans; elle vivait dans le très-grand monde, comme si elle n'était pas affligée de la plus triste infirmité, l'oubliant tant qu'elle le pouvait, et tâchant de la faire oublier à tous à force d'adresse et d'agrément; se levant tard, faisant de la nuit le jour; donnant à souper chez elle ou allant souper en compagnie, ayant pour société intime le président Hénault, Pont-de-Veyle, le monde des Choiseul dont elle était parente, les maréchales de Luxembourg et de Mirepoix, et d'autres encore dont elle se souciait plus ou moins, lorsque arriva d'Angleterre à Paris, dans l'automne de 1765, un Anglais des plus distingués par l'esprit, Horace Walpole : ce fut le grand événement littéraire et romanesque (pour le coup, c'est bien le mot) de la vie de Mme Du Deffand, celui à qui nous devons sa principale

Correspondance et tout ce qui la fait mieux connaître. Cette vieille aveugle s'éprit à l'instant de l'esprit vif, hardi, délicat et coloré d'Horace Walpole, lequel n'était taillé sur le patron d'aucun de ceux qu'elle voyait depuis cinquante ans. Elle sentit en lui aussitôt et les qualités propres à cet homme si distingué et celles de la race forte à laquelle il appartenait : elle lui en sut gré également; et elle qui n'avait jamais aimé d'amour, qui n'avait eu que des caprices et point de roman; qui, en fait d'amitiés, n'en comptait que trois jusqu'alors sérieuses dans sa vie, celle de Formont et celle de deux femmes, dont l'une encore l'avait trompée; cette moraliste à l'humeur satirique devint tout d'un coup tendre, émue autant qu'amusée, d'une sollicitude active, passionnée; elle ne s'appartint plus. Bref, aveugle et à soixante-huit ans, elle trouva à placer son cœur, et cette fois (pour la rareté du cas) elle le plaça sur un Anglais, homme recherché, répandu, qui n'avait pas cinquante ans, dont elle aurait pu être la mère, qui devait passer sa vie loin d'elle, et qu'elle embarrassait fort par ses vivacités de tendresse. Tant il est vrai qu'elle était destinée, comme on l'a dit, à être toujours sage en jugement, et à faire toujours des sottises en conduite.

Mais nous, nous ne trouverons pas que c'était une sottise : car c'est le beau côté de Mme Du Deffand, celui qui la relève, qui nous montre que, pour avoir économisé jusque-là sa sensibilité, elle n'en était pas dépourvue, qu'elle était capable de passion même. Enfin, si l'on pardonne à Mme de Sévigné d'avoir aimé follement sa fille, on pardonnera à Mme Du Deffand d'avoir eu pour Walpole cette passion qu'on ne sait comment qualifier, qui lui était entrée par l'esprit dans le cœur, mais qui était fervente, élevée et pure.

La première fois qu'Horace Walpole la vit à Paris, il

en écrivit à l'un de ses amis (6 octobre 1765). Après quelques détails sur ses propres variations d'impressions et d'humeur depuis son arrivée :

« A présent, ajoutait-il, je commence, tout à fait à l'anglaise, à m'octroyer le droit d'être à ma guise. Je ris, je dis ce qui me passe par la tête, et je les force de m'écouter. Il y a deux ou trois maisons où je suis entièrement sur ce pied-là... Je ne paie point tribut à leurs grands auteurs du jour. Chaque femme, ici, en a un ou deux qui ne bougent de chez elle... Le vieux président Hénault est la pagode de chez Mme Du Deffand, une vieille aveugle, une débauchée d'esprit, chez qui j'ai soupé la nuit dernière. Le président est presque tout à fait sourd et a plus que fait son temps. »

En écrivant ainsi, il ne se doutait pas encore que celle qu'il appelait une *débauchée d'esprit* allait se prendre pour lui d'une véritable passion d'esprit, et que cette passion chez elle deviendrait une passion de cœur, la seule peut-être qu'elle ait eue, et qui dura quinze ans, aussi vive le dernier jour que le premier.

« Je viens de regarder d'assez près à cette relation de Walpole et de Mme Du Deffand, et je trouve qu'en général on n'est pas juste envers tous deux. De Walpole on ne veut guère voir que la crainte qu'il avait, dans ce monde moqueur d'alors, d'encourir un ridicule par cette passion affichée de la vieille aveugle : et quant à Mme Du Deffand, nous la jugeons trop comme l'ont fait Grimm, Marmontel, la coterie encyclopédique, à travers laquelle la tradition nous est venue. Nous la jugeons trop, en un mot, comme si nous étions du bord de son ennemie, Mlle de Lespinasse, ou de celui de Mme Geoffrin. Le jugement sérieux, profond, véritable, sur Mme Du Deffand, c'est dans les Lettres de Walpole qu'il le faut chercher; car Walpole, malgré ses rigueurs plus apparentes que réelles, appréciait sa vieille amie à tout son prix et l'admirait extrêmement. Il revint plusieurs fois à Paris exprès pour elle. Dans une lettre adressée au poëte Gray et qu'il écrivait trois mois après celle que j'ai citée (janvier 1766), il disait, en dessinant à ravir les deux figures rivales de Mme Geoffrin et de Mme Du Deffand :

« Sa grande ennemie, Mme Du Deffand, a été un moment maîtresse du Régent; elle est maintenant tout à fait vieille et aveugle; mais elle a gardé toute sa vivacité, saillies, mémoire, jugement, passions et agrément. Elle va à l'Opéra, à la Comédie, aux soupers et à Versailles; elle donne à souper deux fois la semaine; elle se fait lire toutes les nouveautés; elle fait de nouvelles chansons et des épigrammes, en vérité admirables, et se ressouvient de tout ce qu'on a fait en ce genre depuis quatre-vingts ans (1). Elle correspond avec Voltaire, dicte de charmantes lettres à son adresse, le contredit, n'est bigote ni pour lui ni pour personne, et se rit à la fois du Clergé et des philosophes. Dans la discussion où elle incline aisément, elle est pleine de chaleur, et pourtant elle n'a presque jamais tort. Son jugement sur chaque sujet est aussi juste que possible : sur chaque point de conduite elle se trompe autant qu'on le peut; car elle est tout amour et tout aversion, passionnée pour ses amis jusqu'à l'enthousiasme, s'inquiétant toujours qu'on l'aime, qu'on s'occupe d'elle, et violente ennemie, mais franche. »

D'après ce premier portrait auquel Walpole ajoutera encore plus d'un coup de pinceau, on peut déjà voir une Mme Du Deffand bien autrement vive et animée qu'on ne s'est plu à nous la peindre d'ordinaire.

Walpole quitte Paris le 17 avril 1766, après un séjour de sept mois, et Mme Du Deffand lui écrit dès le 19. Il

---

(1) On cite un couplet d'elle sur son ami le duc de Choiseul. Elle avait autrefois fait une parodie de la tragédie d'*Inès de Castro* sur l'air de *Mirliton*. Dans un temps où Mme de Prye et elle étaient encore jeunes, elles n'avaient rien imaginé de mieux, pour tromper l'ennui, que de s'envoyer tous les matins les couplets satiriques qu'elles composaient l'une contre l'autre. N'oublions pas non plus que Mme Du Deffand était de Bourgogne; elle semble tenir de cette verve du terroir, qui inspira tant de piquants *noëls* aux Piron et aux La Monnoye.

est vrai qu'elle avait déjà reçu une lettre de lui la veille, et cette lettre était surtout pour lui recommander le secret, la prudence. A quoi bon, dira-t-on, tant de prudence? C'est qu'alors il y avait un cabinet noir; on décachetait les lettres, et une lettre trop tendre, trop vive, de la part d'une femme de soixante-dix ans, une telle lettre divulguée pouvait aller au roi, à la Cour, amuser les courtisans, faire composer, sur ce commerce un peu singulier, quelques-uns de ces couplets satiriques comme Mme Du Deffand elle-même en savait si bien faire. Walpole ne se serait pas volontiers accommodé de cela. Mme Du Deffand était plus aguerrie : « On s'est moqué de nous, dites-vous; mais ici on se moque de tout, et l'on n'y pense pas l'instant d'après. » Cette crainte de Walpole revient sans cesse; il modère le plus qu'il peut sa vieille amie; il la raille d'être *romanesque, sentimentale;* il la pique en la taxant de métaphysique, ce qu'elle abhorre le plus. Elle lui répond avec colère, avec soumission, avec sentiment. Elle est ingénieuse à revenir sans cesse sur ce qu'il lui défend, sur cette pensée constante qui n'est que vers lui. S'il est malade, s'il n'écrit pas assez souvent, elle le menace agréablement des plus violentes extrémités:

« Remarquez bien, dit-elle, que ce ne sont point des lettres que j'exige, mais de simples bulletins : si vous me refusez cette complaisance, aussitôt je dirai à Viart (*son secrétaire*) : Partez, prenez vos bottes, allez à tire-d'aile à Londres, publiez dans toutes les rues que vous y arrivez de ma part, que vous avez ordre de résider auprès d'Horace Walpole, qu'il est mon tuteur, que je suis sa pupille, que j'ai pour lui une passion effrénée, et que peut-être j'arriverai incessamment moi-même; que je m'établirai à Strawberry-Hill, et qu'il n'y a point de scandale que je ne sois prête à donner.

« Ah! mon tuteur, prenez vite un flacon, vous êtes prêt à vous évanouir; voilà pourtant ce qui vous arrivera, si je n'ai pas de vos nouvelles deux fois la semaine. »

Ici elle se moque. D'autres fois elle est triste, amère, et jette sur la vie un coup d'œil désespéré :

« Ah ! mon Dieu ! que vous avez bien raison ! l'abominable, la détestable chose que l'amitié ! par où vient-elle ? à quoi mène-t-elle ? sur quoi est-elle fondée ? quel bien en peut-on attendre ou espérer ? Ce que vous m'avez dit est vrai ; mais pourquoi sommes-nous sur terre, et surtout pourquoi vieillit-on ?... J'admirais hier au soir la nombreuse compagnie qui était chez moi ; hommes et femmes me paraissaient des machines à ressort qui allaient, venaient, parlaient, riaient, sans penser, sans réfléchir, sans sentir ; chacun jouait son rôle par habitude : Mme la duchesse d'Aiguillon crevait de rire ; Mme de Forcalquier dédaignait tout ; Mme de La Vallière jabotait sur tout. Les hommes ne jouaient pas de meilleurs rôles, et moi j'étais abîmée dans les réflexions les plus noires : je pensais que j'avais passé ma vie dans les illusions ; que je m'étais creusé moi-même tous les abîmes dans lesquels j'étais tombée ; que tous mes jugements avaient été faux et téméraires, et toujours trop précipités, et qu'enfin je n'avais parfaitement bien connu personne ; que je n'en avais pas été connue non plus, et que peut-être je ne me connaissais pas moi-même. On désire un appui, on se laisse charmer par l'espérance de l'avoir trouvé ; c'est un songe que les circonstances dissipent et sur qui elles font l'effet du réveil. »

On a les deux tons. Ce dernier ton, c'est-à-dire l'accent pénétrant et sérieux, qui va au fond de tout, n'est point rare dans ces Lettres de Mme Du Deffand. Walpole, en bon Anglais qu'il est malgré ses traits d'esprit à la française, lui a fait lire Shakspeare ; elle l'a aussitôt goûté, elle s'est récriée comme à la découverte d'un monde nouveau : « Oh ! j'admire votre Shakspeare. Je lus hier *Othello*, je viens de lire *Henri VI* ; je ne puis vous exprimer quel effet m'ont fait ces pièces, elles m'ont ressuscitée. » Elle aussi, à sa manière, elle a sa vue du fond comme Shakspeare, et sa Lettre LXIVe est ce que j'appelle chez elle son monologue d'Hamlet. J'engage les curieux à relire le passage qui commence par ces mots : « Dites-moi pourquoi, détestant la vie, je redoute la mort... » et qui finit par ces mots : « J'avoue qu'un rêve vaudrait mieux. » Un critique anglais, au moment où les Lettres parurent à Londres, remarquait avec justesse que Mᵐᵉ Du Deffand semble avoir combiné dans la trempe de son esprit quelque chose des qualités des deux nations, le tour d'agrément et la légèreté de l'une avec la hardiesse et le jugement vigoureux de l'autre.

Ce qu'elle avait aimé tout d'abord dans Walpole, c'était sa liberté de penser et de juger. Elle aimait le vrai avant tout, et qu'on fût bien soi-même. Le goût de son temps l'excédait : « Ce qu'on appelle aujourd'hui éloquence m'est devenu si odieux, que j'y préférerais le langage des halles ; à force de rechercher l'esprit, on l'étouffe. » Ses jugements littéraires, qui durent paraître d'une excessive sévérité dans le moment, se trouvent presque tous confirmés aujourd'hui. « Ce Saint-Lambert, dit-elle, est un esprit froid, fade et faux ; il croit regorger d'idées, et c'est la stérilité même. » Ce qu'elle dit là de Saint-Lambert, elle le disait, sauf variantes, de bien d'autres. Comme elle choisit dans Voltaire ! comme elle distingue en lui le bon à travers le médiocre, ce qui est de source d'avec le *rabâchage!* Elle fait de même chez Jean-Jacques : « Ne sachant que lire, j'ai repris l'*Héloïse* de Rousseau ; il y a des endroits fort bons, mais ils sont noyés dans un océan d'éloquence verbiageuse. » Sur Racine, sur Corneille, elle a des jugements sains et droits. Il n'y a qu'un seul ouvrage qu'elle voudrait avoir fait, un seul, parce qu'il lui paraît, à tous égards, avoir atteint la perfection, et cet ouvrage est *Athalie*. On a dit d'elle qu'en fait de lectures, *elle ne s'était jamais rien refusé que le nécessaire.* C'est un mot spirituel, mais léger. Sans doute elle n'avait pas eu de fonds de lecture régulière, systématique. Comme on ne lui avait pas dit d'avance ce qu'il fallait admirer, elle n'avait que son avis net, son instinct franc et lumineux; d'ordinaire il la guidait bien.

« Vous autres Anglais, disait-elle à Walpole, vous ne vous soumettez à aucune règle, à aucune méthode ; vous laissez croître le génie sans le contraindre à prendre telle ou telle forme; vous auriez tout l'esprit que vous avez, si personne n'en avait eu avant vous. Oh! nous ne sommes pas comme cela; nous avons des livres; les uns sont *l'art de penser;* d'autres *l'art de parler, d'écrire, de comparer, de juger,* etc. »

Mais si elle a l'air ici de flatter Walpole et d'épouser le goût de sa nation, elle ne le complimente pas toujours, et sait au besoin lui résister. Elle tient bon pour Montaigne, qu'il ne goûtait pas; elle s'en étonne, elle lui oppose ses raisons en maint endroit:

« Je suis bien sûre que vous vous accoutumerez à Montaigne ; on y trouve tout ce qu'on a jamais pensé, et nul style n'est aussi énergique; il n'enseigne rien, parce qu'il ne décide de rien ; c'est l'opposé du dogmatisme : il est vain, — eh! tous les hommes ne le sont-ils pas? et ceux qui paraissent modestes ne sont-ils pas doublement vains? Le *je* et le *moi* sont à chaque ligne; mais quelles sont les connaissances qu'on peut avoir, si ce n'est par le *je* et le *moi?* Allez, allez, mon tuteur, c'est le seul bon philosophe et le seul bon métaphysicien qu'il y ait jamais eu. »

Et dans un autre passage charmant où elle le compare à Walpole dans son manoir de Strawberry-Hill, elle conclut : « Allez, allez, Horace ressemble plus à Michel qu'il ne croit. » Ce qu'elle aime aussi dans Montaigne, c'est qu'il avait un ami et qu'il croyait à l'amitié. Ainsi cette personne, incrédule à tout, dans l'extrême vieillesse était arrivée à croire à quelque chose, et c'est pour cela qu'il lui sera beaucoup pardonné.

Mme de Sévigné était alors très en vogue dans la société; on lisait le recueil de ses Lettres, assez récemment publié; on s'en prêtait d'inédites sur le procès de Fouquet. Horace Walpole raffolait d'elle et ne l'appelait que *Notre-Dame-de-Livry*. Oh! que de fois Mme Du Deffand, pour lui plaire, envia le style de cette *sainte de Livry!* « Mais gardez-vous bien de l'imiter! lui disait Walpole; votre style est à vous, comme le sien est à elle. » Mme de Sévigné, d'ailleurs, est parfaitement jugée par Mme Du Deffand, ainsi que son cousin Bussy. Mme de Maintenon n'est pas moins saisie au naturel : « Je persiste à trouver que cette femme n'était point fausse, mais elle était sèche, austère, insensible, sans passion... » Tout ce portrait de Mme de Maintenon est à lire chez Mme Du Deffand, et reste le plus ressemblant de tous ceux qu'on a pu faire. On serait même tenté de le lui appliquer en partie à elle-même dans les conclusions, si Mme Du Deffand, en aimant Walpole, n'avait démenti par ce rajeunissement inespéré son antique renom de sécheresse.

Walpole était un curieux, un amateur, antiquaire, bibliophile, ayant toutes sortes de goûts et peut-être même quelques manies. Mme Du Deffand lui portait envie de ce qu'il ne s'ennuyait jamais dans la solitude; mais, avec son goût sévère, elle ne comprenait pas qu'on aimât pêle-mêle tant de choses, qu'on pût lire à la fois Shakspeare et *la Guerre de Genève* de Voltaire, admirer Mme de Sévigné et se plaire aux romans d'un Crébillon fils. Elle le lui dit. En fait d'histoire pourtant et de Mémoires, elle se félicite d'avoir un rapport de goût avec lui. On me permettra de citer encore ce passage, parce qu'on a accusé Mme Du Deffand de ne point aimer Plutarque, et que je suis sûr que, si elle ne l'a point aimé, c'est qu'elle a découvert un tant soit peu de rhéteur en lui :

« J'aime les noms propres aussi, dit-elle; je ne puis lire que des faits écrits par ceux à qui ils sont arrivés, ou qui en ont été témoins; je veux encore qu'ils soient racontés sans phrases, sans recherche, sans réflexions; que l'auteur ne soit point occupé de bien dire; enfin je veux le ton de la conversation, de la vivacité, de la chaleur, et, par-dessus tout, de la facilité, de la simplicité. Où cela se trouve-t-il? Dans quelques livres qu'on sait par cœur, et qu'on n'imite pas assurément dans le temps présent. »

C'est assez indiquer le côté que j'appelle classique dans le sens élevé du mot chez Mme Du Deffand, celui par lequel elle est en dehors et au-dessus de son siècle. Je n'insisterai pas ici sur les portraits qu'elle a tracés des personnes de sa société. Elle excellait dans le *portrait* et y fixait les ridicules, les sottises, d'une façon pittoresque, ineffaçable. Elle ne voyait volontiers dans les différentes manières d'être que des variétés de la sottise universelle. Du fond de son fauteuil, aveugle qu'elle était, elle voyait tout; elle emploie perpétuellement ce mot *voir;* elle oublie qu'elle n'a plus d'yeux, et on l'oublie en l'écoutant. Elle jugeait même du jeu des acteurs, des actrices, et c'est elle qui a marqué d'un mot le caractère de Mlle Raucourt à ses débuts : « *C'est une démoniaque sans chaleur.* »

J'ai dit qu'Horace Walpole revint d'Angleterre la voir plusieurs fois. Il est curieux de recueillir les impressions de ce spirituel et clairvoyant ami : il se relève dans notre esprit et se fait absoudre de ses petites duretés et froideurs à son égard par la manière dont il parle d'elle à d'autres qu'elle. Il ne rougit point, je vous assure, de parler de sa *chère vieille amie.* A chaque voyage, il la trouve comme rajeunie, et il est bien pour quelque chose dans le miracle.

« A soixante-treize ans, dit-il (7 septembre 1769), elle a le même feu qu'à vingt-trois. Elle fait des couplets, les chante, se ressouvient de tous ceux qu'on a faits. Ayant vécu depuis la plus agréable époque jusqu'à celle qui est la plus raisonneuse, elle unit les bénéfices des deux âges sans leurs défauts, tout ce que l'un avait d'aimable sans la vanité, tout ce que l'autre a de raisonnable sans la morgue. Je l'ai entendue discuter avec toutes sortes de gens sur toutes sortes de sujets, et je ne l'ai jamais trouvée en faute. Elle rabat les savants, redresse les disciples, et trouve le mot pour chacun. Aussi vive d'impressions que Mme de Sévigné (quel éloge dans la bouche de Walpole!), elle n'a aucune de ses préventions, mais un goût plus universel. Avec une machine des plus frêles, son énergie de vitalité l'emporte dans un train de vie qui me tuerait, s'il me fallait rester ici. Si nous revenons à une heure du matin de souper à la campagne, elle vous propose de s'en aller faire un tour aux boulevards ou à la foire, parce qu'il est *de trop bonne heure* pour se coucher. J'eus grand'peine, la nuit dernière, de lui persuader, quoiqu'elle ne fût pas bien, de ne pas rester debout jusqu'à deux ou trois heures pour la comète; car elle avait, à cette intention, fait dire à un astronome d'apporter son télescope chez le président Hénault, dans l'idée que cela m'amuserait. »

Le pauvre président Hénault, on le voit, n'était pas mort; mais, depuis des années, il n'en valait guère mieux, et n'était qu'une ruine. Mme Du Deffand, jusqu'à la fin de sa vie, resta la même, vive, infatigable, d'une *faiblesse herculéenne*, comme disait Walpole. Elle ne dormait plus: elle avait plus que jamais besoin de passer sa nuit dans le monde : « Quand cela nuira à ma santé, disait-elle, ou que cela ne s'accordera pas avec le régime des gens avec qui j'aime à vivre, *je me coucherai à minuit s'il le faut.* » Comme le vieux Venceslas, elle ne voulait s'endormir que le plus tard possible :

Ce que j'ôte à mes nuits, je l'ajoute à mes jours.

Dans un des voyages qu'il fit à Paris (août 1775), Walpole, au débotté, voit arriver à son hôtel Mme Du Deffand; elle assiste à sa toilette, ce qui n'a nul inconvénient, remarque-t-elle, puisqu'elle ne voit rien. Walpole va souper avec elle et ne la quitte qu'à deux heures et demie dans la nuit, et le matin, avant d'avoir les yeux bien ouverts, il avait déjà une lettre à lire de sa part. « Bref, dit-il, son âme est immortelle, et force son corps à lui tenir compagnie. »

Il y a deux traditions sur Mme Du Deffand : la tradition purement française, qui nous est arrivée à travers ceux qu'elle avait jugés si sévèrement, à travers les gens de Lettres et les Encyclopédistes; il y a autre chose encore, la tradition directe et plus vraie, plus intime, et c'est chez Walpole qu'il faut l'aller puiser comme à sa source. On y trouve avec surprise une femme ardente, passionnée, capable de dévouement, et même bonne. « Ah! mon Dieu! la grande et estimable vertu que la bonté! s'écrie-t-elle en un endroit. Je fais tous les jours la résolution d'être bonne, je ne sais si j'y fais des progrès... » Rapprochez de cela, en contraste, un de ces mots terribles comme elle en dit, à la manière de La Rochefoucauld : « Il n'y a pas une seule personne à qui on puisse confier ses peines sans lui donner une maligne joie, et sans s'avilir à ses yeux. » Eh bien! les deux traditions, celle qui la fait insensible, et celle qui la montre passionnée, doivent se combiner pour donner une vue complète. Mais la clef profonde de ce cœur est dans son sentiment pour Walpole. Mme Du Deffand regrette à un certain endroit que Walpole n'ait pas été son *fils*, ce qui eût été possible à la rigueur d'après les âges. Et, en effet, on peut voir dans cette soudaine passion d'une vieillesse stérile une sorte de tendresse maternelle qui n'a jamais eu son objet, et qui tout à coup s'éveille sans savoir son vrai nom. Pour n'en pas être choqué et en saisir l'instinct secret, appelez-la une tendresse d'adoption. Elle aime Walpole comme la plus tendre des mères aurait aimé un fils longtemps perdu et tout à coup retrouvé. Beaucoup de ces passions singulières et bizarres, où la sensibilité s'abuse, ne sont souvent ainsi que des revanches de la nature qui nous punit de n'avoir pas fait les choses simples en leur saison.

Je ne dirai rien des lettres de Mme Du Deffand au point de vue historique, et du jour curieux qu'elles jettent sur la fin de Louis XV et sur les premières années de Louis XVI. Je ne dirai même rien de l'esprit et du ton de sa société qui se perpétua assez fidèlement après elle dans le cercle des Beauvau, et jusque dans le salon de la princesse de Poix sous l'Empire. Je ne veux plus que rappeler une chose, c'est cette dernière lettre si contenue et si touchante qu'elle dicta pour Walpole. Le fidèle secrétaire Viart, qui venait de l'écrire, ne put la relire tout haut à sa maîtresse sans laisser éclater ses sanglots; elle lui dit alors ce mot si profondément triste dans son naïf étonnement : « *Vous m'aimez donc ?* » La plaie de toute sa vie est là, incrédulité et désir. — Elle avait recommandé que son chien *Tonton* fût envoyé à Walpole pour qu'il s'en chargeât après elle. Le fidèle Viart, dans la lettre où il raconte à Walpole les détails de la maladie et de la mort, ajoute en terminant : « Je garderai *Tonton* jusqu'au départ de M. Thomas Walpole; j'en ai le plus grand soin. Il est très-doux; il ne mord personne; il n'était méchant qu'auprès de sa maîtresse. » Or, dans une lettre de Walpole, datée du 4 mai 1781, je lis ces mots : « Le petit chien de ma pauvre chère Mme Du Deffand est arrivé. Elle m'avait fait promettre d'en prendre soin la dernière fois que je la vis; ce que je ferai très-religieusement, et je rendrai la pauvre bête aussi heureuse que possible. » Je n'ai pas voulu faire comme Buffon, et oublier le chien de l'aveugle.

Lundi 18 mars 1850

MÉMOIRES D'OUTRE-TOMBE,

PAR

M. DE CHATEAUBRIAND.

Huit volumes sont déjà recueillis. Quoique la publication des dernières parties continue encore en feuilletons, on peut dire que ces *Mémoires* sont jugés sous cette première forme, et que l'impression du public est faite; mais, comme ouvrage, ils ne sont pas encore jugés définitivement.

Je n'ai pas la prétention de venir ici parler sur ce pied-là, ni de me donner les airs d'un juge en dernier ressort. Un tel office me conviendrait bien moins qu'à personne, ayant été l'un des premiers autrefois à annoncer ces *Mémoires* encore à l'état de confidence. Il est vrai que, lorsque j'en donnais de si favorables aperçus en avril 1834, je ne parlais que de ce que je connaissais et de ce qui était terminé à cette date; mais on avait déjà l'idée de l'ensemble. J'aime mieux dire que, dans le cadre flatteur et sous le demi-jour enchanté où l'on nous dévoilait alors par degrés ces pages naissantes, nos impressions, les miennes comme celles de beaucoup d'autres, étaient jusqu'à un certain point commandées et adoucies par une influence aimable, à laquelle on n'était pas accoutumé de résister. Mᵐᵉ Récamier nous demandait d'être gracieux, et, en vous le demandant, elle vous prêtait de sa grâce. Mais aujourd'hui, après seize années révolues, lorsque nous relisons l'ouvrage imprimé dans toute sa suite, en nous dégageant de tout souvenir complaisant et en nous interrogeant en toute liberté, que pensons-nous?

Ce que je pense? L'année dernière, pendant un séjour que j'ai fait hors de France dans un pays hospitalier, je me suis posé à loisir cette question par rapport non pas seulement aux *Mémoires*, mais à M. de Chateaubriand lui-même. N'étant lié envers sa haute renommée par d'autre sentiment que celui d'un respect et d'une admiration qu'un libre examen a droit de mesurer, j'ai étudié en lui l'homme et l'écrivain avec détail, avec lenteur, et il en est résulté tout un livre que j'aurais déjà mis en état de paraître, si je ne causais ici beaucoup trop souvent. Je me bornerai en ce moment à donner mon impression finale sur les *Mémoires*.

La vérité est qu'ils ont très-peu réussi, aussi peu réussi que possible, et qu'ils ont causé un immense désappointement. On en avait tant parlé à l'avance, on en avait tellement célébré les parties charmantes, tellement voilé les faiblesses ou les rudesses disgracieuses, que le public savait les unes et n'a été que plus vivement choqué des autres. Cette publication morcelée, tombant en plein carrefour au lendemain d'une révolution, et dans des conditions si différentes de celles où elle s'était de longue main préparée avec mystère, eut lieu bientôt en concurrence d'une autre publication du même genre, *les Confidences* de M. de Lamartine, dans lesquelles les qualités, les défauts même avaient la séduction d'une plus jeune, plus fraîche, et toujours facile et coulante manière. Et puis, si l'on va au fond, le public n'a pas été trompé sur un point capital : il n'a pas, je le crois, été assez frappé du talent, mais il a senti, à travers ce récit où tant de tons se croisent et se heurtent, une opiniâtre personnalité, une vanité persistante et amère qui, à la longue, devient presque un tic. S'il est des vanités qu'on excuse et qui trouvent grâce par leur air bienveillant et naturel, celle-ci était trop peu indulgente et trop aiguë pour se faire pardonner insensiblement; et comme, dans ces sortes d'ouvrages, c'est bien plutôt le caractère et la personne qu'on juge que le talent de l'artiste, le public a reçu au total une impression désagréable; sans faire bien exactement la double part du talent et du caractère, après quelques semaines d'hésitation et de lutte, il a dit de ces *Mémoires* en masse : « Je ne les aime pas. »

Ils sont peu aimables en effet, et là est le grand défaut. Car pour le talent, au milieu des veines de mauvais goût et des abus de toute sorte, comme il s'en trouve d'ailleurs dans presque tous les écrits de M. de Chateaubriand, on y sent à bien des pages le trait du maître, la griffe du vieux lion, des élévations soudaines à côté de bizarres puérilités, et des passages d'une grâce, d'une suavité magique, où se reconnaissent la touche et l'accent de l'enchanteur.

Figurons-nous bien ce qu'était M. de Chateaubriand à ses débuts, avant cette espèce de renom classique que l'âge lui a fait. Avez-vous relu depuis longtemps l'*Essai sur les Révolutions* et *les Natchez*, ces œuvres de sa jeunesse et qui nous le livrent tel qu'il était jusqu'à près de trente ans? Avez-vous jamais lu la *première* édition d'*Atala*, la *première* édition même du *Génie du Christianisme*? Il y a eu là un Chateaubriand primitif, et, selon moi, le plus vrai en sentiment comme en style, un Chateaubriand d'avant Fontanes, mais qu' offre, avec des beautés uniques, les plus étranges disparates et un luxe de séve, une extravagance de végétation qu'on ne sait comment qualifier. Là, pourtant, fut la souche première dont tout le reste est sorti; la matière toute neuve dont, avec le temps et l'art, il forma sa gloire. La nature l'avait fait ainsi, et il ne ressemblait, par certains côtés essentiels, à nul autre des écrivains qui l'avaient précédé. Dans tous les arts, il s'agit bien moins, au début, de faire mieux que les autres, que de faire autrement, pourvu que cet *autrement* soit, non pas une prétention, mais un don de nature. M. de Chateaubriand avait reçu ce don le plus rare. Mais quand il vint à Paris pour la première fois, de 1788 à 1791, c'est-à-dire de vingt à vingt-trois ans, il ne l'avait pas encore démêlé nettement en lui, et il courait risque d'entrer dans les Lettres par l'imitation. Il lui eût fallu du temps et bien des efforts ensuite pour se dégager. La Révolution le sauva : en le rejetant par delà les mers et dans la diversité des exils, elle lui permit de grandir par lui-même, de se développer sur son propre fonds, d'écouter la Muse inconnue dans la solitude, de se reconnaître et de se tremper directement dans les épreuves. Émigré à Londres à l'âge de vingt-six ans, il écrivit ce bizarre *Essai sur les Révolutions*, plus bizarre de forme que d'idées, et où se dessinait déjà tout l'homme. Cet homme primitif a pu se recouvrir ensuite chez M. de Chateaubriand, mais il a persisté sous tous les casques et sous tous les masques; il ne lui a jamais permis depuis de faire aucun rôle, même les rôles les plus sérieux, sans venir bien souvent à la traverse, et sans dire en soulevant la visière : « Je suis dessous, me voilà ! » L'homme des *Mémoires d'Outre-Tombe* ressemble extraordinairement à celui de l'*Essai*, mais il n'y ressemble pourtant qu'avec cette différence que, dans l'intervalle, plus d'un personnage officiel s'est créé en lui, s'est comme ajouté à sa nature, et que même en secouant par moments ces rôles plus ou moins factices, et en ayant l'air d'en faire bon marché, l'auteur des *Mémoires* ne s'en débarrasse jamais complétement. C'est dans cette lutte inextricable entre l'homme naturel et les personnages solennels, dans ce conflit des deux ou trois natures compliquées en lui, qu'il faut chercher en grande partie le désaccord d'impression et de peu d'agrément de cette œuvre bigarrée, où le talent d'ailleurs a mis sa marque.

En fait de style, M. de Chateaubriand, comme tous les grands artistes, a eu plusieurs manières. On est assez généralement convenu de placer la perfection de sa manière littéraire à l'époque des *Martyrs* et de l'*Itinéraire* (1809-1811), et la perfection de sa manière politique à l'époque de sa polémique contre M. de Villèle au *Journal des Débats* (1824-1827); mais, tout en adhérant à cette vue juste, n'oublions point par combien de jugements confidentiels, de révisions et d'épurations successives durent passer *les Martyrs* pour atteindre à cette pureté de forme que nous leur voyons. N'oublions pas non plus que, de même qu'en sa période littéraire M. de Chateaubriand eut Fontanes pour conseiller assidu et fidèle, il eut, pour sa polémique politique aux *Débats*, un ami, homme de goût, et sévère également, M. Bertin l'aîné, qui se permettait de retrancher à chaque article ce qu'il ne croyait pas bon, sans que l'auteur (chose rare) s'en plaignît jamais ou même s'en informât. Car, disons-le à sa louange, M. de Chateaubriand, avec cette facilité qui tient à une forte et féconde nature toujours prête à récidiver, ne s'acharnait pas du tout à ses phrases quand un ami sûr y relevait des défauts. Ainsi, pour ses articles des *Débats*, les belles choses restaient, et les mauvaises disparaissaient d'un trait de plume. Que si nous prenons d'autres écrits de M. de Chateaubriand, d'une date très-rapprochée de celle qu'on répute la meilleure, par exemple les *Mémoires sur le Duc de Berry*, ou encore les *Études historiques*, nous y retrouvons toutes les fautes de mesure et de goût qu'on peut imaginer : c'est que l'Aristarque ici lui a manqué. Ceci est pour dire qu'à aucun moment le goût de M. de Chateaubriand n'a été très-mûr et tout à fait sûr, bien que, dans un temps, à juger par quelques-uns de ses écrits, il ait paru tel. Il n'y a donc rien d'étonnant si, dans les *Mémoires d'Outre-Tombe*, on retrouve de ces premiers défauts qui étaient en lui et auxquels il dut revenir encore plus volontiers avec l'âge.

La première partie des *Mémoires*, celle qui offre la peinture des jours d'enfance et d'adolescence, se rapporte pourtant, par la date de composition, à la plus heureuse époque de la maturité de M. de Chateaubriand, à cette année 1811 dans laquelle il publia l'*Itinéraire*. Aussi, cette partie est-elle de beaucoup la plus légère de touche et la plus pure, et j'ose dire qu'elle le paraîtrait plus encore s'il n'y avait fait mainte fois des surcharges en vieillissant. A partir de 1837 environ, sa main se gâta ; ses coups de pinceau devinrent plus heurtés, plus brisés dans leur énergie dernière. Il y avait toujours en lui des reflets et des parfums retrouvés de la Grèce, mais le vieux Celte aussi reparaissait plus souvent ; et, pour appliquer ici le nom d'un écrivain qu'il cite quelquefois et qui exprime l'extrême recherche dans l'extrême décadence, on dirait que, dans les parties dernières de sa composition, il soit entré du Sidoine Apollinaire, tant l'œuvre semble subtile et martelée ! On pourrait affirmer, à la simple vue, que certaines pages, qui portent la date de 1822, ont reçu une couche de 1837.

Mais c'est l'impression morale qui, dans le jugement public, l'a emporté de beaucoup sur l'effet du style. Je dirai tout d'abord un des plus graves inconvénients, et que l'auteur lui-même a senti. « Si j'étais encore maître de ces *Mémoires,* écrit-il dans la préface, ou je les garderais en manuscrit, ou j'en retarderais l'apparition de cinquante années. » En se mettant, en effet, dans l'obligation de laisser publier, le lendemain de sa mort, des *Mémoires* où tant d'hommes vivants sont jugés, et le sont en général sans aucune indulgence, tandis qu'il se donne toujours à lui-même le beau rôle, M. de Chateaubriand s'est exposé à des représailles sévères. Homme passionné et vindicatif en politique, il a trop dit des uns, il a trop peu dit des autres. Ses *Mémoires,* dans leur partie politique, n'ont pas pris le temps de se calmer, de cuver leur rancune, pour ainsi dire, et d'attendre au moins, pour paraître, la parfaite tiédeur de l'avenir : ils ont gardé de la colère et de la flamme du pamphlet. Il est tel homme honorable et respectable qui a pu avoir ses faiblesses en politique (et qui donc, sous une forme ou sous une autre, ne les a pas eues?), il est, dis-je, tel homme vénérable par ses vertus, qui se trouve traité, dans les *Mémoires d'Outre-Tombe,* avec indignité et mépris. On se demande, en lisant ces passages, de quel droit un homme vivant hier, et qui n'aurait pas ainsi parlé en face, s'est cru le droit de décocher ces traits sanglants aujourd'hui, uniquement parce qu'il s'est abrité derrière la tombe? Mais c'est à la partie politique que s'adresse surtout ce reproche, et j'ai plutôt en vue, pour le moment, la partie littéraire, celle qui s'étend jusqu'en 1814.

Les hommes de Lettres, en général, n'y sont pas mieux traités que les hommes politiques ne le sont dans la seconde partie, mais au moins ceux-là sont morts, et il ne resterait qu'à examiner si la sentence est juste. Sur Bernardin de Saint-Pierre, par exemple, on lit : « Un homme dont j'admirais et dont j'admire toujours le pinceau, Bernardin de Saint-Pierre, manquait d'esprit, et malheureusement son caractère était au niveau de son esprit. Que de tableaux sont gâtés dans les *Études de la Nature* par la borne de l'intelligence et par le défaut d'élévation d'âme de l'écrivain ! » En accordant ce qu'on voudra sur le peu de caractère de Bernardin de Saint-Pierre, il est tout à fait injuste et faux de dire que cet écrivain manquait d'*élévation d'âme*. Ses tableaux, au contraire, attestent à chaque page cette élévation naturelle que l'écrivain retrouvait dès qu'il rentrait dans ses instincts contemplatifs et solitaires. Rousseau n'a pas été mieux traité en maint endroit qu'on pourrait citer. Dans un chapitre intitulé *Des Gens de Lettres en* 89, on trouve sur Ginguené et sur Chamfort des portraits piquants et qui sont tracés avec tant de saillie, que, si on ne les contredit à temps, ils ont chance de vivre et d'emporter ainsi leurs victimes à la postérité. Mais ces portraits sont faux et en partie calomnieux. Pour le prouver, il suffirait d'opposer à M. de Chateaubriand lui-même ses propres souvenirs et ses témoignages, qu'il a consignés dans le livre de l'*Essai*, publié en 1797. Chamfort, à cette époque, n'était déjà plus ; l'auteur de l'*Essai* parle de lui avec les souvenirs les plus présents et avec un accent presque affectueux : « Je l'ai souvent vu, dit-il, chez M. Ginguené, et plus d'une fois il m'a fait passer d'*heureux moments*, lorsqu'il *consentait*, avec une petite société choisie, à accepter un souper dans ma famille. Nous l'écoutions avec ce *plaisir respectueux* qu'on sent à entendre un homme de Lettres supérieur. » Et après un portrait au physique et au moral des plus vivants : « Sa voix était flexible, ajoutait-il, ses modulations suivaient les mouvements de son âme; mais, dans les derniers temps de mon séjour à Paris, elle avait pris de l'aspérité, et on y démêlait l'accent agité et impérieux des factions. *Je me suis toujours étonné qu'un homme qui avait tant de connaissance des hommes, eût pu épouser si chaudement une cause quelconque.* » Ce dernier aveu, pour nous, est précieux, et nous retrouvons perpétuellement dans les *Mémoires* cette même indifférence qui était sincère dans l'*Essai*, mais qui, dans les *Mémoires*, est plutôt de la prétention à l'indifférence : « En dernier résultat, *tout m'étant égal,* je n'insistais pas, dit-il quelque part. En politique, la chaleur de mes opinions n'a jamais excédé la longueur de mon discours ou de ma brochure. » Mais alors, si tout vous est indifférent, pourquoi *épouser si chaudement une cause quelconque?* Nous touchons là à ces contradictions dont j'ai parlé, et qui sont pour beaucoup dans l'effet discordant des *Mémoires.*

Je reviens aux divers jugements littéraires qu'on y rencontre. Si M. de Chateaubriand ne traite pas mieux ses parents poétiques, Jean-Jacques et Bernardin de Saint-Pierre, il n'a guère plus d'indulgence pour sa propre postérité, pour ses propres enfants en littérature. Il faut voir comme il se moque de ces jeunes novateurs auxquels il a communiqué, dit-il, la maladie dont il était atteint. « Épouvanté, j'ai beau crier à mes enfants: *N'oubliez pas le français!* » Et voilà qu'il tourne ces malheureux enfants en caricature. Il n'a pas assez de raillerie pour la race des Renés qui sont sortis de lui; il est allé jusqu'à écrire : « Si *René* n'existait pas, je ne l'écrirais plus; s'il m'était possible de le détruire, je le détruirais. Une famille de Renés poëtes et de Renés prosateurs a pullulé; on n'a plus entendu que des phrases lamentables et décousues... » Évidemment René ne voulait pas avoir d'enfants, et, s'il avait pu, il aurait voulu (en littérature) ne pas avoir de père.

Au sujet de Byron, au sujet de Mme de Staël, M. de Chateaubriand introduit dans ses *Mémoires* de singulières contestations et qui sont affectées de perpétuels oublis. Il reproche à Byron de l'avoir imité sans le nommer et sans lui en faire honneur; il ajoute que, dans sa propre jeunesse, le *Werther* de Goethe, les *Rêveries* de Rousseau ont pu s'apparenter avec ses idées : mais moi, dit-il, « je n'ai rien caché, rien dissimulé du plaisir que me causaient des ouvrages où je me délectais. » Il oublie ici ce qu'il a fait lui-même; car, loin d'avouer ces génies parents du sien, il les a reniés au contraire tant qu'il a pu, et, dans la *Défense* qu'il fit autrefois du *Génie du Christianisme* et de *René*, il écrivait : « C'est J.-J. Rousseau qui introduisit le premier parmi nous ces rêveries si désastreuses et si coupables... Le roman de *Werther* a développé depuis ce germe de poison. L'auteur du *Génie du Christianisme*, obligé de faire entrer dans le cadre de son apologie quelques tableaux pour l'imagination, a voulu dénoncer cette espèce de vice nouveau, et peindre les funestes conséquences de l'amour outré de la solitude. » C'est de cette façon singulière qu'il rendait hommage à ses parents et devanciers; mais, pour avoir le droit de se plaindre de lord Byron, il l'a oublié parfaitement.

Ces oublis sont perpétuels dans les *Mémoires*, et ils tournent toujours au profit de l'amour-propre de l'auteur. Mais, à l'égard de Mme de Staël, l'oubli est poussé à un degré plus incroyable et qui passe tout. Il faut se rappeler que Mme de Staël avait publié, en 1800, un ouvrage ur *la Littérature considérée dans ses rapports avec la Société*. Dans ce livre elle ne nommait pas M. de Chateaubriand, par la raison très-simple que M. de Chateaubriand était alors parfaitement inconnu et qu'il n'avait rien publié en France à cette date, *Atala* ne devant paraître qu'en 1801, et le *Génie du Christianisme* en 1802. Or, M. de Chateaubriand, encore inconnu, fit son entrée dans la littérature en insérant au *Mercure* un article sous forme de lettre, par lequel il attaquait précisément Mme de Staël et son livre. Eh bien! l'auteur des *Mémoires d'Outre-Tombe* a si bien oublié cela, que, dans ce chapitre où il reproche à Byron de ne l'avoir jamais nommé, il ajoute : « Point d'intelligence, si favorisée qu'elle soit, qui n'ait ses susceptibilités, ses défiances : on veut garder le sceptre, on craint de le partager, on s'irrite des comparaisons. Ainsi un *autre talent supérieur* a évité mon nom dans un ouvrage sur *la Littérature*. Grâce à Dieu, m'estimant à ma juste valeur, je n'ai jamais prétendu à l'empire... » Ce *talent supérieur*, c'est Mme de Staël qui se trouve traduite ici comme coupable (le croirait-on?) de n'avoir pas nommé M. de Chateaubriand dans ce livre publié avant que M. de Chateaubriand fût connu, dans ce livre que M. de Chateaubriand a commencé lui-même par attaquer afin de se faire connaître. On n'en revient pas, et c'est à ne pas croire à de pareilles absences. Les remarques que je fais là sur le chapitre purement littéraire, on les appliquerait également à toutes les parties du livre. Partout se révèle et perce un amour-propre presque puéril, qui en toutes choses se préfère naïvement aux autres, qui se donne le beau rôle en le leur refusant, qui se pose en victime et tranche du généreux. Cette lèpre de vanité traverse en tous sens ces *Mémoires*, et vient gâter et compromettre les parties élevées et nobles du talent. Nous autres littérateurs, en entendant d'abord ces lectures, séduits par les beaux morceaux, nous n'avions pas été assez sensibles à ce défaut capital; mais le public, moins attentif à la main-d'œuvre et aux détails, ne s'y est pas trompé, et il n'a pas agréé l'homme à travers l'écrivain. Plus l'un lui avait été donné comme grand, plus il a trouvé l'autre petit.

L'inconvénient capital de ces *Mémoires* est qu'on ne sait pas nettement à qui l'on a affaire en les lisant. Est-ce un homme de bonne foi, revenu de tout, un acteur retiré de la scène, qui cause et de lui et des autres, qui dit le bien et le mal, et nous découvre le secret de la comédie? Est-ce un acteur encore en scène, qui continue avec hauteur et dignité un rôle de théâtre? Il y a de l'un et il y a de l'autre. Le masque est en partie tombé; mais l'auteur, à chaque moment, le reprend et se le rajuste sur le visage, et, tout en le reprenant, il s'en moque et veut faire comme s'il ne le mettait pas. A travers cette contradiction de mouvements, il se dessine lui-même et se trahit dans sa nature secrète, mais il se fait connaître par le côté où il s'y attendait le moins, et on ne lui en sait pas gré.

Et par exemple, est-ce un homme revenu des préjugés de noblesse et de sang qui nous parle? Est-ce un gentilhomme sincèrement converti à l'égalité démocratique des mœurs modernes? Mais il commence par nous déployer en plusieurs pages, au moment de sa naissance, ses parchemins et titres d'antique noblesse; il est vrai qu'après cet exposé généalogique il ajoute : « A la vue de mes parchemins, il ne tiendrait qu'à moi, si j'héritais de l'infatuation de mon père et de mon frère, de me croire cadet des ducs de Bretagne... » Mais, en ce moment, que faites-vous donc, sinon de cumuler un reste de cette *infatuation* (comme vous dites) avec la prétention d'en être guéri? C'est là une prétention double, et au moins l'infatuation dont vous taxez votre père et votre frère était plus simple.

Est-ce un émigré complétement guéri des préjugés de l'émigration à qui nous avons affaire, et qui, en nous parlant de sa campagne de 92 pour les princes, la juge philosophiquement? On serait tenté un moment de le croire, et même M. de Chateaubriand va, selon moi, trop loin quand il dit : « Nous étions bien *stupides* sans doute, mais du moins nous avions notre rapière au vent... » Cependant je tourne la page, et je vois qu'il semble prendre fait et cause pour l'émigration : « On crie maintenant contre les émigrés, dit-il; à l'époque dont je parle, on s'en tenait aux vieux exemples, et l'honneur comptait autant que la patrie. » Encore un coup, avons-nous affaire à l'émigré convaincu et resté croyant à son droit, ou à l'émigré qui s'appelle lui-même *stupide*, et qui a l'air de se moquer de tout ce qu'il a enduré alors *pour la plus grande gloire de la monarchie?* Entre ces deux inspirations, pour nous intéresser vraiment, il faudrait choisir.

Je dirai la même chose du royaliste en général, chez M. de Chateaubriand. Est-ce l'homme resté fidèle à ses affections du passé, qui nous parle en maint endroit de ces *Mémoires*, ou l'homme qui ne tient à son parti que par point d'honneur, et tout en trouvant *bête* (c'est son mot) l'objet de sa fidélité, et en le lui disant bien haut? La contradiction de même est là, et elle se fait sentir dans l'impression générale.

Et le chrétien! où est-il, et sommes-nous bien sûrs de l'avoir rencontré en M. de Chateaubriand, et de le tenir? Il est vrai qu'il répète sans cesse : « Comme je ne crois à rien, *excepté en religion*... » Mais cette espèce de parenthèse, qui revient à tout propos et hors de propos, est trop facile à retrancher, et, si on la retranche, que découvre-t-on? « Religion à part, dit M. de Chateaubriand (en un endroit où il parle de l'ivresse et de la folie), le bonheur est de s'ignorer et d'arriver à la mort sans avoir senti la vie. » Le plus souvent en effet, si l'on retranche cette parenthèse de religion qui est là comme pour la forme, on retrouve en M. de Chateaubriand tantôt une imagination sombre et sinistre comme celle d'Hamlet, et qui porte le doute, la désolation autour d'elle, tantôt une imagination épicurienne et toute grecque, qui se complaît aux plus voluptueux tableaux, et qui ira, en vieillissant, jusqu'à mêler les images de Taglioni avec les austérités de Rancé.

A un endroit, parlant de la mort de La Harpe qui, malgré ses défauts bien connus, se convertit avant l'heure suprême, il lui est échappé de dire : « *Il n'a pas manqué sa fin*, je le vis mourir chrétien courageux. » C'est ainsi qu'il aurait dit de l'auteur dramatique : « Il n'a pas manqué son cinquième acte. » De tels mots, lâchés par mégarde, donnent fort à penser. Il y a de ces mots déterminants, dit Pascal, et qui font juger de l'esprit d'un homme.

Un jour, se souvenant que son poëme des *Martyrs* avait été critiqué au point de vue de l'orthodoxie, il lui est échappé, dans un accès d'amour-propre, de dire des chrétiens ce qu'il a dit si souvent des rois : « Et ne voilà-t-il pas que les chrétiens de France, *à qui j'avais rendu de si grands services en relevant leurs autels*, s'avisèrent *bêtement* de se scandaliser !... » Cela se lit dans les *Mémoires*, et l'on se demande où un tel accès d'irritation, s'il se prolongeait, pourrait conduire. La seule chose que je veuille ici conclure, c'est que ces contradictions de sentiments déplaisent et déroutent. On avait bien essayé, dans le temps, d'y saisir, à défaut d'autre lien, je ne sais quelle unité poétique que nous appelions *l'unité d'artiste*, et qui embrassait en elle toutes les contradictions, qui les rassemblait comme en un superbe faisceau. Mais le public n'a pas donné dans ces vues artificielles. Ce qui reste évident pour lui, c'est qu'on ne sent nulle part l'unité de l'homme ni le vrai d'une nature; et, à la longue, ce désaccord devient insupportable dans une lecture de Mémoires.

Le poëte Gray a dit des Mémoires en général « que, si on voulait se contenter d'écrire exactement ce qu'on a vu, sans apprêt, sans ornement, sans chercher à briller, on aurait plus de lecteurs que les meilleurs auteurs. » Écrire de cette sorte ce qu'on a vu et ce qu'on a senti, ce serait, en effet, laisser un de ces livres simples et rares comme on en compte à peine quelques-uns. Mais il faudrait, pour cela, se dépouiller de toute affectation personnelle, de toute prétention, et n'avoir point en partage une de ces imaginations impérieuses, toutes-puissantes, qui, bon gré mal gré, se substituent, dans bien des cas, à la sensibilité, au jugement, et même à la mémoire. Or, une telle imagination est précisément le don et la gloire de M. de Chateaubriand; il est curieux de voir combien, à ce miroir brillant, il s'est inexactement souvenu de ses propres impressions antérieures, et comme il leur a substitué, sans trop le vouloir, des impressions de fraîche date et toutes récentes. Ceux qui ont eu entre les mains des lettres de lui, datées de ces temps anciens, et dans lesquelles il racontait ce qu'il sentait alors, ont pu comparer ce qu'il y disait avec ce qu'il a dit depuis dans ses *Mémoires :* rien ne se ressemble moins. Je n'en indiquerai qu'un tout petit exemple. En 1802, étant allé pour affaire à Avignon, il fit une excursion jusqu'à Vaucluse, et dans une lettre à Fontanes, datée du 6 novembre 1802, il disait : « J'arrive de Vaucluse; je vous dirai ce que c'est. Cela vaut sa réputation. *Quant à Laure la bégueule et Pétrarque le bel-esprit, ils m'ont gâté la fontaine.* J'ai pensé me

casser le cou en voulant grimper sur une montagne... »
Maintenant lisez dans les *Mémoires* le passage où il raconte ce pèlerinage à la fontaine : Pétrarque et Laure en ont tous les honneurs; ce ne sont que citations de Pétrarque et hymnes à l'amant de Laure : « On entendait dans le lointain les sons du luth de Pétrarque; une *canzone* solitaire, échappée de la tombe, continuait à charmer Vaucluse d'une immortelle mélancolie... » Le crime n'est pas bien grand, mais c'est ainsi que la littérature se met en lieu et place de la vérité première. Ce qu'il a fait là littérairement, il l'a dû faire presque partout pour ces époques anciennes; il a substitué plus ou moins les sentiments qu'il se donnait dans le moment où il écrivait, à ceux qu'il avait réellement au moment qu'il raconte.

Il l'a fait un peu, je le crois, pour les parties romanesques, il l'a fait évidemment pour les parties historiques. Ainsi, dans sa vue rétrospective de la première Révolution et dans les portraits qu'il trace des hommes de 89, il parle non d'après ce qu'il a vu et senti alors, mais d'après ses sentiments au moment de la rédaction.

Et ce ne sont pas seulement les jugements et les sentiments qu'il modifie. Au lieu de retrouver, s'il se peut, et d'exposer simplement ses sensations et impressions d'autrefois, au lieu de les redresser même s'il le juge convenable, il y mêle tout ce qu'il a pu ramasser depuis, et cela fait un cliquetis d'érudition, de rapprochements historiques, de souvenirs personnels et de plaisanteries affectées, dont l'effet est trop souvent étrange quand il n'est pas faux.

Sans pouvoir se démontrer ce plus ou moins de mélange, on le sent pourtant bien un peu en le lisant; on en a une impression confuse; et de même qu'en présence d'un portrait ressemblant dont on n'a jamais vu l'original, on s'écrie : *Que c'est vrai!* on est tenté ici, même en admirant les traits de talent, de s'écrier : « Mais cela n'est pas possible ainsi ! » Un très-bon juge me disait à ce sujet, et je ne puis mieux faire que de rapporter ses paroles : « Quant au fond, M. de Chateaubriand se rappelle sans doute les faits, mais il semble avoir oublié quelque peu les impressions, ou du moins il les change, il y ajoute après coup; il surcharge. Ce sont les gestes d'un jeune homme et les retours d'imagination d'un vieillard, ou, s'il n'était pas vieillard alors qu'il écrivait, d'un homme politique entre deux âges, qui revient à sa jeunesse dans les intervalles de son jeu, de sorte qu'il y a bigarrure, et que par moments l'effet qu'on reçoit est double : c'est vrai et c'est faux à la fois. » On en pourrait dire autant de la plupart des Mémoires nés avant terme et composés en vue d'un effet présent.

Ne me fiant pas entièrement à ma propre impression sur ces *Mémoires d'Outre-Tombe*, j'ai voulu ainsi m'éclairer en consultant l'impression des autres, et j'ai recueilli un certain nombre de ces jugements, qui sont divers, mais dont aucun ne se contredit. La vraie critique à Paris se fait en causant : c'est en allant au scrutin de toutes les opinions, et en dépouillant ce scrutin avec intelligence, que le critique composerait son résultat le plus complet et le plus juste. Voici encore un jugement qui n'est pas de moi, mais que je dérobe à l'un des maîtres d'aujourd'hui :

« Je lis les *Mémoires d'Outre-Tombe*, et je m'impatiente de tant de grandes poses et de draperies. C'est un ouvrage *sans moralité*. Je ne veux pas dire par là qu'il soit immoral, mais je n'y trouve pas cette bonne grosse moralité qu'on aime à lire même au bout d'une fable ou d'un conte de fées. Jusqu'à présent cela ne prouve rien et ne veut rien prouver. L'âme y manque, et moi qui ai tant aimé l'auteur, je me désole de ne pouvoir aimer l'homme. Je ne le connais pas, je ne le devine pas en le lisant, et pourtant il ne se fait pas faute de s'exhiber; mais c'est toujours sous un costume qui n'est point fait pour lui. Quand il est modeste, c'est de manière à vous faire croire qu'il est orgueilleux, et ainsi de tout. On ne sait pas s'il a jamais aimé quelque chose ou quelqu'un, tant son âme se fait vide avec affectation! Cette préoccupation de montrer le contraste de sa misère et de son opulence, de son obscurité et de sa célébrité, me paraît d'une profondeur puérile, presque bête; le mot est lâché. Je lui pardonne d'être injuste, furieux, absurde en parlant de la Révolution, qu'il ne devait pas comprendre dans son ensemble, et dont le détail même n'était pas sous ses yeux. Je lui pardonne d'autant plus que, quand il épanche sa bile, au moins je retrouve sa physionomie de gentilhomme breton, et je sens en lui quelque chose de vivant; mais, le reste du temps, c'est un fantôme; et un fantôme en dix volumes, j'ai peur que ce ne soit un peu long. Et pourtant, malgré l'affectation générale du style, qui répond à celle du caractère, malgré une recherche de fausse simplicité, malgré l'abus du néologisme; malgré tout ce qui me déplaît dans cette œuvre, je retrouve à chaque instant des beautés de forme grandes, simples, fraîches, de certaines pages qui sont du plus grand maître de ce siècle, et qu'aucun de nous, freluquets formés à son école, ne pourrions jamais écrire en faisant de notre mieux. »

Notez, encore une fois, que l'écrivain dont on vient de lire le jugement est un des plus puissants en talent et des plus célèbres de nos jours (1). Par la nature de défauts qu'il démêle si bien dans les *Mémoires* et par les beautés de premier ordre qu'il y relève aussi, il me paraît résumer toute la vérité sur l'ensemble.

C'est surtout en lisant la première partie, si pleine d'intérêt, ces scènes d'intérieur, d'enfance et de première jeunesse, où les impressions, idéalisées sans doute, ne sont pas sophistiquées encore et sont restées sincères, c'est à ce début qu'on sent combien un récit plus simple, plus suivi, moins saccadé, portant avec soi les passages naturellement élevés et touchants, serait d'un grand

(1) C'est tout simplement George Sand, dans une lettre familière.

charme. Mais bientôt une des deux choses vient barrer le plaisir : ou une imagination bizarre et sans goût, ou une énorme et puérile vanité. La vanité d'abord et surtout, inimaginable à ce degré dans un aussi noble esprit, une vanité d'enfant ou de sauvage; une personnalité qui se pique d'être désabusée et qui se fait centre de toute chose, que l'univers englouti n'assouvirait pas, que tout gêne, que Bonaparte surtout importune; qui se compare, chemin faisant, à tout ce qu'elle rencontre de grand pour s'y mesurer et s'y égaler; qui se pose à tout moment cette question, qu'il faudrait laisser agiter aux autres : « *Mes écrits de moins dans le siècle,* qu'aurait-il été sans moi? » qui se pose aussi cette autre question plus coquette et dont la fatuité fait sourire : « Quelque belle femme avait-elle deviné l'invisible présence de René? » qui se croit privilégiée en douleur, en malheur; qui a des étonnements, des attendrissements sur elle-même et sur ses propres fortunes; qui, à chaque chance humaine qui lui arrive, se dit : « Cela n'arrive qu'à moi! » qui, dans ses dépits enfin, trouvera des jactances, des vanteries burlesques, tout à côté de paroles divines! à un endroit, par exemple, où il vient de parler admirablement de la Grèce et de Fénelon, il dira : « Si Napoléon en avait fini avec les rois, il n'en avait pas fini avec moi. » Tout au sortir d'un mot digne de Sophocle, on a une phrase à la Cyrano.

L'imagination aussi vient trop fréquemment chez lui gâter le plaisir, celui même qu'elle nous a fait; une imagination imprévue, bizarre, exorbitante, grandiose certes et enchanteresse souvent, retrouvant à souhait jeunesse et fraîcheur, mais inégale, saccadée, pleine de brusqueries et de cahotements : le vent tout à coup saute, et l'on est à l'autre bout de l'horizon. On a peine, dans bien des cas, à saisir le fil très-léger qui unit l'idée présente à la réminiscence, au souvenir que l'auteur évoque. Il cherche un effet, et il le produit bien des fois, comme aussi il le manque. Une plaisanterie singulière circule dans une grande partie de ces *Mémoires* et s'y accorde toute licence, une sorte de plaisanterie forte d'accent et haute en saveur, mais sans agrément et sans légèreté. La gaieté, chez M. de Chateaubriand, n'a rien de naturel et de doux; c'est une sorte d'*humeur* ou de fantaisie qui se joue sur un fond triste, et le rire crie souvent. L'auteur n'est pas tout bonnement gai, ou du moins il l'est à la manière celtique plus qu'à la française, et sa gaieté, telle qu'il l'exprime, a bientôt l'air forcé et tiré. Elle ne se refuse aucune image rebutante et semble plutôt s'y exciter; les images de charnier même ne lui déplaisent pas; c'est par moments la gaieté du fossoyeur, comme dans la scène d'*Hamlet*.

Il ne serait pas difficile, si l'on avait l'espace, de justifier ces remarques générales par un grand nombre d'exemples; et tout à côté, pour rester dans le vrai, on citerait de ces paroles qui semblent couler d'une lèvre d'or, et qui rappellent l'antique beauté avec le sentiment moderne, c'est-à-dire le genre de beauté propre à M. de Chateaubriand, celle où il est véritablement créateur. Une seule de ces paroles me revient en ce moment; c'est quand, revoyant Venise en 1833, il va promener sa rêverie au Lido, et qu'il y retrouve la mer, *cette patrie qui voyage avec nous:* « J'adressai, dit-il, des paroles d'amour aux vagues, mes fidèles compagnes. Je plongeai mes mains dans la mer; je portai à ma bouche son eau sacrée sans en sentir l'amertume. » Oh! poëte, que nous voudrions pouvoir faire ainsi avec les ondes que vous nous versez! Mais, pour cela, il vous faudrait être un de ces poëtes qui sont larges, simples et profonds comme la nature.

M. de Chateaubriand est seulement le premier écrivain d'imagination qui ouvre le XIXe siècle; à ce titre, il reste jusqu'ici le plus original de tous ceux qui ont suivi, et, je le crois, le plus grand. C'est de lui que viennent comme de leur source les beautés et les défauts que nous retrouvons partout autour de nous, et chez ceux même que nous admirons le plus : il a ouvert la double porte par où sont entrés en foule les bons et les mauvais songes. Il y aurait encore beaucoup à dire sur ces *Mémoires,* en les abordant dans le détail et en les prenant dans leurs diverses parties. J'aurais aimé à parler de l'épisode de Charlotte et du Chateaubriand romanesque : le Chateaubriand politique demanderait aussi une étude à part. Dès aujourd'hui une conclusion me paraît incontestable : entre les divers portraits ou statues qu'il a essayé de donner de lui, M. de Chateaubriand n'a réussi qu'à produire une seule œuvre parfaite, un idéal de lui-même où les qualités avec les défauts nous apparaissent arrêtés à temps et fixés dans une attitude immortelle, — c'est *René.*

Lundi 25 mars 1850.

LETTRES INÉDITES

DE

L'ABBÉ DE CHAULIEU,

PRÉCÉDÉES D'UNE NOTICE

PAR M. LE MARQUIS DE BÉRENGER.

(1850.)

Voici quelques Lettres nouvelles du poëte Chaulieu qu'on vient de publier : elles n'ajouteront pas beaucoup à sa réputation et ne répondent pas tout à fait à l'idée que son renom d'amabilité réveille. Ce n'est pas que je me repente de les avoir lues ; les gens du métier trouvent encore à profiter et à glaner là même où le public plus pressé a moins de quoi se satisfaire. Je remercie donc pour mon compte l'éditeur de ces Lettres du cadeau qu'il nous a fait, tout en me permettant de regretter qu'il n'ait pas entouré cette publication de quelques légers soins de détail qui auraient pu la rendre et plus exacte et plus complète. Après tout, nous remettre en présence de l'abbé de Chaulieu, c'est par cela seul nous procurer une heureuse et agréable rencontre.

Nous sommes déjà si loin de ces temps, que, pour bien juger d'un homme, d'un auteur qui y a vécu, il ne suffit pas toujours de lire ses productions, il faut encore les revoir en place, recomposer l'ensemble de l'époque et l'existence entière du personnage ; en un mot, il faut déjà faire un peu de cette étude et de cet effort qu'on fait pour les anciens. Je l'essaierai ici un moment pour l'abbé de Chaulieu. Il était né à Fontenay-en-Vexin, en 1639, et il ajoute un nom de plus à la liste déjà si brillante des poëtes normands. Saint-Simon, qui conteste la noblesse de tout le monde, a contesté celle de Chaulieu : il l'a qualifié « homme de *fort peu*, mais de beaucoup d'esprit, de quelques lettres, et de force audace. » Dès 1745, l'abbé d'Estrées avait prouvé, sur cette question de généalogie, que la famille des Anfrie, seigneurs de Chaulieu, était d'épée avant d'être de robe (circonstance réputée honorable), et qu'elle servait sur un bon pied du temps de Charles VII. Il paraît qu'elle était originaire d'Angleterre. Quoi qu'il en soit, Guillaume de Chaulieu, le futur abbé, était fils d'un maître des comptes de Rouen. Il vint étudier à Paris, au Collège de Navarre, et s'y lia avec les fils du duc de La Rochefoucauld (l'auteur des *Maximes*), gens d'esprit eux-mêmes. On sait d'ailleurs très-peu de chose sur les premières années de Chaulieu. S'il eût été homme appliqué et d'étude, il était d'âge à percer en plein règne de Louis XIV ; mais, son génie étant tout de hasard et de rencontre, il attendit les dernières années du règne et le commencement du xviiie siècle pour s'épanouir, pour se montrer tout entier lui-même ; on ne se le figure guère se couronnant de fleurs qu'en cheveux blancs, et à l'âge de près de quatre-vingts ans.

Cependant cette longue vie avait dû se passer à bien des choses. Les plaisirs, la société, les tentatives d'ambition et de fortune y furent pour beaucoup. Les Lettres publiées par M. de Bérenger nous montrent Chaulieu à l'âge de trente-six ans (1675), très-lancé dans le meilleur monde, l'intime et le familier des Bouillon, des Vendôme, des Marsillac, et, dans sa première pointe d'ambition, accompagnant M. de Béthune; alors envoyé extraordinaire en Pologne. L'illustre Sobieski venait d'être élu roi de Pologne; il avait pour femme une d'Arquien. Le marquis de Béthune, qui avait épousé une sœur de la nouvelle reine, fut envoyé pour complimenter le roi son beau-frère. Cette idée d'une reine française, simple fille de qualité, cette brusque fortune avait mis les imaginations en éveil. Chaulieu crut y voir jour à une carrière, moyennant l'amitié que lui portait le marquis de Béthune. Durant ce voyage, il écrit à sa belle-sœur Mme de Chaulieu, et lui rend compte des réceptions, des régals, rasades et bombances sans nombre. Il parle des Polonais comme on en parlait alors, c'est-à-dire comme d'une espèce de peuple barbare, à demi asiatique, et chez qui les moindres singularités de mœurs et de costumes intéressent :

« Vous ne sauriez vous faire une idée de la majesté et de la fierté des Polonais, dont ils sont redevables moitié à leur barbe, moitié à leurs grandes robes et à leurs sabres. Je n'ai jamais rien vu qui imprime tant de terreur. Auprès du plus petit, le grand Girard serait un nain. Je vous assure que c'est un agréable spectacle que d'en voir cent avec des vestes de toutes sortes de couleurs, des écharpes de soie tressée où pend un sabre auprès duquel le mien, que l'abbé de Marsillac a tant vanté, serait un canivet (petit couteau). C'est la mode, en ce pays ici, d'avoir des gentilshommes polonais. J'en prends quatre en arrivant à Varsovie. On ne leur donne que quarante sols par semaine pour nourriture, entretien, gages et tout le reste. Je vois bien que ce serait folie de faire venir ici mes gens... Cependant je suis ruiné ici. On ne trouve rien du tout en Pologne. »

A peine arrivé, il accompagne Sobieski dans une expédition en Ukraine :

« Enfin nous partons dans trois jours pour l'armée. C'est dommage que ce ne soit un de nos petits Messieurs (sans doute les jeunes princes de Vendôme) qui fût en état de faire son apprentissage sous le grand Sobieski et cette campagne à ma place. Ils ne sauraient guère avoir de meilleur maître... Il donna audience à l'envoyé des Tartares lundi ; il (l'envoyé) vint l'assurer de l'amitié du khan son maître, et de l'envie qu'il a de ménager une bonne paix entre le Turc et lui. Je vous garde une copie de la lettre qu'il a apportée, pour vous régaler quelque jour d'une pièce d'éloquence à la tartare. »

Ils reviennent bientôt de cette expédition d'Ukraine, l'ambassadeur et lui, *couverts de gloire et de lauriers*, ou plutôt *de boue et de lauriers :*

« Nous avons trouvé ici la reine fort bien revenue de ses dernières maladies, et d'une magnificence d'habits que rien ne peut égaler. Il n'y a rien de plus opposé à l'état où nous sommes revenus d'Ukraine, depuis M. de Béthune jusques au dernier de nous. Nos habits ne vont pas à couvrir la nudité humaine. Il a fallu rester huit jours avec toutes les dames de la Cour en ce déplorable état, parce que nos hardes sont dans le garde-meuble de la reine, à Léopold. Elle y a envoyé aujourd'hui un huissier de sa chambre pour nous tirer de nos guenillons, et parce que M. de Béthune scandalisait souvent, par l'usure de ses habits, toutes les filles d'honneur. »

Ce mélange de luxe et d'indigence perce en plus d'un endroit. A travers la discrétion que s'impose Chaulieu dans sa Correspondance, on entrevoit très-distinctement son but et ses mécomptes. Il avait espéré être nommé Résident ou Chargé d'affaires de Pologne à Paris ; M. de Béthune l'appuyait auprès du roi et de la reine ; mais celle-ci protégeait un M. Letrens qui faisait les affaires de Pologne à Paris sans le titre et sans les qualités requises. La reine s'y opiniâtrait, et, de peur de la choquer, M. de Béthune n'insistait pas. Chaulieu put s'apercevoir, dès lors, de ce que valent, au fond, les protections et les promesses de Cour :

« Tout le monde, écrit-il à sa belle-sœur, va à son intérêt, sans songer à ceux des autres; et les services et les bienfaits ne sont, ma belle dame, que de fort méchants titres pour obliger les gens à faire quelque chose qui choque, de fort loin seulement, le moindre de leurs desseins. Je voudrais bien avoir trois ans de moins et avoir été aussi instruit que je le suis présentement des choses du monde. Je vois bien que je n'avais vécu jusque-là que dans l'état d'innocence, et j'avais cru à tout le monde le cœur fait comme moi; je me suis bien trompé, mais je ne saurais me repentir de l'avoir été pour n'avoir jugé de l'âme des hommes que par ce que je sentais. Voilà une affaire manquée: c'est la troisième depuis six mois. Il n'importe! la fortune et mes amis feront mieux quand il leur plaira. Je deviens de jour en jour philosophe, et, pourvu que j'aie le plaisir de vous retrouver et de vous décharger mon cœur, je ne compte pour rien tout le reste. Je ne saurais pas vous dissimuler qu'il est gros de beaucoup de choses qu'il ne servirait rien d'écrire, et que je ne veux pas confier à du papier. »

On ne saurait donc s'étonner si ces Lettres écrites de Pologne ne renferment rien de beaucoup plus intéressant : il se peut que d'autres où il en disait plus aient été écrites en chiffre, et nous n'avons peut-être ici que les moins particulières. Elles nous suffisent pour découvrir déjà en Chaulieu un sentiment de fierté qu'il eut toujours depuis, ce que Saint-Simon appelait de l'audace, mais qui méritait un meilleur nom, et qui partait de ce sentiment réfléchi par lequel un esprit indépendant se juge soi-même et les autres. Chaulieu dit quelque part qu'il eut toute sa vie la *manie* de ne respecter que le *mérite personnel;* c'était une manie, en effet, dans le monde et le siècle où il vivait. Cette école qu'il fit en Pologne l'y aida beaucoup et acheva sa maturité : « Au moins, si je n'ai rien profité à mon voyage, écrivait-il, me trouverez-vous revenu avec une bonne opinion de moi, et une fierté qui vous paraîtra extraordinaire pour un homme dont les affaires ne sont pas en meilleur état que les miennes. » Cette fierté est décidément un des traits du caractère de Chaulieu; lui-même il est convenu de l'avoir poussée un peu loin :

> Avec quelques vertus, j'eus maint et maint défaut :
> Glorieux, inquiet, impatient, colère,
> Entreprenant, hardi, très-souvent téméraire,
> Libre dans mes discours, peut-être un peu trop haut.

Quoiqu'il eût manqué son but positif, Chaulieu revint de Pologne comblé d'honnêtetés, de distinctions, avec une bague au doigt que le roi avait détachée du sien, au moment du départ, pour la lui donner. Les régalades continuent sur toute la route au retour : l'ambassadeur et l'abbé ne se lassent pas de tenir tête aux grands seigneurs du pays et de s'enivrer à la polonaise, pour soutenir l'honneur du roi leur maître. Mais Chaulieu, qui n'avait guère besoin de cet apprentissage de franc buveur, revient surtout de là avec l'expérience consommée que la vie de société ne suffit pas à donner, et qu'on ne puise que dans le maniement d'une première affaire, même lorsqu'on n'y a pas réussi.

Être épicurien, quand on l'est avec art, n'empêche pas d'être habile, et Chaulieu, à partir de ce jour, le prouva. Pour réparer son échec de Pologne, il prend le parti de s'attacher entièrement aux jeunes princes de Vendôme, et s'insinue si bien par son esprit, qu'il devient le maître absolu de leurs affaires, l'intendant et l'arbitre de leurs plaisirs. Ces jeunes princes, qui avaient en eux le sang de Henri IV et de Gabrielle d'Estrées, en combinaient les qualités et les vices au plus haut degré. Ils avaient commencé, enfants, par être des héros à la guerre, et ils furent de tout temps des débauchés plus que voluptueux. On sent, à plus d'un passage, que Chaulieu (leur aîné de quinze ans) les juge; mais il est juge à la fois et complice, et, tout en essayant de les diriger sans doute sur quelques points, il se laisse aller sur le reste avec eux. Il accompagne le duc de Vendôme dans son gouvernement de Provence; il assiste à toutes les fêtes et aux galas monstrueux que la province se fait honneur d'offrir au prince. Il entre, sur ce chapitre des repas et victuailles, dans des détails dignes de Gargantua, et qui nous paraîtraient aujourd'hui de mauvais goût, mais qui n'étaient que dans le goût du temps. On mangeait plus alors qu'aujourd'hui, surtout on en parlait davantage et sans honte. Une veine de Rabelais circulait encore, et elle coulait tout entière dans Chaulieu. L'ivresse pourtant ne lui montait pas trop au cerveau. Faisant allusion aux parades solennelles qui se jouent en ces jours de cérémonie et à toutes ces plates représentations de la comédie humaine, il écrivait à sa belle-sœur : « Si *don Quichotte* est à Rouen, *Trivelin prince* est ici; ce sont là des farces que les gens de bon sens doivent bien mépriser; mais il faut se laisser emporter au torrent, et, puisque le monde n'est que comédie, il faut prendre la queue de lapin et l'épée de bois comme les autres. » Cette même lettre écrite d'Aix en Provence, et avec une franche crudité gauloise, renferme quelques propos de galanterie plus que hasardés. Chaulieu indique à sa belle-sœur qu'il serait en passe, s'il demeurait tant soit peu, d'avoir toutes sortes de succès. Mme de Grignan, la lieutenante-générale, réunit chez elle les dames de la province, et il semble croire, en homme un peu glorieux, qu'il n'aurait, dans cette assemblée, qu'à jeter la pomme : « Le favori du gouverneur, dit-il, en réputation d'un bel-esprit et d'homme de Cour, serait bientôt ici un dangereux rival. » Il nous donne un échantillon des plaisanteries à la provençale qu'il adresse à l'une de ces dames; la plaisanterie nous semble, avouons-le, de toute énormité, et on y revient à deux fois avant d'oser comprendre. Mais que voulez-vous? ce n'est point pour le public que Chaulieu dans l'intimité écrivait ses lettres, et on n'a qu'à ouvrir les Correspondances du temps et les Recueils manuscrits des chansons historiques, c'était là le ton habituel des gens de la meilleure société dans le grand siècle.

Ne nous faisons aucune illusion à cet égard ; il y a deux siècles de Louis XIV : l'un noble, majestueux, magnifique, sage et réglé jusqu'à la rigueur, décent jusqu'à la solennité, représenté par le roi en personne, par ses orateurs et ses poëtes en titre, par Bossuet, Racine, Despréaux ; il y a un autre siècle qui coule dessous, pour ainsi dire, comme un fleuve coulerait sous un large pont, et qui va de l'une à l'autre Régence, de celle de la reine-mère à celle de Philippe d'Orléans. Les belles et spirituelles nièces de Mazarin furent pour beaucoup dans cette transmission d'esprit d'une Régence à l'autre, les duchesses de Mazarin, de Bouillon et tout leur monde ; Saint-Évremond et les voluptueux de son école ; Ninon et ceux qu'elle formait autour d'elle, les mécontents, les moqueurs de tout bord. A mesure que s'avançait le règne, et que le monarque redoublait de rigorisme, cette veine refoulée ne fit que rentrer et se répandre en dedans. Les ambitions trompées, ou celles qui attendaient, se dédommagèrent dans la liberté d'esprit et dans les plaisirs ; et ces plaisirs étaient ce qu'ils sont bien vite toujours, ce qu'ils devaient être surtout à une époque d'immense inégalité, et où le contrôle de la publicité était nul : c'étaient de véritables bacchanales. On peut dire, par exemple, de ces orgies d'Anet ou du Temple chez les Vendôme, et de l'esprit qui s'y dépensait, ce que La Bruyère a dit de Rabelais : « C'est un monstrueux assemblage d'une morale fine et ingénieuse et d'une sale corruption : où il est mauvais, il passe bien loin au delà du pire, c'est le charme de la canaille ; où il est bon, il va jusqu'à l'exquis et à l'excellent, il peut être le mets des plus délicats. » C'est la définition qui reste la plus vraie des mœurs comme de l'esprit des Chaulieu et des La Fare. Chaulieu vivra moins comme poëte que parce qu'il est une des figures les plus caractérisées en qui se rejoignent deux époques ; il marque la liaison d'une Régence à l'autre ; il avait reçu le souffle de la première, l'esprit libre et hardi des épicuriens d'avant Louis XIV, et il vécut assez pour donner l'accolade à Voltaire.

J'ai dit qu'il y a deux aspects du siècle ou règne de Louis XIV, l'aspect apparent, imposant et noble, et le revers, le fond, plus naturel, trop naturel, et où il ne faut pas trop regarder ; ajoutons seulement qu'à une certaine heure, et au plus beau moment du règne, deux hommes montrèrent, en plus d'une œuvre, ce que pouvait le génie en unissant les deux tons, en rompant en visière au solennel, et en faisant parler hautement et dignement la nature : ces deux hommes sont Molière et La Fontaine.

Chaulieu tenait du dernier, il tenait surtout de Chapelle ; mais s'il renchérissait sur l'un et sur l'autre pour ses négligences comme rimeur, il se gouvernait mieux qu'aucun d'eux dans la vie, et, sous ses airs d'Anacréon, il savait toujours où il en était. Il me représente bien le moine chéri de Rabelais, le vrai prieur de l'abbaye de Thélème. Dans une des lettres nouvelles, on le voit, après un voyage en Nivernais, qui a été des plus fatigants, arriver à une terre appelée les Bordes ; il faut entendre comme il en décrit les délices : « On y mange quatre fois par jour ; on y dort vingt heures, et il n'y a pas de lit que le Sommeil n'ait fait de ses propres mains. » Et il entre alors dans tous les détails sur les avantages du lieu, et sur certains agréments de *garde-robe* qu'il décrit au long à sa belle-sœur avec un enthousiasme, avec une sorte de verve lyrique que je me garderai de citer ; nous sommes devenus trop *petite bouche* pour cela. Ceux qui, à en juger par une lecture légère, croiraient Chaulieu un petit poëte abbé, musqué et mythologique, se tromperaient fort : c'était une nature brillante et riche, un génie aisé et négligé, tel que Voltaire nous l'a si bien montré dans *le Temple du Goût*. Le même Voltaire nous le montre, en un autre endroit, un peu *glorieux* de nature :

> Ne me soupçonne point de cette vanité
> Qu'a notre ami Chaulieu de parler de lui-même.

Il avait le *cœur haut*, comme le lui disait La Fare, et, dans le talent,

> Le don d'imaginer avec facilité.

C'était là son trait distinctif comme poëte de société et successeur de Voiture. Ce *pétillement* d'imagination qui le prenait au milieu des compagnies et des festins, l'abandonnait quelquefois, et il avait *ses haut et ses bas* comme tous les génies. Il avait assez souvent de l'humeur, assure-t-on, et se montrait inégalement aimable ; mais quand il l'était, c'était de plein jet et avec largeur. Avec cela, il se gouvernait, ai-je dit, et c'est par là qu'il était un maître et un arbitre écouté dans son monde. Il pensait comme Hamilton (1) que, « pourvu que la raison conserve son empire, tout est permis ; que c'est la manière d'user des plaisirs qui fait la volupté ou la débauche ; que la volupté est l'art d'user des plaisirs avec délicatesse et de les goûter avec sentiment. » — « *Je suis fait*

(1) Ou l'auteur, quel qu'il soit, du Dialogue sur *la Volupté* inséré dans les Œuvres d'Hamilton.

de sentiments et de volupté, » disait-il. — De telles maximes supposent bien de l'oisiveté, du raffinement, et tout un art que nos âges de lutte et de labeur ont peine à comprendre. Dans une Épître à son ami La Fare, où il se peint au naturel avec ses qualités et ses défauts, Chaulieu se montre positif pourtant par un coin essentiel :

> Noyé dans les plaisirs, mais *capable d'affaires,*

dit-il. Ceci nous ramène à sa position chez les Vendôme et à quelques paroles fâcheuses de Saint-Simon.

Saint-Simon accuse nettement Chaulieu d'avoir abusé de la confiance du duc de Vendôme, et d'en avoir profité pour lui-même. Les deux frères de Vendôme, le duc et le grand-prieur, avaient longtemps vécu en commun, et Chaulieu était leur favori, leur conseil ; c'était une grave responsabilité au milieu d'un tel désordre. A un moment, cette union étroite des deux frères cessa ; le duc se sépara du grand-prieur, et Chaulieu suivit la fortune de ce dernier. Sans essayer d'entrer dans un éclaircissement impossible à cette distance, il est à remarquer seulement que si Chaulieu eut des torts, il les partagea tout à fait avec le grand-prieur, et que ce dernier et lui furent de concert, faut-il dire de complicité? La liaison de Chaulieu et du grand-prieur de Vendôme ne se démentit à aucune époque. Chaulieu ne quitta presque pas un jour, dans ses dernières années, le prince qu'il appelait son bienfaiteur et son ami, et avec qui il vivait depuis quarante ans dans le sein de la confiance et de l'intimité : « Ces sortes de mariages de bienséance, sans être un sacrement, disait-il, ont la même force que les autres, et se peuvent quasi aussi peu dissoudre. » Dans l'assertion grave de Saint-Simon, il faut faire la part de l'aversion bien connue du noble écrivain pour les gens *de peu*, redoublée de celle qu'il avait pour les poëtes et rimeurs. Chaulieu, de bonne heure, par sa liberté de parole, s'était attiré bien des ennemis. Dès qu'on sut qu'il faisait des vers, on eut peur de lui; il fut la terreur des sots; il ne courut plus par le monde de chansons ni de vaudevilles qu'on ne les lui prêtât; il s'en plaint lui-même. Quand éclata ce divorce des deux frères Vendôme, la malignité ne put manquer de s'en emparer à ses dépens. Elle avait pris les devants contre Chaulieu par de méchants couplets qu'on peut lire dans le recueil manuscrit de chansons dit *Recueil de Maurepas* (tome XXV, page 424), où sont enfouies tant de vilainies de tout genre (1).

Il est temps, ce me semble, de faire une remarque : c'est que notre siècle tant maudit a du bon. Nous avons bien des choses à regretter du passé et de ce qu'on appelle le grand siècle, nous en avons encore plus à répudier énergiquement. Les plus honnêtes gens faisaient ou disaient alors des choses qui ne seraient pas tolérables aujourd'hui. Ce n'est pas que nous valions mieux au fond : pris en masse, les hommes en tout temps se valent, et ils se donnent en général le plaisir de faire à peu près tout le mal qu'ils peuvent. Mais au moins, aujourd'hui, nous le faisons autrement, surtout avec plus de gêne et de réserve. Les mœurs publiques ont gagné par plus d'un endroit; le grand jour de la publicité, en circulant, a assaini bien des foyers de corruption et bien des étables d'Augias. On a peine à se figurer à présent ce qu'étaient alors ces existences prodigieuses de princes bâtards tels que les Vendôme; c'étaient de véritables monstruosités sociales, au sein desquelles se logeaient toutes les formes de licence et

---

(1) Le volumineux *Recueil de Maurepas* se trouve à la Bibliothèque nationale, au département des manuscrits.

d'abus, et cet autre abus, cette dernière monstruosité entre toutes les autres, l'abbé courtisan et parasite. On a beau dire et vouloir dissimuler les noms, c'était là plus ou moins, à l'origine, le rôle de Chaulieu :

> Accort, insinuant, et quelquefois flatteur,

il nous l'avoue lui-même.

La Bruyère, logé chez les Condé, usait de cet abri pour observer de là en moraliste et en philosophe. Mlle De Launay, dépendante chez la duchesse du Maine, souffrait de sa position, et s'en servait aussi pour observer. Chaulieu jouissait de la sienne chez les Vendôme, et en profitait au positif, tout en la chantant le verre en main.

Veut-on savoir comment se passait une soirée quelconque de ce beau monde si spirituel ?

« M. le marquis de Béthune, écrit Chaulieu à sa belle-sœur, est plongé dans les fureurs de la bassette. On n'en jouit plus. Il est toujours chez Mme la Comtesse (de Soissons). Il gagna hier trois cents pistoles. Le nombre des acteurs se montait à dix-sept ou dix-huit, entre lesquels brillaient M. et Mme de Bouillon, et M. de Vendôme, lequel, suivant son train ordinaire, perdit au moins la moitié de l'hôtel de Vendôme. Je n'en suis pas fâché. C'est une juste rétribution de Dieu, qui le punit de toutes les méchantes plaisanteries qu'il a faites sur la maladie de M. de Chaulieu (le frère de l'abbé)... »

Et on nous donne le détail de ces plaisanteries, qui sont des plus crûes. Une autre fois, c'est le grand-prieur qui reprend publiquement une maîtresse qu'il avait quittée la veille au su et vu de tout Paris, et qui s'affiche avec ridicule; mais cela est de tous les temps. L'ambition se mêlait sous ces désordres, et quelquefois ce qui passait pour une pure folie partait d'un calcul profond. Telle fut une certaine fête donnée, au château d'Anet, à Monseigneur, fils de Louis XIV (septembre 1686). Le roi alors était assez malade à la suite d'une opération, et ne le voulait point paraître. On crut donc que la fête pourrait avoir lieu sans trop lui déplaire, et, en même temps, l'intérêt était de plaire déjà à l'héritier présomptif et peut-être très-prochain du trône. Cette fois, c'est l'ami de Chaulieu, c'est La Fare qui, dans ses curieux Mémoires, va nous dire le fin mot :

« Quoique le roi fût effectivement en danger, il ne v alait pas qu'on le crût. Ainsi, cette maladie n'empêcha pas que, pour divertir Monseigneur à Anet, M. de Vendôme, l'abbé de Chaulieu et moi, nous n'imaginassions de lui donner une fête, avec un opéra dont Campistron, poëte toulousain aux gages de M. de Vendôme, fît les paroles, et Lully, notre ami à tous, fit la musique. Cette fête coûta cent mille livres à M. de Vendôme, qui n'en avait pas plus qu'il ne lui en fallait ; et comme M. le grand-prieur, l'abbé de Chaulieu et moi avions chacun notre maîtresse à l'Opéra, le public malin dit que nous avions fait dépenser cent mille francs à M. de Vendôme pour nous divertir nous et nos demoiselles ; mais certainement nous avions de plus grandes vues que cela. »

Ces *grandes vues*, encore une fois, c'était de plaire sans doute au Dauphin qui devait régner, et de placer l'enjeu sur sa tête. Dangeau, qui fut de la fête, et qui ne manque pas de la relater dans son *Journal*, ne paraît pas s'être douté du dessous de cartes. Mais les événements déjouèrent ces espérances. Monseigneur ne régna ni alors ni depuis ; le roi en voulut à Messieurs de Vendôme de cette fête, et Chaulieu eut peut-être à combler la dépense par quelques-uns de ces comptes ambigus qui font tache aujourd'hui à sa mémoire. Les méchants couplets satiriques contre lui, dont j'ai parlé, sont de ce temps.

Cette maîtresse qu'il avait à l'Opéra, et qu'il a chantée, était Mlle Rochois. Il eut dans le monde une autre maîtresse très-agréable et l'une des femmes les plus distinguées d'alors, Mme d'Aligre, née Turgot, la même que La Bruyère a célébrée dans l'un de ses portraits les plus flatteurs. Ce portrait est très-singulier de physionomie chez La Bruyère, et ressemble tout à fait pour la forme à quelque page moderne. Il est intitulé *Fragment*, et il commence brusquement par plusieurs points, de cette sorte : « ..... Il disait que l'esprit dans cette belle personne était un diamant bien mis en œuvre. Et continuant de parler d'elle : C'est, ajoutait-il, comme une nuance de raison et d'agrément qui occupe les yeux et le cœur de ceux qui lui parlent ; on ne sait si on l'aime ou si on l'admire : il y a en elle de quoi faire une parfaite amie, il y a aussi de quoi vous mener plus loin que l'amitié. » Et l'éloge continue sur ce ton délicat. Je ne sais si Mme d'Aligre mena La Bruyère plus loin que l'amitié ; quant à Chaulieu, qui la posséda, la perdit et la reconquit tour à tour, il l'a célébrée elle et sa grâce, son esprit de saillie, ses vivacités brillantes et ses infidélités même, d'une manière qui fait un contraste piquant, mais non pas un désaccord avec le portrait nuancé de La Bruyère. Sans prétendre compter les amours de Chaulieu, il est impossible, du moment qu'on touche à ce chapitre, d'oublier sa passion de vieillesse pour la spirituelle Mlle De Launay, passion dont elle a consacré le souvenir dans ses Mémoires, et qu'attestent de jolies lettres de Chaulieu qui s'y joignent ordinairement. Ces lettres, pleines de sentiment, de grâce, de vive estime pour un mérite personnel si rare qu'outrageait la fortune, font honneur au cœur autant qu'à l'imagination de Chaulieu. Lemontey, qui ne trouve à ce sujet qu'une plaisanterie épigrammatique et sèche, ne les a pas senties, pas plus qu'il ne semble avoir apprécié le noble caractère de celle à qui elles sont adressées. Chaulieu, jusque dans l'âge le plus avancé, se disait en sage qu'il faut laisser sa place à l'illusion, créer et favoriser le charme dès qu'il veut naître, et le prolonger aussi loin qu'on peut :

« Vous savez bien, écrivait-il à M¹¹ᵉ De Launay, que nous décidâmes l'autre jour que les chimères doivent avoir place parmi les projets des hommes... Croyez-moi, faites durer le charme au lieu de le faire cesser. La sagesse et la raison vont plus souvent à conserver d'aimables erreurs et à faire durer un attachement aussi vrai et aussi tendre que celui que j'ai pour vous, qu'à suivre une sèche et stérile vérité. Dès que le charme est fini, que devient l'opéra d'*Armide*, qu'un débris de palais détruit, une triste senteur de lampes qui s'éteignent? »

Voilà le Chaulieu tel que nous le concevons et que nous l'aimons, celui qui, pour nous charmer, a besoin lui-même d'un peu de cette illusion qui nous dérobe l'arrière-fond de la scène et les coulisses de toutes choses. Au point de vue littéraire et poétique, il ne faudrait voir Chaulieu que de cette manière, tout à fait vieux, et devenu dès lors aussi tout à fait honnête homme, assis sous ses arbres de Fontenay ou à l'ombre de ses marronniers du Temple. Tel il brillait dans son cadre classique avant les révélations de Saint-Simon. La vieillesse, qui affaiblit d'ordinaire les talents, servit plutôt celui de Chaulieu. Au sein de la joie et des plaisirs, il avait rimé et chansonné mille folies aimables, chères à ses sociétés, mais aussi légères que l'occasion qui les faisait naître, et dont toute la grâce est dès longtemps évaporée. Quand vint la goutte et une demi-retraite, il éleva son âme, il affermit ses accents, et il en a trouvé quelques-uns du moins qui méritent de vivre. Quatre ou cinq pièces de lui seulement seraient à lire, et il y gagnerait : *Fontenay, la Retraite*, son *Portrait* à La Fare, quelques vers sur la *goutte*, quelques autres sur la *mort*, et puis c'est tout.

On ne sépare pas d'ordinaire La Fare de Chaulieu, et je ne voudrais pas non plus les séparer ici, car ils se complètent, et par des côtés plus dignes de réflexion qu'on ne suppose. Il y aurait à parler de La Fare assez longuement. Comme poëte, il compte peu; il se mit tard à la poésie. Disciple de Chaulieu, on lui accordait dans le temps moins de feu et plus de mollesse, nous dirions aujourd'hui plus de faiblesse. Mais il a laissé des *Mémoires* sérieux, intéressants, d'un jugement ferme, élevé, indépendant, et qui le classent au premier rang des esprits éclairés d'alors. Le préambule m'en rappelle un peu ceux des Histoires de Salluste : comme ce Romain dissolu auquel il a pu penser pour plus d'une raison, La Fare commence par établir quelques principes de morale et de philosophie; mais il les pose avec une netteté tout épicurienne, en débutant hardiment par un mot de Rabelais. Ces premières pages renferment en peu d'espace bien des résultats de réflexion et d'expérience. Le siècle est envisagé dans son ensemble, et dans ses différentes vicissitudes d'esprit et de mœurs, d'une façon qu'on ne supposerait point possible à cette date, de la part de quelqu'un qui le voit d'aussi près et, pour ainsi dire, à bout portant. La Fare écrivait vers 1699. Louis XIV, avec son principe de monarchie absolue asiatique, y est jugé sans illusion; les diverses fautes de sa politique sont marquées avec un rare bon sens. On a dit que La Fare avait le ton d'un frondeur; je ne le trouve pas. Il est sévère, mais non pas léger ni injuste. Il va en tout aux raisons solides et prend avec précision la mesure des hommes. Il fait même à ses ennemis personnels, comme Louvois, toute la part qui leur est due. Le marquis de La Fare, né en 1644, c'est-à-dire plus jeune que Chaulieu de cinq ans, était entré de bonne heure au service; il y avait débuté avec toutes sortes d'avantages : « Ma figure, qui n'était pas déplaisante, dit-il, quoique je ne fusse pas du premier ordre des gens bien faits, mes manières, mon humeur, et mon esprit qui était doux, faisaient un tout qui plaisait assez au monde, et peu de gens, en y entrant, ont été mieux reçus... » Voilà comment les honnêtes gens autrefois s'exprimaient en parlant d'eux-mêmes, sans se trop glorifier et sans se déprécier non plus, ce qui est une autre forme de vanité. Il y avait loin de ce premier La Fare, débutant avec tant d'avantages, à celui que Saint-Simon nous représente vers la fin, d'une grosseur démesurée, grand gourmand, à demi apoplectique, dormant partout, et (ce qui était surprenant) se réveillant net de manière à reprendre le propos là où il le fallait. C'est ainsi que la débauche, il faut le dire, et la paresse encore plus que l'âge, avaient métamorphosé cet épicurien trop pratique, cet homme d'ailleurs d'un esprit si fin, d'un jugement si excellent, qui avait combattu brillamment auprès de Condé à Senef, et qui, jeune, avait mérité la confiance de Turenne. Une lettre du chevalier de Bouillon à Chaulieu (1711), dans laquelle le chevalier raconte en quel déplorable état bachique il a trouvé La Fare qu'il allait visiter, compléterait le tableau : « Si vous l'aimez, écrit le chevalier à Chaulieu, vous reviendrez incessamment voir s'il n'y a pas moyen d'y mettre quelque ordre. Entre vous et moi, je le crois totalement perdu. » En maint endroit de ses Mémoires, La Fare déplore la perte de la galanterie et l'invasion des mauvaises mœurs, comme on le ferait de nos jours. Il peint avec énergie la jeunesse du grand siècle, celle qui ne sait plus plaisanter avec esprit, qui joue tout le jour avec fureur et qui s'enivre ouvertement; il indique et assigne en moraliste et en politique les causes de ce changement général à la Cour. Mais ceux qui remarquaient et dénotaient cette corruption sensible de la fin du grand règne étaient eux-mêmes une partie profonde de cette corruption. C'est dans La Fare et dans Chaulieu qu'il convient d'étudier ce double aspect, celui par lequel ils se détachent de leur temps, et celui par lequel ils y plongent. La Fare, à cause du caractère sérieux et tout à fait politique de ses Mémoires, qui fait si fortement contraste avec sa vie dernière, prêterait encore mieux que Chaulieu à une telle étude. Quant à son caractère, on peut lui appliquer ce qu'il a dit de l'un de ceux qu'il juge : « Il était, comme la plupart des autres hommes, composé de qualités contraires : paresseux, voluptueux, nonchalant et ami du repos, mais sensé, courageux, ferme et capable d'agir quand il le fallait. » Pourtant, avec un esprit de première qualité, un sens excellent et un brillant courage, la paresse finit par prendre chez lui le dessus et par l'emporter absolument. On sait que Mme de Coulanges prétendait qu'il n'avait jamais été amoureux, pas même de Mme de La Sablière; cet amour avait été pour beaucoup dans les raisons qu'il avait eues de quitter de bonne heure le service : « Il se croit amoureux, disait Mme de Coulanges, mais c'est tout simplement de la paresse, de la paresse, et encore de la paresse. » Sa fin a trop justifié ce spirituel pronostic. Les plus jolis vers qu'il ait adressés à son ami Chaulieu ont pour sujet la *paresse* également. Tout cela peut paraître agréable un moment en poésie; dans le fait et en réalité, ce fut moins beau, et, on l'a vu, d'une très-triste conséquence. On ne peut s'empêcher de conclure qu'il a été bien funeste à ce délicat esprit d'appeler, au secours d'une indolence chez lui si naturelle, la *paresse raisonnée* de Chaulieu, et d'insister sur une doctrine qui a pour effet immédiat d'amollir les courages et de supprimer le ressort des âmes. Au lieu de résister et de se maintenir, il s'abandonna, il s'engloutit. Pour juger en dernier résultat de la philosophie de Chaulieu, il convient de montrer La Fare, non le La Fare élégant et mince des petites éditions classiques, mais le La Fare complet, celui de l'histoire et de Saint-Simon.

Ce sont là des réflexions un peu graves, et qui toutefois s'offrent d'elles-mêmes, à propos de La Fare et de Chaulieu. Quand on vient de relire leurs ouvrages et de traverser leur monde, on demeure bien convaincu en un point : c'est que les mœurs de la Régence existaient déjà sous Louis XIV ; elles y étaient depuis longues années à l'état latent. Il a suffi d'un simple changement à la surface pour qu'on les vît déborder. Et le malheur du XVIIIe siècle en politique, depuis Philippe d'Orléans régent jusqu'à Mirabeau, fut de ne pouvoir se débarrasser jamais de ces mœurs-là.

FIN DU TOME PREMIER.

TABLE DES MATIÈRES

	Pages
Préface	1
Note préliminaire	5
Cours de Littérature dramatique, par M. Saint-Marc Girardin	7
Les Confidences, par M. de Lamartine	20
De la Question des Théâtres	35
Mémoires sur Mme de Sévigné, par M. Walckenaer	49
Raphaël, par M. de Lamartine	63
M. de Montalembert orateur	79
Hamilton	92
Œuvres littéraires de M. Villemain et de M. Cousin	108
Madame Récamier	121
Histoire de l'Empire, par M. Thiers	138
Pensées de M. Joubert	159
Campagnes d'Égypte et de Syrie, par Napoléon	179
Adrienne Le Couvreur	199
Le Père Lacordaire, orateur	221
Mémoires de Philippe de Commynes	241
Journal de la Campagne de Russie, par M. de Fezensac	260
Des Lectures publiques du soir	275
Poésies de M. Alfred de Musset	294
Discours sur l'Histoire de la Révolution d'Angleterre, par M. Guizot	311
Le Livre des Rois, par Firdousi	332

La Mare-au-Diable, la Petite Fadette, François le Champi,
    par George Sand.................................... 351
M. de Feletz, et de la Critique littéraire sous l'Empire..... 371
Éloges académiques, par M. Pariset..................... 392
Lettres de Mme Du Deffand.......................... 412
Mémoires d'Outre-Tombe, par M. de Chateaubriand........ 432
Lettres inédites de l'abbé de Chaulieu.................... 451

CORBEIL. — IMPRIMERIE CRÉTÉ-DE L'ARBRE.

www.ingramcontent.com/pod-product-compliance
Lightning Source LLC
Chambersburg PA
CBHW051621230426
43669CB00013B/2133